hana
の
韓国語単語
〈上級編〉

ミリネ韓国語教室 著

HANA

目次

例文で単語を覚え、すぐに使える力が育つ単語集!

『hanaの韓国語単語』とは？

　『hana』とは、『韓国語学習ジャーナルhana』の略称。本気で韓国語を学ぶ人たちから絶大な支持を得ている韓国語学習雑誌です。本書は、この雑誌『hana』が長年の韓国語教材制作を通じて培った経験を基に作り出しました。

　本書は、何よりも例文を通じて、音声を通じて、単語を学ぶ作りになっています。そして、学習者がいかに効率よく韓国語の語彙を学ぶかを考慮してあるだけでなく、「ハングル」能力検定試験（ハン検）にも準拠しています。

ハン検対策はもちろん、一クラス上の韓国語の実力が身に付く！

　ハン検は、日本国内で韓国語を学ぶ人たちを対象に、1993年から実施されてきた検定試験です。今日、ハン検は学習者の韓国語能力を図る尺度として利用され、多くの大学では検定資格を単位として認めています。

　ハン検を主催しているハングル能力検定協会では、試験の公式ガイドである『合格トウミ』という本を出版し、級別の出題範囲を公開しています。ここに掲載された語彙や文法の級別リストはハン検を受ける上で必須であるだけでなく、学習者の韓国語能力を段階的に発展させるために大変有用なものです。

　本書は、この『合格トウミ』で提示されたハン検1・2級の基準を参考に語彙を選別して、『合格トウミ』ではサポートされていない関連情報や例文と共に掲載した本です。これらは本物の上級レベルに到達するために必須となるもので、早い段階からきちんと習得しておきたいものばかりといえますが、本書には単語を効果的に覚えて活用するためのさまざまな仕組みが準備されています。

　これから1級および2級合格を目指す人はもちろん、すでに1・2級合格レベルの人も、復習を兼ねて本書の例文を使って学習してみてください！　この1冊を徹底的に使い尽くすことで、一生役立つ韓国語の力が身に付くはずです！

2022年発表の最新の出題範囲に対応！

　本書には、2022年に発行された『改訂版合格トウミ』の内容が反映されています。ハン検の準備をされる方は、ぜひこの最新の語彙リストと例文で準備を行ってください！

本書の特長

特長1 | ハン検1・2級レベルの約5000語を収録！

　本書の見出し語は、ハン検1・2級で出題範囲に指定されているもので、日本語話者が韓国語の能力を段階的に発展させるのに、最も合理的な語彙リストといえます。本書には、ハン検1・2級の約5000語を掲載しました。1日の学習量は15語となっており、182日で消化できる構成になっています。

> 学習量の目安は？
> **1日（1課）15語、1週間（1章）105語＋復習**
> ➡ **1・2級2730語を26週（182日）、つまり半年で消化！**
> **さらに漢字語＋動植物名＋接辞・依存名詞・冠形詞をチェック！**

特長2 | 単語を、例文から覚える。だからすぐに使える語彙力が身に付く！

　本書は特に、例文を通じて単語を習得することに重点を置いています。こうすることで、すぐに使える生きた単語力が身に付き、言いたいことをすぐ口に出せるようになるからです。例文は、短くて、応用度の高いものばかりです。

特長3 | 検定対策にぴったり！

　例文は、ハン検1・2級以下の出題範囲と語彙と文法で構成されており、さらに変則活用や発音変化が随所に含めてあります。つまり、例文を覚えることで、ハン検1・2級レベルで求められる総合的な知識と能力をばっちり身に付けることができます。

特長4 | 見出し語に実際の発音を表示。正しい発音を確認！

　日本で学ぶ人、中でも独学で学ぶ人は、発音が「日本語なまり」の自己流になりがちです。本書は、音声を聞きながら学ぶことを前提にしており、全ての例文の音声を準備するとともに、紙面に見出し語で表記と実際の発音が異なる箇所には、発音通りのハングルを併記してあります。音声で該当部分を聞いて、またその部分を見ながら韓国語を読み上げることで、表記と実際の発音とのギャップ、発音変化のパターンまで感じ取れるようになるはずです。

ダウンロード音声について

本書には、パソコンやスマートフォン、携帯音楽プレーヤーなどで再生が可能なMP3形式の音声が用意されており、小社ホームページ（https://www.hanapress.com）からダウンロードできます。トップページの「ダウンロード」バナーから該当ページに移動していただくか、右記QRコードからアクセスしてください。なお、本書中に[TR001]などの形で示した音声トラックの数字と、音声ファイルの名前に付いている数字は一致します。

【注意】
MP3ファイルのスマートフォンでのご利用方法やパソコンからスマートフォンへの音声データの移動方法については、お使いの機器のマニュアルでご確認ください。

音声は下の二つを準備しました。1日分（15語）の音声が一つのトラックに、下記の順に収録されています。

見出し語（韓国語） ▶ **メイン訳**（日本語）

見出し語（韓国語） ▶ **メイン訳**（日本語） ▶ **例文**（韓国語）

上記の他にも、本書で学んだ内容を復習するための音声や本書を使った音読練習に活用できる音声を、随時ダウンロードページに掲載していく予定です。

本書の構成1 本文

1 ページタイトル
名詞、動詞、形容詞、副詞の品詞別に1日（1課）を構成しました。

3 発音
見出し語のつづりと実際の発音が異なる場合、発音通りのハングルを掲載しました。

4 意味
見出し語の意味を、メイン訳、サブ訳に分けて掲載しました。音声ではメインの訳のみ読まれています。

5 活用
見出し語が用言（動詞、形容詞）で変則活用する場合、活用の種類を示しました。特に表示がないものは、正則（規則）活用する用言です。

하다用言 = **하다用言**
ㅇ語幹 = **ㅇ語幹**
ㄹ語幹 = **ㄹ語幹**
ㅂ変則 = **ㅂ変則**
르変則 = **르変則**
ㄷ変則 = **ㄷ変則**
ㅅ変則 = **ㅅ変則**
ㅎ変則 = **ㅎ変則**
우変則 = **우変則**

2 見出し語
辞書に掲載されている形で示しました。単語ではありませんが『合格トウミ』で扱われているため見出し語として掲載したものが一部あります。
また、同じつづりの単語が複数ある場合は番号を付しました。

006日目　　形容詞01_気持ち　　　　[TR006]

☑ 0076　**하다用言**
개운하다
[개우나다]
さっぱりしている. すっきりしている
술을 좀 마셨지만, 조금 자고 나니 머리가 개운했다.
酒を少し飲んだが、少し寝たら頭がすっきりした。

☑ 0077　**ㅂ変則**
싱그럽다
[싱그럽따]
すがすがしい
꽃가루 알레르기도 끝나고 이제 싱그러운 5월의 풍경이 기대된다.
花粉症も終わり、これからすがすがしい5月の風景が楽しみだ。

☑ 0078　**하다用言**
후련하다
[후려나다]
すっきりしている. せいせいしている
10년을 끌어온 재판에 이기고 나니 정말 속이 후련하다.
10年引っ張ってきた裁判に勝ったので、本当に気分がすっきりしている。

☑ 0079　**ㅂ変則**
달갑다
[달갑따]
満足だ. ありがたい
고생한 대가로 보너스를 지급했는데도 달갑지 않은 표정을 지었다.
苦労した対価としてボーナスを支給したのに、喜んでいない表情だった。

☑ 0080　**하다用言**
대견하다
[대겨나다]
感心だ. 誇らしい　圓 -스럽다
장난만 치던 아이가 바르게 자라 줘서 대견하다.
いたずらばかりしていた子どもが、真っすぐ育ってくれて誇らしい。

☑ 0081　**ㅂ変則**
미덥다
[미덥따]
頼もしい. 信じるに足る
아들이 한 말이 미덥지 않았지만 그냥 믿어 보기로 했다.
息子の言った言葉が信じられなかったが、そのまま信じてみることにした。

☑ 0082　**ㅂ変則**
남부럽다
[남부럽따]
他人がうらやましい
그는 남부럽지 않은 외모와 실력으로 테니스계를 평정했다.
彼は、申し分ない外見と実力でテニス界を平定した。

☑ 0083
스스럼없다
[스스럼따]
気兼ねない. 気安い
그 유명한 작가가 사실 나와 고등학교 때부터 스스럼없이 지내온 친구야.
あの有名な作家は、実は僕と高校の時から気兼ねなく過ごしてきた友達だ。

026

6 その他の関連情報

見出し語が漢字語の場合はその漢字を漢アイコンと共に記しました。関連語については関アイコンと共に、外来語は外アイコンと共に掲載しました。

7 例文

見出し語を含む、自然な韓国語の例文を提示しています。いずれも声に出して読みやすい形を心掛けました。見出し語が하다用言の場合、見出し語を名詞や副詞の形で含む例文と用言の形で含む例文のどちらのパターンもあります。また見出し語が名詞でも、見出し語を用言の形で提示した例文も一部あります。

| | | DATE 年 月 日 |
| | | DATE 年 月 日 |

☑ 0084 하다用言	不思議なほどよく通じている 漢神通-- 関-스럽다	1週目
신통하다	어린아이가 고교 수학 문제를 풀다니 이렇게 **신통할** 수가 없다.	
[신통하다]	小さな子が高校数学の問題を解くなんて、こんな不思議なことはない。	

☑ 0085 하다用言	慈愛に満ちている 漢仁慈-- 関-스럽다, -롭다
인자하다	할아버지가 **인자하게** 웃으면서 용서해 주셨습니다. ●
[인자하다]	おじいさんが、慈愛に満ちたように笑いながら許してくださいました。 ●

8 例文訳

意訳しているものには、右ページ下の「解説」で補足説明を行いました。

☑ 0086 하다用言	気が向く、乗り気になる
솔깃하다	그는 이직하면 높은 연봉을 제공한다는 **솔깃한** 제안을 받았다.
[솔기타다]	彼は、転職すれば高い年俸を提供するという心引かれる提案を受けた。

☑ 0087 하다用言	好ましい、申し分ない 関-스럽다
탐탁하다	어머니는 딸의 남자 친구가 **탐탁하지** 않은 모양이었다. ●
[탐타카다]	母は、娘の彼氏が気に入らないようだった。

☑ 0088 ㅂ変則	涙ぐましい
눈물겹다	어려운 환경에서도 나를 돕겠다니 **눈물겹네**.
[눈물겹따]	貧しい環境でも私を助けるだなんて、涙ぐましいね。

☑ 0089 하다用言	じいんとする
찡하다	슬픈 영화를 보다 보니 코끝이 **찡해** 왔다.
[찡하다]	悲しい映画を見ていたら、鼻先がじいんとしてきた。

☑ 0090 하다用言	うっとりする、こうこつとしている 漢恍惚-- 関-스럽다
황홀하다	그날 파티는 정말 **황홀한** 경험이었습니다.
[황호라다]	その日のパーティーは、本当にうっとりする経験でした。

解説 : 0079 **달갑지 않다**(ありがたくない)など、主に否定の形で用いられる　0082 **남부럽지 않다**(うらやましくない)など、主に否定の形で用いられる　0087 **탐탁하지 않다**(好ましくない)など、主に否定の形で用いられる

9 解説

見出し語や例文に学習上注意すべきものが含まれる場合は、●アイコンを表示し、右ページ下で補足説明を行いました。

本書の構成2 復習・付録

■「チェック」ページ

各週で学んだ語彙を、「韓国語→日本語」「日本語→韓国語」の両方から復習することができます。

■「動植物名」ページ

魚介、鳥、動物、虫、植物など同じ類の単語をまとめて掲載し、覚えやすくしました。

■「漢字語」ページ

日韓同じ漢字で、さらに同じ意味で使われる単語は主にこの巻末ページにまとめました。

■「接辞・依存名詞・冠形詞」ページ

本文で扱われなかった接辞、依存名詞、冠形詞はそれぞれ代表的な例をいくつか提示し、その訳とともに掲載しました。

接辞・依存名詞・冠形詞01

接頭辞

☑ 강 - 「それだけで出来上がった」 例 강소주（つまみなしに飲む焼酎）、강굴（むいたばかりのカキ）、강참숯（クヌギやカシワなどで作られ、他の木が交ざっていない純粋な木炭）

☑ 개 - ¹「つまらない」「無駄な、ひどい」 例 개소리（たわ言）、개죽음（犬死に）、개망신（大恥）

☑ 군 - 「必要のない」 例 군소리（無駄口）、군살（ぜい肉）、군더더기（無駄なもの）

☑ 농 - 濃～「濃い」 例 농～ 例 농회색（濃いグレー）、 例 농담（濃淡）、농염하다（妖艶だ）

☑ 늦 - 「時間的に遅い」 例 늦잠（昼のんの

☑ 막 - 「質の悪い」「手当り次第に」「ためらいなく」 例 막말（出任せ、悪口）、막국수（マックス）、막노동（肉体労働）

☑ 몰 - 没～「それがまったくない」 例 没～ 例 몰상식（非常識）、몰지각（無分別）、몰인정（不人情）

☑ 범 - 汎～「それを全て合わせる」 例 汎～ 例 범지구적（汎地球的）、범민주적（汎民主的）、범국가적（汎国家的）

☑ 빗 - 「斜めの」 例 빗금（斜線）、빗대다（遠回しに例える）、빗나가다（それていく）

☑ 생 - 「直接的な血縁関係である」 例 生～ 例 생부모（実の父母）、 例 생부（実父）、생모（実母）、생판（生粋）

☑ 선 - ¹「不慣れな」「十分でない」 例 선무당

■「ハングル・日本語索引」ページ

1日目〜182日目までの全見出し語の索引です。単語をㄱㄴㄷ順に並べたハングル索引とメイン訳を五十音順に並べた日本語索引の2種類があります。単語を探すのに使えるのはもちろん、単語を覚えたかをチェックするのにも活用できます。

ハングル・日本語索引

本書の見出し語の索引です。見出し語をㄱㄴㄷ順に、メイン訳を五十音順に並べました。数字は掲載番号です。

013

韓国語の学習法と本書の使い方

　本書は単なる単語集ではありません。ハン検1・2級にレベルを合わせ工夫を凝らした例文で、適切な学習法を用いることで、インプットはもちろん、アウトプットも鍛え、総合的な能力を育てることができます。特に、日本で韓国語を勉強している人に不足しがちなのは、韓国語を口に出して話す機会です。この不足を練習という形で埋めるのが、音読をはじめとした学習法です。以下でご紹介します。

音　読

　音読はスポーツにおける基本動作練習に例えることができます。繰り返し音読することにより、記号のようなハングルの文を、音に変換して発話する動作を体に染み込ませることができます。

　音読は韓国語の見出し語や例文を何度も繰り返し、口に出して話す練習です。例えば1日分の例文を、20回、30回など、目標を定めて読みます。意味の分からない文で音読を行うことは避け、きちんと理解した素材を使って、正しくない音声を繰り返す間違いを避けるために、模範の音声を聞いた上で行うようにします。

書き写し

　ノートを準備して、見出し語や例文（必要ならそれらの訳）を書き写します。単に脳だけでなく、体（ここでは手）を動かすことが単語の記憶を助けます。その際、韓国語の音をつぶやきながら行うと、口も動員することになり、なおよいでしょう。

リピーティング

　見出し語、例文の音声を聞いて、例文を聞いたままに発話していきます。次の語が始まるまでに言い切れないようなら、音声プレーヤーの一時停止ボタンを活用しながら、練習を行ってください。

シャドーイング

　見出し語や例文の音声が流れたら、そのすぐ後を追うように、聞いたままに声に出して続けて発話していきます。

1・2級

1 週目

☑ 0001
가구
世帯、所帯　漢 家口
시골 마을에서는 점점 **가구** 수가 줄고 있다.
田舎町ではだんだんと世帯数が減っている。

☑ 0002
가문
家門、一族、家柄　漢 家門
이런 대표직을 맡게 되어 **가문**의 영광입니다.
このような代表職を引き受けることとなり、家門の栄光です。

☑ 0003
일가친척
親類一族　漢 一家親戚
설이나 추석은 **일가친척**이 다 모이는 명절이다.
正月や秋夕は、親類一族がみんな集まる名節だ。

☑ 0004
족보
[족뽀]
家系図　漢 族譜
한국에는 요즘 **족보**를 가지고 있는 집안이 별로 없다.
韓国では最近、家系図を持っている家はあまりない。

☑ 0005
돌림자∅
[돌림짜]
行列字　漢 -- 字
형제들 이름에 **돌림자**를 쓰는 게 오랜 관례였다.
兄弟たちの名前に行列字を使うのが長い慣例だった。

☑ 0006
본관
本貫　漢 本貫
김 선생님의 **본관**은 김해라고 합니다.
金先生の本貫は金海だそうです。

☑ 0007
큰집
本家、長兄やその子孫の家
명절이면 **큰집**에 모든 친척이 모인다.
名節には本家に親戚全員が集まる。

☑ 0008
태생
生まれ　漢 胎生
한국어가 유창한 그는 사실 외국 **태생**이다.
韓国語が流ちょうな彼は、実は外国生まれだ。

☑ 0009
어버이

父と母

낳고 길러 주신 **어버이**의 은혜에 항상 감사하는 마음을 갖고 있다.

産んで育ててくれた両親の恩に対して、常に感謝の気持ちを持っている。

☑ 0010
부친

父親　漢父親

기업 상속에 대해 **부친**의 말씀에 따르기로 했다.

企業の相続について、父親の言葉に従うことにした。

☑ 0011
모친

母親　漢母親

저기 노부인이 선생님의 **모친** 되시는 분입니다.

あそこの老婦人が先生のお母さまに当たる方です。

☑ 0012
아비

父

아무데서나 집안 욕을 하다니 **아비** 얼굴에 먹칠하는구나.

所かまわず家の悪口を言うとは、父の顔に泥を塗ってるね。

☑ 0013
어미

母

새끼 고양이가 있는 곳에 **어미**가 먹이를 물어 왔다.

子猫がいる場所に母猫が餌をくわえてきた。

☑ 0014
아범❷

お父さん、夫

어머니, **아범**이 늦겠다고 전화를 했어요. 먼저 주무세요.

お母さん、夫から遅くなるって電話がありました。先にお休みください。

☑ 0015
선친

亡父　漢先親

선친께서 터를 잡은 고향에서 대대로 농사를 짓고 살아왔습니다.

亡父が定着した故郷で代々農業をして暮らしてきました。

解説　0005 一族の間で同じ世代の名前に共通して用いる一字の漢字のこと　0014 子を持つ夫婦の場合に、目上の人の前で妻が自分の夫のことを指して言う語

☑ 0016
부자간

父と子の間　漢父子間

사춘기 때는 오해를 풀기 위해서라도 **부자간**의 대화가 필요하다.

思春期の頃は、誤解を解くためにも父と子の間で対話が必要だ。

☑ 0017
모녀

母と娘　漢母女

30년 이상 떨어져 산 **모녀**가 기적적으로 상봉했다.

30年以上離れて暮らした母と娘が、奇跡的に再会した。

☑ 0018
서방(님)

旦那(さま)　漢書房(-)

서방님과 함께 지방에 내려가 오순도순 살려고 한다.

旦那さまと一緒に地方に行って仲良く暮らそうと思う。

☑ 0019
마님

貴人に対する尊称、奥さま

옛날에는 높은 사람을 **마님**이라고 불렀다.

昔は地位の高い人を「マニム」と呼んだ。

☑ 0020
여인

女性　漢女人

그 가게는 젊은 **여인**이 혼자 꾸려 가고 있다.

その店は若い女性が一人で切り盛りしている。

☑ 0021
년

あま(女性をののしり卑しめていう語)

여자들에게 이**년** 저**년** 하고 욕하는 사람은 천해 보여요.

女性に「このあま、あのあま」とさげすんで言う人は下品に見えます。

☑ 0022
계집애

[게지배]

女の子

예전에는 여자아이를 **계집애**라고 불렀었다.

かつては女の子のことを「ケジベ」と呼んでいた。

☑ 0023
아낙네

[아낭네]

女、かかあ

냇가에서 **아낙네**들이 사이좋게 빨래를 하고 있다.

川辺で女たちが仲よく洗濯をしている。

☑ 0024

새댁

新妻　漢 – 宅

옆집으로 새로 이사 온 **새댁**이 인사차 벨을 눌렀다.

隣の家に引っ越してきた新妻が、あいさつがてらベルを鳴らした。

☑ 0025

새색시

[새색씨]

花嫁、新婦

결혼식을 끝내고 피로연장에 나타난 **새색시**의 뺨이 불그레했다.

結婚式を終え、披露宴会場に現れた花嫁の頬が赤みがかっていた。

☑ 0026

색시

[색씨]

乙女

첫눈에 마음에 든 **색시**가 있다.

一目で気に入った子がいる。

☑ 0027

여편네

妻の卑語　漢 女便 –

동네 카페에서 **여편네**들이 모여 수다를 떨고 있다.

近所のカフェで、奥さんたちが集まっておしゃべりをしている。

☑ 0028

누이

(男性から見て) 姉、妹

시골에서 보내온 쌀을 **누이**와 나누기로 했다.

田舎から送ってきた米を姉(妹)と分けることにした。

☑ 0029

님

いとしい人

사랑하는 **님**은 먼 곳으로 떠나서 만날 기약이 없습니다.

愛する人は遠い所に行き、会う約束がありません。

☑ 0030

임

恋い慕う人

오지도 않는 **임**을 마냥 기다리는 모습이 애처롭다.

来もしない恋い慕う人を、ひたすら待つ姿が気の毒だ。

名詞03_人

☑ 0031
그대
あなた
이 노래를 부르니 **그대** 생각이 간절하네요.
この歌を歌うと、あなたの考えで胸がいっぱいです。

☑ 0032
사나이
男
시장에서는 건장한 **사나이**들이 물건을 날랐다.
市場では壮健な男たちが品物を運んだ。

☑ 0033
오라버님
(女性から見て)お兄さま
급한 용무인지 친정 **오라버님**이 말도 없이 찾아왔다.
急ぎの用なのか、実家のお兄さまが連絡もせずに訪ねてきた。

☑ 0034
도련님
坊ちゃん
그 남자는 부잣집 **도련님**처럼 곱상하게 생겼다.
その男は、金持ちの家のお坊ちゃんのようにきれいな顔をしている。

☑ 0035
영감
老夫婦の妻が夫を呼ぶ尊敬語　漢令監
나이가 드신 두 분은 서로 **영감**, 할매라는 호칭을 쓴다.
年を取ったお二人は、互いに「ヨンガム、ハルメ」という呼称を使っている。

☑ 0036
아우
弟、妹
형만 한 **아우** 없다고 그는 항상 동생을 챙기는 데 여념이 없다.
兄に勝る弟はいないというが、彼はいつも弟の世話に余念がない。

☑ 0037
사돈
姻戚　漢查頓
친구 사이였다가 자녀끼리 결혼을 해서 **사돈** 사이가 됐다.
友達という間柄だったが、子ども同士が結婚して姻戚関係になった。

☑ 0038
처남
妻の男兄弟, 義兄／義弟　漢妻男
아내의 오빠나 남동생을 **처남**이라고 한다.
妻の兄や弟を「チョナム」という。

☑ 0039
처형

妻の姉、義姉　[漢]妻兄

처형과 함께 식사를 했더니 아내가 즐거워했다.

妻の姉と一緒に食事をしたら、妻が喜んだ。

☑ 0040
처제

妻の妹、義妹　[漢]妻弟

오랜만에 장인어른과 **처제**, 처남과 만나서 같이 식사를 했다.

久しぶりに義父と義妹、義兄／義弟と会って一緒に食事をした。

☑ 0041
시형

夫の兄嫁　[漢]媤兄

시형님이 웬일로 집을 방문해서 깜짝 놀랐다.

夫の兄嫁がどういうわけか家を訪れたので、とても驚いた。

☑ 0042
시숙

夫の兄（小じゅうと）　[漢]媤叔

시골에서 **시숙**이 올라와서 시아버지와 밤새 두런두런 이야기를 나누셨다.

田舎から小じゅうとが来て、父と一晩中ひそひそ話し合われていた。

☑ 0043
동서

姉妹の夫／兄弟の妻同士の呼称　[漢]同壻

동서 간에 사이가 좋은 집안이 그리 많지 않다.

相婿／相嫁の間柄で仲が良い家はそれほど多くない。

☑ 0044
아가

赤ちゃん

갓 태어난 **아가**가 귀여워서 한참 쳐다보았다.

生まれたばかりの赤ん坊がかわいくて、しばらくの間見つめた。

☑ 0045
꼬마

ちびっ子

꼬마들 노는 곳에 어른이 가면 못쓰지.

ちびっ子たちが遊ぶ場所に大人が行ったら駄目だろ。

☑ 0046
지피다
(薪などを)くべる
저녁이 되자 장작을 한데 모아 불을 **지폈다**.
夕方になると、薪を1カ所に集めて火をくべた。

☑ 0047　ㄹ語幹
갈다¹
耕す、掘り起こす
봄에는 무엇보다 밭을 **갈고** 씨를 뿌리는 일이 중요하다.
春には、何より畑を耕して種をまくことが重要だ。

☑ 0048
일구다
開墾する
열심히 **일군** 밭을 멧돼지가 내려와 엉망으로 만들었다.
一生懸命耕した畑を、イノシシが下りてきてめちゃくちゃにした。

☑ 0049　ㄷ変則
긷다
[긷따]
くむ、くみ上げる
물이 부족한 아프리카 등지에서는 물을 **긷기** 위해서 매일 먼 길을 떠난다.
水が不足しているアフリカなどの地では、水をくむために毎日遠出する。

☑ 0050
안치다
(釜などに入れて)仕掛ける
밥통에 쌀을 **안치고** 식재료를 다듬으며 식사 준비를 했다.
炊飯器に米をセットして、食材の下ごしらえをしながら食事の準備をした。

☑ 0051
데치다
ゆがく
비빔밥을 먹기 위해 콩나물을 가볍게 **데쳐서** 밥 위에 얹었다.
ビビンバを食べるために、豆モヤシを軽くゆがいてご飯の上に載せた。

☑ 0052　ㄹ変則
거르다¹
こす
이 종이는 술을 만들 때 찌꺼기를 **거르는** 용으로 쓰입니다.
この紙は酒を造るとき、かすをこす用途で使われます。

☑ 0053
절이다
[저리다]
塩漬けにする
김치를 담그려면 먼저 배추를 **절이는** 시간이 필요하다.
キムチを漬けるには、まず白菜を塩漬けする時間が必要だ。

☑ 0054
치다¹

切る、千切りにする
무를 가지고 채를 **친** 다음 고춧가루로 버무렸다.❶
大根を千切りにした後、唐辛子粉であえた。

☑ 0055
저미다

薄く刻む
마늘을 얇게 **저며서** 요리에 쓰도록 그릇에 담아 두었다.
ニンニクを薄く刻んで、料理に使えるよう器に盛っておいた。

☑ 0056
부치다¹

焼く
명절 때마다 전을 **부쳤는데** 앞으로는 시장에서 사 오기로 했다.
名節のたびにチヂミを焼いたが、これからは市場で買ってくることにした。

☑ 0057
고다

煮込む、煮詰める
소뼈나 곱창을 푹 **고아서** 만든 것이 곰탕이다.
牛の骨や小腸をじっくり煮込んで作ったのがコムタンだ。

☑ 0058
우리다

(味を)煮出す
멸치 육수를 **우려내기** 위해 오랜 시간 끓였다.
カタクチイワシのだしを取るために長時間煮た。

☑ 0059
개다¹

こねる、溶く、練る
부침개는 우선 밀가루를 **개고** 나서 재료를 넣고 잘 섞으세요.
チヂミはまず小麦粉を溶いてから材料を入れて、よく混ぜてください。

☑ 0060
버무리다

あえる、混ぜる
나물은 간을 적당히 해서 잘 **버무리면** 돼.
ナムルは塩加減を適当にしてよくあえればいい。

| 解説 | 0054 **채를 치다**で「千切りにする」という意味 |

☑ 0061
빗다
[빋따]

(まんじゅうなどを)こしらえる、もたらす
주말마다 온 가족이 모여서 만두를 **빚던** 시절이 그립다.
週末のたびに、家族全員が集まってマンドゥを作っていた頃が懐かしい。

☑ 0062　**우변칙**
푸다

くむ、(飯を)よそう
급식 당번으로 밥을 **푸는** 일을 하고 있다.
給食当番で、ご飯をよそう係りをしている。

☑ 0063
도맡다
[도맏따]

引き受ける
힘든 일을 **도맡아** 하는 사람은 누구나 신뢰하게 된다.
つらい仕事を引き受ける人は、誰もが信頼するようになる。

☑ 0064
떠맡다
[떠맏따]

引き受ける
경험자가 아니라면 이런 복잡한 일을 **떠맡지** 않을걸요?
経験者でなければ、このような複雑な仕事を引き受けないと思いますが?

☑ 0065　**하다用言**
마다하다

拒む
상금을 준다는데 **마다할** 이유가 없지.
賞金をくれるというのに、拒む理由はないだろ。

☑ 0066
부르짖다
[부르짇따]

叫ぶ
아무리 **부르짖어도** 그에게는 아무것도 들리지 않는 모양이다.
いくら叫んでも、彼には何も聞こえないようだ。

☑ 0067　**르変則**
에두르다

遠回しに言う
그렇게 **에둘러** 이야기하지 말고 그냥 말해라.
そうやって遠回しに言わず、ストレートに言って。

☑ 0068
불러들이다
[불러드리다]

呼び入れる
그 나라는 항의의 표시로 대사를 자국으로 **불러들였다**.
その国は、抗議の印に大使を自国に呼び戻した。

☑ 0069

숙덕거리다

[숙떡꺼리다]

ひそひそ話し合う、こそこそ話す

뭔가 불만이 있는지 자기네들끼리 귓속말로 **숙덕거렸다.**

何か不満があるのか、自分たちだけで、耳打ちでひそひそ話した。

☑ 0070

중얼거리다

ぶつぶつつぶやく

혼잣말을 들릴 듯 말 듯 **중얼거렸다.**

独り言を、聞こえるような聞こえないような感じでぶつぶつつぶやいた。

☑ 0071

속삭이다

[속싸기다]

ささやく

여친은 늘 **속삭이는** 목소리로 말을 건넨다.

彼女はいつもささやき声で話し掛ける。

☑ 0072　하다用言

발악하다

[바라카다]

悪態をつく、あがく　漢 発悪 --　関 - 스럽다

저런 행동은 마지막으로 **발악하는** 것이니 신경 쓸 필요가 없다.

ああいう行動は、最後に悪態をついているものなので気にする必要がない。

☑ 0073

지껄이다

[지꺼리다]

ぺちゃくちゃしゃべる、口をたたく、ほざく

그는 말도 안 되는 소리를 **지껄이면서** 곤란하게 했다.

彼は、話にもならないことをぺちゃくちゃしゃべって困らせた。

☑ 0074

웅성거리다

ざわめく、どよめく

중대 발표를 하자 모여 있던 사람들이 **웅성거리기** 시작했다.

重大発表をすると、集まっていた人たちがざわつき始めた。

☑ 0075

되뇌다

(同じ言葉を)繰り返して言う

그는 같은 말을 늘 **되뇌는** 버릇이 있다.

彼は同じ話をいつも繰り返して言う癖がある。

☑ 0076　**하다用言**
개운하다
[개우나다]

さっぱりしている、すっきりしている
술을 좀 마셨지만, 조금 자고 나니 머리가 **개운했다.**
酒を少し飲んだが、少し寝たら頭がすっきりした。

☑ 0077　**ㅂ変則**
싱그럽다
[싱그럽따]

すがすがしい
꽃가루 알레르기도 끝나고 이제 **싱그러운** 5월의 풍경이 기대된다.
花粉症も終わり、これからすがすがしい5月の風景が楽しみだ。

☑ 0078　**하다用言**
후련하다
[후려나다]

すっきりしている、せいせいしている
10년을 끌어온 재판에 이기고 나니 정말 속이 **후련하다.**
10年引っ張ってきた裁判に勝ったので、本当に気分がすっきりしている。

☑ 0079　**ㅂ変則**
달갑다
[달갑따]

満足だ、ありがたい
고생한 대가로 보너스를 지급했는데도 **달갑지** 않은 표정을 지었다.❷
苦労した対価としてボーナスを支給したのに、喜んでいない表情だった。

☑ 0080　**하다用言**
대견하다
[대겨나다]

感心だ、誇らしい　**関** - 스럽다
장난만 치던 아이가 바르게 자라 줘서 **대견하다.**
いたずらばかりしていた子どもが、真っすぐ育ってくれて誇らしい。

☑ 0081　**ㅂ変則**
미덥다
[미덥따]

頼もしい、信じるに足る
아들이 한 말이 **미덥지** 않았지만 그냥 믿어 보기로 했다.
息子の言った言葉が信じられなかったが、そのまま信じてみることにした。

☑ 0082　**ㅂ変則**
남부럽다
[남부럽따]

他人がうらやましい
그는 **남부럽지** 않은 외모와 실력으로 테니스계를 평정했다.❷
彼は、申し分ない外見と実力でテニス界を平定した。

☑ 0083
스스럼없다
[스스러멉따]

気兼ねない、気安い
그 유명한 작가가 사실 나와 고등학교 때부터 **스스럼없이** 지내온 친구야.
あの有名な作家は、実は僕と高校の時から気兼ねなく過ごしてきた友達だ。

☑ 0084　하다用言
신통하다

不思議なほどよく通じている　漢神通--　関-스럽다
어린아이가 고교 수학 문제를 풀다니 이렇게 **신통할** 수가 없다.
小さな子が高校数学の問題を解くなんて、こんな不思議なことはない。

☑ 0085　하다用言
인자하다

慈愛に満ちている　漢仁慈--　関-스럽다, -롭다
할아버지가 **인자하게** 웃으면서 용서해 주셨습니다.
おじいさんが、慈愛に満ちたように笑いながら許してくださいました。

☑ 0086　하다用言
솔깃하다
[솔기타다]

気が向く、乗り気になる
그는 이직하면 높은 연봉을 제공한다는 **솔깃한** 제안을 받았다.
彼は、転職すれば高い年俸を提供するという心引かれる提案を受けた。

☑ 0087　하다用言
탐탁하다
[탐타카다]

好ましい、申し分ない　関-스럽다
어머니는 딸의 남자 친구가 **탐탁하지** 않은 모양이었다. ❷
母は、娘の彼氏が気に入らないようだった。

☑ 0088　ㅂ変則
눈물겹다
[눈물겹따]

涙ぐましい
어려운 환경에서도 나를 돕겠다니 **눈물겹네.**
貧しい環境でも私を助けるだなんて、涙ましいね。

☑ 0089　하다用言
찡하다

じいんとする
슬픈 영화를 보다 보니 코끝이 **찡해** 왔다.
悲しい映画を見ていたら、鼻先がじいんとしてきた。

☑ 0090　하다用言
황홀하다
[황호라다]

うっとりする、こうこつとしている　漢恍惚--　関-스럽다
그날 파티는 정말 **황홀한** 경험이었습니다.
その日のパーティーは、本当にうっとりする経験でした。

解説　0079 **달갑지 않다**(ありがたくない)など、主に否定の形で用いられる　0082 **남부럽지 않다**(うらやましくない)など、主に否定の形で用いられる　0087 **탐탁하지 않다**(好ましくない)など、主に否定の形で用いられる

☑ 0091

모조리

一つ残らず、何もかも

왕은 반란에 가담한 죄인을 **모조리** 잡아들이라고 명했다.
王は、反乱に加担した罪人を一人残らず捕らえよと命じた。

☑ 0092

죄다

みんな、何から何まで、残さず

세일하는 물건 중에 마음에 드는 것은 **죄다** 쓸어 왔다.
セールしている品物のうち、気に入った物はみんな買い占めてきた。

☑ 0093

홀딱

すっかり、ちょいと、ひらりと　関-하다

그녀에게 **홀딱** 반해서 알게 된 지 얼마 안 돼 고백해 버렸다.
彼女にすっかりほれて、知り合ってそれほどたたずに告白してしまった。

☑ 0094

두루

満遍なく、漏れなく

이 표현은 회화 때 **두루** 쓰이니 잘 익혀 두시기 바랍니다.
この表現は会話の時に満遍なく使われるので、よく覚えておきましょう。

☑ 0095

속속들이

[속쏙뜨리]

隅から隅まで

어렵게 말을 꺼냈는데 선배는 내 고민이 뭔지 **속속들이** 알고 있었다.
どうにか話を切り出したが、先輩は私の悩みを隅から隅まで分かっていた。

☑ 0096

한껏

[한껃]

できる限り、精いっぱい、存分に　漢限-

그는 무대 위에서 자기 실력을 **한껏** 뽐냈다.
彼は舞台の上で自分の実力を存分に出した。

☑ 0097

더없이

[더업씨]

この上なく

그가 제시한 조건은 담당자에게 **더없이** 좋은 조건이었다.
彼が提示した条件は、担当者にとってこの上なくいい条件だった。

☑ 0098

꼬박

ぶっ通し、まるまる

납기를 맞추느라고 **꼬박** 밤을 새웠다.
納期に間に合わせるために、ぶっ通しで徹夜した。

☐ 0099
더럭

どっと、いっぺんに
나보고 그 큰 조직의 대표를 맡으라고 하니 **더럭** 겁이 났다.
私にあの大きな組織の代表を引き受けろと言うので、どっと怖くなった。

☐ 0100
톡톡히
[톡토키]

たっぷり、ずいぶん、ひどく
그는 10년간 복역함으로써 죗값을 **톡톡히** 치렀다.
彼は、10年間服役することで罪の代価をたっぷり払った。

☐ 0101
듬뿍

たっぷり ［関］- 하다
핫도그에 케첩을 **듬뿍** 발라 주세요.
ホットドッグにケチャップをたっぷりかけてください。

☐ 0102
담뿍

たっぷり ［関］- 하다
떡 위에 꿀을 **담뿍** 발라서 먹으니 달고 맛있었다.
餅の上に蜂蜜をたっぷりかけて食べたら甘くておいしかった。

☐ 0103
줄잡아
[줄자바]

少なく見積もって
식당 앞에 늘어선 사람들이 **줄잡아** 스무 명은 되는 것 같다.
食堂前に並んだ人たちは、少なく見積もって20人にはなるようだ。

☐ 0104
무릇
[무른]

大体、総じて
무릇 실패는 성공의 어머니이니 너무 실망하지 마라.
総じて失敗は成功の母だから、あまりがっかりするな。

☐ 0105
줄줄이
[줄주리]

芋づる式に、次々と
부정부패 사건에 엮인 사람들이 **줄줄이** 구속되고 있다.
不正腐敗事件に巻き込まれた人々が、芋づる式に拘束されている。

☑ 0001 가구
☑ 0002 가문
☑ 0003 일가친척
☑ 0004 족보
☑ 0005 돌림자
☑ 0006 본관
☑ 0007 큰집
☑ 0008 태생
☑ 0009 어버이
☑ 0010 부친
☑ 0011 모친
☑ 0012 아비
☑ 0013 어미
☑ 0014 아범
☑ 0015 선친
☑ 0016 부자간
☑ 0017 모녀
☑ 0018 서방(님)
☑ 0019 마님
☑ 0020 여인
☑ 0021 년
☑ 0022 계집애
☑ 0023 아낙네
☑ 0024 새댁
☑ 0025 새색시
☑ 0026 색시
☑ 0027 여편네
☑ 0028 누이
☑ 0029 님
☑ 0030 임
☑ 0031 그대
☑ 0032 사나이
☑ 0033 오라버님
☑ 0034 도련님
☑ 0035 영감

☑ 0036 아우
☑ 0037 사돈
☑ 0038 처남
☑ 0039 처형
☑ 0040 처제
☑ 0041 시형
☑ 0042 시숙
☑ 0043 동서
☑ 0044 아가
☑ 0045 꼬마
☑ 0046 지피다
☑ 0047 갈다 [1]
☑ 0048 일구다
☑ 0049 긷다
☑ 0050 안치다
☑ 0051 데치다
☑ 0052 거르다 [1]
☑ 0053 절이다
☑ 0054 치다 [1]
☑ 0055 저미다
☑ 0056 부치다 [1]
☑ 0057 고다
☑ 0058 우리다
☑ 0059 개다 [1]
☑ 0060 버무리다
☑ 0061 빚다
☑ 0062 푸다
☑ 0063 도맡다
☑ 0064 떠맡다
☑ 0065 마다하다
☑ 0066 부르짖다
☑ 0067 에두르다
☑ 0068 불러들이다
☑ 0069 숙덕거리다
☑ 0070 중얼거리다

☑ 0071 속삭이다
☑ 0072 발악하다
☑ 0073 지껄이다
☑ 0074 웅성거리다
☑ 0075 되뇌다
☑ 0076 개운하다
☑ 0077 싱그럽다
☑ 0078 후련하다
☑ 0079 달갑다
☑ 0080 대견하다
☑ 0081 미덥다
☑ 0082 남부럽다
☑ 0083 스스럼없다
☑ 0084 신통하다
☑ 0085 인자하다
☑ 0086 솔깃하다
☑ 0087 탐탁하다
☑ 0088 눈물겹다
☑ 0089 찡하다
☑ 0090 황홀하다
☑ 0091 모조리
☑ 0092 죄다
☑ 0093 홀딱
☑ 0094 두루
☑ 0095 속속들이
☑ 0096 한껏
☑ 0097 더없이
☑ 0098 꼬박
☑ 0099 더럭
☑ 0100 톡톡히
☑ 0101 듬뿍
☑ 0102 담뿍
☑ 0103 줄잡아
☑ 0104 무릇
☑ 0105 줄줄이

☑0001　世帯
☑0002　家門
☑0003　親類一族
☑0004　家系図
☑0005　行列字
☑0006　本貫
☑0007　本家
☑0008　生まれ
☑0009　父と母
☑0010　父親
☑0011　母親
☑0012　父
☑0013　母
☑0014　お父さん
☑0015　亡父
☑0016　父と子の間
☑0017　母と娘
☑0018　旦那(さま)
☑0019　貴人に対する尊称
☑0020　女性
☑0021　あま(女性をののしり卑しめていう語)
☑0022　女の子
☑0023　女
☑0024　新妻
☑0025　花嫁
☑0026　乙女
☑0027　妻の卑語
☑0028　(男性から見て)姉、妹
☑0029　いとしい人
☑0030　恋い慕う人
☑0031　あなた
☑0032　男
☑0033　(女性から見て)お兄さま
☑0034　坊ちゃん
☑0035　老夫婦の妻が夫を呼ぶ尊敬語

☑0036　弟、妹
☑0037　姻戚
☑0038　妻の男兄弟
☑0039　妻の姉
☑0040　妻の妹
☑0041　夫の兄嫁
☑0042　夫の兄(小じゅうと)
☑0043　姉妹の夫／兄弟の妻同士の呼称
☑0044　赤ちゃん
☑0045　ちびっ子
☑0046　(薪などを)くべる
☑0047　耕す
☑0048　開墾する
☑0049　くむ
☑0050　(釜などに入れて)仕掛ける
☑0051　ゆがく
☑0052　こす
☑0053　塩漬けにする
☑0054　切る
☑0055　薄く刻む
☑0056　焼く
☑0057　煮込む
☑0058　(味を)煮出す
☑0059　こねる
☑0060　あえる
☑0061　(まんじゅうなどを)こしらえる
☑0062　くむ
☑0063　引き受ける
☑0064　引き受ける
☑0065　拒む
☑0066　叫ぶ
☑0067　遠回しに言う
☑0068　呼び入れる
☑0069　ひそひそ話し合う
☑0070　ぶつぶつつぶやく

031

☑0071　ささやく
☑0072　悪態をつく
☑0073　ぺちゃくちゃしゃべる
☑0074　ざわめく
☑0075　(同じ言葉を)繰り返して言う
☑0076　さっぱりしている
☑0077　すがすがしい
☑0078　すっきりしている
☑0079　満足だ
☑0080　感心だ
☑0081　頼もしい
☑0082　他人がうらやましい
☑0083　気兼ねない
☑0084　不思議なほどよく通じている
☑0085　慈愛に満ちている
☑0086　気が向く
☑0087　好ましい
☑0088　涙ぐましい
☑0089　じいんとする
☑0090　うっとりする
☑0091　一つ残らず
☑0092　みんな
☑0093　すっかり
☑0094　満遍なく
☑0095　隅から隅まで
☑0096　できる限り
☑0097　この上なく
☑0098　ぶっ通し
☑0099　どっと
☑0100　たっぷり
☑0101　たっぷり
☑0102　たっぷり
☑0103　少なく見積もって
☑0104　大体
☑0105　芋づる式に

1・2級

2週目

☑ 0106
딸아이
[따라이]

娘
딸아이가 수험 준비에 바빠서 말을 붙이기도 힘들어요.
娘が受験の準備に忙しくて、話し掛けるのも大変です。

☑ 0107
외동딸

一人娘
재벌 집 **외동딸**로 자란 그녀는 호텔업계 최고 실적을 냈다.
財閥家の一人娘として育った彼女は、ホテル業界最高の実績を上げた。

☑ 0108
조무래기

ちび、小僧
토요일 오후가 되자 놀이터에 동네 **조무래기**들이 모두 모였다.
土曜日の午後になると、公園に町のちびっ子たちが皆集まった。

☑ 0109
효자

親思いの子、孝行息子　漢孝子
창수 씨는 **효자**라고 소문이 자자하다.
チャンスさんは孝行息子だと、もっぱらのうわさだ。

☑ 0110
증손

ひ孫　漢曽孫
그는 몰락한 나라의 왕실 **증손**으로도 유명하다.
彼は、没落した国の王室のひ孫としても有名だ。

☑ 0111
노처녀

婚期を過ぎた独身女性　漢老処女
결혼도 이제 선택이 되면서 **노처녀**라는 말이 잘 안 쓰이고 있다.
結婚ももはや選択になり、「ノチョニョ」という言葉があまり使われなくなっている。

☑ 0112
노총각

婚期を過ぎた独身男性　漢老総角
그는 **노총각**으로 홀어머니를 모시고 살고 있다.
彼は婚期を過ぎた独身男性で、独り身の母の面倒を見ながら暮らしている。

☑ 0113
과부

女やもめ、寡婦　漢寡婦
과부 사정은 홀아비가 안다던데 진짜 그럴까?
女やもめの事情は男やもめが分かるというけど、本当にそうかな？

☐ 0114
홀아비
[호라비]

男やもめ、寡夫
과부 설움은 **홀아비**가 안다고 내가 그 심정 잘 알지.
女やもめの悲しみは男やもめが分かるというが、私はその心情がよく分かるよ。

☐ 0115
유가족

遺族　漢 遺家族
여객선 사고로 피해를 본 **유가족**에 대한 보상이 시급하다.
旅客船事故で被害を負った遺族に対する補償が急がれる。

☐ 0116
입양
[이방]

養子縁組　漢 入養　関 – 하다/되다
어느 연예인 부부는 **입양**한 아이를 가슴으로 낳은 아이라고 말했습니다.
ある芸能人夫婦は、養子縁組した子どもを心で産んだ子だと言いました。

☐ 0117
주례
[주레]

(結婚式などの)媒酌人　漢 主礼　関 – 하다
주례를 유명인사가 아니라 존경하는 선배에게 부탁했다.
媒酌人は、有名人ではなく尊敬する先輩にお願いした。

☐ 0118
하객

お祝いの客、招待客　漢 賀客
요즘엔 결혼식 **하객**도 돈을 써서 부른다면서요?
最近は、結婚式の招待客も金を使って呼ぶんですって？

☐ 0119
연분

縁　漢 縁分
그녀하고는 결국 **연분**이 닿지 않는 것 같아 포기하려 해.
彼女とは結局縁がないようなので、諦めようと思う。

☐ 0120
중매

仲立ち、見合い　漢 仲媒　関 – 하다
두 사람은 **중매**로 만났지만, 연애를 오래 하다가 결혼을 했다.
二人は見合いで出会ったが、恋愛を長くしてから結婚をした。

☑ 0121
궁합

相性 漢宮合
결혼 전에 **궁합**을 보고 헤어지는 커플도 있다.
結婚前に相性を見てもらって別れるカップルもいる。

☑ 0122
불청객

招かれざる客 漢不請客
늦은 밤 집에 **불청객**이 찾아왔다.
夜遅く、家に招かれざる客がやって来た。

☑ 0123
남남

他人同士、赤の他人
부부도 이혼하면 **남남**이 된다.
夫婦も離婚すれば他人同士になる。

☑ 0124
벗
[벋]

友、友達
부모님 여행에 동행하면서 말**벗**이라도 해 드리려고 합니다.❷
両親の旅行に同行しながら、話し相手でもして差しあげようと思います。

☑ 0125
겨레

同胞、同族
우리는 같은 **겨레**이므로 반드시 통일해야 합니다.
われわれは同胞ですから、必ず統一しなければいけません。

☑ 0126
소꿉친구

幼なじみ 漢-- 親旧
나이가 들고 나니 **소꿉친구** 소식을 듣기가 어렵다.
年を取ると、幼なじみの消息を聞くのが難しい。

☑ 0127
또래

同じ年ごろの人
그 아이는 제 **또래**들보다 키가 크다.
その子は、同じ年ごろの子たちより背が高い。

☑ 0128
동무

友達、仲間
30년 만에 동창회에 가서 어릴 적 **동무**들과 신나게 마셨다.
30年ぶりに同窓会に行って、小さい頃の友達と楽しく飲んだ。

☑ 0129
우의
[우이]

友情　漢友誼
초등학교 동창지간인 그들의 **우의**는 매우 두터웠다.
小学校の同窓の間柄である彼らは、友情がとても厚かった。

☑ 0130
손위
[소뉘]

年上
그분은 저보다 나이가 어리지만, 제 **손윗**사람에 해당합니다.❷
その方は私より年は若いですが、私の目上に該当します。

☑ 0131
손아래
[소나래]

年下
나는 그보다 대여섯 살 **손아래**이다.
私は彼より5、6歳年下だ。

☑ 0132
신참

新米、新入り　漢新参
신참이 한 명 들어왔는데 손재주가 좋고 싹싹해서 쓸 만해.
新米が1人入ってきたけど、手先が器用だし気さくなので使える。

☑ 0133
새내기

新入生、新米
그 사람은 **새내기**로서 패기가 느껴지지 않는다.
あの人は新米としての覇気が感じられない。

☑ 0134
풋내기
[푼내기]

新米、青二才
풋내기 주제에 까불기는! 본때를 보여 줘야겠네.❷
新米のくせに生意気な！懲らしめてやらなければ。

☑ 0135
철부지

世間知らず、分別のない人　漢－不知
철부지도 아니고 성인이 돼서도 부모에게 손 벌리면 안 되지.❷
世間知らずでもないだろうに、成人してまでも親に金をねだっちゃ駄目だろ。

解説　0124 **말벗**で「話し相手」という意味　0131 **손윗사람**で「目上」という意味　0134 **본때를 보이다**で「思い知らせる、見せしめのために懲らしめる」という意味　0135 **손을 벌리다**で「金をねだる」という意味

010日目 　名詞06_人

[TR010]

☑ 0136
코흘리개
はな垂れ、分別のない子ども
제 동생은 초등학교에 들어갔지만, 아직 **코흘리개**입니다.
私の弟／妹は小学校に入りましたが、まだはな垂れです。

☑ 0137
임금
君主、王
임금은 신하들의 의견을 귀담아듣고 나라를 다스렸다.
君主は、家臣らの意見を注意深く聞いて国を治めた。

☑ 0138
공주
姫　漢公主
마법에서 풀려난 **공주**는 결국 왕자를 만나 행복하게 살았을까요?
魔法が解けた姫は、結局王子に会って幸せに暮らしたのでしょうか？

☑ 0139
백성
[백썽]
民　漢百姓
고단한 삶에 지쳐 삶의 희망을 놓아 버린 **백성**들이 반란을 일으켰다.
過酷な生活に疲れ、生きる希望をなくした民衆が反乱を起こした。

☑ 0140
중산층
中産階級　漢中産層
IMF 위기 이후 한국에선 많은 **중산층**이 몰락하였다.❷
IMF危機以降、韓国では多くの中産階級が没落した。

☑ 0141
백수
[백쑤]
無職の人　漢白手
대학 졸업 후 일자리를 못 구해 **백수**로 지내고 있다.
大学卒業後、仕事が決まらず無職として過ごしている。

☑ 0142
거지
乞食
돈을 그렇게 무절제하게 쓰다가 **거지** 될라.
お金をそうやって節制せずに使っていたら、乞食になるぞ。

☑ 0143
알거지
無一文の乞食、一文無し
전쟁으로 집과 땅을 잃고 **알거지** 신세가 되었다.
戦争で家と土地を失い、無一文の乞食の身分になった。

☐ 0144
술고래

大酒飲み
회사 상사가 소주 서너 병은 마시는 **술고래**라 피곤해.
会社の上司が焼酎3、4本は飲む大酒飲みなので疲れる。

☐ 0145
단골

常連
음식에 신경을 썼더니 **단골**손님이 늘었다.
料理に気を使ったら、常連客が増えた。

☐ 0146
토박이
[토바기]

土地っ子、生粋の土地の人　漢土 --
서울에는 정작 서울 **토박이**가 별로 없다.
ソウルには実際、生粋のソウルっ子があまりいない。

☐ 0147
실향민
[시향민]

故郷を失って他の場所で暮らす人　漢失郷民
실향민들은 명절 때마다 휴전선 부근에서 제사를 지낸다.
故郷を失った人々は名節のたびに休戦ライン付近で法事を行う。

☐ 0148
이재민

被災者　漢罹災民
지진 피해로 많은 **이재민**이 발생했다.
地震の被害で多くの被災者が発生した。

☐ 0149
노약자
[노약짜]

老人と病弱な人　漢老弱者
노약자석은 노인분들뿐 아니라 임산부를 위한 자리이기도 하다.❷
優先席は老人だけでなく妊産婦のための席でもある。

☐ 0150
간병인

介護者、付添人　漢看病人
요양병원에서는 **간병인**을 구하시는 것이 좋습니다.
療養型病院では介護者を雇うのがよいでしょう。

解説　0140 IMF **위기**とは1997年に起きた「アジア通貨危機」のこと　0149 **노약자석**(老弱者席)で「優先席」という意味

☐ 0151

딱딱거리다

[딱딱꺼리다]

ぶっきらぼうに言う

말을 할 때는 그렇게 **딱딱거리지** 말고 상냥하게 해 봐.
話す時は、そんなぶっきらぼうに言わないで優しくして。

☐ 0152

지저귀다

(小鳥が)さえずる

저 멀리 새들이 **지저귀는** 소리가 들린다.
遠くから鳥がさえずる声が聞こえる。

☐ 0153

우짖다

[우짇따]

さえずる、吠える

까마귀 떼가 나무 위에서 깍깍 시끄럽게 **우짖고** 있다.
カラスの群れが、木の上でカアカアうるさく鳴きわめいている。

☐ 0154

노닥거리다

[노닥꺼리다]

しきりにしゃべりまくる、油を売る

업무 시간에 일하지 않고 **노닥거리는** 사람도 있다.
業務時間に仕事せず、無駄話ばかりする人もいる。

☐ 0155

응얼거리다

□ずさむ

오늘따라 어머니가 요리하시면서 노래를 **응얼거렸다**.
今日に限って、母が料理しながら歌を口ずさんでいた。

☐ 0156

읊다

[읍따]

詠む

시인이 술을 한 잔 마신 뒤, 마당에 앉아 시를 한 수 **읊고** 있었다.
詩人が酒を1杯飲んだ後、庭に座って詩を1編詠んでいた。

☐ 0157 　ㄷ変則

엿듣다

[엳뜯따]

立ち聞きする

부모님들이 하는 이야기를 **엿들으니** 고민이 많으신 것 같았다.
両親の話を立ち聞きするに、悩みが多いようだった。

☐ 0158

엿보다

[엳뽀다]

のぞき見る、盗み見る

영화는 어떻게 보면 사람들의 **엿보는** 심리를 이용하는 것이다.
映画は、ある意味、人ののぞき見る心理を利用するものだ。

☑ 0159
기웃거리다
しきりにのぞく、ここかしこをのぞく
고양이가 배가 고픈지 여기저기 식당을 **기웃거렸다**.
猫がおなかがすいているのか、あちこち食堂をしきりにのぞき込んだ。
[기욷꺼리다]

☑ 0160
넘겨다보다
目を付ける、人の物を欲しがる
남의 물건을 **넘겨다보지** 말고 원하는 것은 스스로 얻어내라!
人の物を欲しがらないで、欲しいものは自分で手に入れろ！

☑ 0161
거들떠보다
目を向ける
부모가 부자라서 돈이 안 되는 일은 **거들떠보지도** 않는다.❷
親が金持なので、お金にならない仕事は見向きもしない。

☑ 0162
눈여겨보다
注視する、目を留める
감독은 평소 **눈여겨보던** 선수를 대표로 발탁했다.
監督は、普段から注視していた選手を代表に抜てきした。
[눈녀겨보다]

☑ 0163
건너다보다
見渡す
바닷가 호텔 방에서 **건너다보니** 먼바다를 오가는 배가 보였다.
海辺のホテルの部屋から見渡すと、沖を行き交う船が見えた。

☑ 0164 ㄷ変則
캐묻다
しつこく聞く、問いただす
수사관은 범인에게 범죄 사실을 꼬치꼬치 **캐물었다**.
捜査官は犯人に犯罪事実を根掘り葉掘り問いただした。
[캐묻따]

☑ 0165
족치다
責め立てる、やりこめる
형사가 범인을 **족쳐서** 자백을 받았지만, 증거능력을 인정받지 못했다.
刑事が犯人を責め立てて自白させたが、証拠能力が認められなかった。

解説　0161 **거들떠보지 않다**(目を向けない)など、主に否定の形で用いられる

☐ 0166

몰아붙이다

[모라부치다]

追い詰める、責める

아무리 잘못했다고 해도 변명의 기회도 주지 않고 **몰아붙이면** 안 되죠.

いくら間違えたとしても、弁明の機会も与えず追い詰めたら駄目でしょう。

☐ 0167

다그치다

せき立てる、畳み掛ける

어머니는 노는 아이에게 **다그치듯** 공부하라고 했다.

母は、遊んでいる子にせき立てるように勉強しろと言った。

☐ 0168　**ㄹ語幹**

내몰다

追い出す、追い立てる、追い払う

동네 청년들은 힘을 합쳐 침입자를 마을 밖으로 **내몰았다**.

地域の青年たちは、力を合わせて侵入者を村の外に追い払った。

☐ 0169

내쫓다

[내쫃따]

追い出す、追い払う

이사진은 이사회를 열어 무능력한 사장을 **내쫓았다**.

理事たちは、理事会を開いて無能な社長を追い出した。

☐ 0170

나무라다

叱る、とがめる

아이에게 아무런 설명 없이 **나무라기만** 하면 안 되죠.

子どもに何の説明もなく、叱ってばかりではいけません。

☐ 0171

구슬리다

おだて上げる、丸め込む

아이들은 무조건 혼내지 말고 잘 **구슬려** 가면서 가르쳐야 해!

子どもたちは頭ごなしに怒らないで、うまくおだてながら教えなきゃ！

☐ 0172

저버리다

(好意を)裏切る、背く

이번 실패로 여러분의 기대를 **저버리게** 돼서 죄송합니다.

今回の失敗で皆さんの期待を裏切ることになり、申し訳ありません。

☐ 0173

부추기다

あおる、そそのかす

성과제는 오히려 경쟁심을 **부추기는** 결과만 초래할 뿐이다.

成果主義はむしろ競争心をあおる結果を招くだけだ。

☑ 0174
추어올리다

おだてる、けしかける、持ち上げる
저를 너무 **추어올리면** 오히려 부담스러워요.
私をあまりにおだてると、むしろ負担です。

☑ 0175
북돋우다
[북또두다]

鼓舞する、励ます、駆り立てる
사장님은 사기를 **북돋우기** 위해서 보너스를 지급했다.
社長は士気を鼓舞するために、ボーナスを支給した。

☑ 0176
뻐기다

いばる、得意がる
그 녀석은 자기 아버지가 부자라고 늘 **뻐기고** 다녔다.
彼は、自分の父親が金持ちだといつもいばって回った。

☑ 0177
으스대다

いばる、肩を張る
그 녀석은 친구들에게 전국 1등을 했다면서 **으스댔다**.
あいつは友人たちに全国1位になったと言っていばった。

☑ 0178
부리다

使う、働かせる
기업도 결국 사람을 잘 **부리는** 곳이 성공한다.
企業も結局、人をうまく使うところが成功する。

☑ 0179
뽐내다

誇る、いばる
장기자랑에서 노래는 물론 춤 실력을 **뽐내서** 상을 탔다.
特技自慢で歌はもちろん、ダンスの実力を誇示して賞をもらった。

☑ 0180
뺨치다

(比較対象を)上回る、しのぐ
그는 전문가 **뺨치는** 실력으로 유튜브에서 인기가 있다.
彼は専門家顔負けの実力で、YouTubeで人気がある。

☐ 0181
겸연쩍다
[겨면쩍따]

照れくさい　漢慊然 --　関 - 스럽다
그에게 소개팅 제안을 했더니 **겸연쩍은** 표정을 지었다.
彼に良い人を紹介すると提案したら、照れくさそうな表情を浮かべた。

☐ 0182　하다用言
신통방통하다

とても感心だ　漢神通 - 通 --
아이가 혼자 공부해서 100점을 맞다니 **신통방통하네**.
子どもが一人で勉強して、試験で100点を取るとはとても感心だ。

☐ 0183　하다用言
시원섭섭하다
[시원섭써파다]

せいせいしている一方で寂しくもある
10년간 몸담았던 회사를 떠난다고 하니 **시원섭섭하다**.
10年間勤めた会社を離れるというので、せいせいするが寂しくもある。

☐ 0184　ㅂ変則
경사스럽다
[경사스럽따]

めでたい、喜ばしい　漢慶事 ---
자녀들이 좋은 대학에 입학했다니 **경사스럽네요**.
子どもたちがいい大学に入学したなんて、めでたいですね。

☐ 0185　하다用言
거북하다
[거부카다]

気まずい、決まりが悪い、すっきりしない　関 - 스럽다
제가 업무시간에 놀기만 했다니 듣기 **거북하네요**.
私が業務時間に遊んでばかりいたとは、聞き捨てならないですね。

☐ 0186　ㅂ変則
껄끄럽다
[껄끄럽따]

気まずい、ちくちくする、ざらざらする
그 사람과 싸우고 나서 같은 부서에서 일하기가 **껄끄럽다**.
その人とけんかしてから、同じ部署で仕事をするのが気まずい。

☐ 0187　하다用言
무색하다
[무새카다]

顔負けだ、きまり悪い、恥ずかしい　漢無色 --
할리우드 배우들이 사는 저택은 궁전이 **무색할** 정도로 크다.
ハリウッドの俳優たちが暮らす邸宅は、宮殿顔負けなほどに大きい。

☐ 0188　하다用言
얼떨떨하다
[얼떨떠라다]

面食らう、戸惑う
자신이 연출한 작품의 갑작스러운 수상에 **얼떨떨한** 기분이었다.
自分が演出した作品の突然の受賞に面食らった気分だった。

☑ 0189 하다用言

민망하다

きまり悪い、小恥ずかしい 漢憫惘-- 関-스럽다

친구에게 그런 부탁을 하기가 **민망해서** 말을 꺼내지 못했다.
友達にそんなお願いをするのがきまり悪くて、話を切り出せなかった。

☑ 0190 ㅂ変則

수치스럽다

[수치스럽따]

恥ずかしい 漢羞恥---

모두가 있는 자리에서 나의 잘못이 알려져서 너무 **수치스러웠
다.**
皆がいる場で自分のミスが知られて、とても恥ずかしかった。

☑ 0191

염치없다

[염치업따]

恥知らずだ 漢廉恥--

염치만 없는 줄 알았는데 뻔뻔스럽기까지 하네.
恥知らずなだけだと思っていたけど、ずうずうしくもあるね。

☑ 0192 하다用言

서먹하다

[서머카다]

よそよそしい、気まずい

그런 모임에 참여하는 것이 처음이라 분위기가 **서먹했다.**
そういう集まりに参加するのが初めてなので、雰囲気が気まずかった。

☑ 0193 하다用言

원통하다

残念だ、悔しい、恨めしい 漢冤痛--

이혼하기로 했지만, 그간의 세월이 **원통해서** 밤에 잠을 못 이뤘
다.
離婚することにしたが、これまでの歳月が残念で夜眠れなかった。

☑ 0194 으語幹

구슬프다

物悲しい

노래방에서 여자 친구가 **구슬픈** 노래를 부르니 왠지 찜찜해졌
다.
カラオケで彼女が物悲しい歌を歌うので、なぜだか気まずくなった。

☑ 0195 으語幹

서글프다

物悲しい

해외에서 혼자 먹고살기도 힘든데 아프기까지 하면 **서글프다.**
海外で一人で食べていくのも大変なのに、病気まですると物悲しい。

☑ 0196
다분히
[다부니]

多分に　漢多分-　関- 하다
그 사람은 **다분히** 다른 사람을 괴롭힐 위험성이 있다.
その人は多分に他人を苦しめる危険性がある。

☑ 0197
자못
[자몯]

思ったよりはずっと、いかにも、ずっと
그 사건을 조사해 보니 **자못** 심각한 상황임을 깨달았다.
その事件を調査したら、思ったよりずっと深刻な状況であることが分かった。

☑ 0198
웬만큼

そこそこに、人並みに
그녀는 외국에 나간 적이 없지만, 영어를 **웬만큼** 한다.
彼女は外国に行ったことはないが、英語をそこそこに話す。

☑ 0199
작작
[작짝]

いいかげんに、休み休み、ほどほどに
헛소리 **작작** 하고 술이나 마셔! 한 이야기 그만하고….
たわごとはいいかげんにして酒でも飲め！ 同じ話をしないで……。

☑ 0200
고작

たかだか、せいぜい
고작 푼돈이나 벌자고 열심히 일한 줄 아세요?
たかだかはした金を稼ぐために、頑張って働いたとお思いですか？

☑ 0201
푼푼이
[푼푸니]

一銭二銭と、わずかずつ
푼푼이 모은 돈을 기부하는 걸 보면 아직 세상은 살 만하다.
一銭二銭と集めた金を寄付するのを見ると、世の中捨てたものじゃない。

☑ 0202
쪼르륵

ちょろっ、たらたら　関- 하다
수도꼭지를 틀자 물이 **쪼르륵** 흘러 나왔다.
水道の蛇口をひねると、水がちょろちょろと流れ出た。

☑ 0203
자그마치

なんと、予想より大きい
그렇게 작은 집이 **자그마치** 1억엔이라네.
あんなに小さな家が、なんと1億円だってね。

☑ 0204
추호도

少しも、みじんも　漢秋毫-

나는 당신을 **추호도** 의심한 적이 없습니다.
私はあなたを少しも疑ったことがありません。

☑ 0205
근근이
[근그니]

かろうじて、やっと　漢僅僅-

매달 빠듯한 월급으로 **근근이** 살아가고 있다.
毎月ぎりぎりの給料でかろうじて生きている。

☑ 0206
이루

到底（〜できない）

외국인 노동자로 산다는 게 얼마나 힘든지 **이루** 말할 수 없다.
外国人労働者として生きるということがどれだけ大変か、到底言えない。

☑ 0207
냉큼

直ちに、さっさと、素早く

고양이가 배가 고팠는지 생선을 주자 **냉큼** 받아 먹었다.
猫がおなかをすかしていたのか、魚をあげたら直ちにもらって食べた。

☑ 0208
느닷없이
[느다덥씨]

いきなり、不意に、出し抜けに

평소에는 연락도 없더니 왜 **느닷없이** 나타나 간섭하고 그러세요?
普段は連絡もなかったのに、なぜいきなり現れて干渉するんですか？

☑ 0209
대뜸

直ちに、いきなり、すぐに

내가 일을 그만두겠다고 했더니 아내는 **대뜸** 화부터 냈다.
僕が仕事を辞めると言ったら、妻は直ちに怒り出した。

☑ 0210
금세

直ちに、すぐ

안 좋은 소문은 **금세** 퍼지는 경향이 있다.
良くないうわさはすぐに広がる傾向がある。

☑0106 딸아이	☑0141 백수	☑0176 뻐기다
☑0107 외동딸	☑0142 거지	☑0177 으스대다
☑0108 조무래기	☑0143 알거지	☑0178 부리다
☑0109 효자	☑0144 술고래	☑0179 뽐내다
☑0110 증손	☑0145 단골	☑0180 빤치다
☑0111 노처녀	☑0146 토박이	☑0181 겸연쩍다
☑0112 노총각	☑0147 실향민	☑0182 신통방통하다
☑0113 과부	☑0148 이재민	☑0183 시원섭섭하다
☑0114 홀아비	☑0149 노약자	☑0184 경사스럽다
☑0115 유가족	☑0150 간병인	☑0185 거북하다
☑0116 입양	☑0151 딱딱거리다	☑0186 껄끄럽다
☑0117 주례	☑0152 지저귀다	☑0187 무색하다
☑0118 하객	☑0153 우짖다	☑0188 얼떨떨하다
☑0119 연분	☑0154 노닥거리다	☑0189 민망하다
☑0120 중매	☑0155 응얼거리다	☑0190 수치스럽다
☑0121 궁합	☑0156 읊다	☑0191 염치없다
☑0122 불청객	☑0157 엿듣다	☑0192 서먹하다
☑0123 남남	☑0158 엿보다	☑0193 원통하다
☑0124 벗	☑0159 기웃거리다	☑0194 구슬프다
☑0125 겨레	☑0160 넘겨다보다	☑0195 서글프다
☑0126 소꿉친구	☑0161 거들떠보다	☑0196 다분히
☑0127 또래	☑0162 눈여겨보다	☑0197 자못
☑0128 동무	☑0163 건너다보다	☑0198 웬만큼
☑0129 우의	☑0164 캐묻다	☑0199 작작
☑0130 손아래	☑0165 족치다	☑0200 고작
☑0131 손위	☑0166 몰아붙이다	☑0201 푼푼이
☑0132 신참	☑0167 다그치다	☑0202 쪼르륵
☑0133 새내기	☑0168 내몰다	☑0203 자그마치
☑0134 풋내기	☑0169 내쫓다	☑0204 추호도
☑0135 철부지	☑0170 나무라다	☑0205 근근이
☑0136 코흘리개	☑0171 구슬리다	☑0206 이루
☑0137 임금	☑0172 저버리다	☑0207 냉큼
☑0138 공주	☑0173 부추기다	☑0208 느닷없이
☑0139 백성	☑0174 추어올리다	☑0209 대뜸
☑0140 중산층	☑0175 북돋우다	☑0210 금세

☑ **0106** 娘
☑ **0107** 一人娘
☑ **0108** ちび
☑ **0109** 親思いの子
☑ **0110** ひ孫
☑ **0111** 婚期を過ぎた独身女性
☑ **0112** 婚期を過ぎた独身男性
☑ **0113** 女やもめ
☑ **0114** 男やもめ
☑ **0115** 遺族
☑ **0116** 養子縁組
☑ **0117** (結婚式などの)媒酌人
☑ **0118** お祝いの客
☑ **0119** 縁
☑ **0120** 仲立ち
☑ **0121** 相性
☑ **0122** 招かれざる客
☑ **0123** 他人同士
☑ **0124** 友
☑ **0125** 同胞
☑ **0126** 幼なじみ
☑ **0127** 同じ年ごろの人
☑ **0128** 友達
☑ **0129** 友情
☑ **0130** 年上
☑ **0131** 年下
☑ **0132** 新米
☑ **0133** 新入生
☑ **0134** 新米
☑ **0135** 世間知らず
☑ **0136** はな垂れ
☑ **0137** 君主
☑ **0138** 姫
☑ **0139** 民
☑ **0140** 中産階級

☑ **0141** 無職の人
☑ **0142** 乞食
☑ **0143** 無一文の乞食
☑ **0144** 大酒飲み
☑ **0145** 常連
☑ **0146** 土地っ子
☑ **0147** 故郷を失って他の場所で暮らす人
☑ **0148** 被災者
☑ **0149** 老人と病弱な人
☑ **0150** 介護者
☑ **0151** ぶっきらぼうに言う
☑ **0152** (小鳥が)さえずる
☑ **0153** さえずる
☑ **0154** しきりにしゃべりまくる
☑ **0155** 口ずさむ
☑ **0156** 詠む
☑ **0157** 立ち聞きする
☑ **0158** のぞき見る
☑ **0159** しきりにのぞく
☑ **0160** 目を付ける
☑ **0161** 目を向ける
☑ **0162** 注視する
☑ **0163** 見渡す
☑ **0164** しつこく聞く
☑ **0165** 責め立てる
☑ **0166** 追い詰める
☑ **0167** せき立てる
☑ **0168** 追い出す
☑ **0169** 追い出す
☑ **0170** 叱る
☑ **0171** おだて上げる
☑ **0172** (好意を)裏切る
☑ **0173** あおる
☑ **0174** おだてる
☑ **0175** 鼓舞する

☑ **0176** いばる
☑ **0177** いばる
☑ **0178** 使う
☑ **0179** 誇る
☑ **0180** (比較対象を)上回る
☑ **0181** 照れくさい
☑ **0182** とても感心だ
☑ **0183** せいせいしている一方で寂しくもある
☑ **0184** めでたい
☑ **0185** 気まずい
☑ **0186** 気まずい
☑ **0187** 顔負けだ
☑ **0188** 面食らう
☑ **0189** きまり悪い
☑ **0190** 恥ずかしい
☑ **0191** 恥知らずだ
☑ **0192** よそよそしい
☑ **0193** 残念だ
☑ **0194** 物悲しい
☑ **0195** 物悲しい
☑ **0196** 多分に
☑ **0197** 思ったよりはずっと
☑ **0198** そこそこに
☑ **0199** いいかげんに
☑ **0200** たかだか
☑ **0201** 一銭二銭と
☑ **0202** ちょろっ
☑ **0203** なんと
☑ **0204** 少しも
☑ **0205** かろうじて
☑ **0206** 到底(〜できない)
☑ **0207** 直ちに
☑ **0208** いきなり
☑ **0209** 直ちに
☑ **0210** 直ちに

1・2級

3週目

☐ 0211
임산부
妊産婦　漢妊産婦
전철에서 '임산부와 노약자를 위한 자리'에는 앉지 않습니다.
電車で「妊産婦や老人、弱者のための席」には座りません。

☐ 0212
귀머거리❶
耳の聞こえない人
시집살이는 **귀머거리** 삼 년에 벙어리 삼 년이라고 했다.
嫁暮らしは聞かないこと3年、しゃべらないこと3年と言われていた。

☐ 0213
머저리
あほう、ばか
그런 **머저리** 같은 소리 하지 말고 똑바로 들어.
そんなばかみたいなこと言わないで、ちゃんと聞け。

☐ 0214
미치광이
狂人
그는 모든 사람이 침묵하는 문제를 지적하자 **미치광이** 취급을 받았다.
彼は全ての人が沈黙している問題を指摘するや、狂人扱いを受けた。

☐ 0215
아무개
なにがし、某
국문과 **아무개** 교수는 학점을 짜게 주기로 유명하다.
国文科のなにがし教授は、単位を厳しく付けることで有名だ。

☐ 0216
신원
[시눤]
身元　漢身元
신원을 알 수 없는 사람의 시신이 강으로 떠내려왔다.
身元の分からない人の死体が川を流れてきた。

☐ 0217
미아
迷子　漢迷児
어린이날 놀이공원에선 **미아**가 많이 발생하니 주의해야 한다.
こどもの日、遊園地では迷子が多く発生するので注意しないといけない。

☐ 0218
인편
人づて　漢人便
산골에 사는 그 작가는 **인편**을 통해 소식을 전했다.
山奥の地域に住むその作家は、人づてに便りを伝えた。

☐ 0219
임자
持ち主、主^{あるじ}
건물 내에서 분실된 물건의 **임자**를 찾아 주었다.
建物内での落とし物の持ち主を探してあげた。

☐ 0220
거물
大物　漢巨物　関 – 스럽다
그는 정치계의 **거물**로 통했으나 비리 사건으로 수감되면서 몰락했다.
彼は政界の大物として通っていたが、汚職事件で収監されて没落した。

☐ 0221
마당발
顔が広い人
그는 그 업계에서 **마당발**로 통한다.
彼はその業界で顔の広い人で通っている。

☐ 0222
여간내기
ただ者　漢如干 --
그는 사장도 함부로 대하지 못할 정도로 **여간내기**가 아니다.
彼は、社長もむやみに扱えないほどにただ者ではない。

☐ 0223
유지
顔利き、有力者　漢有志
그는 지방 **유지**로 선거 때마다 막대한 입김을 행사한다.
彼は地方の顔利きで、選挙のたびに多大な影響力を行使する。

☐ 0224
성원
メンバー　漢成員
로봇을 인간 집단의 **성원**으로 받아들일지 논쟁 중이다.
ロボットを人間集団のメンバーとして受け入れるか、論争中である。

☐ 0225
축¹
部類、類、仲間
그 친구는 유학파라고 하는데 영어를 못하는 **축**에 끼는 편입니다.
その人は留学経験者というが、英語ができない部類に入る方です。

解説　0212 差別的な意味を含むので使用には注意が必要

053

☐ 0226
우두머리

頭
조직의 **우두머리**가 누군가에게 암살되었다.
組織の頭が誰かに暗殺された。

☐ 0227
백

後ろ盾、コネ、バック　外 back
사장님 **백**으로 들어온 사람이니 별 기대가 되지 않는다.
社長のコネで入ってきた人なので、あまり期待ができない。

☐ 0228
패

やから、連中、組　漢 牌
명절에 윷놀이하기 위해 **패**를 둘로 가르고 게임을 시작했다.
名節にユンノリをするために、組を二つに分けてゲームを始めた。

☐ 0229
패거리

やから、連中　漢 牌 --
일생에 도움이 안 되는 저 **패거리**와는 어울리지 않는 게 좋다.
人生の役に立たないあの連中とは付き合わない方がいい。

☐ 0230
건달

やくざ、遊び人、ごろつき　漢 乾達
그 사람은 한때 **건달**로 유명했지만, 지금은 격투기선수가 됐다.
その人は一時やくざとして有名だったけど、今は格闘技選手になった。

☐ 0231
깡패

やくざ、チンピラ　漢 - 牌
고등학교 때 뒷골목 **깡패**에게 돈을 많이 빼앗겼다.
高校の時、路地裏のチンピラにお金をたくさん奪われた。

☐ 0232
날라리

女性を食い物にする男、遊び人
그는 서른이 넘었는데도 철딱서니 없는 **날라리**다.
彼は30歳を過ぎたのに世間知らずの遊び人だ。

☐ 0233
망나니

ならず者
그는 동네에서 소문난 **망나니**로 아무도 상대하려 하지 않았다.
彼は町内で有名なならず者で、誰も相手にしようとしなかった。

☑ 0234

바람잡이

[바람자비]

さくら

바람잡이에게 속아서 쓸데없는 물건을 사 버렸다.

さくらにだまされて、余計な物を買ってしまった。

☑ 0235

나그네

旅人

지나가는 **나그네**인데 하룻밤 묵고 갈 수 있을까요?

通りすがりの旅人ですが、1泊して行けますか？

☑ 0236

꼭두각시

[꼭뚜각씨]

操り人形

그는 **꼭두각시**에 불과하고 뒤에서 조종하는 사람은 따로 있다.

彼は操り人形に過ぎず、後ろで操っている人は別にいる。

☑ 0237

죄수

囚人　漢罪囚

검사는 **죄수**를 검찰청에 불러다가 심문했다.

検事は、囚人を検察庁に呼んで尋問した。

☑ 0238

간첩

スパイ、もぐり　漢間諜

정부는 독재시절 민주화 운동가를 **간첩**으로 둔갑시켜 체포했다.

政府は独裁時代、民主化の運動家をスパイに仕立てて逮捕した。

☑ 0239

빨갱이

共産主義者の俗語、アカ

간첩 사건이 터지자 모두 그를 **빨갱이**로 내몰았다.

スパイ事件が起こると、みんなが彼を「アカ」に仕立て上げた。

☑ 0240

황인종

黄色人種　漢黄人種

백인종, **황인종**, 흑인종으로 구별하는 피부색 차별이 문제다.

白人、黄色人種、黒人で区別する、肌の色での差別が問題だ。

☑ 0241
외계인

宇宙人　漢外界人
아득히 먼 우주 어딘가에 **외계인**의 존재는 있을 것이다.
はるか遠い宇宙のどこかに、宇宙人の存在はあるだろう。

☑ 0242
얼

魂, 精神
예상치도 못한 소식에 **얼**빠진 표정을 지었다.
予想もできなかった知らせに、魂の抜けたような表情を浮かべた。

☑ 0243
심기

気分, 気持ち　漢心気
회장님의 **심기**를 불편하게 했다가는 해고될 수 있다.
会長の気分を損ねたら、解雇されることがある。

☑ 0244
비위

気分, 好み, 機嫌　漢脾胃
부장님 **비위**를 건드리면 회사에서 살아남기 어려워. ❷
部長の機嫌を損ねたら、会社で生き残るのは難しい。

☑ 0245
기상

気性, 気概　漢気像
그 나라 젊은이들의 씩씩한 **기상**을 배우고 싶다.
その国の若者たちの勇ましい気性を見習いたい。

☑ 0246
제정신

正気　漢-精神
회사의 중요 서류를 잃어버리고도 웃다니 **제정신**이야?
会社の重要書類をなくしたのに笑うなんて、正気なの？

☑ 0247
선심

善良な心　漢善心
그는 **선심**을 쓰는 척하면서 제 실속은 다 챙겼다.
彼は善良なふりをしながら、自分の実利は全て手に入れた。

☑ 0248
지성

この上ない真心　漢至誠　関-스럽다
지성이면 감천이라고 병드신 어머니를 간호했더니 싹 나았다. ❷
至誠天に通ずというが、病気の母親を看護したらすっかり治った。

☐ 0249
진정

真心　漢真情
그의 사과에는 **진정**성이 담겨 있지 않다.
彼の謝罪には真心が込められていない。

☐ 0250
친분

親密な情、親交　漢親分
우리 회사 사장은 그 정치인과 **친분**이 깊다고 할 수 있다.
うちの会社の社長は、その政治家と親交が深いといえる。

☐ 0251
효성

親に仕える真心、親思い　漢孝誠　関 -스럽다
남편은 **효성**이 지극해 부모님에 관한 일이라면 바로 달려갑니다.
夫はとても親思いで、両親に関することならすぐ駆けつけます。

☐ 0252
측은
[츠근]

哀れみ、ふびんに思うこと　漢惻隠　関 -하다, -스럽다
아직도 결식하는 아이들을 보면 **측은**해서 도와주고 있습니다.
いまだに食事が十分にとれない子どもを見るとふびんで、支援しています。

☐ 0253
아량

おおらかな度量　漢雅量
죽을죄를 지었습니다만, 넓은 **아량**으로 받아 주십시오.
死に値する罪を犯しましたが、広い度量で受け入れてください。

☐ 0254
융통성
[융통썽]

融通性　漢融通性
그 사람하고 이야기하다 보면 **융통성**이 없어서 답답하다.
あの人と話をすると、融通が利かなくてもどかしい。

☐ 0255
참을성
[차믈썽]

忍耐力　漢 -- 性
참을성이 있는 사람이 되라고 아버지는 늘 말씀하셨다.
忍耐力のある人になれと、父はいつもおっしゃった。

解説　0244 **비위를 건드리다**で「(他人の)気を損ねる」という意味　0248 **지성이면 감천**で
「至誠天に通ず」という意味

☑ 0256 **ㄹ変則**
앞지르다
[압찌르다]

追い越す、追い抜く
기업에서 후발 주자가 선발 주자를 **앞지르는** 경우가 종종 있다.
企業で後発走者が先発走者を追い越すことが時々ある。

☑ 0257
겨루다

競う、争う
노래를 잘 부르는 사람들이 모두 모여서 실력을 **겨루고** 있다.
歌が上手な人たちが一堂に会して実力を競っている。

☑ 0258
견주다

競う、肩を並べる、見比べる
실력을 **견주기** 위해서 수학 경시대회에 출전하기로 했어요.
実力を競うために、数学コンテストに出場することにしました。

☑ 0259
헐뜯다
[헐뜯따]

けなす、こき下ろす、腐す
다른 사람을 **헐뜯는** 말은 하지 않았으면 좋겠어.
他の人をけなす言葉は使わないでほしい。

☑ 0260
비웃다
[비욷따]

あざ笑う
그는 멸시에 찬 어투로 나를 **비웃었다**.
彼は見下した話しぶりで私をあざ笑った。

☑ 0261
비꼬다

皮肉る、ひねる、ねじる
그냥 해도 되는 말을 왜 꼭 **비꼬아서** 얘기하고 그러니?
普通に言ってもいいことを、どうして必ず皮肉って話すの？

☑ 0262
빈정거리다

皮肉る
내가 말을 할 때마다 그렇게 **빈정거리면서** 이야기를 해야겠어?
私が話をするたびに、そうやって皮肉りながら話をしなきゃいけないの？

☑ 0263
집적거리다
[집쩍꺼리다]

ちょっかいを出す、手を付ける
여자에게 자꾸 **집적거리는** 버릇은 언제 고칠 거니?
女の子にやたらとちょっかいを出す癖はいつ直すんだ？

☐ 0264

후리다

たぶらかす、駆り立てる
그 나이가 돼서는 여자나 **후리고** 다니고 뭐하는 짓이냐?
その年になって女をたぶらかし回って、何してるんだ？

☐ 0265

꼬드기다

そそのかす、けしかける
주식에 대해 잘 모르는 사람을 **꼬드겨서** 투자하도록 유도했다.
株についてよく知らない人をそそのかして、投資するよう誘導した。

☐ 0266

꾀다

誘う、そそのかす、たぶらかす
시험을 앞두고 동생을 **꾀어서** 같이 놀러 나갔다.
試験を前にして弟／妹を誘って一緒に遊びに出掛けた。

☐ 0267

등치다

たかる、ゆする
그렇게 남 **등치고** 살면 좋니? 사기 좀 그만 쳐라!
そうやって他人をゆすって生きて楽しい？ 詐欺はもうやめなさい！

☐ 0268 　하다用言

고하다

告げる　漢告 --
무고한 피해자가 나오지 않도록 국가가 신경 쓸 것을 **고합니다**.
無実の被害者が出ないよう、国家が注意することを申し上げます。

☐ 0269

떠벌리다

大げさに言う、ほらを吹く
친구에게 비밀이라고 했더니 동네방네 **떠벌리고** 다녔다.
友達に秘密だと言ったら、町じゅう大げさに言って回った。

☐ 0270 　ㄹ変則

이르다

言う、話す
친구가 **일러** 준 대로 갔더니 길을 헤매지 않았다.
友達が言った通りに行ったら、道に迷わなかった。

☑ 0271

일깨우다

教え悟らせる、覚醒させる

물건을 훔친 것에 대한 잘못을 **일깨우기** 위해 벌을 줬다.

物を盗んだことに対する過ちを教え悟らせるため、罰を与えた。

☑ 0272

깨우치다

諭す、悟らせる

동생에게 수학의 원리를 **깨우쳐** 주니 문제를 곧잘 푼다.

弟(妹)に数学の原理を教えてあげたら、問題をうまく解く。

☑ 0273

일러바치다

告げ口をする

수업 땡땡이친 걸 비밀로 하자고 했는데 선생님께 다 **일러바쳤다.**

授業をサボったことを秘密にしようと言ったのに、先生に全部告げ口した。

☑ 0274

퍼뜨리다

広める、言いふらす

수입 농산물에 대해 나쁜 소문을 **퍼뜨리는** 자는 엄벌에 처하겠다.

輸入農産物について悪いうわさを広める者は厳罰に処する。

☑ 0275 **하다用言**

눈가림하다

[눈가리마다]

欺く、見せかける

집들이 때 배달 음식을 시켜 내가 만든 것처럼 **눈가림했다.**

引っ越し祝いの時、出前を頼んで私が作ったかのように見せかけた。

☑ 0276 **으語幹**

뒤집어쓰다

[뒤지버쓰다]

(他人の罪などを)かぶる

남이 한 잘못을 내가 모두 **뒤집어썼다.**

他人のしたミスを自分が全てかぶった。

☑ 0277

들추다

暴く、暴露する

남의 허물을 **들추는** 것만큼 꼴 보기 싫은 것도 없지요.

他人の過ちを暴くことほど、見るのも嫌なものはないでしょう。

☑ 0278

짚다

[집따]

指摘する、指す、突く

여기서 반드시 **짚고** 넘어가야 할 부분은 바로 이겁니다.❼

ここで必ずはっきりさせなければならない部分は、まさにこれです。

☑ 0279
넘겨짚다
[넘겨집따]

当てずっぽうで言う
그런 식으로 남의 마음을 슬쩍 **넘겨짚고** 그러지 마.
そんなふうに、他人の気持ちを軽く当てずっぽうで言わないで。

☑ 0280
떠보다

(人の腹の中を)探ってみる
그는 협상에 앞서 넌지시 상대의 속마음을 **떠보았다**.
彼は協議に先立ち、それとなく相手の腹のうちを探ってみた。

☑ 0281　ㄹ語幹
싸고돌다

かばう
그렇게 **싸고돌지** 말고 그 사람의 잘못은 없는지 따져 봐야 한다.
そうやってかばわずに、その人の落ち度はないかたださねばならない。

☑ 0282
잡아떼다
[자바떼다]

しらを切る、引き離す
물건을 훔치다가 걸린 사람을 추궁했더니 훔치지 않았다고 **잡아뗐다**.
物を盗んで捕まった人を追及したところ、盗んでいないとしらを切った。

☑ 0283
얼버무리다

はぐらかす
내가 문제를 정확하게 지적하자 답변을 **얼버무렸다**.
私が問題を正確に指摘すると、答えをはぐらかした。

☑ 0284
몰라보다

見間違える、見て分からない
화장을 하고 멋을 내니 **몰라보게** 예뻐졌다.
化粧をしておしゃれすると、見違えるようにきれいになった。

☑ 0285
보살피다

世話する
아이를 **보살피는** 것은 부모로서 최소한의 책임이다.
子どもの世話をするのは、親として最低限の責任だ。

解説　0278 **짚고 넘어가다**で「はっきりさせる」という意味

061

☑ 0286 ㅂ変則

서럽다

[서럽따]

悲しい、恨めしく悲しい

언어 문제를 포함해서 타향살이가 힘들 때는 그저 **서럽기만** 하다.

言葉の問題を含めて異郷暮らしがつらい時は、ただ悲しいばかりだ。

☑ 0287 으語幹

애달프다

切ない

헤어져서도 서로를 그리워하는 모습이 참으로 **애달프다**.

別れてからも互いを恋しがる姿が実に切ない。

☑ 0288 ㅂ変則

안쓰럽다

[안쓰럽따]

気の毒だ、かわいそうだ

한창 놀 나이에 공부만 해야 하는 아이들을 보면 **안쓰럽다**.

遊び盛りに、勉強ばかりしなければならない子どもたちを見ると気の毒だ。

☑ 0289 하다用言

애절하다

[애저라다]

悲痛だ、切ない、哀切だ 漢哀切--

그녀의 **애절한** 사랑 노래에 많은 사람이 공감했다.

彼女の切ない愛の歌に多くの人が共感した。

☑ 0290 ㅂ変則

애처롭다

[애처롭따]

ふびんだ

하기 싫은 일을 어쩔 수 없이 하는 모습이 **애처로워** 보이기도 한다.

やりたくないことを仕方なくやる姿がふびんに見えたりもする。

☑ 0291

가엾다

[가엽따]

かわいそうだ、哀れだ、気の毒だ

인간에 의해 털이 뽑히는 동물들이 **가엾기** 짝이 없다.

人間によって羽が抜かれる動物たちが、かわいそうなことこの上ない。

☑ 0292 하다用言

처량하다

物寂しい、物悲しい 漢凄涼-- 関-스럽다

승진경쟁에서 탈락한 그의 모습이 오늘따라 **처량하다**.

昇進競争から脱落した彼の姿が今日に限って物寂しい。

☑ 0293 하다用言

허망하다

あっけなくむなしい 漢虚妄-- 関-스럽다

어렵게 모은 돈을 써 보지도 못 하고 **허망하게** 돌아가시다니.

苦労して貯めたお金を使うこともできず、あっけなくあの世に行かれるとは。

☑ 0294　하다用言

허전하다
[허저나다]

なんとなく寂しい、空虚な感じがする
지난 가을 어머니가 세상을 떠나고 나니 **허전하다**.
昨秋、母がこの世を去ってから物寂しい。

☑ 0295　하다用言

스산하다
[스사나다]

荒涼として物寂しい　関 – 스럽다
사람은커녕 주변에 아무것도 없어서 **스산하기**까지 하다.
人はおろか、周りに何もなくて物寂しくさえある。

☑ 0296

하염없다
[하여멉따]

とめどない、むなしい
하염없는 기다림에 지쳐서 결국 그 사람과 헤어졌다.
ずっと待つことに疲れて、結局その人と別れた。

☑ 0297

애꿎다
[애꾿따]

何の関係もない、無実だ
회사에서 생긴 일로 **애꿎은** 마누라에게 화풀이하지 마.
会社で起きたことで、何の関係もない妻に八つ当たりするな。

☑ 0298　ㅂ変則

노엽다
[노엽따]

腹立たしく恨めしい
자상한 할아버지가 그렇게 **노여워하시는** 것을 처음 봤다.
優しいおじいさんがあんなに腹を立てているのを初めて見た。

☑ 0299

미심쩍다
[미심쩍따]

疑わしい　漢 未審 – –　関 – 스럽다
그의 말이 **미심쩍기는** 했으나 일단 시키는 대로 했다.
彼の言葉が疑わしくはあったが、ひとまず言う通りにした。

☑ 0300　하다用言

시큰둥하다

素っ気ない、さえない、気乗りしない
아내에게 장사를 하겠다고 하자 반응이 **시큰둥했다**.
妻に商売をすると言ったら、反応が素っ気なかった。

☑ 0301
대번에
[대버네]

すぐに、一気に、即座に
둘 중에서 누가 형인지 **대번에** 알아볼 수 있었다.
二人のうちのどちらが兄か、すぐに気付くことができた。

☑ 0302
이내

間もなく、たちまち、すぐ
젊은 환자가 응급실로 실려 왔지만, **이내** 숨지고 말았다.
若い患者が救急室に運ばれてきたが、間もなく亡くなってしまった。

☑ 0303
별안간
[벼란간]

いきなり、出し抜けに　漢 瞥眼間
내 의지와 상관없이 **별안간** 벌어진 일이라 어처구니가 없었습니다.
私の意志と関係なく、いきなり起きたことなのであっけにとられました。

☑ 0304
졸지에
[졸찌에]

不意に、突然　漢 猝地 -
그는 회사가 파산하면서 **졸지에** 실업자가 됐다.
彼は会社が破産したことで突然失業者になった。

☑ 0305
불현듯
[부련듣]

ふと、突然
공부하다가 **불현듯** 고등학생 시절 생각이 났다.
勉強していたらふと、高校時代を思い出した。

☑ 0306
바야흐로

まさに
때는 **바야흐로** 만물이 소생하는 봄이다.
時はまさに万物がよみがえる春だ。

☑ 0307
와중에

渦中に　漢 渦中 -
토론이 한창인 **와중에** 서로 욕설이 오가는 상황이 벌어졌다.
討論が真っ盛りの中、互いに悪口が行き交う状況になった。

☑ 0308
일찌감치

早めに
딸의 운동회 날이라 오늘은 **일찌감치** 일어나서 도시락을 쌌다.
娘の運動会の日なので、今日は早めに起きて弁当を作った。

☑ 0309

제꺽제꺽
[제꺽쩨꺽]

さっさと、手早く

회의시 필요한 자료는 **제꺽제꺽** 캐비닛에서 가져오세요.
会議時に必要な資料は、さっさとキャビネットから持ってきてください。

☑ 0310

추후

追って、後ほど、この次　漢追後

이 병은 수술 후에도 **추후** 경과에 신경을 써야 합니다.
この病気は、手術後も追って経過に神経を使わなければいけません。

☑ 0311

간간이
[간가니]

時々、まばらに　漢間間 -

날씨가 흐린 가운데 **간간이** 비가 내렸다.
曇っている中、時々雨が降った。

☑ 0312

간혹
[가녹]

たまに、時折　漢間或

아이가 혼자 있고 싶을 때도 **간혹** 있으니 내버려 두세요.
子どもが一人になりたい時もたまにあるので、放っておいてください。

☑ 0313

인제

今になって

아까는 맛있게 먹었지만, **인제** 밤늦게 먹은 것에 대한 후회가 든다.
さっきはおいしく食べたが、今になって夜遅く食べたことを後悔している。

☑ 0314

조만간

そのうち　漢早晩間

항상 전화만 드려서 죄송하니, **조만간** 찾아뵙겠습니다.
いつも電話ばかりで申し訳ないので、そのうち伺います。

☑ 0315

이윽고
[이윽꼬]

やがて、ほどなく、まもなく

발뺌할 수 없는 증거를 들이대자 **이윽고** 범인이 입을 열었다.
言い逃れできない証拠を突き付けると、やがて犯人が口を開いた。

☐ 0211 임산부	☐ 0246 제정신	☐ 0281 싸고돌다
☐ 0212 귀머거리	☐ 0247 선심	☐ 0282 잡아떼다
☐ 0213 머저리	☐ 0248 지성	☐ 0283 얼버무리다
☐ 0214 미치광이	☐ 0249 진정	☐ 0284 몰라보다
☐ 0215 아무개	☐ 0250 친분	☐ 0285 보살피다
☐ 0216 신원	☐ 0251 효성	☐ 0286 서럽다
☐ 0217 미아	☐ 0252 측은	☐ 0287 애달프다
☐ 0218 인편	☐ 0253 아량	☐ 0288 안쓰럽다
☐ 0219 임자	☐ 0254 융통성	☐ 0289 애절하다
☐ 0220 거물	☐ 0255 참을성	☐ 0290 애처롭다
☐ 0221 마당발	☐ 0256 앞지르다	☐ 0291 가엾다
☐ 0222 여간내기	☐ 0257 겨루다	☐ 0292 처량하다
☐ 0223 유지	☐ 0258 견주다	☐ 0293 허망하다
☐ 0224 성원	☐ 0259 헐뜯다	☐ 0294 허전하다
☐ 0225 축 ^{1}	☐ 0260 비웃다	☐ 0295 스산하다
☐ 0226 우두머리	☐ 0261 비꼬다	☐ 0296 하염없다
☐ 0227 백	☐ 0262 빈정거리다	☐ 0297 애꿎다
☐ 0228 패	☐ 0263 집적거리다	☐ 0298 노엽다
☐ 0229 패거리	☐ 0264 후리다	☐ 0299 미심쩍다
☐ 0230 건달	☐ 0265 꼬드기다	☐ 0300 시큰둥하다
☐ 0231 깡패	☐ 0266 꾀다	☐ 0301 대번에
☐ 0232 날라리	☐ 0267 등치다	☐ 0302 이내
☐ 0233 망나니	☐ 0268 고하다	☐ 0303 별안간
☐ 0234 바람잡이	☐ 0269 떠벌리다	☐ 0304 졸지에
☐ 0235 나그네	☐ 0270 이르다	☐ 0305 불현듯
☐ 0236 꼭두각시	☐ 0271 일깨우다	☐ 0306 바야흐로
☐ 0237 죄수	☐ 0272 깨우치다	☐ 0307 와중에
☐ 0238 간첩	☐ 0273 일러바치다	☐ 0308 일찌감치
☐ 0239 빨갱이	☐ 0274 퍼뜨리다	☐ 0309 제꺽제꺽
☐ 0240 황인종	☐ 0275 눈가림하다	☐ 0310 추후
☐ 0241 외계인	☐ 0276 뒤집어쓰다	☐ 0311 간간이
☐ 0242 얼	☐ 0277 들추다	☐ 0312 간혹
☐ 0243 심기	☐ 0278 짚다	☐ 0313 인제
☐ 0244 비위	☐ 0279 넘겨짚다	☐ 0314 조만간
☐ 0245 기상	☐ 0280 떠보다	☐ 0315 이윽고

DATE　年　月　日
DATE　年　月　日

☐ **0211** 妊産婦
☐ **0212** 耳の聞こえない人
☐ **0213** あほう
☐ **0214** 狂人
☐ **0215** なにがし
☐ **0216** 身元
☐ **0217** 迷子
☐ **0218** 人づて
☐ **0219** 持ち主
☐ **0220** 大物
☐ **0221** 顔が広い人
☐ **0222** ただ者
☐ **0223** 顔利き
☐ **0224** メンバー
☐ **0225** 部類
☐ **0226** 頭
☐ **0227** 後ろ盾
☐ **0228** やから
☐ **0229** やから
☐ **0230** やくざ
☐ **0231** やくざ
☐ **0232** 女性を食い物にする男
☐ **0233** ならず者
☐ **0234** さくら
☐ **0235** 旅人
☐ **0236** 操り人形
☐ **0237** 囚人
☐ **0238** スパイ
☐ **0239** 共産主義者の俗語
☐ **0240** 黄色人種
☐ **0241** 宇宙人
☐ **0242** 魂
☐ **0243** 気分
☐ **0244** 気分
☐ **0245** 気性

☐ **0246** 正気
☐ **0247** 善良な心
☐ **0248** この上ない真心
☐ **0249** 真心
☐ **0250** 親密な情
☐ **0251** 親に仕える真心
☐ **0252** 哀れみ
☐ **0253** 大らかな度量
☐ **0254** 融通性
☐ **0255** 忍耐力
☐ **0256** 追い越す
☐ **0257** 競う
☐ **0258** 競う
☐ **0259** けなす
☐ **0260** あざ笑う
☐ **0261** 皮肉る
☐ **0262** 皮肉る
☐ **0263** ちょっかいを出す
☐ **0264** たぶらかす
☐ **0265** そそのかす
☐ **0266** 誘う
☐ **0267** たかる
☐ **0268** 告げる
☐ **0269** 大げさに言う
☐ **0270** 言う
☐ **0271** 教え悟らせる
☐ **0272** 諭す
☐ **0273** 告げ口をする
☐ **0274** 広める
☐ **0275** 欺く
☐ **0276** (他人の罪などを)かぶる
☐ **0277** 暴く
☐ **0278** 指摘する
☐ **0279** 当てずっぽうで言う
☐ **0280** (人の腹の中を)探ってみる

☑ **0281** かばう
☑ **0282** しらを切る
☑ **0283** はぐらかす
☑ **0284** 見間違える
☑ **0285** 世話する
☑ **0286** 悲しい
☑ **0287** 切ない
☑ **0288** 気の毒だ
☑ **0289** 悲痛だ
☑ **0290** ふびんだ
☑ **0291** かわいそうだ
☑ **0292** 物寂しい
☑ **0293** あっけなくむなしい
☑ **0294** なんとなく寂しい
☑ **0295** 荒涼として物寂しい
☑ **0296** とめどない
☑ **0297** 何の関係もない
☑ **0298** 腹立たしく恨めしい
☑ **0299** 疑わしい
☑ **0300** 素っ気ない
☑ **0301** すぐに
☑ **0302** 間もなく
☑ **0303** いきなり
☑ **0304** 不意に
☑ **0305** ふと
☑ **0306** まさに
☑ **0307** 渦中に
☑ **0308** 早めに
☑ **0309** さっさと
☑ **0310** 追って
☑ **0311** 時々
☑ **0312** たまに
☑ **0313** 今になって
☑ **0314** そのうち
☑ **0315** やがて

1·2級

4週目

☐ 0316
격의
[겨기]

遠慮、よそよそしい気持ち　漢隔意

그 친구는 나랑 정말 **격의** 없는 사이라서 금방 연락이 될 거야.

その人は私と本当に気の置けない仲なので、すぐに連絡がつくだろう。

☐ 0317
감흥
[가믕]

面白み　漢感興

이렇게 **감흥**이 떨어지는 글을 읽고 있자니 답답하네.

これほど面白みのない文を読んでいると退屈だね。

☐ 0318
교감¹

交感　漢交感　関 - 하다

그 작가의 글을 읽으면 왠지 정서적 **교감**을 느낍니다.

その作家の文章を読むと、なぜだか情緒的な交感を覚えます。

☐ 0319
쾌락

快楽　漢快楽　関 - 하다

쾌락만을 추구하는 인생은 꼭 행복하다고 할 수 없다.

快楽だけを追求する人生は、必ずしも幸せだとはいえない。

☐ 0320
엄두

やる気、意欲

공부할 양이 너무 많아서 할 **엄두**가 나지 않는다.❷

勉強する量がとても多くて、やる気が出ない。

☐ 0321
애호

愛好　漢愛好　関 - 하다

맥주 **애호**가라면 누구나 한 번쯤은 마셔 본 맥주일 것이다.

ビール愛好家であれば誰でも、一度は飲んだことのあるビールだろう。

☐ 0322
식성
[식썽]

(食べ物の)好み　漢食性

그는 **식성**이 특이해서 항상 뭘 먹을지 고민한다.

彼は食の好みが変わっていて、いつも何を食べたらいいか悩む。

☐ 0323
기승

勝ち気、負けん気　漢気勝　関 - 하다, - 스럽다

날씨도 더운데 모기가 **기승**을 부려 잠을 못 자겠어.❷

暑い上に蚊が猛威を振るって眠れそうにない。

☑ 0324
가망

見込み、望み、当て　漢可望
CT 촬영 후 암의 전이가 확인돼 **가망**이 없어 보입니다.
CT撮影後がんの転移が確認され、見込みがなさそうです。

☑ 0325
선입견
[서닙견]

先入観　漢先入見
어느 나라든 외국인에 대한 **선입견**을 품은 주민이 많다.
どの国であれ、外国人に対する先入観を持つ住民が多い。

☑ 0326
딴

~なり
그 사람 **딴**에는 그 정도도 도와준다고 도와준 거야.
その人なりには、その程度でも手伝ったつもりなんだよ。

☑ 0327
시름

悩み、心配
가게에 손님이 오지 않아 어머니의 **시름**이 깊어지고 있다.
店に客が来なくて、母の悩みが深くなっている。

☑ 0328
심려
[심녀]

心配　漢心慮　関 – 되다/하다
제멋대로 행동함으로써 **심려**를 끼쳐드린 점 사과드립니다.
勝手に行動したことでご心配をおかけした点、おわび申し上げます。

☑ 0329
정색

真顔　漢正色　関 – 하다
농담으로 이야기했는데 친구는 웃지도 않고 **정색**했다.
冗談で言ったのに、友達は笑いもせず真顔になった。

☑ 0330
조바심

焦燥感　関 – 하다
어학 공부는 **조바심**을 내지 말고 꾸준히 하는 게 중요합니다.❼
語学の勉強は焦らずに、こつこつすることが重要です。

解説　0320 **엄두가 나지 않다**(やる気が起きない)など、主に否定の形で用いられる
0323 **기승을 부리다**で「猛威を振るう」という意味　0330 **조바심을 내다**で「焦る」と
いう意味

☑ 0331
굴욕
[구룍]

屈辱　漢屈辱
친구에게 당했던 그때의 **굴욕**을 지금도 잊을 수 없다.
友達から受けたあの時の屈辱を、今でも忘れられない。

☑ 0332
주눅

気後れ
사원들은 사장의 호통에 **주눅**이 들어 아무 말도 못 했다.
社員たちは社長の怒号に気後れして、何も言えなかった。

☑ 0333
죄책감
[죄책깜]

罪責の念, 罪悪感　漢罪責感
그때 거짓말을 한 것에 심하게 **죄책감**을 느낍니다.
あの時うそをついたことに、ひどく罪悪感を覚えます。

☑ 0334
망신

恥さらし, 赤恥　漢亡身　関 - 하다, - 스럽다
아무것도 모르고 그 모임에 갔다가 **망신**만 당했다.
何も知らずその集まりに行って、恥だけかいた。

☑ 0335
무안

恥ずかしいこと, きまりが悪いこと　漢無顔　関 - 하다, - 스럽다
아내는 남편이 자기에 대해 자랑을 하자 **무안**한지 얼굴이 빨개졌다.
妻は夫が自分について自慢をすると、恥ずかしいのか顔が赤くなった。

☑ 0336
분통

悔しさのあまり心が痛むこと　漢憤痛　関 - 스럽다
가습기 살균제 대책의 불성실함이 소비자의 **분통**을 샀다.
加湿器殺菌剤対策の不誠実さが消費者の怒りを買った。

☑ 0337
성화

ひどく気をもむこと　漢成火　関 - 하다, - 스럽다
결혼하라는 엄마의 **성화**에 마지못해 선을 보러 나갔다.
結婚しろと母が気をもんでいるので、仕方なくお見合いに出掛けた。

☑ 0338
작심
[작씸]

覚悟を決めること　漢作心　関 - 하다
그녀는 **작심**한 듯 남친에게 그동안 쌓인 이야기를 했다.
彼女は覚悟を決めたかのように、彼氏にこれまでの積もった話をした。

☑ 0339
고대
待ち焦がれること　漢苦待　関-되다/하다
고대하던 합격 통지서가 드디어 날아왔다.
待ち焦がれていた合格通知書がついに舞い込んだ。

☑ 0340
사모
恋い慕うこと、思慕　漢思慕　関-하다
그녀는 그에 대한 **사모**의 마음이 간절해 매일 잠을 못 이루고 있다.
彼女は彼を恋い慕う気持ちで胸がいっぱいで、毎日眠れずにいる。

☑ 0341
상사병
[상사뼝]
恋煩い　漢相思病
친구는 그녀를 한 번 마주치고 **상사병**에 빠지고 말았다.
友達は、彼女に一度出会っただけで恋煩いになってしまった。

☑ 0342
안달
やきもきすること、いら立ち　関-하다、-스럽다
날씨가 좋아서 공부 대신 놀러 나가고 싶어 **안달**이 났다.
天気が良くて、勉強の代わりに遊びに出掛けたくてやきもきした。

☑ 0343
안달복달
[안달복딸]
やきもきすること、いら立ち　関-하다
휴가철인데 여행을 못 가서 **안달복달**하고 있다.
休暇シーズンなのに、旅行に行けなくてやきもきしている。

☑ 0344
약
しゃくに障ること　関-스럽다
몇 번이나 같은 상대에게 지고 난 그 선수는 **약**이 바짝 올랐다.❶
何回も同じ相手に負けたその選手は、すっかり頭に来た。

☑ 0345
한탄
恨み嘆くこと　漢恨嘆　関-하다、-스럽다
그녀는 언제나 노력하지 않고 자신의 신세를 **한탄**한다.
彼女はいつも努力せずに、自分の身の上を恨み嘆く。

解説　0344 **약이 오르다**で「頭に来る」という意味

☐ 0346
앙갚음
[앙가픔]

報復、復讐 〔関〕- 하다
그는 **앙갚음**을 하기 위해 온갖 수단과 방법을 가리지 않았다.
彼は、報復をするために、あらゆる手段と方法を取った。

☐ 0347
원수

あだ、敵 〔漢〕怨讐
그녀는 **원수**를 갚기 위해 의도적으로 그에게 접근했다.
彼女は、あだを討つため意図的に彼に接近した。

☐ 0348
한

恨み 〔漢〕恨 〔関〕- 스럽다
나이 60 넘어 대학을 졸업함으로써 배움의 **한**을 풀었다.❷
よわい60を超え大学を卒業したことによって、学びの念願を果たした。

☐ 0349
시샘

ねたみ 〔関〕- 하다
그 애는 **시샘**이 많아서 명품을 자랑하지도 말고 안 보여주는 게
나아.
あの子はよくねたむから、ブランド品を自慢したり見せたりしない方がいい。

☐ 0350
강짜

嫉妬、やきもち 〔関〕- 하다
애인이 날이 갈수록 **강짜**를 부리는 게 심해진다.
恋人が日増しに焼きもちを焼くのがひどくなる。

☐ 0351
샘¹

嫉妬、ねたみ
언니는 **샘**이 많은 동생 때문에 피곤할 때가 많다.
姉は、嫉妬の多い妹のせいで疲れることが多い。

☐ 0352
골¹

怒り
그렇게 사소한 일에 화내는 걸 보고 그 사람에게 **골**이 났어요.
そんなささいなことに怒るのを見て、その人に腹が立ちました。

☐ 0353
노여움

怒り
젊은 날 도박을 해서 아버지의 **노여움**을 크게 샀다.
若い頃、賭博をして父の大きな怒りを買った。

☑ 0354

역정

[역쩡]

お怒り　漢逆情　関 - 스럽다

노인이라고 무시당하셨는지 할머니가 **역정**을 내면서 들어오셨다.

老人だからと無視されたのか、おばあさんが怒りながら入って来られた。

☑ 0355

울화

[우롸]

立腹　漢鬱火

출신 지역으로 차별을 받으니 너무 억울해서 **울화통**이 터진다. ❷

出身地域で差別を受けてとても悔しくて、堪忍袋の緒が切れる。

☑ 0356

부아

憤り、肺

지나간 일이지만, 다시 생각하니 갑자기 **부아**가 치밀었다.

過ぎ去ったことだけど、思い出すと急に憤りが込み上げた。

☑ 0357

분풀이

[분푸리]

腹いせ、うっぷん晴らし　漢憤 - -　関 - 하다

상대에게 당했다고 해서 무조건 **분풀이**하려고 하지 마.

相手にやられたからって、毎回腹いせしようとするな。

☑ 0358

강박

強迫　漢強迫　関 - 하다

청결한 것은 좋지만, 지나친 **강박** 관념은 좋지 않아.

清潔なのはいいが、行き過ぎた強迫観念はよくない。

☑ 0359

옹고집

片意地　漢甕固執

남은 배려하지 않고 **옹고집**을 부리면 사람들이 떨어져 나간다.

他人に配慮せず片意地を張ると、皆離れていく。

☑ 0360

능청

しらばくれて人目を欺こうとする態度　関 - 스럽다

판소리에 맞춰 정말 **능청**스럽게 연기하는 것이 일품이다.

パンソリに合わせて本当にとぼけたように演技するのが逸品だ。

解説　0348 **한**は直訳すると「恨み」だが、ここでは「念願」とした　0355 **울화통이 터지다**で「堪忍袋の緒が切れる」という意味

動詞07_動作 [TR025]

☑ 0361 <hada用言>
건사하다

面倒を見る、取り仕切る、保管する
내 한 몸 **건사하기** 힘든데 누굴 돕겠어요?
自分一人の面倒を見るのも大変なのに、誰を助けられるでしょうか？

☑ 0362 <ㄹ語幹>
거들다

手伝う、手助けする
퇴근하고 나면 식당을 하시는 어머니의 일을 **거듭니다**.
仕事から帰ったら、食堂をしている母の仕事を手伝います。

☑ 0363
딸리다

付き添う、(人が)付く
주말마다 남편이 할아버지 집에 갈 때 아이를 **딸려** 보냈다.
週末のたびに夫が祖父の家に行く時、子どもを付いて行かせた。

☑ 0364 <ㄹ語幹>
거닐다

散歩する、ぶらつく
주말에는 유모차를 끌고 공원을 **거니는** 부부가 많다.
週末にはベビーカーを押して公園を散歩する夫婦が多い。

☑ 0365
거느리다

率いる、連れる、従える
수학여행으로 10명의 제자를 **거느리고** 해외로 떠났다.
修学旅行で10人の弟子を率いて海外に旅立った。

☑ 0366
다스리다

治める、統治する、静める
나라는 통치자의 개인적 감정이 아니라 법과 정의로 **다스려야**
합니다.
国は統治者の個人的感情ではなく、法と正義で治めなければいけません。

☑ 0367
주름잡다
[주름잡따]

牛耳る、(時間や空間を)縮める
그는 금융계를 **주름잡는** 투자자여서 발언할 때마다 화제가 된
다.
彼は金融界を牛耳る投資家なので、発言するたびに話題になる。

☑ 0368 <ㄹ語幹>
받들다
[받뜰다]

敬う、尊重する
총리는 국민의 뜻을 **받들어** 물러나기로 했다.
総理は国民の意志を尊んで退くことにした。

☐ 0369　ㄹ語幹

떠받들다

[떠받뜰다]

あがめる、尊ぶ、担ぐ

시민들은 전쟁에서 승리한 장군을 영웅으로 **떠받들었다**.

市民らは、戦争で勝利した将軍を英雄とあがめた。

☐ 0370

섬기다

仕える

정성을 다하여 부모를 **섬겨야** 하는 게 자식 된 도리이다.

真心を尽くして両親に仕えなければならないのが子の道理だ。

☐ 0371

아뢰다

申し上げる

이 일은 한시라도 빨리 임금님께 **아뢰어야** 할 것입니다.

このことは一刻も早く王様に申し上げなければならないでしょう。

☐ 0372　ㄹ変則

거스르다

逆らう

부모의 말을 **거스르면서까지** 결혼을 해야겠니?

両親の言葉に逆らってまで、結婚をしなければいけないの？

☐ 0373　하다用言

거역하다

[거여카다]

(命令に)逆らう　漢 拒逆--

옛날에 왕의 명령을 **거역했다가는** 사약을 받았다.

昔、王の命令に逆らうと毒薬を飲まされた。

☐ 0374

쳐들어가다

[처드러가다]

攻め込む、突入する

제2차 세계대전은 독일이 폴란드를 **쳐들어감으로써** 시작됐다.

第2次世界大戦は、ドイツがポーランドに攻め込むことで始まった。

☐ 0375

물리치다

退ける、払いのける

침략전쟁을 일으킨 옆 나라의 10만 대군을 **물리치고** 승리를 거두었다.

侵略戦争を起こした隣国の10万の大軍を退けて勝利を収めた。

動詞08_動作

☑ 0376 **하다用言**

패하다

敗れる、破産する　漢敗 --

강팀인데도 거듭 **패함으로써** 리그 탈락의 위기에 처했다.

強豪チームなのに、幾度も敗れたことでリーグ敗退の危機に直面した。

☑ 0377 **르変則**

벼르다

待ち構える、(機会を)狙う

그는 지난번의 실패를 만회하고자 새로 제품이 출시되기만을 **벼르고 별렀다.**

彼は前回の失敗を挽回しようと、新製品が発売されるのだけを待ち構えた。

☑ 0378

쳐부수다

[처부수다]

打ち破る、ぶち壊す

그 장수는 적은 수의 군사로 적을 **쳐부수는** 데에 성공했다.

その将軍は、少人数の兵士で敵を打ち破ることに成功した。

☑ 0379

드리우다

垂らす

호수에 낚싯줄을 **드리우고** 지난 세월을 반추해 보았다.

湖に釣り糸を垂らし、過去の歳月を反すうしてみた。

☑ 0380

빼돌리다

こっそりと他へ移す、横取りする

상무는 회사의 경비를 중간에 **빼돌린** 혐의로 구속됐다.

常務は、会社の経費を中間でこっそり抜いた容疑で拘束された。

☑ 0381

엇바꾸다

[얻빠꾸다]

交換する

엄마 몰래 오래된 가위를 엿장수에게 주고 엿과 **엇바꾸어** 먹었다.

母に気付かれないよう古いはさみをあめ売りに渡しあめと交換して食べた。

☑ 0382

치다²

(家畜を)飼う、(動物)子を産み殖やす

치킨이 인기를 얻으면서 농촌에서 닭을 **치는** 곳이 늘었다.

チキンが人気を得るにつれて、農村で鶏を飼うところが増えた。

☑ 0383 **하다用言**

칠하다

[치라다]

塗る　漢漆 --

대문에 페인트를 **칠해야** 할 때가 됐다.

正門にペンキを塗る時期が来た。

☑ 0384 ㄹ変則

휘두르다

振り回す

아무렇지도 않게 주먹을 **휘두르는** 사람과는 말하고 싶지 않아.

平気で拳を振り回す人とは話したくない。

☑ 0385

떨치다¹

振り落とす

나쁜 기억은 어서 **떨쳐** 버리고 새 출발 하세요.

悪い記憶は早く振り払って、新しい出発をしてください。

☑ 0386 ㄹ語幹

뒤흔들다

激しく揺さぶる

바람이 나무를 **뒤흔드는** 모습을 멍하니 보고만 있었다.

風が木を激しく揺さぶる様子をぼうっと見ているだけだった。

☑ 0387

뿌리치다

振り払う

어려운 살림에도 가족들의 만류를 **뿌리치고** 유학길에 나섰다.

困難な暮らしでも、家族の引き留めを振り払って留学の途に就いた。

☑ 0388

살랑거리다

(尻尾を) 振る、ゆらゆら揺れる

오라는 손짓을 했더니 강아지가 꼬리를 **살랑거리며** 다가온다.

おいでという手ぶりをしたら、犬が尻尾を振りながら近寄ってくる。

☑ 0389

움켜쥐다

握り締める、わしづかみにする

아이가 엄마 손을 꼭 **움켜쥐고는** 놓지를 않았다.

子どもが母親の手をぎゅっと握り締めては離さなかった。

☑ 0390

부여잡다

[부여잡따]

握り締める、しっかりつかむ

군대에 가는 아들의 두 손을 **부여잡고** 어머니는 눈물을 글썽거렸다.

軍隊に行く息子の両手を握り締めて、母は涙ぐんだ。

☑ 0391 ㅂ変則

아니꼽다

[아니꼽따]

しゃくに障る

뭐든지 아는 척하는 그의 태도가 여간 **아니꼽지** 않았다.
何でも知っているふりをする彼の態度がとてもしゃくに障った。

☑ 0392 ㅂ変則

얄밉다

[얄밉따]

憎らしい

아무 잘못도 없지만, 그녀가 왠지 **얄미워** 보인다.
何の過ちもないが、彼女がなぜだか憎らしく見える。

☑ 0393 ㅂ変則

한스럽다

[한스럽따]

恨めしい、無念だ 漢恨 ---

할머니는 제대로 된 사죄를 받지 못하고 눈을 감는 것이 **한스러웠다.❷**
祖母は、ちゃんとした謝罪を受けられずに生涯を終えるのが恨めしかった。

☑ 0394

성가시다

煩わしい、うるさい

몸이 아프니까 만사가 귀찮고 **성가시다.**
体調が良くないので、万事が面倒で煩わしい。

☑ 0395

언짢다

[언짠타]

気に入らない

친구는 내 말이 **언짢은지** 얼굴을 찌푸렸다.
友達は私の言葉が気に入らないのか、顔をしかめた。

☑ 0396 ㅂ変則

역겹다

[역껍따]

腹立たしい、むかむかする、むしずが走る 漢逆 --

그 집은 냄새가 **역겨워서** 1분도 못 버티고 나왔다.
その家のにおいにむかむかして、1分も耐えられずに出てきた。

☑ 0397

어처구니없다

[어처구니업따]

あきれる、あっけに取られる

범인인 그는 자기와는 상관없다며 **어처구니없는** 대답만 하고 있었다.
犯人である彼は、自分とは関係ないとあきれる返事ばかりしていた。

☑ 0398 ㅂ変則

가소롭다

[가소롭따]

おかしい、笑わせる、笑止千万だ 漢可笑 --

그런 식으로 말을 하다니 정말 **가소롭기** 짝이 없구나.
そんなふうに言うとは、本当におかしいことこの上ないな。

☑ 0399 **하다用言**

심란하다

[심나나다]

そわそわする、落ち着かない　漢心乱 --

부서 이동 이야기를 들으니 **심란해서** 잠이 안 왔다.
部署異動の話を聞いて、そわそわして眠れなかった。

☑ 0400 **하다用言**

오싹하다

[오싸카다]

ぞくっとする

공포영화를 보다가 등골이 **오싹한** 적이 많이 있죠?
ホラー映画を見ていて背筋がぞくっとしたことがたくさんあるでしょう？

☑ 0401 **ㅂ変則**

징그럽다

[징그럽따]

気味が悪い

영화 장면이 너무 **징그러워서** 나도 모르게 눈을 감았다.
映画の場面がとても気味が悪くて、思わず目を閉じた。

☑ 0402 **하다用言**

참담하다

[참다마다]

惨憺(さんたん)としている、見るに耐えない、心苦しい　漢惨憺 --

막을 수 있었던 사고가 일어나서 **참담할** 따름입니다.
防ぐことのできた事故が起きて、心苦しい限りです。

☑ 0403 **하다用言**

참혹하다

[차모카다]

残酷だ　漢惨酷 --

전쟁은 많은 인명이 살상되는 등 **참혹한** 결과를 빚는다.
戦争は多くの人が殺傷されるなど、残酷な結果をもたらす。

☑ 0404 **하다用言**

따분하다

[따부나다]

退屈だ、単調だ

별 관심도 없는 이야기를 계속 듣고 있자니 너무 **따분했다**.
特に関心もない話をずっと聞いているにはあまりに退屈だった。

☑ 0405 **ㅂ変則**

지겹다

[지겹따]

飽き飽きする、うんざりする

퇴사하고 너무 오래 쉬었더니 이제 노는 것이 **지겹다**.
退職してあまりにも長く休んだら、もう遊ぶことに飽き飽きしている。

解説　0393 **눈을 감다**で「死ぬ」という意味。ここでは「生涯を終える」とした

☑ 0406

짬짬이

[짬짜미]

合間合間に、暇あるごとに

승진을 위해서 그는 **짬짬이** 영어 공부를 하고 있다.

昇進のために、彼は合間合間に英語の勉強をしている。

☑ 0407

누차

何度も、たびたび   漢屢次

내가 **누차** 이야기했지만, 그 일은 안 하는 게 좋아.

僕が何度も言っているけど、その仕事はしない方がいい。

☑ 0408

연거푸

続けざまに、繰り返し   漢連 --

대학입시를 세 번 **연거푸** 낙방하니 부모님에게 면목이 없다.

大学入試に3回続けざまに落ちたので、両親に面目がない。

☑ 0409

연방

続けざまに、ひっきりなしに、しきりに   漢連方

그는 **연방** 고개를 끄덕이면서 듣고 있었다.

彼はしきりにうなずきながら聞いていた。

☑ 0410

연이어

[여니어]

相次いで、立て続けに   漢連 --

행복한 시절도 잠시, 불행한 사건이 **연이어** 그에게 닥쳐왔다.

幸せな時間もしばらくのこと、不幸な事件が相次いで彼に押し寄せた。

☑ 0411

생전

生まれてこのかた   漢生前

그렇게 해서 먹고산다니, **생전** 처음 듣는 이야기예요.

そうやって食べていってるなんて、生まれて初めて聞く話です。

☑ 0412

만날

いつも、常に、しょっちゅう   漢万 -

우리 아이는 밥을 먹어도 **만날** 배고프다는 소리만 한다.

うちの子は、ご飯を食べてもいつもおなかすいたとばかり言う。

☑ 0413

번번이

[번버니]

いつも、毎度   漢番番 -

그는 고시 공부를 누구보다 열심히 했음에도 **번번이** 낙방하였다.

彼は、資格試験の勉強を誰より一生懸命したのにいつも落ちた。

☐ 0414
영영

永遠に　漢永永
오해가 생겨서 그날 이후로 그녀와는 **영영** 이별하게 되었다.
誤解が生じてその日以降、彼女とは永遠に別れることになった。

☐ 0415
역으로
[여그로]

逆に　漢逆--
새로운 아이디어를 얻기 위해서는 세상을 **역으로** 바라볼 필요가 있지.
新しいアイデアを得るためには、世界を逆に眺める必要があるだろ。

☐ 0416
딱히
[따키]

特に、これといって
교사로서 이 건에 대해서는 **딱히** 할 말이 없습니다.
教師として、この件については特に話すことはありません。

☐ 0417
어련히
[어려니]

確かに、間違いなく　関 – 하다
제 밥벌이야 **어련히** 알아서 할까.
自分の稼ぎぐらいちゃんと自分でなんとかするよ。

☐ 0418
쉬이

簡単に、たやすく、訳なく
이 유리잔은 **쉬이** 깨지니 조심히 다루세요.
このグラスは簡単に割れるので、気を付けて扱ってください。

☐ 0419
무작정
[무작쩡]

やみくもに、何も考えずに　漢無酌定　関 – 하다
엄마와 싸우고 아무것도 안 챙긴 채 **무작정** 집을 나섰다.
母とけんかして、何も持たないままやみくもに家を出た。

☐ 0420
마냥

ひたすら
전화 연락도 안 되는데 **마냥** 기다리고만 있을 수 없어.
電話で連絡もつかないのに、ひたすら待っているわけにはいかない。

083

☐ 0316 격의	☐ 0351 샘[1]	☐ 0386 뒤흔들다
☐ 0317 감흥	☐ 0352 골[1]	☐ 0387 뿌리치다
☐ 0318 교감[1]	☐ 0353 노여움	☐ 0388 살랑거리다
☐ 0319 쾌락	☐ 0354 역정	☐ 0389 움켜쥐다
☐ 0320 엄두	☐ 0355 울화	☐ 0390 부여잡다
☐ 0321 애호	☐ 0356 부아	☐ 0391 아니꼽다
☐ 0322 식성	☐ 0357 분풀이	☐ 0392 얄밉다
☐ 0323 기승	☐ 0358 강박	☐ 0393 한스럽다
☐ 0324 가망	☐ 0359 옹고집	☐ 0394 성가시다
☐ 0325 선입견	☐ 0360 능청	☐ 0395 언짢다
☐ 0326 딴	☐ 0361 건사하다	☐ 0396 역겹다
☐ 0327 시름	☐ 0362 거들다	☐ 0397 어처구니없다
☐ 0328 심려	☐ 0363 딸리다	☐ 0398 가소롭다
☐ 0329 정색	☐ 0364 거닐다	☐ 0399 심란하다
☐ 0330 조바심	☐ 0365 거느리다	☐ 0400 오싹하다
☐ 0331 굴욕	☐ 0366 다스리다	☐ 0401 징그럽다
☐ 0332 주눅	☐ 0367 주름잡다	☐ 0402 참담하다
☐ 0333 죄책감	☐ 0368 받들다	☐ 0403 참혹하다
☐ 0334 망신	☐ 0369 떠받들다	☐ 0404 따분하다
☐ 0335 무안	☐ 0370 섬기다	☐ 0405 지겹다
☐ 0336 분통	☐ 0371 아뢰다	☐ 0406 짬짬이
☐ 0337 성화	☐ 0372 거스르다	☐ 0407 누차
☐ 0338 작심	☐ 0373 거역하다	☐ 0408 연거푸
☐ 0339 고대	☐ 0374 쳐들어가다	☐ 0409 연방
☐ 0340 사모	☐ 0375 물리치다	☐ 0410 연이어
☐ 0341 상사병	☐ 0376 패하다	☐ 0411 생전
☐ 0342 안달	☐ 0377 벼르다	☐ 0412 만날
☐ 0343 안달복달	☐ 0378 쳐부수다	☐ 0413 번번이
☐ 0344 약	☐ 0379 드리우다	☐ 0414 영영
☐ 0345 한탄	☐ 0380 빼돌리다	☐ 0415 역으로
☐ 0346 앙갚음	☐ 0381 엇바꾸다	☐ 0416 딱히
☐ 0347 원수	☐ 0382 치다[2]	☐ 0417 어련히
☐ 0348 한	☐ 0383 칠하다	☐ 0418 쉬이
☐ 0349 시샘	☐ 0384 휘두르다	☐ 0419 무작정
☐ 0350 강짜	☐ 0385 떨치다[1]	☐ 0420 마냥

☑ 0316　遠慮
☑ 0317　面白み
☑ 0318　交感
☑ 0319　快楽
☑ 0320　やる気
☑ 0321　愛好
☑ 0322　(食べ物の)好み
☑ 0323　勝ち気
☑ 0324　見込み
☑ 0325　先入観
☑ 0326　〜なり
☑ 0327　悩み
☑ 0328　心配
☑ 0329　真顔
☑ 0330　焦燥感
☑ 0331　屈辱
☑ 0332　気後れ
☑ 0333　罪責の念
☑ 0334　恥さらし
☑ 0335　恥ずかしいこと
☑ 0336　悔しさのあまり心が痛むこと
☑ 0337　ひどく気をもむこと
☑ 0338　覚悟を決めること
☑ 0339　待ち焦がれること
☑ 0340　恋い慕うこと
☑ 0341　恋煩い
☑ 0342　やきもきすること
☑ 0343　やきもきすること
☑ 0344　しゃくに障ること
☑ 0345　恨み嘆くこと
☑ 0346　報復
☑ 0347　あだ
☑ 0348　恨み
☑ 0349　ねたみ
☑ 0350　嫉妬

☑ 0351　嫉妬
☑ 0352　怒り
☑ 0353　怒り
☑ 0354　お怒り
☑ 0355　立腹
☑ 0356　憤り
☑ 0357　腹いせ
☑ 0358　強迫
☑ 0359　片意地
☑ 0360　しらばくれて人目を欺こうとする態度
☑ 0361　面倒を見る
☑ 0362　手伝う
☑ 0363　付き添う
☑ 0364　散歩する
☑ 0365　率いる
☑ 0366　治める
☑ 0367　牛耳る
☑ 0368　敬う
☑ 0369　あがめる
☑ 0370　仕える
☑ 0371　申し上げる
☑ 0372　逆らう
☑ 0373　(命令に)逆らう
☑ 0374　攻め込む
☑ 0375　退ける
☑ 0376　敗れる
☑ 0377　待ち構える
☑ 0378　打ち破る
☑ 0379　垂らす
☑ 0380　こっそりと他へ移す
☑ 0381　交換する
☑ 0382　(家畜を)飼う
☑ 0383　塗る
☑ 0384　振り回す
☑ 0385　振り落とす

1週目
2週目
3週目
4週目
5週目
6週目
7週目
8週目
9週目
10週目
11週目
12週目
13週目

☑0386 激しく揺さぶる
☑0387 振り払う
☑0388 （尻尾を）振る
☑0389 握り締める
☑0390 握り締める
☑0391 しゃくに障る
☑0392 憎らしい
☑0393 恨めしい
☑0394 煩わしい
☑0395 気に入らない
☑0396 腹立たしい
☑0397 あきれる
☑0398 おかしい
☑0399 そわそわする
☑0400 ぞくっとする
☑0401 気味が悪い
☑0402 惨憺としている
☑0403 残酷だ
☑0404 退屈だ
☑0405 飽き飽きする
☑0406 合間合間に
☑0407 何度も
☑0408 続けざまに
☑0409 続けざまに
☑0410 相次いで
☑0411 生まれてこのかた
☑0412 いつも
☑0413 いつも
☑0414 永遠に
☑0415 逆に
☑0416 特に
☑0417 確かに
☑0418 簡単に
☑0419 やみくもに
☑0420 ひたすら

5週目

☑ 0421
속셈
[속셈]

腹積もり、魂胆
그 사람들의 **속셈**이라는 건 이익만 보려는 거죠.
彼らの腹積もりというのは、利益だけ得ようというものでしょう。

☑ 0422
배짱

腹の中、肝っ玉、度胸
그 사람은 보기보다 **배짱**이 두둑해서 위험한 일도 마다하지 않는다. ❼
あの人は見た目より度胸が据わっていて、危険なこともいとわない。

☑ 0423
흑심
[흑씸]

腹黒い心、邪悪な心 漢黒心
그 사람은 늘 **흑심**을 품고 사람들에게 접근한다.
その人は、いつも腹黒い心を抱いて人々に接近する。

☑ 0424
변덕

気まぐれ、移り気、心変わり 漢変德 関-스럽다
그는 **변덕** 많고 수다스러워 믿지 못할 친구다.
彼は、とても気まぐれだし、おしゃべりで信じられない友達だ。

☑ 0425
마음가짐

心構え、気構え
외지에서 혼자 살려면 **마음가짐**을 단단히 해야 한다.
外地で一人で生きるには、心構えをしっかりしなければならない。

☑ 0426
성미

性格、気性 漢性味
그는 **성미**가 고약해서 남이 잘되는 꼴을 못 본다.
彼は意地汚い性格なので、他人がうまくいく姿を見ていられない。

☑ 0427
사람됨

人柄、人となり、人間性
걔는 **사람됨**이 좋아서 친구가 끊이지 않아.
あいつは人柄が良いので友達が途絶えない。

☑ 0428
됨됨이
[됨되미]

人柄、人となり、出来映え
그 사람의 언행으로 **됨됨이**를 알 수 있다.
その人の言動で人柄を知ることができる。

☑ 0429

체모

体面、面目、身なり　漢体貌

그런 말은 유서 깊은 집 **체모**에 벗어난다.

そういう言葉は由緒正しい家柄の面目を失う。

☑ 0430

사귐성

[사귐썽]

社交性、人付き合い、人当たり　漢‑‑性

그는 **사귐성**이 좋아서 어떤 사람들과도 잘 어울린다.

彼は社交性があって、どんな人ともよく付き合う。

☑ 0431

숫기

[숟끼]

人懐っこさ　漢‑気

걔는 **숫기**가 없어서 누구를 만나면 절대 먼저 말을 걸지 않아.

あいつは人懐っこさがないから、誰かに会っても絶対先に話し掛けない。

☑ 0432

화목

和睦、仲むつまじい様子　漢和睦　関‑하다

가족들이 서로를 배려하는 우리 집은 언제나 **화목**하다.

家族が互いに配慮するわが家は、いつも仲むつまじい。

☑ 0433

예

礼儀、エチケット　漢礼

웃어른 앞에서는 **예**를 갖춰서 말하도록 해라.

目上の人の前では礼儀を持って話すようにしなさい。

☑ 0434

효도

親孝行　漢孝道　関‑하다

부모님이 살아 계실 때 **효도**하세요.

両親が生きている間に親孝行してください。

☑ 0435

공경

慎み敬うこと　漢恭敬　関‑하다

어른을 **공경**하는 마음씨가 점점 사라지고 있다.

目上の人を慎み敬う心立てがだんだんなくなってきている。

解説　0422 **배짱이 두둑하다**で「度胸が据わっている」という意味

☑ 0436
알뜰

つましくしっかりしていること 関 - 하다

아내는 자잘한 쿠폰도 꼬박꼬박 챙겨서 **알뜰**하게 쓴다.

妻は細かいクーポンもきちんと集めてつましく使う。

☑ 0437
단장

きれいに整えること 漢丹粧 関 - 되다/하다

새봄을 맞이하여 우리 방송국에서는 프로그램을 새롭게 **단장**했습니다.

新春を迎え、当放送局では番組をリニューアルしました。

☑ 0438
맵시
[맵씨]

よく整っていること 関 - 롭다

옷을 **맵시** 있게 입고 다니기만 해도 인상이 달라 보인다.

服を着こなして出掛けるだけでも印象が違って見える。

☑ 0439
근검

勤倹 漢勤倹 関 - 하다

그 커플은 **근검**절약해서 젊은 나이에 좋은 집을 샀다.

そのカップルはよく働き倹約して、若い年で良い家を買った。

☑ 0440
자율

自律 漢自律

이 지역의 차량 통행 규제는 주민들이 **자율**적으로 하고 있습니다.

この地域の車両通行規制は、住民たちが自律的にしています。

☑ 0441
진면목

真価 漢真面目

이번 작품을 통해 배우로서의 **진면목**을 드러낼 수 있었다.

今回の作品を通して、俳優としての真価をさらけ出すことができた。

☑ 0442
구실

役割、役目

부모 **구실**을 못 하는 가정에서 자라나는 아이들도 많다.

親が役割を果たせない家庭で育つ子どもたちも多い。

☑ 0443
제구실

自分の役目・役割 関 - 하다

그 사원은 이번 계약 체결 건에 **제구실**을 톡톡히 해냈습니다.

その社員は今回の契約締結の件で自分の役割をしっかりやり遂げました。

☐ 0444
좌우명
座右の銘　漢座右銘
나의 **좌우명**은 '약속은 꼭 지킨다' 이다.
私の座右の銘は「約束は必ず守る」だ。

☐ 0445
이바지
貢献　関 - 되다/하다
그는 과학 발전에 **이바지**한 점을 평가받아 노벨상을 수상했다.
彼は、科学の発展に貢献した点が評価されてノーベル賞を受賞した。

☐ 0446
줏대
[줃때]
主体性　漢主 -
줏대 없이 남의 말만 따라 하다가는 죽도 밥도 안 된다.❷
主体性なしに他人の言葉にだけ従ってやっていたら、中途半端になる。

☐ 0447
본때
見せしめ　漢本 -
이번에야말로 그 사람에게 **본때**를 보여 줘야 해.❷
今度こそ、あの人に目に物を見させなきゃならない。

☐ 0448
뒷바라지
[뒫빠라지]
世話をすること　関 - 하다
우리 삼 형제 **뒷바라지**에 부모님들이 힘들어하셨다.
私たち三兄弟の世話で両親は苦労された。

☐ 0449
용납
容認　漢容納　関 - 되다/하다
그의 발언은 개인적으로도 도저히 **용납**할 수 없어요.
彼の発言は個人的にも到底容認できません。

☐ 0450
노고
苦労　漢労苦
이번 행사를 치르시느라 **노고** 많으셨습니다.
今回のイベントの開催、ご苦労さまでした。

解説　0446 죽도 밥도 안 되다で「どっちつかず」という意味　0447 본때를 보여 주다で「目に物を見せる」という意味

名詞15_態度

[TR031]

☑ 0451
심보
[심뽀]

根性、性根、心立て　漢 心 -
그런 행동은 완전히 남 잘되는 꼴 못 보겠다는 **심보**지.
そういう行動は、完全に他人がうまくいく姿を見ていられないという根性だ。

☑ 0452
구애

こだわり　漢 拘礙　関 - 되다/하다
너무 옛날 방식에 **구애**받지 말고 참신한 아이디어를 내보세요.
あまり昔のやり方にこだわらず、斬新なアイデアを出してください。

☑ 0453
잘잘못
[잘잘몯]

是非、善しあし
누가 잘했네 못했네 **잘잘못**을 따지자는 것은 아니다.
どっちが正しかったとか正しくなかったとか、是非を問おうというのではない。

☑ 0454
이만저만

並大抵の、ちょっとやそっとの
서른 살이 넘어가자 육아, 직장 등 고민이 **이만저만**이 아니다.
30歳を過ぎると育児、仕事などの悩みは並大抵ではない。

☑ 0455
넉살
[넉쌀]

図太さ、厚かましさ　関 - 스럽다
넉살이 좋은 남편 성격에 예민한 내 성격도 무뎌졌다.❷
ずうずうしい夫の性格に、敏感な私の性格も鈍感になった。

☑ 0456
웃음보
[우슴뽀]

大笑い、豪快な笑い
그녀는 **웃음보**가 터졌는지 무슨 말을 해도 웃는다.❷
彼女は笑いのツボにはまったのか、何を言っても笑う。

☑ 0457
너털웃음
[너터루슴]

高笑い、豪快な笑い
상사는 **너털웃음**을 지으면서 나의 실수를 눈감아 주었다.
上司は、高笑いをしながら僕のミスを見逃してくれた。

☑ 0458
자축

自ら祝うこと　漢 自祝　関 - 하다
승리를 **자축**하는 의미로 팀원끼리 술자리를 가졌다.
勝利を自ら祝う意味で、チームメート同士で酒の席を設けた。

☑ 0459
자원
自ら願うこと、志願　漢自願　関-하다
아들은 해병대에 **자원** 입대했다.
息子は海兵隊に志願して入隊した。

☑ 0460
자진
自発的にすること　漢自進　関-하다
그는 **자진**해서 사표를 쓰고 창업의 길을 선택했다.
彼は自発的に辞表を書いて、創業の道を選択した。

☑ 0461
자청
自ら請うこと　漢自請　関-하다
그는 거리 청소 및 마을 지킴이를 **자청**했다.
彼は道の清掃および村の見守り活動を買って出た。

☑ 0462
자초
自ら招くこと　漢自招　関-하다
그 일은 당신이 **자초**한 일이니 누구를 원망하겠어요?
その件はあなたが自ら招いたことだから、誰を恨むって言うのですか？

☑ 0463
만류
[말류]
引き留めること　漢挽留　関-하다
가족들의 **만류**를 뿌리치고 에베레스트 등산을 떠났다.
家族が引き留めるのを振り切って、エベレスト登頂に出発した。

☑ 0464
불사
[불싸]
辞さないこと、恐れないこと　漢不辞　関-하다
그의 죽음도 **불사**하는 행동이 결국 민주화를 이뤘다.
彼の死も辞さない行動が、ついに民主化を成し遂げた。

☑ 0465
불허
[부러]
許さないこと、恐れないこと　漢不許　関-되다/하다
그는 언제나 예측을 **불허**하는 아이디어를 낸다.
彼はいつも予測不可能なアイデアを出す。

解説　0455 **넉살이 좋다**で「ずうずうしい」の意味　0456 **웃음보가 터지다**で「ツボにはまる」という意味

動詞09_動作

☑ 0466
잡아당기다
[자바당기다]

引っ張る、引き寄せる
길을 가다가 구경하던 중에 누군가가 어깨를 **잡아당겼다**.
道を歩いていて見物していた時に、誰かが肩を引っ張った。

☑ 0467
가로채다

横取りする、ひったくる
그는 남의 돈을 **가로채서** 자기 배를 불렸다.
彼は他人のお金を横取りして私腹を肥やした。

☑ 0468
덮치다
[덥치다]

襲う、飛び付く
호랑이가 사슴을 **덮쳐서** 순식간에 목을 물었다.
トラがシカに襲い掛かり、一瞬のうちに首にかみついた。

☑ 0469
짓밟다
[진빱다]

踏みにじる、踏み付ける
이 지역의 재개발은 평범한 사람들의 삶을 **짓밟는** 행위입니다.
この地域の再開発は、平凡な人たちの暮らしを踏みにじる行為です。

☑ 0470
갈기다

殴る、たたく
피해자인 그녀는 사기꾼을 보자 우선 뺨을 **갈겼다**.
被害者である彼女は、詐欺師を見るやまず頬をたたいた。

☑ 0471
휘갈기다

ぶん殴る
그녀는 자기를 속인 남자 친구의 뺨을 한 대 **휘갈겼다**.
彼女は自分をだました彼氏の頬を一発ぶん殴った。

☑ 0472
두들기다

たたく、やたらにたたく
다급한 목소리와 함께 문을 **두들기는** 소리가 났다.
差し迫った声と共に、ドアをたたく音がした。

☑ 0473
그슬리다

火であぶる
머리카락을 한 올 뽑아 **그슬리자** 묘한 냄새가 났다.
髪の毛を1本抜いてあぶると、妙なにおいがした。

☐ 0474　**ㄹ変則**

사르다

燃やす、火を付ける

그 사람은 목표를 달성하기 위해 정열을 **사르는** 사람이다.
その人は、目標を達成するために情熱を燃やす人だ。

☐ 0475　**ㄹ語幹**

허물다

取り壊す、取り崩す

몇십 년간 지속되어 온 고정 관념을 **허물기는** 쉽지 않다.
数十年間持続してきた固定観念を壊すのは簡単ではない。

☐ 0476

걷어차다

[거더차다]

蹴る、拒否する

길을 가다가 공이 굴러와서 **걷어찼다.**
道を歩いていたら、ボールが転がってきたので蹴飛ばした。

☐ 0477

도려내다

えぐり出す、くり抜く

썩은 부분을 **도려내지** 않으면 이 사회의 미래는 없습니다.
腐った部分をえぐり出さなければ、この社会の未来はありません。

☐ 0478

째다

裂く、切り裂く

본격적인 치료를 위해 상처를 **째고** 고름을 짜냈다.
本格的な治療のため、傷を裂いてうみを絞り出した。

☐ 0479

오리다

切り抜く、切り取る

종이를 **오려서** 딸에게 꽃을 만들어 주었다.
紙を切り抜いて娘に花を作ってあげた。

☐ 0480

에다

切る、えぐる

시베리아의 찬 공기가 남하하면서 살을 **에는** 듯한 추위가 몰아쳤다.
シベリアの冷たい空気が南下して、身を切るような寒さが押し寄せた。

☐ 0481

깨뜨리다

割る

설거지하다가 자주 컵을 **깨뜨리곤** 한다.

皿洗いをしていて、よくコップを割ったりする。

☐ 0482

깎아내리다

[까까내리다]

(面目を)つぶす、けなす、おとしめる

남을 **깎아내리는** 사람은 크게 성공하기 힘들어요.

他人をけなす人は、大きく成功するのは難しいです。

☐ 0483

훑다

[훌따]

しごく、取り出す、隅々まで調べる

추수를 마친 농부가 논에서 벼 이삭을 **훑고** 있다.

収穫を終えた農夫が、田んぼで稲の穂をしごいている。

☐ 0484 　ㄹ語幹

갈다²

研ぐ、磨く

옛날에는 동네마다 돌아다니며 칼을 **갈아** 주는 사람이 있었다.

昔は町ごとに歩き回りながら刃物を研いでくれる人がいた。

☐ 0485 　으語幹

뜨다¹

すくう、くむ

독감을 앓았더니 죽을 **떠서** 먹을 힘조차 없다.

インフルエンザにかかったら、おかゆをすくって食べる力すらない。

☐ 0486 　ㄹ変則

엎지르다

[업찌르다]

こぼす

외출을 서두르다 물을 **엎질러서** 옷이 다 젖었다.

急いで外出しようとしたら、水をこぼして服がびしょぬれになった。

☐ 0487

핥다

[할따]

なめる

고양이는 자기 새끼를 **핥음으로써** 청결을 유지하고 있다.

猫は、自分の子をなめることによって清潔を維持している。

☐ 0488 　으語幹

뜨다²

(きゅうを)据える

늘 컴퓨터 작업을 하다 보니 어깨가 결려서 뜸을 **떴다**.

いつもコンピューターの作業をしていたら肩が凝ったのできゅうを据えた。

☐ 0489

가로막다

[가로막따]

ふさぐ、遮る、邪魔する

물건을 안 사고 가려고 했더니 누군가가 길을 **가로막았다**.

品物を買わずに帰ろうとしたら、誰かが道をふさいだ。

☐ 0490　**으語幹**

트다¹

開く

우리 은행과 거래를 **트기** 위해서는 결산서 3기분이 필요합니다.

当銀行と取引を始めるためには、決算書３期分が必要です。

☐ 0491

터놓다

[터노타]

(遮るものを)取り除く、打ち明ける

가물에 논으로 물이 흐르도록 둑을 **터놓았다**.

日照りで、田んぼに水が流れるように水門を開けた。

☐ 0492

타다

(頭髪を左右に)分ける、二つに割る

나는 6대 4의 비율로 가르마를 **타는** 게 좋아.

私は６対４の割合で分け目を付けるのがいい。

☐ 0493　**하다用言**

범하다

[버마다]

犯す　漢犯--

젊은 시절에 **범한** 과오를 뉘우치는 의미에서 봉사하면서 살고 싶습니다.

若い頃に犯した過ちを悔いる意味で、奉仕しながら生きたいです。

☐ 0494

무너뜨리다

崩す、倒す

미국은 자신들의 입맛에 맞지 않는 기존의 정권을 **무너뜨리려** 하고 있다.

米国は、自分たちの好みに合わない既存の政権を倒そうとしている。

☐ 0495

깔아뭉개다

[까라뭉개다]

押さえつける、握りつぶす、無視する

레슬링 선수였던 그는 말싸움 끝에 친구를 넘어뜨려 **깔아뭉갰다**.

レスリング選手だった彼は、口げんかの末に友達を倒して押さえつけた。

☑ 0496 하다用言
시시하다
[시시하다]

つまらない、くだらない

이 소설은 이야기가 너무 **시시해서** 읽을 필요성을 못 느끼겠어.
この小説は話がとてもつまらなくて、読む必要性が感じられない。

☑ 0497
하잘것없다
[하잘꺼덥따]

つまらない、くだらない、取るに足らない

우주와 대자연 속에 있는 인간은 **하잘것없는** 존재에 불과하다.
宇宙と大自然の中にいる人間は、つまらない存在にすぎない。

☑ 0498
시답잖다
[시답짠타]

物足りない、くだらない　漢実---

그런 **시답잖은** 이야기 그만하고 일 좀 해.
そんなくだらない話はやめて、仕事をしなさい。

☑ 0499
부질없다
[부지럽따]

つまらない、余計だ、無駄だ、むなしい

열심히 일하다가도 가슴 한편에선 **부질없다는** 생각이 든다.
一生懸命働いていても、胸の片隅では無駄な気がしている。

☑ 0500 하다用言
시들하다
[시드라다]

物足りなさそうだ、乗り気がしない　関-스럽다

이제 그 노래의 인기는 많이 **시들해졌으니** 이걸 들어 봐.
もうその歌の人気はだいぶ落ちてきたから、これを聞いてみて。

☑ 0501 하다用言
뾰로통하다
[뾰로통하다]

膨れっ面をしている、つんとしている

그녀는 아직도 화가 나서 **뾰로통해** 있었다.
彼女はまだ怒っていて、膨れっ面をしていた。

☑ 0502 하다用言
시무룩하다
[시무루카다]

膨れている、むっつりしている、仏頂面している

학교에서 친구하고 싸웠는지 아이는 집에 와서 **시무룩한** 표정이었다.
学校で友達とけんかしたのか、子どもは家に帰ってきて膨れた表情だった。

☑ 0503 ㅂ変則
거추장스럽다
[거추장스럽따]

面倒だ、やっかいだ、手に余る、煩わしい

이 옷은 디자인이 마음에 들지만, **거추장스러운** 장식이 많네.
この服はデザインは気に入っているけど、煩わしい飾りが多いね。

☑ 0504

고되다

きつい、耐え難い、つらい
밭에서 **고된** 노동을 하고 점심을 먹었다.
畑できつい労働をして、昼食を食べた。

☑ 0505　하다用言

뻐근하다

[뻐그나다]

だるい、凝る
갑자기 운동을 심하게 했더니 어깨가 **뻐근하다**.
急に激しい運動をしたら肩がだるい。

☑ 0506　하다用言

송구하다

恐縮している　漢悚懼 --　関 - 스럽다
이번 일에 대해서는 **송구하기** 그지없습니다.
今回のことについては恐縮することこの上ありません。

☑ 0507　하다用言

황송하다

恐縮している、恐れ入る　漢惶悚 --　関 - 스럽다
바쁘신 가운데 직접 와 주시다니 **황송하기** 이를 데 없습니다.
お忙しい中、直接お越しいただくとはきわめて恐縮です。

☑ 0508　하다用言

간사하다

ひねくれている、ずる賢い　漢奸邪 --　関 - 스럽다
사람 마음이 참 **간사해서** 원하는 것을 얻고 나서도 기쁘지 않다.
人の心は実にひねくれていて、欲しい物を手に入れてもうれしくない。

☑ 0509　하다用言

갸륵하다

[갸르카다]

けなげだ、(行動が) 立派だ、殊勝だ
용돈을 모아서 어버이날 선물을 한 딸의 마음이 **갸륵하다**.
お小遣いをためて父母の日のプレゼントをした娘の気持ちがけなげだ。

☑ 0510　하다用言

고지식하다

[고지시카다]

生真面目だ
과장님은 **고지식해서** 지금도 스마트폰 대신 수첩만 애용하신다.
課長は生真面目で、今もスマートフォンの代わりに手帳ばかり愛用されて
いる。

☑ 0511
무턱대고
[무턱때고]

むやみに、向こう見ずに、無鉄砲に
무슨 일만 생기면 스스로 해결하려 하지 않고 **무턱대고** 그에게 달려갔다.
何か起きるたびに自ら解決しようとせず、むやみに彼の元へ走っていった。

☑ 0512
엉겁결에
[엉겁껴레]

とっさに、思わず、知らぬ間に
엉겁결에 뒤를 돌아보았더니 그녀가 와 있었다.
とっさに後ろを振り返ったら彼女が来ていた。

☑ 0513
오로지

ひとえに、もっぱら、ひたすら
이 일의 성공 여부는 **오로지** 너의 능력에 달렸다.
この仕事の成功の可否はひとえに君の能力にかかっている。

☑ 0514
제풀에
[제푸레]

ひとりでに、自然と
아이가 사탕 때문에 떼를 쓰다가 **제풀에** 지쳐서 잠들었다.
子どもがあめのせいで駄々をこねていたが、ひとりでに疲れて眠った。

☑ 0515
한달음에
[한다르메]

一息に、すぐさま、一足飛びに
그녀는 어머니가 아프다는 소식을 듣고 **한달음에** 달려왔다.
彼女は、お母さんが具合が悪いという知らせを聞いてすぐさま駆け付けた。

☑ 0516
고이

きれいに、大切に、大事に
새로 산 손수건을 **고이** 접어 애인에게 건넸다.
新しく買ったハンカチをきれいに畳んで恋人に渡した。

☑ 0517
명실공히

名実共に　漢名実共 -
그의 연구 업적은 **명실공히** 한국 최고라고 할 수 있다.
彼の研究の業績は、名実共に韓国最高といえる。

☑ 0518
부리나케

一目散に、大急ぎで
동네 꼬마들이 유리창을 깨고 **부리나케** 도망쳤다.
町内のちびっ子たちがガラス窓を割って一目散に逃げた。

☑ 0519

산산이

[산사니]

粉々に、ばらばらに 漢散散 -

운동선수가 되겠다는 그의 꿈은 교통사고로 **산산이** 깨지고 말았다.

スポーツ選手になるという彼の夢は、交通事故で粉々に砕けてしまった。

☑ 0520

섣불리

[섣뿔리]

うかつに、うっかり、生半可に

사람의 일부만 보고 **섣불리** 그 사람을 판단하지 마라.

人の一部だけを見てうかつにその人を判断するな。

☑ 0521

겸사겸사

ついでに、(〜を)兼ねて 漢兼事兼事

출장차 왔는데 **겸사겸사** 네 가게에 한 번 들르도록 할게.

出張で来たんだけど、ついでに君の店にも寄るようにするよ。

☑ 0522

고분고분

素直に、おとなしく 関 - 하다

사탕을 줬더니 아이가 **고분고분** 말을 잘 들었다.

あめをあげたら、子どもが素直に言うことをよく聞いた。

☑ 0523

얼떨결에

[얼떨껴레]

どさくさ紛れに、うっかり

시장에 갈 생각이 없었는데 **얼떨결에** 같이 가게 되었다.

市場に行くつもりはなかったのに、どさくさで一緒に行くことになった。

☑ 0524

간신히

[간시니]

かろうじて、ようやくのことで 漢艱辛 -

오늘도 **간신히** 지각을 면했다.

今日もかろうじて遅刻を免れた。

☑ 0525

감히

[가미]

あえて、大胆にも 漢敢 -

네가 도움을 받은 은사에게 **감히** 그런 말을 할 줄은 몰랐다.

君が、助けてくれた恩師に大胆にもそんなことを言うとは思わなかった。

101

☑ 0421 속셈	☑ 0456 웃음보	☑ 0491 터놓다
☑ 0422 배짱	☑ 0457 너털웃음	☑ 0492 타다
☑ 0423 흑심	☑ 0458 자축	☑ 0493 범하다
☑ 0424 변덕	☑ 0459 자원	☑ 0494 무너뜨리다
☑ 0425 마음가짐	☑ 0460 자진	☑ 0495 깔아뭉개다
☑ 0426 성미	☑ 0461 자청	☑ 0496 시시하다
☑ 0427 사람됨	☑ 0462 자초	☑ 0497 하잘것없다
☑ 0428 됨됨이	☑ 0463 만류	☑ 0498 시답잖다
☑ 0429 체모	☑ 0464 불사	☑ 0499 부질없다
☑ 0430 사귐성	☑ 0465 불허	☑ 0500 시들하다
☑ 0431 숫기	☑ 0466 잡아당기다	☑ 0501 뾰로통하다
☑ 0432 화목	☑ 0467 가로채다	☑ 0502 시무룩하다
☑ 0433 예	☑ 0468 덮치다	☑ 0503 거추장스럽다
☑ 0434 효도	☑ 0469 짓밟다	☑ 0504 고되다
☑ 0435 공경	☑ 0470 갈기다	☑ 0505 뻐근하다
☑ 0436 알뜰	☑ 0471 휘갈기다	☑ 0506 송구하다
☑ 0437 단장	☑ 0472 두들기다	☑ 0507 황송하다
☑ 0438 맵시	☑ 0473 그슬리다	☑ 0508 간사하다
☑ 0439 근검	☑ 0474 사르다	☑ 0509 갸륵하다
☑ 0440 자율	☑ 0475 허물다	☑ 0510 고지식하다
☑ 0441 진면목	☑ 0476 걷어차다	☑ 0511 무턱대고
☑ 0442 구실	☑ 0477 도려내다	☑ 0512 엉겁결에
☑ 0443 제구실	☑ 0478 째다	☑ 0513 오로지
☑ 0444 좌우명	☑ 0479 오리다	☑ 0514 제풀에
☑ 0445 이바지	☑ 0480 에다	☑ 0515 한달음에
☑ 0446 줏대	☑ 0481 깨뜨리다	☑ 0516 고이
☑ 0447 본때	☑ 0482 깎아내리다	☑ 0517 명실공히
☑ 0448 뒷바라지	☑ 0483 훑다	☑ 0518 부리나케
☑ 0449 용납	☑ 0484 갈다 ²	☑ 0519 산산이
☑ 0450 노고	☑ 0485 뜨다 ¹	☑ 0520 섣불리
☑ 0451 심보	☑ 0486 엎지르다	☑ 0521 겸사겸사
☑ 0452 구애	☑ 0487 핥다	☑ 0522 고분고분
☑ 0453 잘잘못	☑ 0488 뜨다 ²	☑ 0523 얼떨결에
☑ 0454 이만저만	☑ 0489 가로막다	☑ 0524 간신히
☑ 0455 넉살	☑ 0490 트다 ¹	☑ 0525 감히

日本語 ▶ 韓国語

☑ 0421　腹積もり
☑ 0422　腹の中
☑ 0423　腹黒い心
☑ 0424　気まぐれ
☑ 0425　心構え
☑ 0426　性格
☑ 0427　人柄
☑ 0428　人柄
☑ 0429　体面
☑ 0430　社交性
☑ 0431　人懐っこさ
☑ 0432　和睦
☑ 0433　礼儀
☑ 0434　親孝行
☑ 0435　慎み敬うこと
☑ 0436　つましくしっかりしていること
☑ 0437　きれいに整えること
☑ 0438　よく整っていること
☑ 0439　勤倹
☑ 0440　自律
☑ 0441　真価
☑ 0442　役割
☑ 0443　自分の役目・役割
☑ 0444　座右の銘
☑ 0445　貢献
☑ 0446　主体性
☑ 0447　見せしめ
☑ 0448　世話をすること
☑ 0449　容認
☑ 0450　苦労
☑ 0451　根性
☑ 0452　こだわり
☑ 0453　是非
☑ 0454　並大抵の
☑ 0455　図太さ

☑ 0456　大笑い
☑ 0457　高笑い
☑ 0458　自ら祝うこと
☑ 0459　自ら願うこと
☑ 0460　自発的にすること
☑ 0461　自ら請うこと
☑ 0462　自ら招くこと
☑ 0463　引き留めること
☑ 0464　辞さないこと
☑ 0465　許さないこと
☑ 0466　引っ張る
☑ 0467　横取りする
☑ 0468　襲う
☑ 0469　踏みにじる
☑ 0470　殴る
☑ 0471　ぶん殴る
☑ 0472　たたく
☑ 0473　火であぶる
☑ 0474　燃やす
☑ 0475　取り壊す
☑ 0476　蹴る
☑ 0477　えぐり出す
☑ 0478　裂く
☑ 0479　切り抜く
☑ 0480　切る
☑ 0481　割る
☑ 0482　(面目を)つぶす
☑ 0483　しごく
☑ 0484　研ぐ
☑ 0485　すくう
☑ 0486　こぼす
☑ 0487　なめる
☑ 0488　(きゅうを)据える
☑ 0489　ふさぐ
☑ 0490　開く

☑ 0491　(遮るものを)取り除く
☑ 0492　(頭髪を左右に)分ける
☑ 0493　犯す
☑ 0494　崩す
☑ 0495　押さえつける
☑ 0496　つまらない
☑ 0497　つまらない
☑ 0498　物足りない
☑ 0499　つまらない
☑ 0500　物足りなさそうだ
☑ 0501　膨れっ面をしている
☑ 0502　膨れている
☑ 0503　面倒だ
☑ 0504　きつい
☑ 0505　だるい
☑ 0506　恐縮している
☑ 0507　恐縮している
☑ 0508　ひねくれている
☑ 0509　けなげだ
☑ 0510　生真面目だ
☑ 0511　むやみに
☑ 0512　とっさに
☑ 0513　ひとえに
☑ 0514　ひとりでに
☑ 0515　一息に
☑ 0516　きれいに
☑ 0517　名実共に
☑ 0518　一目散に
☑ 0519　粉々に
☑ 0520　うかつに
☑ 0521　ついでに
☑ 0522　素直に
☑ 0523　どさくさ紛れに
☑ 0524　かろうじて
☑ 0525　あえて

1·2級

6週目

☑ 0526
당부

口頭でしっかり頼むこと、念押し　漢当付　関- 하다
어머니는 해외에서는 특히 건강에 신경 쓰라고 **당부**를 하셨다.
母は、海外では特に健康に気を付けるようにと念を押した。

☑ 0527
극찬

激賛　漢極讃　関- 하다
이 영화는 많은 사람이 **극찬**하고 있으니 꼭 한번 봐 봐.
この映画は多くの人が絶賛しているので、ぜひ一度見てみて。

☑ 0528
묵과
[묵꽈]

黙って見過ごすこと　漢黙過　関- 되다/하다
회사 기강을 생각하면 이번 일은 절대 **묵과**할 수 없습니다.
会社の綱紀を考えると、今回のことは絶対に黙って見過ごせません。

☑ 0529
익살
[익쌀]

ひょうきん、おどけ、滑稽　関- 스럽다
카메라를 들이대자 일반 시민들이 **익살**스러운 표정을 지었다.
カメラを突き付けると、一般市民らがひょうきんな表情を浮かべた。

☑ 0530
귀염

かわいらしさ
우리 집 **귀염**둥이는 바로 반려견입니다.
うちのかわい子ちゃんは、まさにペットの犬です。

☑ 0531
내숭

猫かぶり　関- 스럽다
본인도 그러면서 안 그런 척 **내숭**을 떠는 사람이 제일 얄미워요.
本人もそうなのに、そうじゃないふりで猫をかぶる人が一番憎らしいです。

☑ 0532
아양

愛嬌、こび　関- 스럽다
용돈을 받기 위해 아버지에게 별의별 **아양**을 다 떨었다.❷
小遣いをもらうため、お父さんにあらゆる愛嬌を振りまいた。

☑ 0533
어리광

甘えること　関- 하다, - 스럽다
무조건 귀여워만 했더니, **어리광**만 늘었다.
とにかくかわいがってばかりいたら、甘えん坊になった。

☐ 0534
응석

甘えること　関 - 하다, - 스럽다
나이가 몇인데 아직도 엄마한테 **응석**을 부리니?❷
何歳なのに、いまだにママに甘えているんだい？

☐ 0535
편애
[펴내]

えこひいき　漢偏愛　関 - 하다
초등학교 선생은 아이들을 **편애**해서는 안 된다.
小学校の先生は、子どもたちをえこひいきしてはいけない。

☐ 0536
떼

駄々
그렇게 **떼**를 쓴다고 해서 무작정 햄스터를 사 줄 수는 없어.❷
そうやって駄々をこねても、やみくもにハムスターを買ってあげられないよ。

☐ 0537
안간힘
[안까님]

必死のあがき
그는 망해 가는 회사를 살리려고 **안간힘**을 썼다.
彼は、つぶれていく会社を救おうと必死にあがいた。

☐ 0538
악착

がむしゃら、あくせく　漢齷齪　関 - 하다, - 스럽다
그 할머니는 **악착**같이 일해서 번 돈을 모두 대학에 기부했다.❷
そのおばあさんは、がむしゃらに働いて稼いだお金を全て大学に寄付した。

☐ 0539
방심

油断　漢放心　関 - 하다
아무리 간단한 일이라도 **방심**은 금물이다.
どんなに簡単な仕事でも油断は禁物だ。

☐ 0540
불찰

不覚、手落ち　漢不察
이번의 아이들 잘못은 모두 책임자인 제 **불찰** 때문입니다.
今回の子どもたちの過ちは、全て責任者である私の不覚のせいです。

解説　0532 **아양을 떨다**로「愛嬌を振りまく」という意味　0534 **응석을 부리다**로「甘える、駄々をこねる」という意味　0536 **떼를 쓰다**로「駄々をこねる」という意味　0538 **악착같이**로「がむしゃらに、死に物狂いで」という意味

☑ 0541
번복
翻すこと、覆すこと 漢翻覆 関- 되다/하다
한번 결정한 이야기를 **번복**해서는 사람들의 신뢰를 얻지 못한다.
一度決めた話を翻しては人々の信頼を得られない。

☑ 0542
애걸
哀願 漢哀乞 関- 하다
그는 계속 회사에 다니게 해 달라고 **애걸**했으나 결국 해고됐다.
彼は会社に通い続けさせてくれと哀願したが、結局解雇された。

☑ 0543
투정
駄々をこねること、ねだること 関- 하다
왜 아침부터 반찬 **투정**을 하고 그러세요?
なぜ朝からおかずで不平を言うのですか？

☑ 0544
엄살
痛みなどを大げさに訴えること 関- 하다, - 스럽다
별로 아프지도 않으면서 일하기 싫으니까 **엄살**을 부리는 거지? ❶
大して痛くもないのに、仕事したくないから大げさに訴えているんだろ？

☑ 0545
수작
（企みを持った）言動や計画 漢酬酌
술 마셨다고 **수작** 부리지 마라.
酒を飲んだからって、でたらめなこと言うな。

☑ 0546
야기
（問題などを）引き起こすこと 漢惹起 関- 되다/하다
쓰레기 처리가 늦어지면서 많은 문제가 **야기**되고 있다.
ごみ処理が遅れたことで、多くの問題が引き起こされている。

☑ 0547
좌지우지
思うままにすること 漢左之右之 関- 되다/하다
책을 많이 접한 사람은 남이 한 말에 **좌지우지**되지 않는다.
本にたくさん接した人は、他人の言葉に左右されない。

☑ 0548
거만
傲慢さ、高慢さ 漢倨慢 関- 하다, - 스럽다
그 사람 돈 벌고 나서 **거만**을 떠는 꼴을 더는 못 봐주겠어. ❶
あの人の、お金を稼いでから傲慢に振る舞う姿をもう見過ごせない。

☐ 0549
거드름
傲慢な態度　関- 스럽다
그 친구는 부동산으로 돈 좀 벌더니 만나면 **거드름**을 피운다.❷
その人は不動産で金を稼いで以来、会うと傲慢な態度を取ってくる。

☐ 0550
이판사판
やけくそ、破れかぶれ
경기에 질 게 뻔했지만, **이판사판**으로 달려들었다.
試合に負けるのは明らかだったが、やけくそで飛び掛かった。

☐ 0551
주접
だらしないこと、軽薄なこと　関- 스럽다
그 친구는 술자리에서 여자를 꾀어보려고 **주접**을 떨었다.❷
その友達は飲みの席で、女性を誘惑しようと軽薄に振る舞った。

☐ 0552
화풀이
[화푸리]
腹いせ、八つ当たり　漢火 --　関- 하다
어이없네. 다른 사람에게 무시당하고 왜 나한테 **화풀이**야?
あきれたね。他の人に無視されてどうして私に八つ当たりなの？

☐ 0553
호들갑
大げさに振る舞うしぐさ　関- 스럽다
이것은 그렇게 **호들갑**을 떨 만큼 대수로운 문제가 아니다.
これは、そのように大げさに振る舞うほど、大した問題ではない。

☐ 0554
주책
無定見に振る舞うこと　関- 스럽다
많은 사람이 모인 자리에서 술 마시고 **주책**을 부리면 어떡해?❷
大勢の人が集まった席で、お酒を飲んで軽薄に振る舞うなんて！

☐ 0555
훼방
邪魔、妨害、そしること　漢毀謗　関- 하다
바쁜데 이 사람은 도와주기는커녕 **훼방**만 놓습니다.❷
忙しいのに、この人は手伝うどころか邪魔ばかりします。

解説　0544 **엄살을 부리다**で「大げさに訴える」という意味　0548 **거만을 떨다**で「傲慢に振る舞う」いう意味　0549 **거드름을 피우다 / 부리다**で「傲慢な態度を取る」という意味　0551 **주접을 떨다**で「軽薄に振る舞う」という意味　0554 **주책을 부리다**で「軽薄に振る舞う」という意味　0555 **훼방을 놓다**で「邪魔をする」という意味

109

名詞18_態度～言葉

☑ 0556
핀잔

面と向かって責めること、けんつく　関 - 하다, - 스럽다

민수는 제대로 된 조언은커녕 그저 **핀잔**만 들었다.
ミンスはまともな助言どころか、ただけんつくを食らっただけだった。

☑ 0557
푸대접

冷遇、冷たいもてなし　漢 - 待接　関 - 하다

친구 소개로 만난 사람에게 **푸대접**을 받았다.
友達の紹介で会った人から冷遇された。

☑ 0558
말썽

もめ事、いざこざ、悶着　関 - 스럽다

학교에서는 **말썽**을 부리지 말고 조용히 지내라.❷
学校ではもめ事を起こさず静かに過ごしなさい。

☑ 0559
짓거리
[짇꺼리]

興に乗ってする悪ふざけ、仕業

그런 나쁜 인간들의 **짓거리**는 듣기만 해도 신물이 난다.❷
そんな悪い人間たちの悪行は聞くだけで虫唾が走る。

☑ 0560
지랄

気まぐれで分別のない行動　関 - 하다

친구들은 내가 술만 먹으면 **지랄**한다고 싫어한다.
友達は、私がお酒を飲むと分別のない行動をすると嫌がる。

☑ 0561
포악

暴虐　漢 暴悪　関 - 하다, - 스럽다

포악한 사장의 횡포로 직원들이 입은 피해가 만만찮다.
暴虐な社長の横暴で、社員が受けた被害は軽視できない。

☑ 0562
불효
[부료]

親不孝　漢 不孝　関 - 하다

나이가 들어서도 부모님 속을 썩이는 **불효**를 저질렀다.
年を取っても親を悩ませる親不孝なことをしでかした。

☑ 0563
악독
[악똑]

あくどいこと　漢 悪毒　関 - 하다, - 스럽다

악독한 사채업자가 집안을 엉망으로 하고 가 버렸다.
あくどいサラ金業者が、家の中をめちゃくちゃにして行ってしまった。

☑ 0564
구박

いびること、いじめること　漢駆迫　関-하다
왜 만날 때마다 **구박**이야? 우리, 사귀는 거 맞아?
どうして会うたびにいびるの？ 私たち、付き合ってるんだよね？

☑ 0565
유별

区別や差別があること　漢有別　関-하다, -스럽다
조선시대에는 남녀가 **유별**하다고 해서 같이 있을 수 없었다.
朝鮮時代には男女の区別があると言って一緒にいられなかった。

☑ 0566
속임수

[소김쑤]

いんちき、ごまかし、ペテン　漢-- 数
진짜 출세하려면 **속임수**를 써서는 안 된다.❷
本当に出世しようと思ったら、いんちきをしてはいけない。

☑ 0567
조작

でっち上げ　漢造作　関-되다/하다
군부독재 시절 검찰은 간첩 **조작** 사건을 많이 만들었다.
軍部独裁時代、検察はスパイでっち上げ事件を多く作った。

☑ 0568
희롱

もてあそぶこと、冷やかすこと　漢戯弄　関-하다
그렇게 말하면 상대를 **희롱**하는 것이 된다.
そのように言ったら、相手をもてあそぶことになる。

☑ 0569
양다리

二股　漢両--
그는 나 몰래 **양다리**를 걸치다가 걸렸다.
彼は、私に内緒で二股をかけていたが見つかった。

☑ 0570
수다

おしゃべり　関-하다, -스럽다
고등학교 친구와 만나 **수다** 떠느라 시간 가는 줄 몰랐다.❷
高校の友達と会っておしゃべりをしていたため、時間がたつのも気付かなかった。

解説　0558 **말썽을 부리다/피우다**で「悶着を起こす」という意味　0559 **신물이 나다**で「虫唾が走る」という意味　0566 **속임수를 쓰다**で「いんちきをする」という意味　0570 **수다를 떨다**で「おしゃべりする」という意味

☑ 0571 **ㄹ変則**

억누르다

[엉누르다]

抑える、押さえつける

언제까지 사람들의 요구를 **억누르고** 있을 수만은 없다.
いつまでも人々の要求を押さえつけてばかりはいられない。

☑ 0572

때려잡다

[때려잡따]

打ち捕らえる、打ちのめす

세금 도둑을 **때려잡는** 법안이 필요합니다.
税金泥棒を打ち捕らえる法案が必要です。

☑ 0573

꼬다

よじる、ねじる、(足を)組む

옛날에는 새끼줄을 **꼬아서** 짚신을 만들었다고 한다.
昔は縄をよって草履を作ったそうだ。

☑ 0574 **ㄹ語幹**

비틀다

ひねる、ねじる

날아오는 공을 피하려고 몸을 **비틀었다가** 허리를 삐끗했다.
飛んでくるボールを避けようと、体をひねったら腰を痛めた。

☑ 0575

여닫다

[여닫따]

開け閉めする

도둑이 들었지만, 옷장 서랍을 **여닫은** 흔적이 전혀 없었다.
泥棒が入ったが、タンスの引き出しを開け閉めした痕跡が全くなかった。

☑ 0576

꼬집다

[꼬집따]

つねる、皮肉を言う

거액의 복권에 당첨되고 나서 꿈인지 생시인지 볼을 **꼬집어** 봤다.
巨額の宝くじに当せんして、夢か現実か頬をつねってみた。

☑ 0577 **ㄹ変則**

문지르다

こする、さする

아무리 **문질러도** 벽의 낙서가 지워지지 않는다.
いくらこすっても壁の落書きが消えない。

☑ 0578 **ㄹ変則**

주무르다

もむ

친구가 긴장한 탓인지 어깨가 많이 뭉쳐서 **주물러** 줬다.
友達は緊張したせいか、肩がかなり凝っていてたのでもんであげた。

☑ 0579 **ㄹ変則**
조르다
締める、くくる
이런 할인 행사는 우리 목을 스스로 **조르는** 결과가 될 것입니다.
このような割引イベントは、われわれの首を自ら絞める結果になるでしょう。

☑ 0580
조이다
引き締める、締める
정부는 그 회사의 자금줄을 **조이면서** 전방위적으로 압박하기 시작했다.
政府はその会社の資金源を締めつけながら、全面的に圧迫し始めた。

☑ 0581
부둥키다
抱き締める、抱える
그녀는 붕괴 현장에서 아이를 **부둥킨** 채 신음 소리를 내고 있었다.
彼女は崩壊現場で子どもを抱き締めたまま、うめき声をあげていた。

☑ 0582
껴안다
抱き締める
엄마가 아이를 꼭 **껴안고** 잠들었다.
母親が子どもをぎゅっと抱き締めて眠りについた。
[껴안따]

☑ 0583
쓰다듬다
なでる
잘했다고 칭찬하면서 아이의 머리를 **쓰다듬어** 주었다.
よくやったと褒めながら、子どもの頭をなでてあげた。
[쓰다듬따]

☑ 0584
어루만지다
なでる、さする
어머니는 아프지 말라며 배를 **어루만져** 주곤 했다.
母は痛くならないようにと、よくおなかをさすってくれた。

☑ 0585
뻗다
伸ばす、伸びる、さする
빚을 다 갚았으니 이제 두 다리를 죽 **뻗고** 잘 수 있겠다.
借金を全部返したので、やっと両脚をすっと伸ばして寝られそうだ。
[뻗따]

113

動詞12_動作

☑ 0586
가두다
閉じ込める、監禁する、(田に水を)ためておく
죄 없는 사람을 정부 마음대로 감옥에 **가두는** 시대가 됐다.
罪のない人を、政府が勝手にに刑務所に閉じ込める時代になった。

☑ 0587 **하다用言**
간수하다
保管する、しまう 関 – 되다
이건 아버지가 물려주신 것이니 잘 **간수하도록** 하거라.
これは父さんが譲ってくれた物だから、きちんと保管するようにしなさい。

☑ 0588
가시다¹
(口などを)ゆすぐ、すすぐ
식사 후에 생수로 입을 **가셔서** 청결을 유지하세요.
食事の後、水で口をゆすいで清潔を保ってください。

☑ 0589
헹구다
(洗濯物などを)ゆすぐ、すすぐ
행주를 세제로 씻은 다음 깨끗한 물로 **헹구세요**.
布巾を洗剤で洗った後、きれいな水でゆすいでください。

☑ 0590
동이다
縛る、くくる
머리띠를 질끈 **동여서** 매고 응원에 나섰다.
鉢巻をしっかり締めて、応援に乗り出した。

☑ 0591 **ㄹ変則**
두르다
(マフラー、スカートなどを)巻く、身に付ける、掛ける
겨울바람이 차니 목에 **두를** 만한 스카프를 사고 싶었다.
冬の風が冷たいので、首に巻くのにいいスカーフが買いたかった。

☑ 0592
얽매다
[엉매다]
くくる、縛る、束縛する
도망치지 못하도록 죄인의 다리에 쇠사슬을 **얽매었다**.
逃げられないよう、罪人の足に鎖をくくり付けた。

☑ 0593
휘감다
[휘감따]
ぐるぐる巻く、巻きつける、まとう
그녀는 온몸에 명품을 **휘감고** 동창 모임에 나타났다.
彼女は、全身にブランド品をまとって同窓会に現れた。

☑ 0594
감싸다

くるむ、包み隠す、覆い隠す
전선을 연결한 후에는 절연 테이프로 잘 **감싸는** 게 중요하다.
電線をつないだ後は、絶縁テープでしっかりくるむのが大事だ。

☑ 0595
에워싸다

取り囲む、取り巻く
경호원들이 회장님을 **에워싸고** 경호에 힘쓰고 있다.
ボディーガードが、会長を取り囲んで警護に尽力している。

☑ 0596
싸매다

包む、巻く
난치병을 해결하기 위해서 머리를 **싸매고** 연구를 하고 있다.❷
難病を解決するため、全力を尽くして研究をしている。

☑ 0597
휩싸다

包む、くるむ、覆う
죽음과 같은 정적이 주위를 **휩싸고** 있었다.
死のような静寂が周囲を包んでいた。

☑ 0598
넘어뜨리다
[너머뜨리다]

倒す、打ち倒す
격투기는 상대를 **넘어뜨려야** 승산이 있다.
格闘技は、相手を倒してこそ勝算がある。

☑ 0599
쓰러뜨리다

倒す、負かす
시민들은 독재 정권을 **쓰러뜨리고** 새로운 정부를 세웠다.
市民らは、独裁政権を倒して新しい政府を立てた。

☑ 0600
간추리다

簡潔にまとめる、要約する、整理する
그렇게 장황하게 말하지 말고 **간추려서** 말해 보세요.
そんなに長たらしく話さないで、簡潔にまとめて話してください。

解説　0596 **머리를 싸매다**で「全力を尽くす」という意味

☑ 0601 하다用言

괴씸하다
[괴씨마다]

不届きだ、けしからん 閲 − 스럽다

내가 도와준 사람이 나에게 그런 말을 하다니 **괴씸하네**.

私が助けてあげた人が、私にそんなことを言うなんて不届きだな。

☑ 0602 하다用言

괴팍하다
[괴파카다]

偏屈だ、気難しい 漢乖愎 −− 閲 − 스럽다

그 사람은 성격이 **괴팍해서** 친구가 거의 없어요.

あの人は、性格が偏屈なので友達がほとんどいません。

☑ 0603 하다用言

교만하다
[교마나다]

傲慢だ 漢驕慢 閲 − 스럽다

시험 좀 합격했다고 그렇게 **교만하게** 말해서는 안 되죠.

ちょっと試験に合格したからって、そういう傲慢な言い方は駄目でしょう。

☑ 0604 하다用言

깍듯하다
[깍뜨타다]

極めて礼儀正しい、丁重だ

첫 만남 때 그의 **깍듯한** 태도가 마음에 들었다.

初めて会った時、彼の礼儀正しい態度が気に入った。

☑ 0605 하다用言

꿋꿋하다
[꾿꾸타다]

力強くて屈しない、意思が強い、真っすぐだ

시련을 **꿋꿋하게** 이겨 나가야 합니다.

試練に屈せずに乗り越えていかなければなりません。

☑ 0606 하다用言

미련하다
[미려나다]

愚鈍だ、愚かだ 閲 − 스럽다

여우 같은 사람하고는 살아도 **미련한** 곰 같은 사람과는 못 살아.

キツネのような人とは暮らせても、愚鈍なクマのような人とは暮らせない。

☑ 0607 하다用言

나태하다

怠惰だ 漢懶怠 −−

초심을 잃지 말고 **나태해지지** 않도록 조심해라.

初心を失わず、怠惰にならないように気を付けなさい。

☑ 0608 하다用言

낭랑하다
[낭낭하다]

朗々としている 漢朗朗 −−

그는 **낭랑한** 목소리로 반을 잘 이끌겠다고 발표했다.

彼は朗らかな声で、クラスをうまくリードすると発表した。

☑ 0609 **ㅂ変則**

너그럽다
[너그럽따]

寛大だ、度量が大きい

이번 사건은 반성하고 있으니 **너그럽게** 양해해 주세요.

今回の事件は反省しているので、寛大にご理解ください。

☑ 0610 **하다用言**

늠름하다
[늠느마다]

りりしい、たくましい　漢凛凛--　関-스럽다

항상 아이 같던 아들이 군대에서 제대하더니 **늠름하게** 보였다.

いつも子どものようだった息子が、軍隊から除隊したらりりしく見えた。

☑ 0611 **하다用言**

다소곳하다
[다소고타다]

おとなしい、慎ましい、慎ましやかだ

젊은 여자가 면접을 앞두고 **다소곳하게** 앉아 있었다.

若い女性が面接を控えて、おとなしく座っていた。

☑ 0612 **하다用言**

도도하다¹

横柄だ、気位が高い、偉そうにする

그녀는 선글라스를 낀 채 **도도하게** 말했다.

彼女は、サングラスをしたまま横柄に言った。

☑ 0613 **으語幹**

헤프다

(金遣いが)荒い、いいかげんである

아버지가 힘들게 번 돈을 **헤프게** 쓰면 안 되지.❷

お父さんが大変な思いをして稼いだお金を、無駄使いしちゃ駄目だよ。

☑ 0614 **하다用言**

뒤숭숭하다

落ち着かない、騒がしい、そわそわする　関-스럽다

구조조정 발표가 난 뒤 회사 분위기가 **뒤숭숭했다**.

リストラの発表があった後、会社の雰囲気がそわそわした。

☑ 0615

막되다
[막뙤다]

無作法だ、ぶしつけだ

그렇게 **막되게** 구는 사람하고는 이야기하고 싶지 않다.

そうやって無作法に振る舞う人とは話したくない。

| 解説 | 0613 **헤프게 쓰다**で「無駄使いする」という意味 |

☑ 0616
그릇

誤って、間違って   関 - 되다/하다
그런 일일수록 **그릇**되게 판단하면 안 됩니다.
そういうことであるほど、誤って判断してはいけません。

☑ 0617
극구
[극꾸]

□を極めて、言葉を尽くして   漢 極口
엄마가 **극구** 말린 사람과 결혼을 했다.
母が□を極めて止めた人と結婚をした。

☑ 0618
긴히
[기니]

折り入って   漢 緊 -
사장님, **긴히** 드릴 말씀이 있는데 혹시 시간 괜찮으십니까?
社長、折り入って話があるんですが、ひょっとして時間は大丈夫ですか?

☑ 0619
아울러

合わせて、共に
실력과 예의를 **아울러** 갖췄으므로 귀사에 꼭 맞는 인재라고 생각됩니다.
実力と礼儀を併せ持っているので、御社にぴったりの人材だと思います。

☑ 0620
으레

決まって、いつも、言うまでもなく
중고교 시절 시험 때만 되면 **으레** 밤샘을 했다.
中高時代、試験の時になると決まって徹夜した。

☑ 0621
헐레벌떡

息せき切って、あえぎあえぎ   関 - 하다
막차에 타기 위해 **헐레벌떡** 뛰어왔다.
終電に乗るために息せき切って走ってきた。

☑ 0622
가지런히
[가지러니]

きちんと、整然と   関 - 하다
우리 집은 늘 신발을 **가지런히** 정리해 둡니다.
わが家はいつも靴をきちんと整理しておきます。

☑ 0623
순전히
[순저니]

純然と   漢 純全 -   関 - 하다
내가 의사가 된 것은 **순전히** 아버지 덕분이다.
私が医者になったのは、純然と父のおかげだ。

☐ 0624
어영부영

漫然と、なるがままに　関-하다
시험을 앞두고 **어영부영** 시간을 보내지 말고 집중해서 공부해!
試験を前にして、漫然と時間を過ごさずに集中して勉強しろ！

☐ 0625
어쩌고저쩌고

なんだかんだと、ああのこうの　関-하다
그 일에 대해서 **어쩌고저쩌고**하더니 변명만 잔뜩 늘어놓았다.
そのことについてなんだかんだ言っていたが、言い訳ばかり並べた。

☐ 0626
이러쿵저러쿵

なんだかんだと、どうのこうの　関-하다
소수자인 나에 대해서 **이러쿵저러쿵** 말이 많다.
少数者の私に対して、なんだかんだと口うるさい。

☐ 0627
울컥

かっと、むかっと　関-하다
여자 친구가 부당하게 당한 이야기를 들었더니 **울컥**했다.
彼女が不当な目に遭った話を聞いたら、むかむかした。

☐ 0628
잠자코

黙々と、黙って
사장님은 상반기 실적 보고를 **잠자코** 듣고만 있었다.
社長は、上半期の実績報告を黙々と聞いているだけだった。

☐ 0629
점점이
[점저미]

点々と、あちらこちらに　漢点点-
물방울이 **점점이** 떨어지고 있는 걸 보자니 멍해졌다.
水滴がぽたぽたと落ちているのを見ていたら、ぼうっとしてきた。

☐ 0630
즐비하게

ぎっしりと、ずらりと　漢櫛比--
식품점에는 온갖 식품이 **즐비하게** 진열되어 있었다.
食料品店には、あらゆる食品がずらりと陳列されていた。

☑ 0526 당부	☑ 0561 포악	☑ 0596 싸매다
☑ 0527 극찬	☑ 0562 불효	☑ 0597 휩싸다
☑ 0528 묵과	☑ 0563 악독	☑ 0598 넘어뜨리다
☑ 0529 익살	☑ 0564 구박	☑ 0599 쓰러뜨리다
☑ 0530 귀염	☑ 0565 유별	☑ 0600 간추리다
☑ 0531 내숭	☑ 0566 속임수	☑ 0601 괘씸하다
☑ 0532 아양	☑ 0567 조작	☑ 0602 괴팍하다
☑ 0533 어리광	☑ 0568 희롱	☑ 0603 교만하다
☑ 0534 응석	☑ 0569 양다리	☑ 0604 깍듯하다
☑ 0535 편애	☑ 0570 수다	☑ 0605 꿋꿋하다
☑ 0536 떼	☑ 0571 억누르다	☑ 0606 미련하다
☑ 0537 안간힘	☑ 0572 때려잡다	☑ 0607 나태하다
☑ 0538 악착	☑ 0573 꼬다	☑ 0608 낭랑하다
☑ 0539 방심	☑ 0574 비틀다	☑ 0609 너그럽다
☑ 0540 불찰	☑ 0575 여닫다	☑ 0610 늠름하다
☑ 0541 번복	☑ 0576 꼬집다	☑ 0611 다소곳하다
☑ 0542 애걸	☑ 0577 문지르다	☑ 0612 도도하다 [1]
☑ 0543 투정	☑ 0578 주무르다	☑ 0613 헤프다
☑ 0544 엄살	☑ 0579 조르다	☑ 0614 뒤숭숭하다
☑ 0545 수작	☑ 0580 조이다	☑ 0615 막되다
☑ 0546 야기	☑ 0581 부둥키다	☑ 0616 그릇
☑ 0547 좌지우지	☑ 0582 껴안다	☑ 0617 극구
☑ 0548 거만	☑ 0583 쓰다듬다	☑ 0618 긴히
☑ 0549 거드름	☑ 0584 어루만지다	☑ 0619 아울러
☑ 0550 이판사판	☑ 0585 벋다	☑ 0620 으레
☑ 0551 주접	☑ 0586 가두다	☑ 0621 헐레벌떡
☑ 0552 화풀이	☑ 0587 간수하다	☑ 0622 가지런히
☑ 0553 호들갑	☑ 0588 가시다 [1]	☑ 0623 순전히
☑ 0554 주책	☑ 0589 헹구다	☑ 0624 어영부영
☑ 0555 훼방	☑ 0590 동이다	☑ 0625 어쩌고저쩌고
☑ 0556 핀잔	☑ 0591 두르다	☑ 0626 이러쿵저러쿵
☑ 0557 푸대접	☑ 0592 얽매다	☑ 0627 울컥
☑ 0558 말썽	☑ 0593 휘감다	☑ 0628 잠자코
☑ 0559 짓거리	☑ 0594 감싸다	☑ 0629 점점이
☑ 0560 지랄	☑ 0595 에워싸다	☑ 0630 즐비하게

DATE　　年　　月　　日
DATE　　年　　月　　日

☑0526　口頭でしっかり頼むこと
☑0527　激賛
☑0528　黙って見過ごすこと
☑0529　ひょうきん
☑0530　かわいらしさ
☑0531　猫かぶり
☑0532　愛嬌
☑0533　甘えること
☑0534　甘えること
☑0535　えこひいき
☑0536　駄々
☑0537　必死のあがき
☑0538　がむしゃら
☑0539　油断
☑0540　不覚
☑0541　翻すこと
☑0542　哀願
☑0543　駄々をこねること
☑0544　痛みなどを大げさに訴えること
☑0545　(企みを持った)言動や計画
☑0546　(問題などを)引き起こすこと
☑0547　思うままにすること
☑0548　傲慢さ
☑0549　傲慢な態度
☑0550　やけくそ
☑0551　だらしないこと
☑0552　腹いせ
☑0553　大げさに振る舞うしぐさ
☑0554　無定見に振る舞うこと
☑0555　邪魔
☑0556　面と向かって責めること
☑0557　冷遇
☑0558　もめ事
☑0559　興に乗ってする悪ふざけ
☑0560　気まぐれで分別のない行動

☑0561　暴虐
☑0562　親不孝
☑0563　あくどいこと
☑0564　いびること
☑0565　区別や差別があること
☑0566　いんちき
☑0567　でっち上げ
☑0568　もてあそぶこと
☑0569　二股
☑0570　おしゃべり
☑0571　抑える
☑0572　打ち捕らえる
☑0573　よじる
☑0574　ひねる
☑0575　開け閉めする
☑0576　つねる
☑0577　こする
☑0578　もむ
☑0579　締める
☑0580　引き締める
☑0581　抱き締める
☑0582　抱き締める
☑0583　なでる
☑0584　なでる
☑0585　伸ばす
☑0586　閉じ込める
☑0587　保管する
☑0588　(口などを)ゆすぐ
☑0589　(洗濯物などを)ゆすぐ
☑0590　縛る
☑0591　(マフラー、スカートなどを)巻く
☑0592　くくる
☑0593　ぐるぐる巻く
☑0594　くるむ
☑0595　取り囲む

6週目

- ☑ 0596 包む
- ☑ 0597 包む
- ☑ 0598 倒す
- ☑ 0599 倒す
- ☑ 0600 簡潔にまとめる
- ☑ 0601 不届きだ
- ☑ 0602 偏屈だ
- ☑ 0603 傲慢だ
- ☑ 0604 極めて礼儀正しい
- ☑ 0605 力強くて屈しない
- ☑ 0606 愚鈍だ
- ☑ 0607 怠惰だ
- ☑ 0608 朗々としている
- ☑ 0609 寛大だ
- ☑ 0610 りりしい
- ☑ 0611 おとなしい
- ☑ 0612 横柄だ
- ☑ 0613 （金遣いが）荒い
- ☑ 0614 落ち着かない
- ☑ 0615 無作法だ
- ☑ 0616 誤って
- ☑ 0617 口を極めて
- ☑ 0618 折り入って
- ☑ 0619 合わせて
- ☑ 0620 決まって
- ☑ 0621 息せき切って
- ☑ 0622 きちんと
- ☑ 0623 純然と
- ☑ 0624 漫然と
- ☑ 0625 なんだかんだと
- ☑ 0626 なんだかんだと
- ☑ 0627 かっと
- ☑ 0628 黙々と
- ☑ 0629 点々と
- ☑ 0630 ぎっしりと

1·2級

7週目

☑ 0631
농

冗談　漢弄
상황을 봐 가면서 **농**을 던지세요.
状況を見ながら冗談を言ってください。

☑ 0632
뻥¹

うそ
그는 매일 **뻥**만 치고 다녀서 아무도 그의 말을 믿지 않는다.
彼は毎日うそばかりついて回ったので、誰も彼の言葉を信じない。

☑ 0633
우스갯소리
[우스갣쏘리]

笑い話、冗談
진지한 이야기는 하지 않고 자꾸 실없이 **우스갯소리**만 한다.
真面目な話はしないで、しきりにおどけて笑い話ばかりする。

☑ 0634
외마디

ひと言、一節、ひと声
그가 숨을 거두면서 한 **외마디** 외침이 많은 사람의 마음에 새겨졌다.
彼が息を引き取りながら放ったひと言の叫びが、多くの人の心に刻まれた。

☑ 0635
입담
[입땀]

話しぶり、話術
그의 구수한 **입담**에 강연장은 순식간에 흥겨워졌다.
彼の面白い話しぶりに、講演会場は一瞬で盛り上がった。

☑ 0636
통성명

互いに名乗ること、初対面のあいさつ　漢通姓名　関-하다
이렇게 만난 것도 인연인데 우리 서로 **통성명**이라도 합시다.
こうやって会ったのも縁なので、お互い自己紹介でもしましょう。

☑ 0637
일가견

一家言　漢一家見
요리에 **일가견**이 있다고 하니 어떤 음식을 내올지 기대해 봅시다.
料理に一家言あるというので、どんな料理を出してくるか期待しましょう。

☑ 0638
귀띔
[귀띰]

耳打ち、ほのめかし　関-하다
다른 사람에게 말 안 할 테니 나한테만 **귀띔**해 줘.
他の人には言わないから、私にだけ耳打ちして。

☑ 0639
귀엣말
[귀엔말]

耳打ち
귀엣말로 알려 준 그 이야기에는 놀라운 비밀이 숨어 있었다.
耳打ちで教えてくれたその話には、驚くべき秘密が秘められていた。

☑ 0640
귓속말
[귇쏭말]

耳打ち
두 사람은 연인 사이인지 **귓속말**로 속삭였다.
二人は恋人の仲なのか、耳打ちでひそひそと話した。

☑ 0641
군말

無駄口　関 – 하다
군말하지 말고, 시키는 것이나 제대로 해라.
無駄口をたたかずに、言われたことでもきちんとしなさい。

☑ 0642
군소리

無駄口　関 – 하다
꿈을 위해서 힘들어도 **군소리** 한마디 안 하고 일했다.
夢のために、つらくても無駄口一つ言わず働いた。

☑ 0643
고자질

告げ口　漢告者 –　関 – 하다
그런 식으로 선생님께 우리 이야기를 **고자질**하니까 좋니?
そうやって先生に私たちの話を告げ口して楽しい？

☑ 0644
아부

おべっか、お世辞、へつらい　漢阿附　関 – 하다
그 녀석은 늘 상사에게 **아부**하느라 바쁘다.
あいつはいつも、上司におべっかを使うのに忙しい。

☑ 0645
아첨

お世辞、おべっか、へつらい　漢阿諂　関 – 하다
승진하기 위해 윗사람에게 **아첨**을 떠는 모습이 참으로 얄밉다.❷
昇進するために上の人にお世辞を言う姿が、誠に憎らしい。

解説　　0645 **아첨을 떨다**で「おべっかを使う、お世辞を言う」という意味

☑ 0646
참견

口出し、おせっかい、干渉　漢参見　関-하다
일일이 남의 일에 **참견**하지 말고 본인 일이나 신경 쓰세요.
いちいち他人のことに口出ししないで、自分のことにでも気を使ってください。

☑ 0647
볼멘소리

不満の声、つっけどんな口ぶり
새로운 입시제도가 문제가 많다며 부모들 사이에서 **볼멘소리**가 나오고 있다.
新しい入試制度は問題が多いと、親の間で不満の声が出ている。

☑ 0648
하소연

無実や苦しい事情などを訴えること　関-하다
그녀는 힘든 일만 생기면 늘 나에게 와서 **하소연**한다.
彼女はつらいことが起きると、いつも私のところに来て訴える。

☑ 0649
푸념

泣き言、愚痴　関-하다
친구는 회사에 불만이 많은지 **푸념**만 늘어놓고 있다.
友達は会社に不満が多いのか、愚痴ばかり並べている。

☑ 0650
실토

事実通りに話すこと、吐露　漢実吐　関-하다
목격자가 나타나자 부인을 일삼던 그는 범행을 **실토**했다.
目撃者が現れると、否認を繰り返していた彼は犯行を吐いた。

☑ 0651
상의
[상이]

相談　漢相議　関-하다
나한테 **상의**도 없이 집을 계약하다니 어떻게 그럴 수가 있어?
私に相談もなく家を契約するなんて、どうしてそんなことができるの？

☑ 0652
맹세

誓約、誓い　漢盟誓　関-하다
결혼식에서 영원한 사랑을 **맹세**할 수 있습니까?
結婚式で永遠の愛を誓えますか？

☑ 0653
충언

忠告、忠言　漢忠言　関-하다
곁에서 **충언**을 아끼지 않는 친구가 진짜 친구다.
そばで忠告を惜しまない友達が、本当の友達だ。

☑ 0654

논란
[놀란]

論議　漢論難　関 – 되다/하다

테러를 방지한다는 취지의 그 법안은 통과되자마자 **논란**이 됐다.

テロを防ぐという趣旨のその法案は、可決されるや議論になった。

☑ 0655

반박

反論　漢反駁　関 – 되다/하다

정부는 야당의 비판에 대해 조목조목 **반박** 자료를 발표하였다.

政府は野党の批判に対して、こと細かに反論資料を発表した。

☑ 0656

논박

反論、抗論　漢論駁　関 – 되다/하다

그런 어설픈 주장은 금방 **논박**의 대상이 됩니다.

そんな生半可な主張は、すぐに反論の対象になります。

☑ 0657

실랑이

互いに言い争うこと、いざこざ　関 – 하다

주차 위반을 둘러싸고 단속반과 운전자가 **실랑이**를 벌이고 있다.

駐車違反を巡って、取り締まり班と運転者が言い争いをしている。

☑ 0658

시비

言い争うこと、言いがかり　漢是非　関 – 하다

그는 내가 뭘 해도 사사건건 **시비**를 건다.❷

彼は、私が何を言っても毎回けちをつける。

☑ 0659

말꼬리

言葉尻

그렇게 **말꼬리**만 잡고 늘어지지 마세요.

そうやって、言葉尻ばかり捉えて食い下がらないでください。

☑ 0660

찍소리
[찍쏘리]

ぐうの音

아이들에게 큰소리치는 반장도 선생님 앞에서는 **찍소리**도 못한다.

子どもたちに大口をたたく学級委員も、先生の前ではぐうの音も出ない。

| 解説 | 0658 **시비를 걸다**で「けちをつける」という意味 |

☑ 0661
발뺌
言い逃れ　関 – 하다
본인들이 일을 저질러 놓을 때는 언제고 이제는 무조건 **발뺌**이네.
本人たちがやらかしておきながら、今はとにかく言い逃れだね。

☑ 0662
앙탈
言い逃れ、逃げ口上　関 – 하다
그녀는 한 번만 봐달라며 귀엽게 **앙탈**을 부리기 시작했다. ❷
彼女は一度だけ大目に見てくれと、かわいく逃げ口上を使い始めた。

☑ 0663
험담
悪口、陰口　漢險談　関 – 하다
남의 **험담**을 아무렇지 않게 하는 사람들이 있더라고.
他人の悪口を平気で言う人がいるんだよ。

☑ 0664
욕설
[욕썰]
悪口、雑言　漢辱説　関 – 하다
직원들이 술자리에서 사장에 대한 **욕설**을 늘어놓기 시작했다.
社員たちが酒の席で社長に対する悪口を並べ始めた。

☑ 0665
고함
叫び、大声　漢高喊
술집에서 시비가 붙어서 사람들이 **고함**을 지르고 있다. ❷
居酒屋で口論になって、人々がどなり声を上げている。

☑ 0666
불호령
[부로령]
激しい叱責　漢 – 号令
자주 귀가 시간이 늦어지니까 아버지의 **불호령**이 떨어졌다.
しょっちゅう帰宅時間が遅くなるので、父の雷が落ちた。

☑ 0667
구호
掛け声　漢口号
모두 함께 팀의 **구호**를 외치면서 응원에 힘을 보탰다.
皆一緒に、チームの掛け声を叫びながら応援に力を添えた。

☑ 0668
구령
号令　漢口令　関 – 하다
조회 시간에 강사의 **구령**에 맞춰 체조를 시작했다.
朝礼の時間に、講師の号令に合わせて体操を始めた。

☑ 0669
함성

喚声、ときの声　漢喊声

농구 경기의 뜨거운 **함성**이 체육관 밖까지 울려 퍼졌다.
バスケットボールの試合の熱い喚声が、体育館の外まで響き渡った。

☑ 0670
애초

初め、最初、当初　漢- 初

그 일은 **애초**부터 불가능한 것이었는데 무모하게 일을 벌였다.
その仕事は初めから不可能なことだったのに、無謀にも仕事を始めた。

☑ 0671
애당초

初め、最初、当初　漢- 当初

애당초 그 사람과 만나지 말았어야 했어.
最初からその人と会うべきではなかった。

☑ 0672
초하루

ついたち
一日　漢初--

정월 **초하루**에는 몸가짐을 가지런히 하고 새벽기도를 합니다.
正月一日には、身だしなみを整えて早朝のお祈りをします。

☑ 0673
초반

序盤　漢初盤

축구는 경기 **초반**의 흐름이 중요하다.
サッカーは試合の序盤の流れが大事だ。

☑ 0674
한나절

半日

한나절이면 끝날 일을 온종일 하고 있다니.
半日あれば終わる仕事を一日中しているだなんて。

☑ 0675
나절

小半日

아무 말도 없이 반**나절**이나 어디 갔다 왔어?
何も言わずに3、4時間もどこに行ってきたの？

解説　0662 **앙탈을 부리다**で「逃げ口上を使う」という意味　0665 **시비가 붙다**で「口論になる」という意味

☑ 0676 하다用言

갱신하다 ✎
[갱시나다]

更新する　漢更新 --　関 - 되다
이번에 **갱신하면** 이 집에서 산 지도 10년이 넘게 된다.
今回更新すれば、この家で暮らすのも10年を超えることになる。

☑ 0677 하다用言

경신하다 ✎
[경시나다]

更新する　漢更新 --　関 - 되다
100m 달리기에서 그 선수가 세계 기록을 **경신했다**.
100メートル走でその選手が世界記録を更新した。

☑ 0678

대물리다

(財産・物を子孫に)残す、継承する　漢代 ---
재벌들은 자신들의 부와 권력을 **대물리려고** 노력한다.
財閥は、自分たちの富と権力を子孫に継がせようと努力する。

☑ 0679 하다用言

거론하다
[거로나다]

取り上げて論ずる、言及する　漢挙論 --　関 - 되다
회의 자리에서 개인적인 이야기를 **거론하는** 것은 삼갑시다.
会議の場で、個人的な話を取り上げるのは控えましょう。

☑ 0680

들이대다
[드리대다]

突き出す、突きつける
수사관은 범행 증거를 **들이대며** 자백을 유도했다.
捜査官は、犯行の証拠を突きつけて自白を誘導した。

☑ 0681 ㄹ変則

거르다²

抜かす、飛ばす
아무리 바빠도 끼니는 **거르지** 말고 챙겨 먹어야 한다.
いくら忙しくても、食事は抜かずにきちんと食べなければいけない。

☑ 0682

개다²

畳む
빨래를 걷으면 아무데나 던져 두지 말고 바로 **개거라**.
洗濯物を取り込んだら、どこにでも投げておかないで、すぐに畳みなさい。

☑ 0683

건드리다

触れる、刺激する、いじる
저 사람은 잘못 **건드리면** 큰일 나니 조심하는 게 좋아.
あの人は接し方を間違えたら大変なことになるから、気を付けた方がいい。

130

☐ 0684
고이다
(物の下を)支える
팔을 **괴고** 수업을 듣는 그 친구의 태도가 마음에 걸렸다.
肘を突いて授業を受ける、その友達の態度が気に掛かった。

☐ 0685
내놓다
[내노타]
(外に)出す
쓰레기 버리는 날이라 재활용품을 밖에 **내놓았다.**
ごみを捨てる日なので、リサイクルごみを外に出した。

☐ 0686
펴내다
広げて出す、発行する
시대 변화를 반영해 새로 **펴낸** 백과사전이 날개 돋친 듯이 팔렸다.
時代の変化を反映して新しく出版した百科事典が、飛ぶように売れた。

☐ 0687
이다
(頭に)載せる
할머니는 무거운 짐을 **이고** 시장에 물건을 팔러 다녔다.
おばあさんは重い荷物を頭に載せて、市場に品物を売りに歩き回った。

☐ 0688
걸머지다
背負う、担ぐ
먼 길을 떠나기 위해 짐을 어깨에 **걸머지고** 일어섰다.
長い道のりに出発するため、荷物を肩に背負って立ち上がった。

☐ 0689
건지다
すくい上げる、(命を)拾う
그 사람은 전쟁에 끌려갔다가 간신히 목숨을 **건졌다.**
あの人は戦争に連れて行かれたが、辛うじて命拾いした。

☐ 0690 **ㄹ語幹**
쳐들다
[처들다]
持ち上げる、持ち出す
본인이 잘못했음에도 부모에게 고개를 **쳐들고** 대들다니.❶
本人が悪いことをしたのに、親に堂々と食ってかかるなんて。

解説　0676、0676　有効期間や契約を更新する場合は**갱신**、記録を更新する場合は**경신**を用いる　0690　**고개를 쳐들다**で「自信を持って堂々と行動する、頭をもたげる」という意味

131

☐ 0691 ㄹ変則
추스르다

持ち上げる、動かす、落ち着かせる
그는 아픈 몸을 **추스르고** 시합에 출전했다.
彼は、具合の悪い体を起こして試合に出た。

☐ 0692 ㄹ語幹
추켜들다

持ち上げる、高く上げる
선수들은 잔을 높게 **추켜들고** 우승을 축하했다.
選手は、杯を高く持ち上げて優勝を祝った。

☐ 0693
사들이다
[사드리다]

買い入れる、買い込む
개발정보를 입수한 뒤 투기 목적으로 땅을 마구잡이로 **사들였다.**
開発情報を入手した後、投機目的で土地をむやみに買い入れた。

☐ 0694 하다用言
추렴하다⊘
[추려마다]

割り勘にする、費用を集める
부장님 장례식 부의금으로 얼마씩 **추렴해서** 내도록 합시다.
部長の葬儀の香典として、いくらかずつ分担して出すことにしよう。

☐ 0695
끌어들이다
[끄러드리다]

引き込む、引き入れる
부부 싸움에 양가 문제까지 **끌어들이면서** 이혼 위기로 번졌다.
夫婦げんかに両家の問題まで引き込まれたことで、離婚の危機に拡大した。

☐ 0696
들여놓다
[드려노타]

入れる
아파트로 이사하고 나서 새 가구를 **들여놓고** 기분을 일신했다.
マンションに引っ越してから、新しい家具を入れて気分を一新した。

☐ 0697
집어넣다
[지버너타]

放り込む、入れる
어머니가 추울 거라면서 목도리를 가방에 **집어넣었다.**
母が、寒いだろうとマフラーをかばんに入れた。

☐ 0698
집어던지다
[지버던지다]

放り投げる
물건을 아무렇게나 **집어던지면** 금방 망가질 수 있다.
物を無造作に放り投げたら、すぐ壊れることがある。

☑ 0699
처넣다
[처너타]

ぶち込む、詰め込む、突っ込む
흉악한 범인들은 모두 감옥에 **처넣고** 벌을 줘야 한다.
凶悪な犯人たちは皆、監獄へぶち込んで罰を与えなければならない。

☑ 0700
뒤적거리다
[뒤적꺼리다]

しきりに探す、ごそごそかき回す
고등학생 딸은 밤에 먹을 것이 없는지 냉장고를 **뒤적거렸다**.
高校生の娘は夜、食べる物がないか冷蔵庫をしきりに探した。

☑ 0701
들쑤시다

(何かを探すため)引っかき回す
그의 발언은 회사 내 직원들 분위기를 **들쑤신** 것 같았다.
彼の発言は、会社内の社員たちの雰囲気を引っかき回したようだった。

☑ 0702
만지작거리다
[만지작꺼리다]

いじり回す、まさぐる
그녀는 긴장을 했는지 계속 옷을 **만지작거렸다**.
彼女は緊張をしたのか、ずっと服をいじっていた。

☑ 0703
비집다
[비집따]

こじ開ける、かきわける、割り込む
매일 만원 전철 사이를 **비집고** 들어가서 출근한다.
毎日、満員電車の間をかきわけて入って出勤している。

☑ 0704
쑤시다

ほじくる、つつく
고깃집에서 회식한 후 모두 이를 **쑤시고** 있다.
焼き肉屋で会食した後、みんな歯をほじくっている。

☑ 0705
후비다

ほじくる、暴き出す
이제 성인인데 사람 앞에서 코를 **후비는** 버릇은 버려.
もう大人なんだから、人前で鼻をほじくる癖は捨てて。

解説　0694「割り勘」は**더치페이**ともいう

133

☑ 0706 ㄹ語幹

모질다

残忍だ、激烈だ、厳しい
성격이 그렇게 **모질어서** 제대로 친구 하나 사귈 수 있겠어?
性格があんなにきつくては、ろくに友達一人できないんじゃない？

☑ 0707 하다用言

무뚝뚝하다
[무뚝뚜카다]

無愛想だ
경상도 남자들은 **무뚝뚝하기로** 유명하다.
慶尚道の男は無愛想で有名だ。

☑ 0708 하다用言

발랄하다
[발라라다]

はつらつとしている 漢潑剌 --
기쁜 일이 있는지 그의 모습은 **발랄해** 보였다.
うれしいことがあるのか、彼の姿ははつらつとしているように見えた。

☑ 0709 하다用言

사근사근하다
[사근사그나다]

愛想がよい、優しい
무슨 부탁이 있는지 그녀는 평소와는 딴판으로 **사근사근하게** 굴었다.
何か頼みがあるのか、彼女は普段とは全然違い愛想よく振る舞った。

☑ 0710 하다用言

야박하다
[야바카다]

薄情だ、不人情だ 漢野薄 -- 関- 스럽다
식당에서 반찬을 더 달랬더니 주인이 **야박하게** 거절했다.
食堂でおかずのおかわりを頼んだら、店主が薄情にも断った。

☑ 0711 하다用言

야속하다
[야소카다]

薄情だ、不人情だ 漢野俗 -- 関- 스럽다
그토록 도움을 줬건만 정작 내 부탁을 **야속하게도** 거절했다.
あれほど手伝ってやったのに、いざ私の頼みを薄情にも断った。

☑ 0712 하다用言

야비하다

下品で卑しい、ずるい 漢野卑 --
싸움이 시작되자 혼자만 살겠다고 **야비하게** 도망갔다.
けんかが始まるや、一人だけ助かろうと卑しくも逃げた。

☑ 0713 하다用言

어엿하다
[어여타다]

立派だ、一人前だ、堂々とする
코흘리개였던 그녀도 어느새 **어엿한** 숙녀가 되었다.
はな垂れだった彼女も、いつの間にか立派な淑女になった。

☑ 0714　[하다用言]
장하다
立派だ、見事だ　[漢]壯 --
군대를 무사히 제대한 아들이 너무 **장하다고** 생각합니다.
軍隊を無事に除隊した息子が、とても立派だと思います。

☑ 0715　[하다用言]
옹졸하다
[옹조라다]
度量が狭い、せせこましい、融通が利かない　[漢]壅拙 --
옹졸한 마음에 화를 낸 것이 후회된다.
せせこましい気持ちで怒ったことを後悔している。

☑ 0716　[ㅂ変則]
우스꽝스럽다
[우스꽝스럽따]
とてもこっけいだ、おどけている、ひょうきんだ
개그맨이 **우스꽝스러운** 분장을 하고 관중들을 웃겼다.
お笑い芸人が、こっけいな装いをして観衆を笑わせた。

☑ 0717　[하다用言]
음침하다
[음치마다]
陰気だ、陰うつだ　[漢]陰沈 --　[関] - 스럽다
그 사람의 인상이 너무 **음침해서** 왠지 말을 걸기 어려웠다.
その人の印象がとても陰気で、なぜだか話し掛けにくかった。

☑ 0718　[ㄹ語幹]
잘다
みみっちい、こせこせしている
그는 사람이 **잘고** 대범한 구석이 없다.
彼は、人がみみっちくておおらかなところがない。

☑ 0719　[ㅂ変則]
좀스럽다
[좀스럽따]
みみっちい、度量が狭い
리더가 그렇게 **좀스럽게** 행동하면 안 되지.
リーダーが、そのようにみみっちく行動してはいけないよ。

☑ 0720
짓궂다
[짇꾿따]
意地悪だ、性悪だ
선생님은 아이들끼리 **짓궂은** 장난을 치지 말라고 주의를 줬다.
先生は子ども同士、意地悪ないたずらをするなと注意を与えた。

☑ 0721
지그시

そっと、じわじわと
눈을 **지그시** 감고 감미로운 발라드를 감상했다.
目をそっと閉じて、甘いバラードを鑑賞した。

☑ 0722
짐짓
[짐짇]

わざと、故意に
그녀의 이야기를 다 알고 있었으나 **짐짓** 놀라는 척했다.
彼女の話を全て知っていたが、わざと驚いているふりをした。

☑ 0723
무심코

何げなく　漢無心 –
무심코 한 말이 상대방에게 큰 상처가 될 수도 있다.
何げなく言ったことが、相手には大きな傷になることもある。

☑ 0724
부득이
[부드기]

仕方なく、やむなく　漢不得已　関 – 하다
가난한 집안 형편으로 **부득이** 대학 진학을 포기했다.
貧しい家庭の事情で、やむを得ず大学進学を諦めた。

☑ 0725
샅샅이
[삳싸치]

くまなく、隅から隅まで
이 방을 **샅샅이** 뒤지면 뭔가 증거가 나올 겁니다.
この部屋をくまなく探せば、何か証拠が出てくるはずです。

☑ 0726
쉽사리
[쉽싸리]

たやすく、おいそれと
그 사람은 아무리 좋은 조건을 내걸어도 **쉽사리** 협상에 응하지 않았다.
その人は、いくら良い条件を出してもたやすく交渉に応じなかった。

☑ 0727
은연중에
[으년중]

それとなく、密かに、無意識に　漢隱然中 –
그 사람은 **은연중에** 나를 무시하는 말투를 쓰곤 했다.
その人は、それとなく私をばかにする話し方をしたりした。

☑ 0728
거침없이
[거치업씨]

はばかることなく、よどみなく
아이가 학원에 다닌 후부터 영어 문장을 **거침없이** 읽기 시작했다.
子どもが塾に通い出してから、英語の文章をすらすらと読み始めた。

☐ 0729
덮어놓고
[더퍼노코]

とにかく、やたらに
덮어놓고 화만 내지 말고 내 이야기 좀 들어 봐!
とにかく怒ってばかりいないで、ちょっと私の話を聞いて！

☐ 0730
아득바득
[아득빠득]

しぶとく、必死に
어떻게든 살아보려고 **아득바득** 일하면서 돈을 모았다.
とにかく生きようと、必死に働きながらお金をためた。

☐ 0731
오순도순

仲むつまじく
결혼해서 아이는 없지만, 둘이서 **오순도순** 잘살고 있다.
結婚して子どもはいないが、二人で仲むつまじく豊かに暮らしている。

☐ 0732
깡그리

一つ残らず、すっかり
다른 일로 바빠서 약속을 **깡그리** 잊어버렸네.
他のことで忙しくて、約束をすっかり忘れてしまったね。

☐ 0733
낱낱이
[난나치]

一つ一つ、一つ残らず
그 사람의 범행에 대해 **낱낱이** 조사했다.
その人の犯行について、一つ一つ調査した。

☐ 0734
부쩍

急に増えたり減ったり勢いよく動く様子
아이가 요사이 키가 **부쩍** 컸다.
子どもが近頃、背がぐんと伸びた。

☐ 0735
북적
[북쩍]

混み合って騒がしい様子
명절이 되자 전통시장도 **북적**이기 시작했다.❷
名節になると、伝統市場も混み合い始めた。

解説	0735 **북적이다、북적거리다**など、主に動詞で使われることが多い

☑ 0631	농	☑ 0666	불호령	☑ 0701	들쑤시다
☑ 0632	뻥[1]	☑ 0667	구호	☑ 0702	만지작거리다
☑ 0633	우스갯소리	☑ 0668	구령	☑ 0703	비집다
☑ 0634	외마디	☑ 0669	함성	☑ 0704	쑤시다
☑ 0635	입담	☑ 0670	애초	☑ 0705	후비다
☑ 0636	통성명	☑ 0671	애당초	☑ 0706	모질다
☑ 0637	일가견	☑ 0672	초하루	☑ 0707	무뚝뚝하다
☑ 0638	귀띔	☑ 0673	초반	☑ 0708	발랄하다
☑ 0639	귀엣말	☑ 0674	한나절	☑ 0709	사근사근하다
☑ 0640	귓속말	☑ 0675	나절	☑ 0710	야박하다
☑ 0641	군말	☑ 0676	갱신하다	☑ 0711	야속하다
☑ 0642	군소리	☑ 0677	경신하다	☑ 0712	야비하다
☑ 0643	고자질	☑ 0678	대물리다	☑ 0713	어엿하다
☑ 0644	아부	☑ 0679	거론하다	☑ 0714	장하다
☑ 0645	아첨	☑ 0680	들이대다	☑ 0715	옹졸하다
☑ 0646	참견	☑ 0681	거르다[2]	☑ 0716	우스꽝스럽다
☑ 0647	볼멘소리	☑ 0682	개다[2]	☑ 0717	음침하다
☑ 0648	하소연	☑ 0683	건드리다	☑ 0718	잘다
☑ 0649	푸념	☑ 0684	고이다	☑ 0719	좀스럽다
☑ 0650	실토	☑ 0685	내놓다	☑ 0720	짓궂다
☑ 0651	상의	☑ 0686	펴내다	☑ 0721	지그시
☑ 0652	맹세	☑ 0687	이다	☑ 0722	짐짓
☑ 0653	충언	☑ 0688	걸머지다	☑ 0723	무심코
☑ 0654	논란	☑ 0689	건지다	☑ 0724	부득이
☑ 0655	반박	☑ 0690	쳐들다	☑ 0725	샅샅이
☑ 0656	논박	☑ 0691	추스르다	☑ 0726	쉽사리
☑ 0657	실랑이	☑ 0692	추켜들다	☑ 0727	은연중에
☑ 0658	시비	☑ 0693	사들이다	☑ 0728	거침없이
☑ 0659	말꼬리	☑ 0694	추렴하다	☑ 0729	덮어놓고
☑ 0660	찍소리	☑ 0695	끌어들이다	☑ 0730	아득바득
☑ 0661	발뺌	☑ 0696	들여놓다	☑ 0731	오순도순
☑ 0662	앙탈	☑ 0697	집어넣다	☑ 0732	깡그리
☑ 0663	험담	☑ 0698	집어던지다	☑ 0733	낱낱이
☑ 0664	욕설	☑ 0699	처넣다	☑ 0734	부쩍
☑ 0665	고함	☑ 0700	뒤적거리다	☑ 0735	북적

日本語 ▶ 韓国語

☑0631　冗談
☑0632　うそ
☑0633　笑い話
☑0634　ひと言
☑0635　話しぶり
☑0636　互いに名乗ること
☑0637　一家言
☑0638　耳打ち
☑0639　耳打ち
☑0640　耳打ち
☑0641　無駄口
☑0642　無駄口
☑0643　告げ口
☑0644　おべっか
☑0645　お世辞
☑0646　口出し
☑0647　不満の声
☑0648　無実や苦しい事情などを訴えること
☑0649　泣き言
☑0650　事実通りに話すこと
☑0651　相談
☑0652　誓約
☑0653　忠告
☑0654　論議
☑0655　反論
☑0656　反論
☑0657　互いに言い争うこと
☑0658　言い争うこと
☑0659　言葉尻
☑0660　ぐうの音
☑0661　言い逃れ
☑0662　言い逃れ
☑0663　悪口
☑0664　悪口
☑0665　叫び

☑0666　激しい叱責
☑0667　掛け声
☑0668　号令
☑0669　喚声
☑0670　初め
☑0671　初め
☑0672　一日
☑0673　序盤
☑0674　半日
☑0675　小半日
☑0676　更新する
☑0677　更新する
☑0678　(財産・物を子孫に)残す
☑0679　取り上げて論ずる
☑0680　突き出す
☑0681　抜かす
☑0682　畳む
☑0683　触れる
☑0684　(物の下を)支える
☑0685　(外に)出す
☑0686　広げて出す
☑0687　(頭に)載せる
☑0688　背負う
☑0689　すくい上げる
☑0690　持ち上げる
☑0691　持ち上げる
☑0692　持ち上げる
☑0693　買い入れる
☑0694　割り勘にする
☑0695　引き込む
☑0696　入れる
☑0697　放り込む
☑0698　放り投げる
☑0699　ぶち込む
☑0700　しきりに探す

☑ **0701** （何かを探すため）引っかき回す

☑ **0702** いじり回す

☑ **0703** こじ開ける

☑ **0704** ほじくる

☑ **0705** ほじくる

☑ **0706** 残忍だ

☑ **0707** 無愛想だ

☑ **0708** はつらつとしている

☑ **0709** 愛想がよい

☑ **0710** 薄情だ

☑ **0711** 薄情だ

☑ **0712** 下品で卑しい

☑ **0713** 立派だ

☑ **0714** 立派だ

☑ **0715** 度量が狭い

☑ **0716** とてもこっけいだ

☑ **0717** 陰気だ

☑ **0718** みみっちい

☑ **0719** みみっちい

☑ **0720** 意地悪だ

☑ **0721** そっと

☑ **0722** わざと

☑ **0723** 何げなく

☑ **0724** 仕方なく

☑ **0725** くまなく

☑ **0726** たやすく

☑ **0727** それとなく

☑ **0728** はばかることなく

☑ **0729** とにかく

☑ **0730** しぶとく

☑ **0731** 仲むつまじく

☑ **0732** 一つ残らず

☑ **0733** 一つ一つ

☑ **0734** 急に増えたり減ったり勢いよく動く様子

☑ **0735** 混み合って騒がしい様子

1・2級

8週目

☑ 0736
꼭두새벽
[꼭뚜새벽]

早朝、朝っぱら
이렇게 비 오는데 **꼭두새벽**부터 어디를 가겠다는 거야?
こんなに雨が降っているのに、朝っぱらからどこに行くというんだ？

☑ 0737
초저녁

夕暮れ、宵の口 漢初--
겨울철이라 **초저녁**밖에 안 됐는데 벌써 어둡다.
冬なので、夕暮れどきにしかなっていないのにもう暗い。

☑ 0738
해 질 녘
[해 질 력]

夕方、日暮れどき
해 질 녘에 노을을 보고 있자니 여러 가지 생각이 든다.
夕暮れどきに夕焼けを見ていると、いろいろなことを考えるようになる。

☑ 0739
황혼

たそがれ、夕暮れ 漢黄昏
남편이 정년퇴직함과 동시에 **황혼** 이혼을 요구하는 일이 많아지고 있다.
夫が定年退職すると同時に、たそがれ離婚の要求が増えている。

☑ 0740
자정

夜中の12時 漢子正
그는 사업으로 **자정**이 넘어서 귀가하는 날이 많다.
彼は、事業で夜中の12時を過ぎて帰宅する日が多い。

☑ 0741
간밤

昨夜
간밤에 눈이 많이 내렸는데 아침에 보니 온 세상이 하얘졌다.
昨夜雪がたくさん降ったが、朝見たら一面真っ白になっていた。

☑ 0742
일전
[일쩐]

先日 漢日前
어머니, 이분이 **일전**에 제가 말씀드린 그 은인입니다.
お母さん、この方が先日申し上げたあの恩人です。

☑ 0743
저번

この前 漢-番
저번에 찾아뵀습니다만, 그간 건강하셨는지요?
この前お伺いしましたが、この間お元気でしたか？

☐ 0744

이레

七日

새로운 여자 친구와 만난 지 **이레** 만에 헤어졌다.

新しい彼女に出会って、七日で別れた。

☐ 0745

시초

始まり　漢始初

암 정복을 하기 위한 우리의 연구는 아직 **시초**에 불과하다.

がんを征服するための私たちの研究は、まだ始まりにすぎない。

☐ 0746

주중

週央、平日　漢週中

연간계획서는 이번 **주중**에 배포될 예정입니다.

年間計画書は、今週の平日中に配布される予定です。

☐ 0747

종전

今まで　漢従前

이 가게는 매출이 늘면서 손님에 대한 대접이 **종전**보다 소홀해졌다.

この店は、売り上げが増えたことで接客態度が以前よりおろそかになった。

☐ 0748

근래

[글래]

近来　漢近来

근래에 와서 근교에 전원주택이 부쩍 늘었다.

近頃、近郊に田園住宅がぐっと増えた。

☐ 0749

예전

昔

이 동네도 **예전**만큼 활기찬 분위기가 느껴지지 않는다.

この町も、昔ほど活気あふれた雰囲気が感じられない。

☐ 0750

다년간

長年の間　漢多年間

다년간의 경험을 살려서 새로운 제품을 개발했다.

長年の経験を生かして、新しい製品を開発した。

☐ 0751
겨를

暇
너무 바빠서 그때 제안 받은 내용을 생각할 **겨를**이 없었어.
あまりに忙しくて、当時提案を受けた内容を考える暇がなかった。

☐ 0752
늘그막

晩年、老年
젊었을 때 저축하지 않고 **늘그막**에 정말 고생이야.
若い頃、貯蓄せずに遊んでいたので、晩年に本当に苦労しているよ。

☐ 0753
향후

今後、以後 [漢]向後
이 회사는 지금 실적으로 봐서 **향후** 5년은 아무 문제가 없을 것
이다.
この会社は、今の実績で見たら今後5年は何の問題もないだろう。

☐ 0754
즈음

頃、際、局面 [関]-하다
다행히 이사가 끝날 때 **즈음**해서 비가 내리기 시작했다.
幸い、引っ越しが終わる頃になって雨が降り始めた。

☐ 0755
한시

同じ時刻、一刻 [漢]-時
그 둘은 한날**한시**에 태어났지만, 전혀 다른 인생을 살았다.
その二人は、同じ日の同じ時刻に生まれたが、全く違う人生を生きた。

☐ 0756
판국

事件が起こった局面、時局、場面 [漢]-局
아버지가 일자리를 잃어 어려운 **판국**에 무슨 해외여행이냐?
父親が仕事を失って厳しい状況なのに、何が海外旅行だよ？

☐ 0757
삽시간
[삽씨간]

瞬時、またたく間 [漢]霎時間
불은 **삽시간**에 번져서 옆 건물까지 화재 피해를 보았다.
火は瞬時に広がり、隣の建物までも火災の被害を負った。

☐ 0758
짬

合間、暇、間
연말을 맞이해 **짬**을 내서 고국을 방문했다. ❷
年末を迎えて、合間を縫って故国を訪問した。

DATE 年 月 日
DATE 年 月 日

☐ 0759
간헐적
[가널쩍]

断続的、間欠的　漢間歇的
밤새 **간헐적**으로 비가 왔지만, 아침에는 활짝 갰다.
夜中に断続的に雨が降っていたが、朝にはからりと晴れた。

☐ 0760
환절기

季節の変わり目　漢換節期
환절기니까 특히 감기 조심하세요.
季節の変わり目なので、特に風邪にお気を付けください。

☐ 0761
한물

旬、一盛り
이 메뉴는 이제 **한물** 지난 것으로 인기가 없다.
このメニューは、もう旬を過ぎた物なので人気がない。

☐ 0762
제철

旬、食べ頃、適期
손님이 오시니까 **제철** 과일을 내놓아야 합니다.
お客さまがいらっしゃるので、旬の果物を出さなければいけません。

☐ 0763
서기

西暦　漢西紀
서기란 예수의 탄생을 기점으로 연대를 계산하는 방식이다.
西暦とは、イエスの誕生を起点として年代を計算する方式だ。

☐ 0764
일자
[일짜]

日、日付　漢日字
지진 피해로 부득이하게 시험 **일자**를 변경하였습니다.
地震の被害により、仕方なく試験の日を変更しました。

☐ 0765
일력

日めくり　漢日暦
탁상 **일력**에 그날그날 한 일을 적어 놓았다.
卓上の日めくりに、その日その日にしたことを書いておいた。

解説　0758 **짬을 내다**で「合間を縫う、暇を見つける」という意味

145

☑ 0766

하루치

一日分

이 만큼만 하면 **하루치** 분량의 일은 끝낸 것이다.
これくらいだけやれば、一日分の分量の仕事は終えたことになる。

☑ 0767

대보름

陰暦の1月15日 漢大--

정월 **대보름**에 부럼을 깨물어서 먹는 관습이 있다.
陰暦の1月15日に、ナッツ類をかんで食べる風習がある。

☑ 0768

한가위

チュソク
秋夕

한가위 명절은 귀성 행렬로 인해 고속도로가 막힌다.
秋夕の名節は、帰省ラッシュによって高速道路が渋滞する。

☑ 0769

동짓달❷

[동짇딸]

陰暦の11月 漢冬至-

동짓달 밤바람이 차니 목도리를 꼭 하고 나가거라.
陰暦11月の夜風が冷たいから、必ずマフラーをして出掛けなさい。

☑ 0770

섣달

[섣딸]

陰暦の12月、師走

섣달그믐날에 자면 눈썹이 하얗게 된다는 말이 있다.❷
陰暦の大みそかに寝ると、眉毛が白くなるという言葉がある。

☑ 0771

더미

(小高く積み重ねた)山

그는 연구 때문에 늘 서류 **더미**에 묻혀 산다.
彼は、研究のためにいつも書類の山に埋もれて暮らしている。

☑ 0772

태산

高くて大きな山、大きくて多いことのたとえ 漢泰山

걱정이 **태산**인데 주위에 신경 써 주는 사람이 없다.
心配は山積みなのに、気を使ってくれる人がいない。

☑ 0773

뒷동산

[뒫똥산]

裏山

아침마다 **뒷동산**에 올라 운동을 한다.
毎朝、裏山に登って運動をする。

☑ 0774
산골
[산꼴]

山奥 [漢]山 -

산골 마을에는 반목반농이 제법 많다.
山奥の村には、半牧半農がかなり多い。

☑ 0775
산등성이
[산뜽성이]

尾根、稜線 [漢]山 - - -

바다가 멀리 내다보이는 **산등성이**에 올라섰다.
海が遠く見渡せる山の尾根に登った。

☑ 0776
골짜기

谷間

산불이 나서 **골짜기**마다 연기가 피어오르고 있습니다.
山火事が起きて、谷間ごとに煙が上がっています。

☑ 0777
기슭
[기슥]

麓、裾

날씨가 더우니 산**기슭**에서 잠시 쉬다 가자.
暑いので、山の麓で少し休んでから行こう。

☑ 0778
봉우리

峰

가을인데도 벌써 산**봉우리**에는 눈이 내려 있었다.❷
秋なのに、もう山の峰には雪が降っていた。

☑ 0779
메아리

やまびこ

산 정상에서 소리친 야호 소리가 **메아리**가 되어 다시 돌아왔다.
山の頂上で叫んだヤッホーの声が、やまびこになって戻ってきた。

☑ 0780
사태

地滑り [漢]沙汰

한여름 장마에 산**사태**가 나서 많은 이재민이 생겼다.
真夏の長雨で土砂崩れが起きて、多くの被災者が発生した。

解説　0769 **동짓달**은 **동지**(冬至)와 달(月)을 합쳐진 語で、「冬至の月」という意味　0770
섣달그믐날で「大みそか」という意味　0778 **산봉우리**の形でよく使われる

☑ 0781　ㄹ語幹
파고들다
深く入り込む、(物事を)掘り下げる
그는 오로지 한 가지 일만 **파고드는** 사람이다.
彼は、ひたすら一つのことだけを掘り下げる人だ。

☑ 0782
끄집어내다
[끄지버내다]
取り出す、つかみ出す、ほじくり出す
소파 아래로 반지가 들어가 버려 **끄집어내기** 어렵다.
ソファの下に指輪が入ってしまい、取り出すのが難しい。

☑ 0783
팽개치다
放り出す、投げ捨てる
그는 화가 났는지 물건을 바닥에 **팽개쳤다**.
彼は腹が立ったのか、物を床に投げ捨てた。

☑ 0784　ㅂ変則
깁다
[깁따]
繕う
요즘 같은 세상에도 옷을 버리지 않고 **기워** 입는 사람이 있다.
最近のような世の中でも、服を捨てずに繕って着る人がいる。

☑ 0785
꿰매다
縫う、繕う
그는 검소해서 아직 집에서만 입는 옷은 **꿰매서** 입는다.
彼は質素で、まだ家でだけ着る服は縫って着る。

☑ 0786
누비다
刺し縫いをする、刺し子に縫う
팔꿈치 부분을 예쁜 헝겊을 대고 **누벼서** 색다르게 만들었다.
ひじの部分にかわいい布切れを当て、刺し縫いして目新しく作った。

☑ 0787
꿰다
穴に通す、刺し通す
나이 드니까 바늘에 실을 **꿰기가** 쉽지 않다.
年を取ったので、針に糸を通すのが簡単ではない。

☑ 0788
꿰뚫다
[꿰뚤타]
貫く、見通す
총알이 나무로 된 벽을 **꿰뚫고** 안으로 들어왔다.
銃弾が、木でできた壁を貫いて中に入ってきた。

☑ 0789 **ㅡ語幹**

뜨다³

編む

어머니에게 선물로 드릴 목도리를 **뜨고** 있습니다.

母にプレゼントで贈るマフラーを編んでいます。

☑ 0790

엮다

[역따]

編む、縫う、編さんする

국경과 사랑 두 가지를 **엮어** 스토리를 짰더니 히트를 했다.

国境と愛の二つを編さんしてストーリーを作ったら、ヒットをした。

☑ 0791

땋다

[따타]

(髪を)編む、結う

그 소녀는 머리를 예쁘게 **땋고** 발표회에서 피아노를 쳤다.

その少女は、髪をきれいに編んで発表会でピアノを弾いた。

☑ 0792

낚다

[낙따]

(魚を)釣る

갯바위 자리가 좋아서 고기를 많이 **낚았다**.

磯の場所が良くて、魚をたくさん釣った。

☑ 0793

좇다❷

[졷따]

追う

어른이 되어서도 꿈을 **좇는** 사람이 얼마나 될까.

大人になっても、夢を追う人はどれくらいいるだろうか。

☑ 0794 **ㄹ語幹**

휩쓸다

さらう、荒らす、席巻する

그 그룹은 요즘 전세계를 **휩쓸며** 인기몰이를 하고 있다.❷

そのグループは、最近世界中を席巻して人気を集めている。

☑ 0795

거머잡다

[거머잡따]

つかみ取る、ひっ捕らえる

그 배우는 연기대상을 타면서 인기와 영예를 동시에 **거머잡게** 됐다.

あの俳優は、演技大賞を取って人気と栄誉を同時につかみ取った。

解説　0793 **좇다**は「(抽象的なことを)追う」、**쫓다**は「(具体的なものを)追う」　0794 **인 기몰이**で「人気集め」という意味

☑ 0796
제치다
(仲間から)抜く、のけ者にする、後回しにする
이번 일은 걔는 **제쳐** 두고 우리끼리 하자.
今回の件は、あの子を抜いて私たちだけでやろう。

☑ 0797
매다
草取りをする
채소 농사는 밭에서 김을 **매는** 작업이 제일 힘들다.
野菜の農作業は、畑で雑草を取る作業が一番大変だ。

☑ 0798
물리다
取り消す、返す、譲る
일단 합의한 일은 다시 **물릴** 수 없습니다.
いったん合意したことは、二度と取り消すことはできません。

☑ 0799
쳐주다
[처주다]
見積もる、認めてやる
이런 물건은 요새 흔해서 값있게 **쳐주지도** 않아요.
このような品物は最近ありふれていて、高く見積もってもくれません。

☑ 0800 **ㄹ語幹**
달다¹
量る
정육점에서는 무게를 **달고** 나서 삼겹살을 건네준다.
精肉店では、重さを量ってからサムギョプサルを渡す。

☑ 0801
해치다
害する、傷つける　漢害--
불규칙한 식사는 건강을 **해치기** 십상이다.
不規則な食事は健康を害しやすい。

☑ 0802
끄적이다
[끄저기다]
字や絵などを適当に書く、書き殴る
소설 구상을 위해 뭔가 **끄적이다** 꾸깃꾸깃 구겨 버렸다.
小説の構想のため何か書き殴ったが、くしゃくしゃにしてしまった。

☑ 0803
긁적이다
[극쩌기다]
爪などであちこちかく、殴り書きする
그는 쑥스러운지 한참이나 머리를 **긁적였다**.
彼は照れくさいのか、しばらく頭をかいた。

☑ 0804

그르치다

しくじる、誤る、事を悪くする

실수하면 일을 **그르칠** 수 있으니 방심 마라.

ミスすると事を悪くすることがあるので油断するな。

☑ 0805

기다

はう

허리를 다쳐서 **기어서** 침대로 들어갔다.

腰を痛めたので、はってベッドに入った。

☑ 0806

꼼지락거리다

[꼼지락꺼리다]

ゆっくりと動かす、のろのろする

아기가 발을 **꼼지락거리는** 걸 보니 너무 귀여웠다.

赤ちゃんが足をもぞもぞ動かすのを見ると、とてもかわいかった。

☑ 0807

꼬라박다

[꼬라박따]

逆さまに落とす、(元手などを)なくす、つぎ込む

그는 음주운전을 하다가 차를 개울가로 **꼬라박았다**.

彼は、飲酒運転をしていて車を小川のほとりに逆さまに転落させた。

☑ 0808

꿇다

[꿀타]

ひざまずく

그는 잘못을 인정한 뒤 무릎을 **꿇고** 용서를 빌었다.

彼は間違いを認めた後、ひざまずいて許しを請うた。

☑ 0809

내디디다

踏み出す

사회에 첫발을 **내디딘** 젊은이들에게 해 주실 말씀이 있으신가요?

社会に最初の一歩を踏み出した若者たちへのお言葉はありますか？

☑ 0810

디디다

踏む、踏みしめる

청소 좀 해. 방이 발 **디딜** 틈도 없잖아.

掃除しなさいよ。部屋が足の踏み場もないじゃない。

☑ 0811　하다用言
쫀쫀하다
[쫀쪼나다]

せこい、けち臭い
그 남자는 이제까지 만난 사람 중에서 가장 **쫀쫀했다**.
その男は、今まで会った人の中で一番せこかった。

☑ 0812　하다用言
참하다
[차마다]

しとやかだ、慎ましい、小ぎれいだ
참하게 빗은 머리에 단정한 옷을 입고 면접을 봤다.
きれいに整えた髪に、端正な服を着て面接を受けた。

☑ 0813　ㅂ変則
천연덕스럽다
[처년덕쓰럽따]

平然としている、しらじらしい、とぼける　漢天然 ----
아이는 꼴등을 하고도 **천연덕스럽게** 웃었다.
子どもは、ビリになってもとぼけて笑った。

☑ 0814　하다用言
천하다
[처나다]

卑しい、みすぼらしい、下品だ　漢賤 --　関 - 스럽다
그 사람은 늘 욕을 하고 행동이 **천해서** 도저히 못 봐주겠어.
あの人は、いつも悪口を言って行動が卑しいのでとても見ていられない。

☑ 0815　ㅂ変則
태평스럽다
[태평스럽따]

のんきだ、気楽だ　漢太平 ---　関 - 하다
비상시국에 이렇게 **태평스럽게** 휴가 이야기를 할 때가 아닙니다.
非常事態に、こうのんきに休暇の話をしている場合ではありません。

☑ 0816　하다用言
털털하다
[털터라다]

おおらかだ、気さくだ、さばさばしている　関 - 스럽다
그 남자는 성격이 **털털한** 여자를 좋아한다.
その男性は、気さくな性格の女性が好きだ。

☑ 0817　하다用言
팔팔하다
[팔파라다]

気が短く荒っぽい、生き生きしている
그는 성질이 좀 **팔팔했고** 변덕이 심했다.
彼は気が短くて荒っぽく、非常に気まぐれだった。

☑ 0818
실없다
[시럽따]

不真面目だ、ふざける、くだらない　漢実 --
나이도 많으면서 그렇게 **실없게** 행동하지 마라.
年も取っているのに、そんなふざけた行動をするな。

☐ 0819　하다用言

황당하다

言動ででたらめだ、とんでもない　漢荒唐 --

단골 가게가 하루아침에 사라지다니 **황당하기** 그지없다.

行きつけの店が一夜で消えるとは、とんでもないことだ。

☐ 0820　하다用言

후하다

(人情が)厚い、手厚い　漢厚 --

그 가게는 사장의 인심이 늘 **후해서** 손님들로 붐빈다.❷

その店は、社長がいつも気前がいいので、客で混み合っている。

☐ 0821　하다用言

간곡하다

切実だ、丁重だ　漢懇曲 --

내가 이렇게 **간곡하게** 부탁할 테니 한 번만 들어 주라.

私がこの通り丁重に頼むから、一度だけ聞いてくれよ。

[간고카다]

☐ 0822　하다用言

건실하다

堅実だ、丈夫だ、健康だ　漢健実 --

이 회사는 작아 보이지만, **건실한** 계열사를 많이 거느리고 있다.

この会社は小さく見えるが、堅実な系列会社をたくさん抱えている。

[건시라다]

☐ 0823　하다用言

공손하다

丁寧だ　漢恭遜 --　関 - 스럽다

아이가 두 손을 **공손하게** 모으고 인사를 했다.

子どもが、両手を丁寧に合わせてあいさつをした。

[공소나다]

☐ 0824

귀신같다

さながら神業だ　漢鬼神 --

내가 복권에 당첨되자 친척이 **귀신같이** 알고 연락을 해 왔다.

私が宝くじに当せんすると、親戚が神業のように知って連絡をしてきた。

[귀신갇따]

☐ 0825　하다用言

합당하다

妥当である、適する、当を得る　漢合当 --

지금 하는 일에 **합당한** 보수를 받고 있는지 생각해 보세요.

今やっている仕事に見合った報酬をもらっているか、考えてみてください。

[합땅하다]

解説　0820 **인심이 후하다**で「気前がいい」という意味

153

副詞08_ 状態・様子

☐ 0826
기우뚱
やや斜めに傾いている様子 [関]- 하다
파도 때문에 잠시 배가 **기우뚱**해져서 겁이 났다.
波のせいで、しばし舟が傾いたので怖かった。

☐ 0827
붉으락푸르락
[불그락푸르락]
顔が赤くなったり青くなったりする様子 [関]- 하다
그는 미처 흥분을 가라앉히지 못하고 얼굴이 **붉으락푸르락** 달아올랐다.
彼はまだ興奮を静められず、顔が赤くなったり青くなったりした。

☐ 0828
기꺼이
喜んで、快く
판로 개척을 위해 이번 전시회에는 **기꺼이** 참여하겠습니다.
販路開拓のために、今回の展示会には喜んで参加します。

☐ 0829
울고불고
泣いたりわめいたりする様子 [関]- 하다
딸을 여행 못 가게 했더니 **울고불고** 난리도 아니야.
娘を旅行に行けなくしたら、泣きわめいて大騒ぎだ。

☐ 0830
섬뜩
ひやっと、ぎゅっと [関]- 하다
칼날이 날카로워서 보기만 해도 **섬뜩**하다.
刃が鋭くて、見るだけでもひやりとする。

☐ 0831
슬피
悲しげに
뭐가 그렇게 서러운지 **슬피** 울고 있었다.
何がそんなに悔しいのか、悲しげに泣いていた。

☐ 0832
가일층
よりいっそう [漢]加一層
휴전협상이 결렬되면서 전쟁이 **가일층** 치열해졌다.
休戦交渉が決裂して、戦争がよりいっそう激しくなった。

☐ 0833
곤히
[고니]
ぐっすり、ぐったり [漢]困-
아이가 **곤히** 잠든 표정을 보니 마음 한구석이 편안해졌다.
子どもがぐっすり眠っている表情を見たら、胸の片隅が穏やかになった。

☑ 0834
사뭇
[사묻]

もっぱら、ずっと、一途に、全く

그토록 원했던 만남이 취소되자 그녀는 **사뭇** 슬펐다.

あれほど望んでいた出会いがキャンセルになり、彼女はひたすら悲しかった。

☑ 0835
감쪽같이
[감쪽까치]

跡形もなく、まんまと

어라, 여기 있던 물건이 **감쪽같이** 사라졌네.

あれ、ここにあった物が跡形もなく消えたね。

☑ 0836
아니
~しない

'**아니** 땐 굴뚝에 연기 나랴' 라는 속담이 있다.

「火のない所に煙は立たぬ」ということわざがある。

☑ 0837
겉잡아도
[걷짜바도]

ざっと見積もっても

겉잡아도 불량품 회수에 든 비용이 억 단위는 되는 것 같습니다.

ざっと見積もっても、不良品の回収にかかった費用が億単位にはなるようです。

☑ 0838
각기
[각끼]

おのおの　漢各其

일견 같은 것처럼 보이지만, **각기** 다른 색감의 사진이다.

一見同じように見えるが、それぞれ異なる色合いの写真だ。

☑ 0839
조목조목
[조목쪼목]

(項目などを)一つ一つ　漢条目条目

변호사는 검사의 기소 내용에 대해 **조목조목** 반박을 했다.

弁護士は、検事の起訴内容について一つ一つ反論をした。

☑ 0840
주섬주섬

一つ一つ　関- 하다

급히 약속이 생겨 널브러진 옷가지를 **주섬주섬** 챙겨 나갔다.

急用ができ、散らかっている服を1枚1枚拾い集めて出掛けた。

☐ 0736 꼭두새벽
☐ 0737 초저녁
☐ 0738 해 질 녘
☐ 0739 황혼
☐ 0740 자정
☐ 0741 간밤
☐ 0742 일전
☐ 0743 저번
☐ 0744 이레
☐ 0745 시초
☐ 0746 주중
☐ 0747 종전
☐ 0748 근래
☐ 0749 예전
☐ 0750 다년간
☐ 0751 겨를
☐ 0752 늘그막
☐ 0753 향후
☐ 0754 즈음
☐ 0755 한시
☐ 0756 판국
☐ 0757 삽시간
☐ 0758 짬
☐ 0759 간헐적
☐ 0760 환절기
☐ 0761 한물
☐ 0762 제철
☐ 0763 서기
☐ 0764 일자
☐ 0765 일력
☐ 0766 하루치
☐ 0767 대보름
☐ 0768 한가위
☐ 0769 동짓달
☐ 0770 섣달

☐ 0771 더미
☐ 0772 태산
☐ 0773 뒷동산
☐ 0774 산골
☐ 0775 산등성이
☐ 0776 골짜기
☐ 0777 기슭
☐ 0778 봉우리
☐ 0779 메아리
☐ 0780 사태
☐ 0781 파고들다
☐ 0782 끄집어내다
☐ 0783 팽개치다
☐ 0784 깁다
☐ 0785 꿰매다
☐ 0786 누비다
☐ 0787 꿰다
☐ 0788 꿰뚫다
☐ 0789 뜨다 [3]
☐ 0790 엮다
☐ 0791 땋다
☐ 0792 낚다
☐ 0793 좇다
☐ 0794 휩쓸다
☐ 0795 거머잡다
☐ 0796 제치다
☐ 0797 매다
☐ 0798 물리다
☐ 0799 쳐주다
☐ 0800 달다 [1]
☐ 0801 해치다
☐ 0802 끄적이다
☐ 0803 긁적이다
☐ 0804 그르치다
☐ 0805 기다

☐ 0806 꼼지락거리다
☐ 0807 꼬라박다
☐ 0808 꿇다
☐ 0809 내디디다
☐ 0810 디디다
☐ 0811 쫀쫀하다
☐ 0812 참하다
☐ 0813 천연덕스럽다
☐ 0814 천하다
☐ 0815 태평스럽다
☐ 0816 털털하다
☐ 0817 팔팔하다
☐ 0818 실없다
☐ 0819 황당하다
☐ 0820 후하다
☐ 0821 간곡하다
☐ 0822 건실하다
☐ 0823 공손하다
☐ 0824 귀신같다
☐ 0825 합당하다
☐ 0826 기우뚱
☐ 0827 붉으락푸르락
☐ 0828 기꺼이
☐ 0829 울고불고
☐ 0830 섬뜩
☐ 0831 슬피
☐ 0832 가일층
☐ 0833 곤히
☐ 0834 사뭇
☐ 0835 감쪽같이
☐ 0836 아니
☐ 0837 걷잡아도
☐ 0838 각기
☐ 0839 조목조목
☐ 0840 주섬주섬

日本語 ▶ 韓国語

☐ 0736 早朝
☐ 0737 夕暮れ
☐ 0738 夕方
☐ 0739 たそがれ
☐ 0740 夜中の12時
☐ 0741 昨夜
☐ 0742 先日
☐ 0743 この前
☐ 0744 7日
☐ 0745 始まり
☐ 0746 週央
☐ 0747 今まで
☐ 0748 近来
☐ 0749 昔
☐ 0750 長年の間
☐ 0751 暇
☐ 0752 晩年
☐ 0753 今後
☐ 0754 頃
☐ 0755 同じ時刻
☐ 0756 事件が起こった局面
☐ 0757 瞬時
☐ 0758 合間
☐ 0759 断続的
☐ 0760 季節の変わり目
☐ 0761 旬
☐ 0762 旬
☐ 0763 西暦
☐ 0764 日
☐ 0765 日めくり
☐ 0766 一日分
☐ 0767 陰暦の1月15日
☐ 0768 秋夕
☐ 0769 陰暦の11月
☐ 0770 陰暦の12月

☐ 0771 (小高く積み重ねた)山
☐ 0772 高くて大きな山
☐ 0773 裏山
☐ 0774 山奥
☐ 0775 尾根
☐ 0776 谷間
☐ 0777 麓
☐ 0778 峰
☐ 0779 やまびこ
☐ 0780 地滑り
☐ 0781 深く入り込む
☐ 0782 取り出す
☐ 0783 放り出す
☐ 0784 繕う
☐ 0785 縫う
☐ 0786 刺し縫いをする
☐ 0787 穴に通す
☐ 0788 貫く
☐ 0789 編む
☐ 0790 編む
☐ 0791 (髪を)編む
☐ 0792 (魚を)釣る
☐ 0793 追う
☐ 0794 さらう
☐ 0795 つかみ取る
☐ 0796 (仲間から)抜く
☐ 0797 草取りをする
☐ 0798 取り消す
☐ 0799 見積もる
☐ 0800 量る
☐ 0801 害する
☐ 0802 字や絵などを適当に書く
☐ 0803 爪などであちこちかく
☐ 0804 しくじる
☐ 0805 はう

8
週目

☑ 0806 ゆっくりと動かす
☑ 0807 逆さまに落とす
☑ 0808 ひざまずく
☑ 0809 踏み出す
☑ 0810 踏む
☑ 0811 せこい
☑ 0812 しとやかだ
☑ 0813 平然としている
☑ 0814 卑しい
☑ 0815 のんきだ
☑ 0816 おおらかだ
☑ 0817 気が短く荒っぽい
☑ 0818 不真面目だ
☑ 0819 言動がでたらめだ
☑ 0820 (人情が)厚い
☑ 0821 切実だ
☑ 0822 堅実だ
☑ 0823 丁寧だ
☑ 0824 さながら神業だ
☑ 0825 妥当である
☑ 0826 やや斜めに傾いている様子
☑ 0827 顔が赤くなったり青くなったりする様子
☑ 0828 喜んで
☑ 0829 泣いたりわめいたりする様子
☑ 0830 ひやっと
☑ 0831 悲しげに
☑ 0832 よりいっそう
☑ 0833 ぐっすり
☑ 0834 もっぱら
☑ 0835 跡形もなく
☑ 0836 ～しない
☑ 0837 ざっと見積もっても
☑ 0838 おのおの
☑ 0839 (項目などを)一つ一つ
☑ 0840 一つ一つ

1・2級

9週目

名詞25_自然

☑ 0841
벼랑
断崖
사업에 실패하면서 점점 그의 삶이 **벼랑** 끝으로 내몰리고 있다.
事業に失敗して、彼の人生は徐々に崖の端に追い立てられている。

☑ 0842
낭떠러지
断崖
조금만 더 가면 **낭떠러지**니까 사진 찍을 때 조심하세요.
もう少し行くと崖なので、写真を撮るときは気を付けてください。

☑ 0843
고비
重大な場面、峠、山場、節目
타결을 앞둔 양국의 협상이 반대 여론으로 **고비**를 맞았다.
妥結を控えた両国の協議が、反対世論によって重大な局面を迎えた。

☑ 0844
고개
峠
비가 온 뒤 **고개** 너머로 무지개가 피었다.
雨が降った後、峠越しに虹が出た。

☑ 0845
구리
銅
중남미에는 **구리**가 풍부해 수출하는 나라가 많다.
中南米には銅が豊富で、輸出する国が多い。

☑ 0846
굴
穴　漢窟
겨울잠 자는 동물들은 **굴**을 파고 겨울날 준비를 한다.
冬眠する動物たちは、穴を掘って越冬の準備をする。

☑ 0847
돌멩이
石ころ
옆을 보고 걷다가 **돌멩이**에 걸려 넘어졌다.
横を見て歩いていたら、石ころにつまづいて転んだ。

☑ 0848
자갈
砂利
정원에 **자갈**을 깔고 조명을 배치해서 집 앞을 아름답게 꾸몄다.
庭に砂利を敷き照明を配置して、家の前を美しく飾った。

☐ 0849
진흙
[지늑]

泥
피부에 좋다 하니까 **진흙** 성분이 들어있는 화장품이 불티나게 팔렸다.
肌に良いというので、泥の成分が入っている化粧品が飛ぶように売れた。

☐ 0850
찰흙
[차륵]

粘土
찰흙으로 만든 인형은 나중에 따로 구워야 한다.
粘土で作った人形は、後で別途焼かなければならない。

☐ 0851
진창

ぬかるみ
장마철에 차가 **진창**에 빠져 엉망이 됐다.
梅雨に、車がぬかるみにはまってめちゃくちゃになった。

☐ 0852
흙탕물
[흑탕물]

泥水　漢 - 湯 -
어렸을 때 비 오는 날에 **흙탕물**에서 놀다가 엄마에게 혼난 기억이 있다.
小さい頃、雨の降る日に泥水で遊んでいてママに怒られた記憶がある。

☐ 0853
민물

淡水
민물고기는 기생충 때문에 회로 먹기에는 적합하지 않다.
淡水魚は、寄生虫のため刺し身として食べるのに適していない。

☐ 0854
강산

山と川　漢 江山
10년이면 **강산**도 변한다는데 여기는 변함이 없네.❷
10年あれば山河も変わるというが、ここは変わらないね。

☐ 0855
개천

どぶ　漢 - 川
집 근처의 맑은 냇가가 공장이 들어서면서 더러운 **개천**이 됐다.
家の近所のきれいな小川が、工場が立ったことで汚いどぶになった。

解説　0854 **10년이면 강산도 변하다**で「時間がたてば何もかも変わる」という意味

☑ 0856
개울
小川
옛날에 살던 동네 뒷산에는 작은 **개울**이 많이 흐르고 있었다.
昔住んでいた町の裏山には、小さな小川がたくさん流れていた。

☑ 0857
내
小川
냇물에서 멱을 감는 게 시골 살 때 추억이에요.❷
小川で水遊びしたのが、田舎に暮らしていた頃の思い出です。

☑ 0858
시내
小川
시골 할머니 집에 가니 근처에 맑은 **시내**가 흐르고 있었다.
田舎の祖母の家に行くと、近くに澄んだ小川が流れていた。

☑ 0859
강변
川辺　漢江辺
이 동네는 **강변**을 따라 다닐 수 있는 산책로가 잘 정비되어 있다.
この町は、川辺に沿って歩ける散策路がよく整備されている。

☑ 0860
연못
[연몯]
池　漢蓮-
인기척을 느끼고 **연못** 속으로 개구리가 뛰어들었다.
人けを感じて、池の中にカエルが飛び込んだ。

☑ 0861
샘²
泉
산행 중에 맛보는 **샘**물은 그 맛이 비할 데가 없다.
山歩き中に味わう泉の水の味は、比類なき味だ。

☑ 0862
약수
[약쑤]
薬効があるという鉱泉水　漢薬水
아버지는 아침마다 **약수**를 뜨러 가신다.
父は、毎朝薬効のある鉱泉水をくみに行かれる。

☑ 0863
늪
[늡]
沼
개발보다는 습지와 **늪**을 잘 보존해 관광자원으로 삼읍시다.
開発よりは、湿地と沼をうまく保存して観光資源にしましょう。

☐ 0864

모래사장

砂浜　漢-- 沙場

바닷가 **모래사장**에서 아이들이 모래성을 쌓으며 즐겁게 놀고 있다.

海辺の砂浜で、子どもたちが砂の城を作りながら楽しく遊んでいる。

☐ 0865

간석지

[간석찌]

干潟　漢干潟地

간석지를 간척한 곳은 농업용지로 많이 이용되고 있다.

干潟を干拓した場所は、農業用地として多く利用されている。

☐ 0866

갯벌

[갣뻘]

干潟

주말에 가족 단위로 **갯벌** 체험을 오는 경우가 많다.

週末に、家族単位で干潟体験に来るケースが多い。

☐ 0867

밀물

満ち潮

바다에서 흔히 볼 수 있는 **밀물**과 썰물은 달의 인력 때문이다.

海でよく見られる満ち潮と引き潮は、月の引力のせいだ。

☐ 0868

썰물

引き潮

썰물 때에는 갯벌이 훤히 드러나 관광객도 조개를 캘 수 있다.

引き潮の時は干潟が広々と現れ、観光客も貝を掘ることができる。

☐ 0869

풍파

波風、もめ事、苦難　漢風波

풍파를 겪은 흔적이 얼굴 주름에 나타나 있다.

苦難を経験した痕跡が、顔のしわに現れている。

☐ 0870

해일

津波　漢海溢

지진이 났으니 바닷가 주민들은 **해일**에 주의하세요.

地震が起きたので、海辺の住民は津波に注意してください。

解説　0857 **멱을 감다**で「水遊びする」という意味

名詞27_自然

☑ 0871
가랑비

小雨

가랑비에 옷 젖는 줄 모른다고 작은 손해도 무시하지 마.❷
「小さいことが大事に至る」というが、小さな損も無視するな。

☑ 0872
단비

恵みの雨

오랜 가뭄 끝에 **단비**가 내리자 농민들이 환호했다.
長い日照りの末に恵みの雨が降ると、農民たちは歓呼した。

☑ 0873
빗발
[빋빨]

雨脚

빗발이 너무 거세서 우산을 써도 별 소용이 없다.
雨脚がとても強くて、傘を差しても役に立たない。

☑ 0874
서리

霜

여자가 한을 품으면 오뉴월에 **서리**가 내린대.❷
女が恨みを抱くと、5、6月に霜が降りるって。

☑ 0875
노을

夕焼け、朝焼け

가을에 **노을**을 바라보면 한없이 생각에 잠기게 됩니다.
秋に夕焼けを眺めると、果てしなく物思いにふけるようになります。

☑ 0876
고드름

つらら

날씨가 영하로 떨어지면서 처마 밑에 **고드름**이 달렸다.
気温が零下に落ちて、軒下につららが垂れ下がった。

☑ 0877
대설

大雪 漢大雪

산간지방에 **대설** 주의보가 내려져서 주의가 필요합니다.
山間地方に大雪注意報が出たので、注意が必要です。

☑ 0878
함박눈
[함방눈]

ぼたん雪

함박눈이 펑펑 내리는 겨울밤에는 상상의 나래를 펴고 싶다.❷
ぼたん雪がこんこん降る冬の夜には、いろいろ想像を膨らませたい。

☐ 0879
눈보라

吹雪
간곡한 부탁 때문에 **눈보라**가 몰아치는 밤에 그의 집에 찾아갔다.
切なる頼み事のために、吹雪吹きつける夜に彼の家を訪ねた。

☐ 0880
싸락눈
[싸랑눈]

あられ
첫새벽 그녀를 만나기 위해 **싸락눈**이 날리는 길을 뚫고 걸어갔다.
明け方、彼女に会うために、あられが舞う道を通って歩いて行った。

☐ 0881
진눈깨비

みぞれ
퇴근길에 내리던 **진눈깨비**가 이내 비로 변했다.
会社帰りに降っていたみぞれが、たちまち雨に変わった。

☐ 0882
살얼음
[사러름]

薄氷
그의 직장생활은 위태위태해서 마치 **살얼음**을 밟는 것 같았다.
彼の職場生活は、非常に危なっかしくてまるで薄氷を踏むようだった。

☐ 0883
우박

ひょう 漢雨雹
날이 어두워지더니 창문이 깨질 정도의 **우박**이 내렸다.
空が暗くなったと思ったら、窓が割れるほどのひょうが降った。

☐ 0884
먹구름
[먹꾸름]

黒雲
먹구름이 몰려와서 사방이 어두워졌다.
黒雲が押し寄せてきて、四方が暗くなった。

☐ 0885
해돋이
[해도지]

日の出
내일은 새해맞이 **해돋이**를 보러 가자.
明日は、初日の出を見に行こう。

解説　0871 **가랑비에 옷 젖는 줄 모른다**は「小雨に服が濡れていることに気づかない」、つまり「小さいことが大事に至る」という意味　0874 **여자가 한을 품으면 ～**は「女性の恨みはありえないことが起きるほど強い」という意味のことわざ　0878 **나래를 펴다**で「考えや感情を広げる、膨らます」という意味

165

060日目　動詞17_動作　[TR060]

☑ 0886 ㄹ変則
구르다
踏みならす、踏む
헬스장에서 많은 사람들이 발을 **구르자** 층이 흔들리는 듯했다.
ジムで多くの人が足を踏みならすと、階が揺れるようだった。

☑ 0887
동동거리다
じだんだを踏む、ばたばたする
배가 전복되면서 실종자가 늘자 가족들이 발을 **동동거리고** 있다.
船が転覆して行方不明者が増えると、家族が足を震わしている。

☑ 0888 ㄹ語幹
넘나들다
出入りする、行き来する
철새들은 계절마다 국경을 **넘나들면서** 살아간다.
渡り鳥は、季節ごとに国境を出入りしながら生きていく。

☑ 0889
들락거리다
しきりに出入りする
배탈이 난 그는 오후 내내 화장실을 **들락거렸다.**
おなかを壊した彼は、午後の間ずっとトイレにしきりに出入りした。
[들락꺼리다]

☑ 0890
뛰쳐나가다
飛び出す
그녀는 급한 약속이 생겼는지 갑자기 집을 **뛰쳐나갔다.**
彼女は急な約束ができたのか、突然家を飛び出した。
[뛰처나가다]

☑ 0891 ㄹ語幹
모여들다
集まってくる
먹이를 공원에 놓아두자 길고양이들이 **모여들었다.**
餌を公園に置いておくと、野良猫たちが集まってきた。

☑ 0892 ㄹ語幹
뒹굴다
散らばる
늦가을에는 길바닥에 떨어진 낙엽이 여기저기서 **뒹군다.**
晩秋には、道端のあちこちに落ち葉が散らばっている。

☑ 0893
따돌리다
(追跡者を)まく
그는 차를 빨리 몰아서 추격자를 **따돌렸다.**
彼は、車を速く運転して追撃者をまいた。

166

☐ 0894
날뛰다

跳ね上がる
극심한 경쟁률을 뚫고 합격했다는 소식을 듣고 기뻐 **날뛰었다**.
極めて激しい競争率を勝ち抜いて合格したと聞き、うれしくて飛び跳ねた。

☐ 0895 ㄹ語幹
뛰놀다

跳ね回って遊ぶ
아이들이 마음 놓고 **뛰놀** 수 있는 공원을 늘립시다.
子どもたちが安心して、跳ね回って遊べる公園を増やしましょう。

☐ 0896
막가다
[막까다]

乱暴に振る舞う、不作法に振る舞う
두 사람은 싸움 끝에 **막가는** 소리까지 오갔다.
二人はけんかの末に、乱暴な言葉まで行き交った。

☐ 0897
꿈틀거리다

くねくねと動く、うごめく
비 오는 날에는 지렁이가 땅 위로 올라와 **꿈틀거린다**.
雨の日には、ミミズが地面に上がってきてくねくね動く。

☐ 0898
맞닿다
[맏따타]

触れ合う、接する
두 나라가 **맞닿아** 있는 부분을 국경선이라고 합니다.
二つの国が接している部分を、国境線といいます。

☐ 0899 ㄹ語幹
맴돌다

ぐるぐる回る
하고 싶은 말이 많았지만, 머릿속에 **맴돌기만** 했다.
言いたいことは多かったが、頭の中でぐるぐる回るだけだった。

☐ 0900
펄럭이다
[펄러기다]

翻る、はためく
경찰병원 앞에 국기가 **펄럭이고** 있다.
警察病院の前で国旗が翻っている。

動詞18_動作

☐ 0901
휘청거리다

しなやかに揺れる、ぐらつく
바람이 심하게 불자 국기를 단 깃대가 **휘청거렸다**.
風が激しく吹くや、国旗を掲げた旗竿がしなやかに揺れた。

☐ 0902
나부끼다

はためく
텅 빈 운동장에 우뚝 솟은 깃발이 가을바람에 **나부끼고** 있었다.
がらんとした運動場に高くそびえる旗が、秋の風にはためいていた。

☐ 0903
물러가다

退く、遠のく、なくなる
더위가 **물러가자** 강변에 사람들이 산책하러 나오기 시작했다.
暑さが遠のくと、人々が川辺を散歩しに出始めた。

☐ 0904
물러나다

退く、引き下がる
그는 이번 부패 사건을 책임지고 **물러나기로** 했다.
彼は、今回の腐敗事件の責任を取って退くことにした。

☐ 0905
발붙이다
[발부치다]

足を踏み入れる、頼る
병역 의무를 저버린 그는 이후 한국에 **발붙이지** 못했다.
兵役の義務に背いた彼は、以後韓国に足を踏み入れられなかった。

☐ 0906
설치다[1]

暴れる、出しゃばる
실력도 변변찮은 사람이 **설치는** 꼴을 볼 수가 없다.
実力もろくにない人が出しゃばる様を見てられない。

☐ 0907
죽치다

引きこもる、閉じこもる
백수라고 집에서 **죽치고** 있지 말고 바람 쐬러 나갔다 와!
無職だからと家に引きこもってないで、気晴らしに出掛けてきなさい！

☐ 0908
틀어박히다
[트러바키다]

閉じこもる、引きこもる
시험에 한 번 떨어졌다고 그렇게 방에 **틀어박히면** 되겠니?
試験に一度落ちたからと、そうやって部屋に閉じこもっていいのか？

☐ 0909

몸담다

[몸담따]

身を置く

오랫동안 **몸담은** 회사를 떠나려니 만감이 교차한다.

長い間身を置いた会社を去ろうとすると、さまざまな思いが交差する。

☐ 0910

서성거리다

うろつく、ぶらぶらする

문밖에서 **서성거리지만** 말고 얼른 들어오세요.

門の外でうろついてばかりいないで、早く入ってください。

☐ 0911

어슬렁거리다

うろつく、のそのそする

청소년들이 갈 곳이 없어서 편의점 주위를 **어슬렁거리고** 있다.

青少年たちが行く場所がなくて、コンビニの周りをうろついている。

☐ 0912

얼쩡거리다

うろつく、ぶらつく

운동도 안 할 거면서 자꾸 헬스장에 **얼쩡거리고** 그래?

運動もしないのに、やたらスポーツクラブをうろついているの？

☐ 0913

싸다니다

ほっつき歩く、出歩く

중학생이 밤거리나 **싸다니고** 공부는 언제 할 거니?

中学生が夜道なんかほっつき歩いて、勉強はいつするつもり？

☐ 0914

쏘다니다

うろつき回る、ほっつき回る

시험을 코앞에 두고 어디를 그렇게 **쏘다니는** 거야?

試験を目前にして、どこをそんなにうろつき回ってるんだ？

☐ 0915　ㄹ語幹

떠돌다

さすらう、放浪する

항상 해외로만 **떠돌다가** 이제서야 고국에 정착했습니다.

いつも海外ばかりさすらっていたけど、ようやく故国に定着しました。

☑ 0916 **하다用言**

당돌하다

[당도라다]

大胆だ 漢 唐突 --

요즘 아이들은 이전 세대와 달리 **당돌한** 구석이 있다.
最近の子どもたちは、前の世代と違って大胆なところがある。

☑ 0917

매몰차다

とても冷酷だ、つれない

그렇게 **매몰차게** 밖으로 내쫓지 말고 들여보내세요.
そうやって冷たく外に追い払わずに、中へ通してください。

☑ 0918

방정맞다

[방정맏따]

そそっかしい、落ち着きがない、軽率だ

방정맞게 떠들지 말고 조용히 해라.
軽率に騒いでいないで、静かにしろ。

☑ 0919 **하다用言**

상냥하다

優しい 関 - 스럽다

접수 담당자가 **상냥하게** 안내해 줘서 쉽게 이벤트장을 찾았어요
受付担当者が優しく案内してくれて、簡単にイベント会場を見つけました。

☑ 0920 **하다用言**

싹싹하다

[싹싸카다]

親切だ、気さくだ

처음 들른 매장의 점원이 **싹싹해서** 마음에 들었다.
初めて寄った売り場の店員が親切で、気に入った。

☑ 0921 **ㅂ変則**

상스럽다

[상쓰럽따]

下品だ、卑しい 漢 常 ---

그는 술만 들어가면 **상스럽게** 말을 시작한다.
彼は、酒が入りさえすると下品に話を始める。

☑ 0922 **하다用言**

새침하다

[새치마다]

つんと澄ましている 関 - 스럽다

내가 말실수를 했는지 그녀는 **새침하게** 돌아섰다.
私が失言をしたのか、彼女はつんと澄まして背を向けた。

☑ 0923

쌀쌀맞다

[쌀쌀맏따]

にべもない、冷淡だ、冷ややかだ

그 친구는 처음에 **쌀쌀맞게** 대하더니 지금은 살갑게 군다.
そいつは最初冷たく接していたが、今は優しく振る舞っている。

☑ 0924
야무지다

ちゃっかりして抜け目ない、しっかりしている
이번 신입사원은 무슨 일을 시켜도 **야무지게** 잘한다.
今回の新入社員は、何をさせてもちゃっかりと上手にこなす。

☑ 0925
약다
[약따]

ずる賢い、ずるい、利口だ、要領がいい
그 사람은 **약아서** 자기에게 불리할 때는 쏙 빠져나간다.
その人は、賢くて自分に不利な時はすっと抜け出す。

☑ 0926　으語幹
어설프다

粗雑だ、生半可だ
완벽하게 하려고 하는 것 같지만, 뭔가 **어설프다**.
完璧にしようとしているようだが、どこか粗雑だ。

☑ 0927　하다用言
어수룩하다
[어수루카다]

うぶだ、生っちょろい、たやすい
그는 두뇌 회전도 빠르고 똑똑했지만, **어수룩한** 척을 했다.
彼は頭の回転も速く賢かったが、うぶなふりをした。

☑ 0928　하다用言
의젓하다
[의저타다]

しっかりしている、堂々としている
장남이라서 그런지 어린 나이에도 **의젓해** 보인다.
長男だからなのか、幼い年齢でもしっかりしているように見える。

☑ 0929　하다用言
인색하다
[인새카다]

けちくさい、けちだ　漢吝嗇--
그는 막대한 재산을 모았음에도 베푸는 데 **인색한** 편이다.
彼は、莫大な財産を集めたのに施すのはけちな方だ。

☑ 0930
싸다¹

(口が) 軽い
그 친구는 입이 **싸서** 함부로 비밀을 얘기해선 안 된다.
そいつは口が軽いので、むやみに秘密を話してはいけない。

☑ 0931
구태여
わざわざ、強いて、あえて
이런 좋은 자리에서 **구태여** 그런 이야기를 꺼내야겠니?
こんないい席で、わざわざそんな話を切り出さなきゃいけない？

☑ 0932
이래저래
あれこれ
이래저래 상황이 좋지 않아서 잘 산다는 말을 못 하고 있었어.
あれこれ状況が良くなくて、つつがなく暮らしていることを言えずにいた。

☑ 0933
아옹다옹
(いがみ合って)ああだこうだ　閔 – 하다
둘은 만나기만 하면 **아옹다옹** 다툰다.
二人は、会いさえすればああだこうだ言い争う。

☑ 0934
옥신각신
[옥씬각씬]
ああだこうだと、口げんか　閔 – 하다
직원 채용을 두고 동업자 두 사람은 **옥신각신** 말이 많았다.
社員の採用を巡って、同業者の二人はああだこうだと文句が多かった。

☑ 0935
미주알고주알
あれやこれや、根掘り葉掘り
뭐가 그리 할 말이 많은지 딸은 엄마한테 **미주알고주알** 다 이야기한다.
何がそんなに話すことが多いのか、娘は母にあれやこれや全部話す。

☑ 0936
가까스로
やっとのことで、どうにか、かろうじて
철야 끝에 **가까스로** 마감 기일 안에 일을 마쳤다.
徹夜の末、どうにか締め切り前に仕事を終えた。

☑ 0937
반가이
喜んで
내가 도착하니 모두 **반가이** 맞아 주었다.
私が到着すると、皆喜んで迎えてくれた。

☑ 0938
한사코
命懸けで、必死で、何が何でも　漢限死 –
한사코 말렸으나 아버지는 기어이 고향으로 돌아가셨다.
必死で止めたが、父はとうとう故郷に帰られた。

□ 0939
손수
自ら、手ずから
아내는 매일 **손수** 도시락을 싸서 건네준다.
妻は、毎日自ら弁当を作って渡してくれる。

□ 0940
제 딴에는
[제 따네는]
自分では、自分なりには、自分としては
제 딴에는 일리가 있다고 생각한 일인가 보지.
自分では一理あると思ったことなんだろ。

□ 0941
보아하니
見たところ
보아하니 그 분야를 잘 아는 모양인데 이 일을 한번 맡지 그래?
見たところその分野に詳しいようだから、一度この仕事を引き受けたら？

□ 0942
오목
中が丸くくぼんでいる様子　関 - 하다
비가 많이 와서 **오목**하게 땅이 팬 곳이 많아 걷기 힘들다.
雨がたくさん降って、ぼこっと地面がへこんだ場所が多くて歩きにくい。

□ 0943
유달리
とりわけ、ひときわ、格別に　漢 類 --
우리 아이는 **유달리** 장난감에 관심이 없어요.
うちの子は、とりわけおもちゃに関心がありません。

□ 0944
고스란히
[고스라니]
そっくりそのまま
사업에 실패하고 나서 빚만 **고스란히** 남았다.
事業に失敗して、借金だけそっくりそのまま残った。

□ 0945
덩달아
[덩다라]
(他人の言動に)つられて、同調して
내가 춤을 추자 아이들도 **덩달아** 추기 시작했다.
私がダンスを踊ると、子どもたちもつられて踊り始めた。

☑ 0841	벼랑
☑ 0842	낭떠러지
☑ 0843	고비
☑ 0844	고개
☑ 0845	구리
☑ 0846	굴
☑ 0847	돌멩이
☑ 0848	자갈
☑ 0849	진흙
☑ 0850	찰흙
☑ 0851	진창
☑ 0852	흙탕물
☑ 0853	민물
☑ 0854	강산
☑ 0855	개천
☑ 0856	개울
☑ 0857	내
☑ 0858	시내
☑ 0859	강변
☑ 0860	연못
☑ 0861	샘 ²
☑ 0862	약수
☑ 0863	늪
☑ 0864	모래사장
☑ 0865	간석지
☑ 0866	갯벌
☑ 0867	밀물
☑ 0868	썰물
☑ 0869	풍파
☑ 0870	해일
☑ 0871	가랑비
☑ 0872	단비
☑ 0873	빗발
☑ 0874	서리
☑ 0875	노을

☑ 0876	고드름
☑ 0877	대설
☑ 0878	함박눈
☑ 0879	눈보라
☑ 0880	싸락눈
☑ 0881	진눈깨비
☑ 0882	살얼음
☑ 0883	우박
☑ 0884	먹구름
☑ 0885	해돋이
☑ 0886	구르다
☑ 0887	동동거리다
☑ 0888	넘나들다
☑ 0889	들락거리다
☑ 0890	뛰쳐나가다
☑ 0891	모여들다
☑ 0892	뒹굴다
☑ 0893	따돌리다
☑ 0894	날뛰다
☑ 0895	뛰놀다
☑ 0896	막가다
☑ 0897	꿈틀거리다
☑ 0898	맞닿다
☑ 0899	맴돌다
☑ 0900	펄럭이다
☑ 0901	휘청거리다
☑ 0902	나부끼다
☑ 0903	물러가다
☑ 0904	물러나다
☑ 0905	발붙이다
☑ 0906	설치다 ¹
☑ 0907	죽치다
☑ 0908	틀어박히다
☑ 0909	몸담다
☑ 0910	서성거리다

☑ 0911	어슬렁거리다
☑ 0912	얼쩡거리다
☑ 0913	싸다니다
☑ 0914	쏘다니다
☑ 0915	떠돌다
☑ 0916	당돌하다
☑ 0917	매몰차다
☑ 0918	방정맞다
☑ 0919	상냥하다
☑ 0920	싹싹하다
☑ 0921	상스럽다
☑ 0922	새침하다
☑ 0923	쌀쌀맞다
☑ 0924	야무지다
☑ 0925	약다
☑ 0926	어설프다
☑ 0927	어수룩하다
☑ 0928	의젓하다
☑ 0929	인색하다
☑ 0930	싸다 ¹
☑ 0931	구태여
☑ 0932	이래저래
☑ 0933	아웅다웅
☑ 0934	옥신각신
☑ 0935	미주알고주알
☑ 0936	가까스로
☑ 0937	반가이
☑ 0938	한사코
☑ 0939	손수
☑ 0940	제 딴에는
☑ 0941	보아하니
☑ 0942	오목
☑ 0943	유달리
☑ 0944	고스란히
☑ 0945	덩달아

☑0841　断崖
☑0842　断崖
☑0843　重大な場面
☑0844　峠
☑0845　銅
☑0846　穴
☑0847　石ころ
☑0848　砂利
☑0849　泥
☑0850　粘土
☑0851　ぬかるみ
☑0852　泥水
☑0853　淡水
☑0854　山と川
☑0855　どぶ
☑0856　小川
☑0857　小川
☑0858　小川
☑0859　川辺
☑0860　池
☑0861　泉
☑0862　薬効があるという鉱泉水
☑0863　沼
☑0864　砂浜
☑0865　干潟
☑0866　干潟
☑0867　満ち潮
☑0868　引き潮
☑0869　波風
☑0870　津波
☑0871　小雨
☑0872　恵みの雨
☑0873　雨脚
☑0874　霜
☑0875　夕焼け

☑0876　つらら
☑0877　大雪
☑0878　ぼたん雪
☑0879　吹雪
☑0880　あられ
☑0881　みぞれ
☑0882　薄氷
☑0883　ひょう
☑0884　黒雲
☑0885　日の出
☑0886　踏みならす
☑0887　じだんだを踏む
☑0888　出入りする
☑0889　しきりに出入りする
☑0890　飛び出す
☑0891　集まってくる
☑0892　散らばる
☑0893　（追跡者を）まく
☑0894　跳ね上がる
☑0895　跳ね回って遊ぶ
☑0896　乱暴に振る舞う
☑0897　くねくねと動く
☑0898　触れ合う
☑0899　ぐるぐる回る
☑0900　翻る
☑0901　しなやかに揺れる
☑0902　はためく
☑0903　退く
☑0904　退く
☑0905　足を踏み入れる
☑0906　暴れる
☑0907　引きこもる
☑0908　閉じこもる
☑0909　身を置く
☑0910　うろつく

☑ **0911** うろつく

☑ **0912** うろつく

☑ **0913** ほっつき歩く

☑ **0914** うろつき回る

☑ **0915** さすらう

☑ **0916** 大胆だ

☑ **0917** とても冷酷だ

☑ **0918** そそっかしい

☑ **0919** 優しい

☑ **0920** 親切だ

☑ **0921** 下品だ

☑ **0922** つんと澄ましている

☑ **0923** にべもない

☑ **0924** ちゃっかりして抜け目ない

☑ **0925** ずる賢い

☑ **0926** 粗雑だ

☑ **0927** うぶだ

☑ **0928** しっかりしている

☑ **0929** けちくさい

☑ **0930** （口が）軽い

☑ **0931** わざわざ

☑ **0932** あれこれ

☑ **0933** （いがみ合って）ああだこうだ

☑ **0934** ああだこうだと

☑ **0935** あれやこれや

☑ **0936** やっとのことで

☑ **0937** 喜んで

☑ **0938** 命懸けで

☑ **0939** 自ら

☑ **0940** 自分では

☑ **0941** 見たところ

☑ **0942** 中が丸くくぼんでいる様子

☑ **0943** とりわけ

☑ **0944** そっくりそのまま

☑ **0945** （他人の言動に）つられて

1·2級

10週目

☑ 0946
중천 中天 漢中天
해가 **중천**에 떴는데 아직도 자고 있으면 어떡하니?❷
真っ昼間なのに、まだ寝てたら駄目でしょ。

☑ 0947
해거름 日暮れ
곧 떠나야 할 나그네는 저무는 **해거름**을 아쉬워했다.
すぐに出発しなければならない旅人は、日暮れを惜しんだ。

☑ 0948
석양 夕日 漢夕陽
[서걍]
에메랄드빛 바닷가에서 **석양**을 바라보는 것만 한 휴가가 없다.
エメラルド色の海辺で、夕日を眺める以上の休暇はない。

☑ 0949
양지 日なた、恵まれた境遇 漢陽地
그 사람은 출세 지향적이어서 늘 **양지**만을 지향한다.
その人は出世志向なので、いつも日なただけを目指している。

☑ 0950
뙤약볕 じりじり焼きつくような真夏の日差し
[뙤약뼏]
뙤약볕에서 일했더니 목덜미가 검게 그을렸습니다.
じりじり焼きつける日差しの下で働いていたら、首筋が黒く焼けました。

☑ 0951
물보라 水煙、水しぶき
달궈진 아스팔트 온도를 낮추기 위해 작업 차량이 **물보라**를 뿜고 있다.
熱せられたアスファルトの温度を下げるため、作業車が水煙を吐いている。

☑ 0952
아지랑이 かげろう
봄철이 되면서 대지에 **아지랑이**가 피어오른다.
春になって、大地にかげろうが立ち上がる。

☑ 0953
초승달 三日月 漢初生 -
[초승딸]
오늘은 창 너머로 **초승달**이 떴고 바람이 잔잔했다.
今日は窓越しに三日月が出て、風は穏やかだった。

☑ 0954
은하수
[으나수]

天の川　漢銀河水

인공조명이 없는 이곳에서는 깜깜한 밤일수록 **은하수**가 잘 보인다.
人工照明がないここでは、真っ暗な夜であるほど天の川がよく見える。

☑ 0955
별똥별

流れ星

별똥별을 보며 소원을 빌면 이루어진다고 한다.
流れ星を見ながら願い事をすると、かなうという。

☑ 0956
실바람

そよ風

향긋한 꽃 냄새가 **실바람**을 타고 날아왔다.
かぐわしい花のにおいが、そよ風に乗って飛んできた。

☑ 0957
맞바람
[맏빠람]

向かい風、両側から吹き込む風

대문과 창문을 열면 **맞바람**이 쳐서 시원하다.❷
正門と窓を開けると、両側から風が吹き込んで涼しい。

☑ 0958
풍향

風向き　漢風向

풍향이 바뀌면서 배가 빠르게 앞으로 나아갔다.
風向きが変わり、船が速く前に進んだ。

☑ 0959
순풍

追い風　漢順風

항구를 떠난 지 얼마 안 돼 **순풍**이 불어 순조롭게 항해에 나섰다.
港を出て間もなく追い風が吹き、順調に航海に乗り出した。

☑ 0960
회오리

つむじ風が渦を巻く現象、旋風

거센 **회오리**바람이 불어서 집 수십 채가 날아가 버렸다.❷
激しいつむじ風が吹き、数十軒の家が吹っ飛んでしまった。

解説　0946 **해가 중천에 뜨다**는「太陽が中天に昇る」、つまり「真っ昼間だ」という意味
0957 **맞바람이 치다**で「両側から風が吹き込む」という意味　0960 **회오리바람**の形でよく使われる

☑ 0961

화초

草花　漢花草

집에 **화초**가 많으면 분위기가 밝아진다.

家に草花が多いと、雰囲気が明るくなる。

☑ 0962

잎사귀

[입싸귀]

葉っぱ

잎사귀가 노랗게 물드는 것을 보니 가을이 왔다는 걸 느낀다.

葉っぱが黄色く染まるのを見ると、秋が来たということを感じる。

☑ 0963

이슬

露

새벽 풀밭을 거닐다 보니 아침 **이슬**에 신발이 흥건히 젖었다.

明け方、草むらをぶらついたら朝露で靴がびっしょりぬれた。

☑ 0964

씨앗

[씨안]

種

봄이 되자 화분에 뿌려 둔 **씨앗**에서 싹이 트기 시작했다.

春になるや、植木鉢にまいてあった種から芽が出始めた。

☑ 0965

알곡

粒になっている穀物　漢 - 穀

예전에는 사람이 직접 **알곡**을 깠는데 지금은 기계가 대신 하죠.

昔は人の手で穀物をむきましたが、今は機械が代わりにやります。

☑ 0966

싹

芽

봄철 새**싹**을 기다리는 마음은 누구나 가슴 한편에 가지고 있을 것이다.

春、新芽を待つ気持ちは、誰もが胸の片隅に持っているだろう。

☑ 0967

움

芽

추운 겨울이 가고 새싹이 **움**이 트는 계절이 다가온다.

寒い冬が去り、新芽が芽生える季節がやってくる。

☑ 0968

눈

芽

봄이 되면 어김없이 꽃나무에 **눈**이 트기 시작한다.

春になると、いつも通り花木に芽が出始める。

☑ 0969
벌

野原

드넓은 **벌**판에 누워 가을바람을 하염없이 쐬고 싶다.
広々とした野原に横になって、秋の風に止めどなく当たりたい。

☑ 0970
모종

苗　漢 - 種

배추김치 판매용으로 밭에 배추 **모종**을 심는 데 한창이다.
白菜キムチの販売用に、畑に白菜の苗を植えるのが真っ盛りだ。

☑ 0971
모¹

苗

모내기 철이 되면 농촌에 일손이 모자라서 난리입니다.
田植えの季節になると、農村に人手が足りなくて大騒ぎです。

☑ 0972
덩굴

つる

덩굴이 담벼락을 가득 뒤덮어서 세월을 느끼게 해 준다.
つるが壁一面を覆い、歳月を感じさせてくれる。

☑ 0973
김

雑草

콩밭의 **김**을 맸더니 허리가 아파서 며칠 끙끙 앓았다.
大豆畑の雑草を取ったら、腰が痛くて数日うんうんと苦しんだ。

☑ 0974
단풍

紅葉　漢 丹楓

단풍이 드는 가을에는 산행하는 사람들로 전국의 산이 북적인
다.
紅葉する秋には、山歩きする人たちで全国の山がごった返す。

☑ 0975
꽃샘추위

[꼳쌤추위]

花冷え

3월인데도 여전히 **꽃샘추위**가 맹위를 떨치고 있다.
3月なのに、相変わらず花冷えが猛威を振るっている。

☐ 0976
꽃망울
[꼰망울]

花のつぼみ

봄이 왔는지 벚꽃이 **꽃망울**을 터뜨리기 시작했다.

春が来たのか、桜がつぼみを開き始めた。

☐ 0977
꽃봉오리
[꼳뽕오리]

つぼみ、前途が期待される若者

정원에 심어진 꽃들의 **꽃봉오리**가 막 터질 듯이 부풀어 있다.

庭に植えられた花のつぼみが、はち切れそうに膨らんでいる。

☐ 0978
봉오리

つぼみ

실내에서 키우는 식물에서 **봉오리**가 부풀어 올랐다.

室内で育てている植物から、つぼみが膨らんだ。

☐ 0979
곰팡이

カビ

주택의 지하 방은 특히 여름이면 **곰팡이**가 벽에 핍니다.

住宅の地階の部屋は、特に夏になるとカビが壁に生えます。

☐ 0980
나이테

年輪

나무는 자라기 좋은 시기에는 성장이 빠르므로 **나이테**의 간격이 넓어진다.

木は、育つのにいい時期には成長が速いので、年輪の間隔が広くなる。

☐ 0981
수컷
[수컫]

雄

여름의 상징이랄 수 있는 매미는 **수컷**만 운다고 한다.

夏のシンボルといえるセミは、雄だけが鳴くという。

☐ 0982
암컷
[암컫]

雌

우리 집 **암컷** 개가 새끼를 세 마리나 낳았다.

うちの雌犬が子を3匹も産んだ。

☐ 0983
개똥

犬のふん、くだらないもの

개똥도 약에 쓰려면 없다고 흔한 것도 막상 찾으면 없어.❷

犬のふんも薬に使おうとするとないというが、いつもある物もいざ探すとない。

☐ 0984

개새끼❶

犬畜生、犬の子

개새끼라는 말은 나쁜 말이니 사용하지 말도록 해.
「ケセキ」という言葉は悪い言葉なので、使わないようにして。

☐ 0985

망아지

子馬

아들이 중학교에 들어간 다음부터 못된 **망아지**처럼 행동해서 속상해요.❶
息子が中学校に入ってから、あばれ馬のように行動してつらいです。

☐ 0986

송아지

子牛

방목에 익숙한 소년은 **송아지** 등에 훌쩍 올라탔다.
放牧に慣れている少年は、子牛の背中にひょいと飛び乗った。

☐ 0987

병아리

ひよこ

봄을 알리는 개나리 사이로 **병아리**들이 줄지어 지나간다.
春を知らせるレンギョウの間を、ひよこが列を作って通り過ぎている。

☐ 0988

황소

大きい雄牛、愚か者、大食い、力の強い人

그 사람의 힘은 **황소** 같아서 함부로 대적할 수 없다.
その男の力は雄牛のように強いので、軽々しく立ち向かうことができない。

☐ 0989

뿔

角

관광객의 안전을 위해 공원에서 키우는 사슴의 **뿔**을 잘랐다.
観光客の安全のため、公園で飼っているシカの角を切った。

☐ 0990

양서류

両生類 漢両棲類

환경이 파괴되면서 개구리 같은 **양서류**를 보기 힘들어졌다.
環境が破壊されて、カエルのような両生類を見るのが難しくなった。

解説　0983 **개똥도 약에 쓰려면 없다**는 「どんなつまらないものでも、いざ必要な時に限って見当たらない」という例え　0984 人を侮辱する言葉なので使い方に注意　0985 **못된 망아지**で「あばれ馬、じゃじゃ馬」という意味

☑ 0991
지우다

負わす
아이에게 마음의 짐을 **지우고** 싶지 않아 아버지의 해고 소식을
알리지 않았다.
子どもに心的負担を負わせたくなくて、父親の解雇の話を伝えなかった。

☑ 0992
자빠지다

転ぶ、倒れる
창피하게도 눈길에 미끄러져 **자빠졌지** 뭐야!
恥ずかしいことに、雪道で滑って転んだんだよ！

☑ 0993
거꾸러지다

転ぶ、転倒する、倒れる
산행 중에 덩치가 큰 사람이 돌부리에 걸려 **거꾸러졌다**.
山歩き中に、図体の大きな人が石の角に引っ掛かって転んだ。

☑ 0994
고꾸라지다

ばったり倒れる、死ぬ
남편은 피곤한지 방에 들어오자마자 침대로 **고꾸라졌다**.
夫は疲れているのか、部屋に入るやベッドに倒れた。

☑ 0995　ㅂ変則
몸져눕다
[몸저눕따]

病気で寝込む
어머니는 아들의 실종 소식을 듣고 **몸져누웠다**.
母は、息子の行方不明の知らせを聞いて寝込んだ。

☑ 0996
들고일어나다
[들고이러나다]

(勢いよく)立ち上がる、抗議する
강제로 법안이 통과되자 당내 반대파들이 **들고일어났다**.
法案が強行採決されるや、党内の反対勢力が激しく抗議した。

☑ 0997
치솟다
[치솓따]

立ち上がる、込み上げる
지진이 나면서 공장에서 불길이 **치솟았다**.
地震が起きて、工場から火の手が上がった。

☑ 0998
솟구치다
[솓꾸치다]

湧き上がる、突き上がる、ほとばしる
어디서 그런 힘이 **솟구쳤는지** 모르겠다.
どこからそんな力が湧き上がったのか、分からない。

☑ 0999
보채다
むずかる、ねだる、せがむ
아이가 **보챌** 때마다 사탕을 줬더니 충치가 생겼다.
子どもがむずかるたびに、あめをあげていたら虫歯ができた。

☑ 1000
빈둥거리다
だらだらする、ぶらぶらする
모처럼 일요일에 약속이 없어서 집에서 **빈둥거리고** 있다.
久しぶりに日曜日に約束がなくて、家でだらだらしている。

☑ 1001
빼먹다
[빼먹따]
サボる、もらす、くすねる
대학 시절 툭하면 수업을 **빼먹고** 뒷산으로 놀러 갔다.
大学の頃、ともすれば授業をサボって裏山に遊びに行った。

☑ 1002
뿜다
[뿜따]
噴き出す
친구 이야기가 너무 웃겨서 마시던 맥주를 **뿜을** 뻔했다.
友達の話がとてもおかしくて、飲んでいたビールを噴き出すところだった。

☑ 1003
번뜩이다
[번뜨기다]
光る、ひらめく
굶주린 늑대들은 먹잇감을 찾자 눈빛을 **번뜩였다**.
飢えたオオカミたちは、獲物を見つけると目を光らせた。

☑ 1004
비끼다
光が斜めに差す、かすめる
노을이 **비끼는** 바다를 바라보며 하루를 마감했다.
夕焼けが斜めに差す海を眺めながら、一日を締めくくった。

☑ 1005
서리다
(湯気で)曇る
날씨가 추워지자 실내 유리창에 뿌옇게 김이 **서렸다**.
寒くなるや、室内のガラス窓が白く水蒸気で曇った。

☑ 1006

쇠다

(祝日や祭日を)祝って過ごす

가족과 함께 설을 **쇠려고** 귀성길에 올랐다.

家族と一緒に旧正月を祝って過ごそうと、帰省の途に就いた。

☑ 1007

엇갈리다

[얻깔리다]

食い違う、行き違う、すれ違う

사건 당사자들의 주장이 **엇갈리는** 가운데 경찰은 CCTV 분석에 들어갔다.

事件の当事者らの主張が食い違う中、警察は防犯カメラの分析に入った。

☑ 1008

여미다

整える、正す

겨울이 가까워지면서 찬바람에 옷깃을 **여미는** 사람들이 많다.

冬が近くなり、冷たい風に襟を立てる人が多い。

☑ 1009

처박다

[처박따]

押し込む、打ち込む、閉じ込める

매가 주위를 선회하자 병아리들이 고개를 **처박고** 몸을 숨겼다.

タカが周りを旋回すると、ひよこたちは首を押し込めて体を隠した。

☑ 1010

치다³

吹きまくる、強く吹き付ける

바닷가에 가까운 그곳은 밤새 폭풍우가 **쳤다**.

海辺に近いそこは、一晩中暴風雨が吹き荒れた。

☑ 1011

포개다

重ねる、(脚・腕を)組む

숨을 고르기 위해 양손을 **포개서** 무릎 위에 가지런히 모으세요.

息を整えるため、両手を重ねて膝の上にきちんと置いてください。

☑ 1012

쬐다

浴びる、当たる

봄에는 햇살을 **쬐러** 야외에 나오는 사람이 많다.

春は、日差しを浴びに屋外に出る人が多い。

☑ 1013

걸터앉다

[걸터안따]

腰掛ける

강이 보이는 다리 난간에 **걸터앉아** 하염없이 강물을 바라보고 있었다.

川が見える橋の欄干に腰掛けて、ぼーっと川の水を眺めていた。

□ 1014

내려앉다

[내려안따]

降りて座る、舞い落ちる、舞い降りる
겨울이 왔는지 서리가 **내려앉은** 모습이 눈꽃 같았다.
冬が来たのか、霜が降りた様子が雪の花のようだった。

□ 1015

둘러앉다

[둘러안따]

車座になる、囲んで座る
오랜만에 친척들과 집에 **둘러앉아** 옛날이야기를 나눴다.
久しぶりに、親戚たちと家で車座になって昔話をした。

□ 1016　ㄹ語幹

내리깔다

(目を)伏せる
그녀는 부끄러운지 이야기하는 내내 눈을 **내리깔고** 있었다.
彼女は恥ずかしいのか、話している間、ずっと目を伏せていた。

□ 1017

수그리다

下げる、垂れる
메달을 목에 걸기 위해 고개를 **수그렸다**.
メダルを首に掛けるため、頭を下げた。

□ 1018　으語幹

우러르다

仰ぐ、敬う
하늘을 **우러러** 한 점 부끄럼 없이 살고 싶다.
天を仰いで、一点の恥なく生きたい。

□ 1019

찡그리다

しかめる、ひそめる
물약을 먹은 아이는 쓴지 얼굴을 잔뜩 **찡그렸다**.
水薬を飲んだ子どもは苦いのか、顔をひどくしかめた。

□ 1020

추켜세우다

上げる、つり上げる、おだてる
그는 기분이 나쁜지 눈썹을 **추켜세웠다**.
彼は機嫌が悪いのか、眉毛をつり上げた。

1週目
2週目
3週目
4週目
5週目
6週目
7週目
8週目
9週目
10週目
11週目
12週目
13週目

☑ 1021 **하다用言**

조신하다
[조시나다]

つつましやかだ 漢操身 -- 関 -스럽다
그 연예인은 물의를 일으킨 뒤 **조신하게** 지내고 있다.
その芸能人は物議を醸した後、つつましく過ごしている。

☑ 1022 **ㅂ変則**

퉁명스럽다
[퉁명스럽따]

つっけんどんだ、無愛想だ 関 -하다
사무실에 갔더니 안내를 담당하는 사람이 **퉁명스러웠다**.
事務室に行ったら、案内を担当する人が無愛想だった。

☑ 1023

한결같다
[한결갇따]

終始一貫している、一途だ
저는 어떤 상황에도 **한결같은** 사람이 좋습니다.
私は、どんな状況でも終始一貫している人が好きです。

☑ 1024 **하다用言**

황급하다
[황그파다]

慌てている、慌て急ぐ 漢遑急 --
그는 비자금과 관련된 질문을 받자 **황급하게** 자리를 떴다.
彼は裏金に関連した質問を受けるや、慌てて席を離れた。

☑ 1025 **하다用言**

어눌하다
[어누라다]

言葉がたどたどしい 漢語訥 --
그 사람 말이 **어눌해서** 바보처럼 보이지만, 사실은 천재야.
あの人は、ただたどしく話すのでばかみたいに見えるけど、実は天才だよ。

☑ 1026 **하다用言**

늘씬하다
[늘씨나다]

(主に女性が)すらっとしている
다리가 **늘씬한** 사람은 여름에 짧은 치마 입기를 좋아한다.
脚がすらっとした人は、夏に短いスカートをはくのが好きだ。

☑ 1027 **하다用言**

훤칠하다
[훤치라다]

(主に男性が)すらりとしている
신랑이 키가 크고 **훤칠한** 게 인상이 아주 좋네요.
新郎が背が高くてすらりとしているのが、とてもいい印象ですね。

☑ 1028 **하다用言**

호리호리하다

ほっそりしている、すらりとしている
범인은 짧은 머리에 **호리호리한** 몸매를 가졌습니다.
犯人は、短い髪にほっそりした体をしていました。

☐ 1029
다부지다
(体が) がっしりしている、(気が) しっかりしている
다부진 체격의 신랑이 늠름하게 걸어 나왔다.
がっしりした体格の新郎が、堂々と歩いて出てきた。

☐ 1030　하다用言
똘똘하다
[똘또라다]
利発だ、賢い
아들 녀석이 참 **똘똘하게** 생겼네요.
息子さんが、本当に利発そうな顔立ちですね。

☐ 1031　하다用言
버젓하다
[버저타다]
堂々としている、れっきとしている、立派だ
아들이 다 커서 어느새 **버젓한** 사회인이 됐다.
息子が大きくなって、いつの間にか立派な社会人になった。

☐ 1032　하다用言
선하다¹
[서나다]
善良だ　漢善 --
그는 눈매가 참 **선해서** 동성에게도 인기가 많다.
彼は目つきがとても善良で、同性にも人気がある。

☐ 1033　하다用言
수수하다
地味だ、控え目だ
화려함을 좋아하는 그녀의 옷차림이 **수수해서** 못 알아볼 뻔했다.
派手好きな彼女の服装が地味で、気付かないところだった。

☐ 1034　하다用言
순박하다
[순바카다]
純朴だ　漢淳朴 --
그는 **순박해서** 무슨 말을 해도 곧이곧대로 믿는다.
彼は純朴なので、何を言ってもそのまま信じる。

☐ 1035　ㅂ変則
아리땁다
[아리땁따]
きれいだ、麗しい
웬 **아리따운** 아가씨가 찾아왔던데 아는 사람이니?
なんか美しいお嬢さんが訪ねてきたが、知っている人かい？

☐ 1036
얼씬

目の前にちょっと現れて去る様子　関-하다
다시는 여기에 **얼씬**도 못 하게 저 녀석을 혼내 주거라.
二度とここをうろちょろできないよう、あいつを懲らしめてやれ。

☐ 1037
난데없이
[난데업씨]

いきなり、出しぬけに、不意に
난데없이 경찰이 들이닥쳐서 사무실을 뒤지고 있다.
いきなり警察が押し掛けて、オフィスをくまなく探している。

☐ 1038
다짜고짜

いきなり、有無を言わせず
술 취한 사람이 **다짜고짜** 내 멱살을 잡았다.
酒に酔った人が、いきなり私の胸ぐらをつかんだ。

☐ 1039
시시콜콜

根掘り葉掘り、事細かに　関-하다
남녀관계에 대해서 너무 **시시콜콜** 알려고 하지 마라.
男女関係について、あまり根掘り葉掘り知ろうとするな。

☐ 1040
꼬치꼬치

根掘り葉掘り、がりがり
매일 어디로 놀러 다니는지 어머니가 **꼬치꼬치** 캐물었다.
毎日どこへ遊びに行っているのか、母が根掘り葉掘り聞いた。

☐ 1041
달랑

ぽつんと
여친 생일인데 **달랑** 꽃 한 송이만 가져가는 건 너무하지 않니?
彼女の誕生日なのに、ぽつんと花一輪だけ持っていくのってひどくない?

☐ 1042
덜렁

ぽつんと
태풍으로 문짝은 날아가고 손잡이만 **덜렁** 남았다.
台風で門扉は飛んでいき、取っ手だけぽつんと残った。

☐ 1043
삐쭉

つんと　関-하다
놀러 가는 것을 취소하자 아이 입이 **삐쭉** 나왔다.
遊びに行くのをキャンセルするや、子どもが口をつんととがらせた。

☑ 1044
살며시

こっそり、そっと

소파에서 쉬고 있는 동안 고양이가 **살며시** 다가왔다.
ソファで休んでいる間、猫がそっと近寄ってきた。

☑ 1045
스르르

うつらうつら、するりと

배가 부르면 아무리 재밌는 영화를 봐도 **스르르** 눈이 감긴다.
満腹だと、いくら面白い映画を見てもするりと目が閉じる。

☑ 1046
쑥

すっと、ぽこんと

갑작스러운 해고통보에 넋이 **쑥** 나가 버렸다.
突然の解雇通知に、魂がすっと抜けてしまった。

☑ 1047
쑥쑥

すくすく

아이가 **쑥쑥** 커 가는 걸 보는 것이 삶의 보람이다.
子どもがすくすく大きくなるのを見るのが、人生の生きがいだ。

☑ 1048
움푹

ぽこんと　関- 하다

폭우로 커다란 바위가 떨어져서 구덩이가 **움푹** 파였다.
豪雨で大きな岩が落ち、ぽこんとくぼみができた。

☑ 1049
바싹

ぴたっと、ぴったり

주차장에서 옆 차와 거리를 두기 위해 차를 벽으로 **바싹** 댔다.
駐車場で隣の車と距離を置くために、車を壁側にぴたっと止めた。

☑ 1050
척¹

ぴたりと、さっと、ちらっと

뉴스를 매일 봐서 그와 관련된 이야기는 **척** 알아듣는다.
ニュースを毎日見ているので、それに関連する話はさっと聞き取れる。

□ 0946 중천	□ 0981 수컷	□ 1016 내리깔다
□ 0947 해거름	□ 0982 암컷	□ 1017 수그리다
□ 0948 석양	□ 0983 개똥	□ 1018 우러르다
□ 0949 양지	□ 0984 개새끼	□ 1019 찡그리다
□ 0950 뙤약볕	□ 0985 망아지	□ 1020 추켜세우다
□ 0951 물보라	□ 0986 송아지	□ 1021 조신하다
□ 0952 아지랑이	□ 0987 병아리	□ 1022 퉁명스럽다
□ 0953 초승달	□ 0988 황소	□ 1023 한결같다
□ 0954 은하수	□ 0989 뿔	□ 1024 황급하다
□ 0955 별똥별	□ 0990 양서류	□ 1025 어눌하다
□ 0956 실바람	□ 0991 지우다	□ 1026 늘씬하다
□ 0957 맞바람	□ 0992 자빠지다	□ 1027 훤칠하다
□ 0958 풍향	□ 0993 거꾸러지다	□ 1028 호리호리하다
□ 0959 순풍	□ 0994 고꾸라지다	□ 1029 다부지다
□ 0960 회오리	□ 0995 몸져눕다	□ 1030 똘똘하다
□ 0961 화초	□ 0996 들고일어나다	□ 1031 버젓하다
□ 0962 잎사귀	□ 0997 치솟다	□ 1032 선하다 [1]
□ 0963 이슬	□ 0998 솟구치다	□ 1033 수수하다
□ 0964 씨앗	□ 0999 보채다	□ 1034 순박하다
□ 0965 알곡	□ 1000 빈둥거리다	□ 1035 아리땁다
□ 0966 싹	□ 1001 빼먹다	□ 1036 얼씬
□ 0967 움	□ 1002 뿜다	□ 1037 난데없이
□ 0968 눈	□ 1003 번뜩이다	□ 1038 다짜고짜
□ 0969 벌	□ 1004 비끼다	□ 1039 시시콜콜
□ 0970 모종	□ 1005 서리다	□ 1040 꼬치꼬치
□ 0971 모 [1]	□ 1006 쇠다	□ 1041 달랑
□ 0972 덩굴	□ 1007 엇갈리다	□ 1042 덜렁
□ 0973 김	□ 1008 여미다	□ 1043 삐쭉
□ 0974 단풍	□ 1009 처박다	□ 1044 살며시
□ 0975 꽃샘추위	□ 1010 치다 [3]	□ 1045 스르르
□ 0976 꽃망울	□ 1011 포개다	□ 1046 쑥
□ 0977 꽃봉오리	□ 1012 쬐다	□ 1047 쑥쑥
□ 0978 봉오리	□ 1013 걸터앉다	□ 1048 움푹
□ 0979 곰팡이	□ 1014 내려앉다	□ 1049 바싹
□ 0980 나이테	□ 1015 둘러앉다	□ 1050 척 [1]

☑0946　中天
☑0947　日暮れ
☑0948　夕日
☑0949　日なた
☑0950　じりじり焼きつくような真夏の日差し
☑0951　水煙
☑0952　かげろう
☑0953　三日月
☑0954　天の川
☑0955　流れ星
☑0956　そよ風
☑0957　向かい風
☑0958　風向き
☑0959　追い風
☑0960　つむじ風が渦を巻く現象
☑0961　草花
☑0962　葉っぱ
☑0963　露
☑0964　種
☑0965　粒になっている穀物
☑0966　芽
☑0967　芽
☑0968　芽
☑0969　野原
☑0970　苗
☑0971　苗
☑0972　つる
☑0973　雑草
☑0974　紅葉
☑0975　花冷え
☑0976　花のつぼみ
☑0977　つぼみ
☑0978　つぼみ
☑0979　カビ
☑0980　年輪

☑0981　雄
☑0982　雌
☑0983　犬のふん
☑0984　犬畜生
☑0985　子馬
☑0986　子牛
☑0987　ひよこ
☑0988　大きい雄牛
☑0989　角
☑0990　両生類
☑0991　負わす
☑0992　転ぶ
☑0993　転ぶ
☑0994　ばったり倒れる
☑0995　病気で寝込む
☑0996　(勢いよく)立ち上がる
☑0997　立ち上がる
☑0998　湧き上がる
☑0999　むずかる
☑1000　だらだらする
☑1001　サボる
☑1002　噴き出す
☑1003　光る
☑1004　光が斜めに差す
☑1005　(湯気で)曇る
☑1006　(祝日や祭日を)祝って過ごす
☑1007　食い違う
☑1008　整える
☑1009　押し込む
☑1010　吹きまくる
☑1011　重ねる
☑1012　浴びる
☑1013　腰掛ける
☑1014　降りて座る
☑1015　車座になる

10
週
目

193

☑ **1016** (目を)伏せる
☑ **1017** 下げる
☑ **1018** 仰ぐ
☑ **1019** しかめる
☑ **1020** 上げる
☑ **1021** つつましやかだ
☑ **1022** つっけんどんだ
☑ **1023** 終始一貫している
☑ **1024** 慌てている
☑ **1025** 言葉がたどたどしい
☑ **1026** (主に女性が)すらっとしている
☑ **1027** (主に男性が)すらりとしている
☑ **1028** ほっそりしている
☑ **1029** (体が)がっしりしている
☑ **1030** 利発だ
☑ **1031** 堂々としている
☑ **1032** 善良だ
☑ **1033** 地味だ
☑ **1034** 純朴だ
☑ **1035** きれいだ
☑ **1036** 目の前にちょっと現れて去る様子
☑ **1037** いきなり
☑ **1038** いきなり
☑ **1039** 根掘り葉掘り
☑ **1040** 根掘り葉掘り
☑ **1041** ぽつんと
☑ **1042** ぽつんと
☑ **1043** つんと
☑ **1044** こっそり
☑ **1045** うつらうつら
☑ **1046** すっと
☑ **1047** すくすく
☑ **1048** ぽこんと
☑ **1049** ぴたっと
☑ **1050** ぴたりと

1・2級

11週目

☐ 1051
독사
[독싸]

毒蛇 漢毒蛇
이 길은 **독사**가 자주 몸을 도사리고 있으니 조심해야 한다.
この道は、よく毒蛇が潜んでいるので気を付けなければならない。

☐ 1052
구렁이

大蛇、青大将
그렇게 **구렁이** 담 넘어가듯 넘어가지 말고 솔직하게 털어놔.❷
そうやってさりげなく進めないで、率直に打ち明けて。

☐ 1053
철새
[철쌔]

渡り鳥
겨울이 되자 서식 환경이 좋아진 강가에 **철새**가 돌아왔다.
冬になると、生息環境が良くなった川辺に渡り鳥が戻ってきた。

☐ 1054
활개

羽、翼、(人間の)両腕
치안이 안 좋은 이 지역은 폭력단이 **활개**를 치고 있다.❷
治安が良くないこの地域は、暴力団が大手を振っている。

☐ 1055
깃
[긷]

羽、羽毛
물오리가 호수에서 **깃**을 다듬으며 노닐고 있다.
マガモが、湖で羽を整えながら遊んでいる。

☐ 1056
둥지

巣、ねぐら
집 앞 편백나무 가지 위에 새들이 **둥지**를 틀고 있다.
家の前にあるヒノキの木の枝の上に、鳥たちが巣を作っている。

☐ 1057
보금자리

巣、ねぐら、(安息の)場所
늦봄 제비가 우리 집 처마 밑에 **보금자리**를 틀었다.
晩春、ツバメがわが家の軒下に巣を作った。

☐ 1058
부리

くちばし
딱따구리는 **부리**로 나무를 쪼아 구멍을 낸다.
キツツキは、くちばしで木をつついて穴を開ける。

☑ 1059
아가미

えら

물고기는 **아가미**를 이용해서 숨을 쉬고 헤엄친다.
魚は、えらを利用して呼吸し泳ぐ。

☑ 1060
지느러미

(魚などの)ひれ

물고기가 **지느러미**를 파닥이며 수조 안을 유영하고 있다.
魚が、ひれをぱたぱたさせながら水槽の中を泳いでいる。

☑ 1061
비늘

うろこ

머리 위의 구름이 물고기 **비늘** 같은 모양을 하고 있었다.
頭上の雲が、魚のうろこのような形をしていた。

☑ 1062
북어

[부거]

干し明太　漢北魚

북엇국은 두들겨 잘게 찢은 **북어**로 끓여야 제맛이다.
干し明太スープは、たたいてちぎった干し明太で煮てこそおいしい。

☑ 1063
번데기

さなぎ、カイコのさなぎ

한국에서는 **번데기**를 식용으로 만들어서 길거리에서 판다.
韓国では、カイコのさなぎを食用に作って道端で売っている。

☑ 1064
좀

(衣服や紙をむしばむ)シミ

마음에 안 드는 옷을 옷장에 오래 두었더니 **좀**이 먹었다.
気に入らない服をタンスに長く入れておいたら、虫に食われた。

☑ 1065
토종

在来種、その土地固有のもの　漢土種

저희 삼계탕집은 맛과 영양을 위해 **토종**닭만 취급합니다.
当サムゲタン屋は、味と栄養のために在来の鶏のみ扱っています。

解説　1052 **구렁이 담 넘어가듯**은「大蛇が(静かに)塀を越えるように」、つまり「さりげなく」という意味　1054 **활개를 치다**で「大手を振る、意気揚々と振る舞う」という意味

☐ 1066
무리
群れ
하이에나는 **무리**를 지어 사냥하지만, 주로 짐승의 썩은 고기를 먹는다.
ハイエナは群れを作って狩りをするが、主に獣の腐った肉を食べる。

☐ 1067
허울
外見、見掛け、うわべ
그 사업은 **허울**만 그럴듯하지 실속은 형편없었다.
その事業はうわべだけはそれっぽいが、中身はひどかった。

☐ 1068
거죽
表面、生き物の最も外側の皮
현명한 사람은 **거죽**에 신경쓰기보다는 내실을 기한다.❷
賢明な人は、外見に気を使うよりも中身を大事にする。

☐ 1069
볼품
格好、体裁、外見
그 조각은 이 지역의 명물이지만 실제 외양은 **볼품**이 없다.
その彫刻はこの地域の名物だが、実際の外見は格好が悪い。

☐ 1070
태
美しい格好、整っていること、品、スタイル　漢態
그녀는 귀부인 **태**가 나는 사람이었다.
彼女は、貴婦人のような品の良い人だった。

☐ 1071
너비
幅
이 정도 **너비**의 가구라면 내 방에 들어간다.
これくらいの幅の家具なら、私の部屋に入る。

☐ 1072
두께
厚さ
창문 유리의 **두께**가 두꺼울수록 방음이 잘 된다.
窓ガラスの厚さが厚いほど、防音がきちんとされる。

☐ 1073
부피
体積
사물은 **부피**가 크다고 꼭 무겁지는 않다.
物は、体積が大きいからといって必ずしも重いわけではない。

☐ 1074

마름모

ひし形
마름모의 대각선 길이를 구하는 방법을 배우는 시간입니다.
ひし形の対角線の長さを求める方法を学ぶ時間です。

☐ 1075

모²

角
그는 성격이 **모**가 나서 좀처럼 친구가 생기지 않는다.❷
彼は性格がとがっていて、なかなか友達ができない。

☐ 1076

모서리

角、隅、コーナー
모서리에 걸려 넘어져 다리에 멍이 들었다.
角に引っ掛かって転び、脚にあざができた。

☐ 1077

굽이
[구비]

曲がり
굽이굽이 이어진 산맥이 오랜 세월을 말해주고 있다.
曲がりくねった山脈が、長い歳月を物語っている。

☐ 1078

빗금
[빋끔]

斜線
어렸을 때 책상에 **빗금**을 그어 짝꿍 물건이 넘어오지 않게 했다.
幼かった頃、机に斜線を引いて隣の子の物が越えて来ないようにした。

☐ 1079

곡선
[곡썬]

曲線　漢曲線
한국의 도자기는 유려한 **곡선**미를 자랑합니다.
韓国の陶磁器は、流麗な曲線美を誇ります。

☐ 1080

눈금
[눈끔]

目盛り
눈금을 보고 밥 지을 만큼의 쌀을 펐다.
目盛りを見て、ご飯を炊く分の米をすくった。

解説　1068 **내실을 기하다**で「内的充実を期する、中身を大事にする」という意味　1075
모가 나다で「角が立つ、とがる」という意味

☑ 1081
다발

~束
생일날 남자 친구로부터 장미꽃 한 **다발**을 받았다.
誕生日、彼氏からバラの花を1束もらった。

☑ 1082
말

(単位)斗
한 **말**이면 한 되의 열 배, 즉 18리터에 해당한다고 한다.
1斗は1升の10倍、すなわち18リットルに該当するそうだ。

☑ 1083
어림

概算、見当　関 - 하다
대충 **어림**해서 100명은 넘는 사람들이 참가한 것 같다.
ざっと概算して、100人は超える人が参加したようだ。

☑ 1084
주먹구구
[주먹꾸구]

大まかな計算、指折り数えること　漢 -- 九九
일을 이렇게 **주먹구구**로 하지 말고 체계적으로 진행하세요.
仕事をこのようにどんぶり勘定ではなく、体系的に進めてください。

☑ 1085
뭉치

塊
가방 안에 두꺼운 종이 **뭉치** 같은 것이 만져졌다.
かばんの中に、厚い紙の塊のような物が触れた。

☑ 1086
동강

片、切れ端
과속 차량이 반대편 차량과 부딪쳐 두 **동강**이 났습니다.
スピード違反の車が反対側の車両とぶつかって、真っ二つになりました。

☑ 1087
반쪽

半分　漢 半 -
회사 들어가서 얼마나 고생을 했는지 얼굴이 **반쪽**이 됐네.❷
会社に入ってどれだけ苦労をしたのか、顔がすごく痩せたね。

☑ 1088
고리

輪
하늘에 정체불명인 검은 **고리**가 나타났다.
空に、正体不明の黒い輪が現れた。

☐ 1089
자위

眼球や卵など色によって区別した部分
이곳은 서울에서도 땅값이 비싼 일명 노른**자위** 땅이라 불린다.
ここはソウルでも地価の高い、別名「黄身の土地」と呼ばれている。

☐ 1090
구슬

玉
그녀의 목소리는 정말 **구슬**이 굴러가는 듯이 아름답다.
彼女の声は、本当に玉を転がすように美しい。

☐ 1091
콩알

豆粒
너무 무서워서 간이 **콩알**만 해졌다.❷
あまりにも怖くて、肝を冷やした。

☐ 1092
가장자리

縁、端
종이의 **가장자리**는 남기고 풀칠하세요.
紙の縁は残して、のり付けしてください。

☐ 1093
테두리

枠、縁、限界
축하 메시지 카드는 장식을 위해 **테두리**를 예쁘게 한다.
お祝いのメッセージカードは、飾りのために枠をきれいにする。

☐ 1094
밑바닥
[믿빠닥]

底、どん底
그 회사의 대표는 **밑바닥**부터 시작해서 지금의 성공을 일궈 냈다.
その会社の代表は、どん底から始めて今の成功を成し遂げた。

☐ 1095
겹

重なり
양파는 껍질이 여러 **겹**으로 되어 있어서 한 **겹**씩 벗겨야 한다.
タマネギは皮が何重にもなっているので、1枚ずつむかなければならない。

解説　1087 **반쪽**は「ひどく痩せていること」の例えとしても用いられる　1091 **간이 콩알만 해지다**で「肝を冷やす、ひやひやする」という意味

☐ 1096
짝짝이
[짝짜기]

一対のものが不ぞろいになること

빨래하고 나서 아무렇게나 방치했더니 양말이 **짝짝이**가 많아졌다.

洗濯した後、適当に放置していたら不ぞろいの靴下が増えた。

☐ 1097
본체

本体、物事の正体 漢本体

컴퓨터 **본체**에 씌우는 케이스가 아직 조달되지 않았다.

パソコン本体にかぶせるケースが、まだ調達できていない。

☐ 1098
실속
[실쏙]

中身、実利 漢実 -

회사 운영은 겉모습보다 **실속**을 차리는 것이 더 중요하죠.

会社の経営は、見掛けより中身を整えることがより重要でしょう。

☐ 1099
알맹이

中身、物事の中心

원숭이가 바나나의 껍질은 버리고 **알맹이**만 홀랑 먹었다.

猿がバナナの皮は捨てて、中身だけすっかり全部食べた。

☐ 1100
자국

跡

유물을 만질 때는 지문 **자국**이 남지 않도록 유념하세요.

遺物に触れるときは、指紋の跡が残らないように心掛けてください。

☐ 1101
짝수
[짝쑤]

偶数 漢 - 数

고층빌딩이라서 오른쪽 승강기는 **짝수** 층만 운행합니다.

高層ビルなので、右側のエレベーターは偶数階のみ運行します。

☐ 1102
홀수
[홀쑤]

奇数 漢 - 数

화장실은 열차의 **홀수** 차량에만 있으니 착오 없으시기 바랍니다.

トイレは列車の奇数車両にのみあるので、お間違えないようお願いします。

☐ 1103
치수

寸法 漢 - 数

이 옷은 내게 **치수**가 맞지 않으니 교환해야겠다.

この服は、私にはサイズが合わないので交換しなくっちゃ。

☑ 1104
개중
数ある中　漢個中
팬이라고 해도 **개중**에는 이상한 사람도 있으니, 조심하는 게 좋다.
ファンといっても、中には変な人もいるので、気を付けた方がいい。

☑ 1105
태반
大半　漢太半
이 직장에서 일하는 사람 **태반**이 미혼입니다.
この職場で働く人の大半は、未婚です。

☑ 1106
갑절
[갑쩔]
倍
슬픔은 나누면 반이 되고 기쁨은 나누면 **갑절**이 된다.
悲しみは分かち合うと半分になり、喜びは分かち合うと倍になる。

☑ 1107
범벅
まみれ、だらけ、穀物の粉をのり状にして炊いた食べ物
부침개를 만드느라 손이 밀가루 **범벅**이 됐다.
チヂミを作ったので、手が小麦粉まみれになった。

☑ 1108
가지각색
[가지각쌕]
さまざま、色とりどり、まちまち　漢--各色
일본에는 **가지각색**의 희귀한 성씨도 많습니다.
日本には、さまざまな珍しい名字もたくさんあります。

☑ 1109
색동
[색똥]
セットン(5色のしまを入れた布地)　漢色-
아이들이 유치원 발표회 때 **색동**옷을 입고 나왔다.
子どもたちが幼稚園の発表会の時、セットンの服を着て出てきた。

☑ 1110
연두색
薄緑色　漢軟豆色
다홍색 치마에 **연두색** 저고리를 입고 나들이에 나섰다.
深紅色のチマに、薄緑色のチョゴリを着てお出掛けした。

☑1111 ○語幹
치켜뜨다
目をつり上げる、目をむく
그는 분노를 참지 못하고 눈을 **치켜뜨고** 윗사람에게 항의했다.
彼は怒りをこらえられず、目をつり上げて目上の人に抗議した。

☑1112 ○語幹
부릅뜨다
目をむく
그의 모욕적인 말에 화가 나서 눈을 **부릅뜨고** 노려보았다.
彼の侮辱的な言葉に腹が立ち、目をむいてにらんだ。

☑1113
휘둥그레지다
目を見張る、目を丸くする
거액의 착수금을 보여주자 그의 눈이 **휘둥그레졌다**.
巨額の着手金を見せると、彼は目を丸くした。

☑1114
쓸어내리다
なで下ろす
시험에 합격했다는 소식에 가슴을 **쓸어내렸다**.
試験に合格したという知らせに、胸をなで下ろした。

[쓰러내리다]

☑1115
뒤치다
(体を)ひっくり返す、裏返す
새벽에 아기가 몸을 **뒤치면서** 자꾸 깼다.❷
明け方に、赤ん坊が寝返りを打ちながら何度も目を覚ました。

☑1116
오므리다
すぼめる、縮める
전철에서 옆 사람에게 방해가 되지 않도록 다리를 **오므려** 앉았다.
電車で隣の人の邪魔にならないように、足をすぼめて座った。

☑1117
자지러지다
すくむ、すくみ上がる
옆집에서 아이의 **자지러지는** 비명이 들렸다.
隣の家から、子どものすくみ上がるような悲鳴が聞こえた。

☑1118
옴츠리다
身をすくめる、身を縮める
상대가 겁을 주자 모두 **옴츠리고** 입을 닫았다.
相手が脅すと、皆身をすくめて口を閉じた。

☑ 1119

옹크리다

うずくまる、縮こまる

술에 잔뜩 취해서 집 앞에서 **옹크려** 앉아 있었다.
酒にすっかり酔って、家の前でうずくまっていた。

☑ 1120

웅크리다

身をすくめる、うずくまる、しゃがむ

그 소식을 듣고 방에서 몸을 **웅크리고는** 꿈쩍 하지 않았다.
その知らせを聞いて、部屋で身をすくめてはびくともしなかった。

☑ 1121

젖히다

[저치다]

後ろに反らす、のけ反る、(カーテンなどを)開ける

체조하기 전에 고개를 뒤로 **젖히고** 심호흡을 하세요.
体操する前に、頭を後ろに反らして深呼吸をしてください。

☑ 1122

들먹이다

[들머기다]

絶えず上下に動く、そわそわする、動揺する

그녀는 어깨를 **들먹이며** 흐느끼고 있었다.
彼女は、肩を震わせながらすすり泣いていた。

☑ 1123

쪼그리다

縮める、小さくする、うずくまる

어렸을 때 방이 너무 좁아서 가족 세 명이 **쪼그려서** 잤다.
幼い頃、部屋がとても狭くて家族 3 人が身を縮めて寝た。

☑ 1124

내쉬다

(息を)出す

수술이 잘 끝났다는 말을 듣고 안도의 숨을 **내쉬었다.**
手術が無事終わったという言葉を聞いて、安堵の息を吐いた。

☑ 1125

다시다

舌鼓を打つ、舌なめずりをする

아이는 밥을 먹었는데도 케이크를 보자 입맛을 **다시고** 있다.❷
子どもは、ご飯を食べたのにケーキをを見て舌なめずりをしている。

| 解説 | 1115 **몸을 뒤치다**で「寝返りを打つ」という意味　1125 **입맛을 다시다**で「舌なめず りをする」という意味 |

☑ 1126 하다用言
영리하다
[영니하다]

賢い、利口だ、頭が切れる 漢怜悧 --

그 사람은 머리가 **영리해서** 한 번만 들으면 곧 이해한다.
その人は賢いので、一度だけ聞けばすぐに理解する。

☑ 1127 하다用言
우람하다
[우라마다]

たくましい、雄大だ 関 -스럽다

여자 아이를 기대했는데 아주 **우람한** 남자 아이가 태어났다.
女の子を期待したのに、とてもたくましい男の子が生まれた。

☑ 1128 하다用言
지긋하다
[지그타다]

年配で貫禄がある、(年を) 取っている

나이가 **지긋하게** 드신 할머니가 골동품 가게를 지키고 있었다.
年配の貫禄があるおばあさんが、骨董品店の店番をしていた。

☑ 1129 하다用言
초라하다

みすぼらしい、しがない、生気がない

검소한 사람이라 그런지 사장의 집치고는 **초라했다.**
倹素な人だからか、社長の家にしてはみすぼらしかった。

☑ 1130 하다用言
추하다

醜い、見苦しい、けがらわしい 漢醜 --

나이를 먹더라도 **추하게** 늙기보다 품격 있게 늙고 싶다.
年を取るにしても、醜く老けるより品格を持って老けたい。

☑ 1131
험상궂다
[험상굳따]

(目つきや表情が) 険しい、険がある 漢険状 --

험상궂게 생겼지만, 사실은 마음이 따뜻한 분이십니다.
険しい顔つきをしていますが、実は心が温かい方です。

☑ 1132 하다用言
후덕하다
[후더카다]

徳が厚い 漢厚徳 -- 関 -스럽다

살찌니 **후덕해** 보여서 좋다는 사람도 있는데 나는 싫더라.
太ったら徳が厚く見えていいと言う人もいるけど、私は嫌だな。

☑ 1133 하다用言
깜찍하다
[깜찌카다]

小さくてかわいい、ちゃっかりしている 関 -스럽다

고슴도치가 **깜찍해서** 키운다는 사람도 있다.
ハリネズミが、かわいくて飼っているという人もいる。

☑ 1134 ㅂ変則
게걸스럽다
[게걸스럽따]

がつがつしている、食い意地が張っている、意地汚い
그 사람은 며칠을 굶었는지 **게걸스럽게** 먹기 시작했다.
その人は何日も食べていないのか、がつがつと食べ始めた。

☑ 1135 하다用言
모호하다

曖昧だ、はっきりしていない　漢模糊 --
이 시는 문장이 **모호해서** 배경지식이 없으면 의미를 알기 쉽지 않다.
この詩は文が曖昧で、背景知識がないと意味を理解するのは簡単ではない。

☑ 1136 하다用言
박하다
[바카다]

少ない、薄情だ　漢薄 --
그 심사위원은 점수를 **박하게** 주는 편이라서 그리 기대를 안 하는 게 좋아.
その審査委員は点数を少なく付ける方なので、あまり期待しない方がいい。

☑ 1137 하다用言
대범하다
[대버마다]

おおようだ、大らかだ、大胆だ　漢大汎 --　関 - 스럽다
형이면 동생보다 좀 더 **대범하게** 행동해라.
お兄ちゃんなら、弟よりもっとおおように行動しなさい。

☑ 1138 하다用言
허술하다
[허수라다]

お粗末だ、手薄だ、古びている、さびれている
경비가 **허술한** 틈을 타 은행 강도들이 쳐들어왔다.
警備が手薄な隙を狙って、銀行強盗たちが押し入ってきた。

☑ 1139
덜떨어지다
[덜떠러지다]

未熟だ、間抜けだ
아이들이 **덜떨어졌는지** 내가 하는 말을 못 알아듣더라고요.
子どもたちが未熟だからか、私の言うことが分からなかったようなの。

☑ 1140 하다用言
그윽하다
[그으카다]

(香りなどが) かぐわしい
꽃향기가 **그윽한** 카페가 왠지 마음에 들었다.
花の香りがかぐわしいカフェが、なぜか気に入った。

□ 1141
쿡

ぶすりと、ぐっと
그녀가 나보고 눈치가 없다고 옆구리를 **쿡** 찔렀다.
彼女は私に、気が利かないとわき腹をぐっと突いた。

□ 1142
흘깃
[흘긷]

ちらっと　閔-하다
그녀는 나를 **흘깃** 쳐다보고는 선글라스를 꼈다.
彼女は私をちらっと見た後、サングラスを掛けた。

□ 1143
흠뻑

びっしょり、十分だ、満ち足りている
무서운 꿈을 꾸고 일어났더니 몸이 땀으로 **흠뻑** 젖어 있었다.
怖い夢を見て起きたら、体が汗でびっしょりぬれていた。

□ 1144
부글부글

ぐつぐつ、ぶくぶく　閔-하다
상사로부터 모욕적인 말을 듣고 나니 **부글부글** 울화가 끓어오른다.
上司から侮辱的な言葉を聞いたら、ぐつぐつと怒りが湧いてくる。

□ 1145
팔팔

ぐらぐら、かっかと
물을 **팔팔** 끓인 다음 곧바로 면을 넣으세요.
水をぐらぐらと沸騰させた後、すぐに麺を入れてください。

□ 1146
질질

ずるずる
바지가 긴데도 안 접고 **질질** 끌고 다녀서 야단맞았다.
ズボンが長いのにまくらずにずるずる引きずって歩き回り、叱られた。

□ 1147
질퍽질퍽
[질퍽찔퍽]

どろどろ、ぐちゃぐちゃ、じゅくじゅく　閔-하다
비가 오고 난 다음 흙길은 **질퍽질퍽**하여 걷기 어렵다.
雨が降った後、土の道はどろどろで歩きにくい。

□ 1148
지근지근

くちゃくちゃ　閔-하다
아침에 일어나면 이불부터 개! **지근지근** 밟지 말고.
朝起きたら布団から畳みなさい！　くちゃくちゃに踏まずに。

□ 1149
차곡차곡
きちんきちん　[関]-하다
가을옷을 정리하기 위해서 **차곡차곡** 옷을 쌓아 뒀다.
秋服を整理するために、きちんきちんと服を積んでおいた。

□ 1150
출렁출렁
だぶだぶ、ざぶんざぶん　[関]-하다
물을 너무 많이 마셨는지 배가 **출렁출렁** 움직인다.
水を飲み過ぎたのか、おなかがだぶだぶと動く。

□ 1151
듬성듬성
まばらに　[関]-하다
40대에 접어들자 흰머리가 **듬성듬성** 나기 시작했다.
40代に差し掛かるや、白髪がまばらに生え始めた。

□ 1152
번지르르
□先滑らかに、てかてか　[関]-하다
그렇게 말만 **번지르르**하게 하지 말고 진짜 한번 실행에 옮겨 봐라!
そうやって口先だけじゃなく、一度本当に実行に移してみな！

□ 1153
뿔뿔이
[뿔뿌리]
ばらばらに、散り散りに
전쟁이 나면서 가족이 **뿔뿔이** 흩어졌다.
戦争が起きて、家族がばらばらに散らばった。

□ 1154
아슬아슬
[아스라슬]
ぎりぎりに、はらはら、ぞくぞく　[関]-하다
1점 차이로 시험에 **아슬아슬**하게 합격했다.
1点差で、試験にぎりぎり合格した。

□ 1155
꼬박꼬박
きちんと、違えずに
아무리 바빠도 아침밥은 **꼬박꼬박** 먹어야 한다.
いくら忙しくても、朝食はきちんと食べなければいけない。

☑ 1051 독사	☑ 1086 동강	☑ 1121 젖히다
☑ 1052 구렁이	☑ 1087 반쪽	☑ 1122 들먹이다
☑ 1053 철새	☑ 1088 고리	☑ 1123 쪼그리다
☑ 1054 활개	☑ 1089 자위	☑ 1124 내쉬다
☑ 1055 깃	☑ 1090 구슬	☑ 1125 다시다
☑ 1056 둥지	☑ 1091 콩알	☑ 1126 영리하다
☑ 1057 보금자리	☑ 1092 가장자리	☑ 1127 우람하다
☑ 1058 부리	☑ 1093 테두리	☑ 1128 지긋하다
☑ 1059 아가미	☑ 1094 밑바닥	☑ 1129 초라하다
☑ 1060 지느러미	☑ 1095 겹	☑ 1130 추하다
☑ 1061 비늘	☑ 1096 짝짝이	☑ 1131 험상궂다
☑ 1062 북어	☑ 1097 본체	☑ 1132 후덕하다
☑ 1063 번데기	☑ 1098 실속	☑ 1133 깜찍하다
☑ 1064 좀	☑ 1099 알맹이	☑ 1134 게걸스럽다
☑ 1065 토종	☑ 1100 자국	☑ 1135 모호하다
☑ 1066 무리	☑ 1101 짝수	☑ 1136 박하다
☑ 1067 허울	☑ 1102 홀수	☑ 1137 대범하다
☑ 1068 거죽	☑ 1103 치수	☑ 1138 허술하다
☑ 1069 볼품	☑ 1104 개중	☑ 1139 덜떨어지다
☑ 1070 태	☑ 1105 태반	☑ 1140 그윽하다
☑ 1071 너비	☑ 1106 갑절	☑ 1141 쿡
☑ 1072 두께	☑ 1107 범벅	☑ 1142 흘깃
☑ 1073 부피	☑ 1108 가지각색	☑ 1143 흠뻑
☑ 1074 마름모	☑ 1109 색동	☑ 1144 부글부글
☑ 1075 모²	☑ 1110 연두색	☑ 1145 팔팔
☑ 1076 모서리	☑ 1111 치켜뜨다	☑ 1146 질질
☑ 1077 굽이	☑ 1112 부릅뜨다	☑ 1147 질퍽질퍽
☑ 1078 빗금	☑ 1113 휘둥그레지다	☑ 1148 지근지근
☑ 1079 곡선	☑ 1114 쓸어내리다	☑ 1149 차곡차곡
☑ 1080 눈금	☑ 1115 뒤치다	☑ 1150 출렁출렁
☑ 1081 다발	☑ 1116 오므리다	☑ 1151 듬성듬성
☑ 1082 말	☑ 1117 자지러지다	☑ 1152 번지르르
☑ 1083 어림	☑ 1118 옴츠리다	☑ 1153 뿔뿔이
☑ 1084 주먹구구	☑ 1119 옹크리다	☑ 1154 아슬아슬
☑ 1085 뭉치	☑ 1120 웅크리다	☑ 1155 꼬박꼬박

DATE　　　年　　月　　日
DATE　　　年　　月　　日

☑1051　毒蛇
☑1052　大蛇
☑1053　渡り鳥
☑1054　羽
☑1055　羽
☑1056　巣
☑1057　巣
☑1058　くちばし
☑1059　えら
☑1060　(魚などの)ひれ
☑1061　うろこ
☑1062　干し明太
☑1063　さなぎ
☑1064　(衣服や紙をむしばむ)シミ
☑1065　在来種
☑1066　群れ
☑1067　外見
☑1068　表面
☑1069　格好
☑1070　美しい格好
☑1071　幅
☑1072　厚さ
☑1073　体積
☑1074　ひし形
☑1075　角
☑1076　角
☑1077　曲がり
☑1078　斜線
☑1079　曲線
☑1080　目盛り
☑1081　〜束
☑1082　(単位)斗
☑1083　概算
☑1084　大まかな計算
☑1085　塊

☑1086　片
☑1087　半分
☑1088　輪
☑1089　眼球や卵など色によって区別した部分
☑1090　玉
☑1091　豆粒
☑1092　縁
☑1093　枠
☑1094　底
☑1095　重なり
☑1096　一対のものが不ぞろいになること
☑1097　本体
☑1098　中身
☑1099　中身
☑1100　跡
☑1101　偶数
☑1102　奇数
☑1103　寸法
☑1104　数ある中
☑1105　大半
☑1106　倍
☑1107　まみれ
☑1108　さまざま
☑1109　セットン(5色のしまを入れた布地)
☑1110　薄緑色
☑1111　目をつり上げる
☑1112　目をむく
☑1113　目を見張る
☑1114　なで下ろす
☑1115　(体を)ひっくり返す
☑1116　すぼめる
☑1117　すくむ
☑1118　身をすくめる
☑1119　うずくまる
☑1120　身をすくめる

1週目
2週目
3週目
4週目
5週目
6週目
7週目
8週目
9週目
10週目
11週目
12週目
13週目

☑1121 後ろに反らす
☑1122 絶えず上下に動く
☑1123 縮める
☑1124 (息を)出す
☑1125 舌鼓を打つ
☑1126 賢い
☑1127 たくましい
☑1128 年配で貫禄がある
☑1129 みすぼらしい
☑1130 醜い
☑1131 (目つきや表情が)険しい
☑1132 徳が厚い
☑1133 小さくてかわいい
☑1134 がつがつしている
☑1135 曖昧だ
☑1136 少ない
☑1137 おおようだ
☑1138 お粗末だ
☑1139 未熟だ
☑1140 (香りなどが)かぐわしい
☑1141 ぶすりと
☑1142 ちらっと
☑1143 びっしょり
☑1144 ぐつぐつ
☑1145 ぐらぐら
☑1146 ずるずる
☑1147 どろどろ
☑1148 くちゃくちゃ
☑1149 きちんきちん
☑1150 だぶだぶ
☑1151 まばらに
☑1152 口先滑らかに
☑1153 ばらばらに
☑1154 ぎりぎりに
☑1155 きちんと

1・2級

12週目

☑ 1156
주황색
だいだい色　漢朱黄色
주황색으로 반쯤 익은 고추밭이 눈앞에 펼쳐졌다.
だいだい色に半分くらい熟れた唐辛子畑が、目の前に広がった。

☑ 1157
주홍색
朱色　漢朱紅色
주홍색 빛깔이 나뭇잎마다 물들어 가고 있었다.
木の葉1枚1枚が、朱色に染められていった。

☑ 1158
자주색
赤紫色　漢紫朱色
저녁 하늘이 **자주색**으로 물들자 카메라 셔터를 눌렀다.
夕方の空が赤紫色に染まると、カメラのシャッターを押した。

☑ 1159
아름
～抱え
아버지가 아이들을 위해 장난감을 한 **아름** 사 왔다.
父が、子どもたちのためにおもちゃを一抱え買ってきた。

☑ 1160
포물선
[포물썬]
放物線　漢抛物線
아이가 던진 공이 **포물선**을 그리며 날아갔다.
子どもが投げたボールが、放物線を描きながら飛んでいった。

☑ 1161
윤기
[윤끼]
つや、色つや　漢潤気
머리를 감고 난 뒤 **윤기**가 흐르는 머릿결이 보기 좋다.❶
髪を洗った後の、つやつやに潤った髪の毛が素敵だ。

☑ 1162
윤
つや、光沢　漢潤
손님이 오신다고 해서 바닥을 **윤**이 나도록 닦고 또 닦았다.
お客さまがいらっしゃるというので、床をつやが出るくらいに磨きに磨いた。

☑ 1163
광
つや、光沢　漢光
오랜만에 데이트하게 돼서 때 빼고 **광**을 냈다.❷
久しぶりにデートすることになって、おしゃれをした。

☑1164

녹

さび [漢]綠

몇 년 동안 자전거를 안 탔더니 녹이 슬었다. *❶*

何年もの間、自転車に乗らなかったらさびた。

☑1165

터전

基盤、よりどころ、敷地

이곳이 삶의 **터전**인데 내쫓으면 어디를 가란 말이냐?

ここが生活の基盤なのに、追い出されたらどこへ行けと言うんだ？

☑1166

인근

近隣 [漢]隣近

그 가게는 바가지를 씌운다고 **인근**에 소문이 자자하다.

その店はぼったくると、近隣にうわさが広がっている。

☑1167

복판

真ん中

시내 한**복판**에서 수배 차량과 경찰차 간의 추격전이 벌어졌다.

市内のど真ん中で、手配車両とパトカーの追撃戦が繰り広げられた。

☑1168

객지

[객찌]

旅先、異郷、他郷 [漢]客地

어머니는 늘 나에게 **객지**에서 고생하지 말고 고향으로 오라고 하신다.

母はいつも私に、異郷で苦労せず故郷に戻れとおっしゃる。

☑1169

타향

よその土地、他国、他郷 [漢]他郷

타향에 있다 보니 부모님이 그리워진다.

よその土地にいるので、両親が恋しくなる。

☑1170

도처

至る所、あらゆる所 [漢]到處

범인은 형사가 **도처**에 깔려 있다는 것을 눈치챘다.

犯人は、刑事が至る所に配備されていることに気付いた。

解説　　1161 **윤기가 흐르다**で「つやつやに潤う」という意味　　1163 **때 빼고 광(을) 내다**は「あかを取ってつやを出す」、つまり「おしゃれをする」という意味　　1164 **녹이 슬다**で「さびが生じる、さびが付く」という意味

1週目
2週目
3週目
4週目
5週目
6週目
7週目
8週目
9週目
10週目
11週目
12週目
13週目

☑ 1171
변두리
町外れ 漢 辺 --
집값 상승의 여파로 이번에는 **변두리** 지역의 집값이 더 올랐다.
住宅価格上昇の余波で、今回は町外れの住宅価格がより上がった。

☑ 1172
언저리
周り
얼마나 피곤한지 눈**언저리**에 다크서클이 내려앉았네.
どれだけ疲れているのか、目の周りにくまができてるね。

☑ 1173
막바지
大詰め、行き止まり、最後
공사가 **막바지**에 다다랐으니 조금만 더 힘냅시다.
工事が大詰めに差し掛かったから、もう少し頑張ろう。
[막빠지]

☑ 1174
빈터
空き地
공장폐업에 따라 공장 터가 **빈터**가 되면서 휑한 느낌이 들었다.
工場の廃業に従い、工場跡が空き地になって寂しい感じがした。

☑ 1175
외길
一本道、一本筋
이 회사는 최첨단 기술개발의 **외길**을 걸어왔다.
この会社は、最先端技術開発の一本道を歩いてきた。

☑ 1176
외곬
一方にだけ通じた道、一筋、一途
그는 국어교육의 **외곬**으로서 평생을 살아왔다.
彼は、国語教育一筋で一生を過ごしてきた。
[외골]

☑ 1177
대로
〜大通り 漢 大路
서울을 동서로 빨리 이동하려면 올림픽 **대로**를 타는 게 좋다.
ソウルを東西に早く移動するには、オリンピック大路に乗るのがいい。

☑ 1178
오르막
上り坂
할머니 집은 이 길을 따라 **오르막**길 꼭대기까지 올라가야 한다.
祖母の家は、この道に沿って坂道のてっぺんまで上がらなければならない。

☑ 1179

갈림길
[갈림낄]

分かれ道、岐路
사업을 계속할 것인지 중단할 것인지 **갈림길**에 섰다.
事業を続けるか中断するか、岐路に立っている。

☑ 1180

갓길
[간낄]

路肩
차에 이상한 소리가 나서 일단 **갓길**에 차를 댔다.
車から変な音がして、いったん路肩に車を止めた。

☑ 1181

나루터

渡し場
나루터에 배가 들어오자 사람들이 몰려들었다.
渡し場に舟が入ってくると、人々が押し寄せた。

☑ 1182

둑

土手
맑은 가을하늘 아래 **둑** 위를 걸으면서 데이트를 했다.
澄んだ秋空の下、土手の上を歩きながらデートをした。

☑ 1183

선창

波止場　漢船艙
그는 술에 취한 채 **선창** 거리를 어슬렁거렸다.
彼は酒に酔ったまま、波止場の通りをうろついた。

☑ 1184

장[1]

場　漢場
앞으로 이런 만남의 **장**을 자주 마련합시다.
今後、このような出会いの場を頻繁に作りましょう。

☑ 1185

행선지

行き先　漢行先地
여기에 **행선지**를 입력하고 출발하면 됩니다.
ここに行き先を入力して、出発すればいいです。

☐ 1186
행처

行方　漢行処

가출한 딸의 **행처**를 수소문하고 있다.
家出した娘の行方を聞いて回っている。

☐ 1187
뜰

庭

봄이 되어 **뜰**에 꽃과 과일나무, 채소를 심었다.
春になって、庭に花と果物の木、野菜を植えた。

☐ 1188
우리

(動物の) 小屋、おり

야생말을 **우리**에 가둬 도망가지 못 하도록 했다.
野生の馬を小屋に閉じ込めて、逃げられないようにした。

☐ 1189
매표구

切符売り場　漢売票口

그 뮤지컬의 **매표구**에는 사람들이 길게 줄을 서 있었다.
そのミュージカルのチケット売り場には、人が行列を作っていた。

☐ 1190
승강장

プラットホーム　漢乗降場

전철 **승강장**에는 퇴근길을 서두르는 직장인들로 북적거렸다.
電車のプラットホームは、帰り道を急ぐサラリーマンでひしめいていた。

☐ 1191
입석
[입썩]

立ち席　漢立席

좌석이 모두 예약되어서 **입석**밖에 없습니다만 괜찮으시겠어요?
座席の予約は全て埋まっており、立ち席しかありませんが、よろしいでしょうか？

☐ 1192
합석
[합썩]

相席　漢合席　関-하다

빈자리가 없는 데다가 안면도 있는데 여기에 **합석**해도 괜찮겠습니까?
空席がない上に顔見知りなので、ここに相席してもいいですか？

☐ 1193
특실
[특씰]

特等室、特別室　漢特室

성수기에 접어들면서 호텔의 **특실** 예약이 꽉 찼다.
繁忙期に差し掛かって、ホテルの特等室の予約がぎっしり埋まった。

☑ 1194
탈의실
[타리실]

更衣室　漢脱衣室

수영장에 가면 우선 **탈의실**에서 수영복으로 갈아입어야 된다.
プールに行ったら、まず更衣室で水着に着替えないといけない。

☑ 1195
주막
[주막]

宿屋を兼ねた居酒屋　漢酒幕

읍내 **주막** 근처에서 사람들이 왁자지껄 떠들어댔다.
町内の宿屋を兼ねた居酒屋近くで、人々がわいわい騒ぎ立てていた。

☑ 1196
여인숙

宿屋、旅館　漢旅人宿

돈이 없어서 오늘은 싸구려 **여인숙**에 묵기로 했다.
金がなくて、今日は安宿に泊まることにした。

☑ 1197
대중탕

銭湯　漢大衆湯

대중탕에서 목욕하는 사람들이 점점 줄고 있다.
銭湯で入浴する人が、だんだん減っている。

☑ 1198
독방
[독빵]

一人部屋、個室、独房　漢独房

요양원은 사람이 많아 **독방**을 구하기가 쉽지 않아요.
高齢者施設は人が多くて、一人部屋を探すのが容易ではありません。

☑ 1199
양로원
[양노원]

老人ホーム　漢養老院

마을에 **양로원**이 생겼지만, 노인들이 잘 가려고 하지 않는다.
村に老人ホームができたが、老人たちはあまり行こうとしない。

☑ 1200
오피스텔

簡単な住居施設を備えたオフィス、オフィステル

부모님 집을 나와 **오피스텔**을 구해 혼자 살았다.
実家を出て、オフィステルを借りて一人で住んだ。

12
週目

☑ 1201
끼니

(決まった)食事

아직도 **끼니**를 거르는 아이들이 많다는 사실에 마음이 아픕니다.

未だ食事を取れない子どもが多いという事実に、心が痛みます。

☑ 1202
식단
[식딴]

献立　漢食単

아이들 영양을 감안한 **식단**을 짜서 밥을 먹이려고 합니다.

子どもたちの栄養を考慮した献立を作り、ご飯を食べさせようと思います。

☑ 1203
일식
[일씩]

日本料理、和食　漢日食

거래처 손님을 모시고 최고급 **일식** 요리를 대접했다.

取引先のお客さまをお連れして、最高級の日本料理をもてなした。

☑ 1204
감칠맛
[감칠맏]

食欲をそそる味、味わい、人を引きつける力

와~! 정말 요리를 **감칠맛** 나게 잘하시네요.

わー！ 本当に味わい深くて、料理がお上手ですね。

☑ 1205
손맛
[손맏]

(料理の)味わい、手並みから湧き出る味わい

진짜 맛있는 요리는 **손맛**에 좌우된다고 한다.

本当においしい料理は、手作りの味に左右されるそうだ。

☑ 1206
제맛
[제맏]

本来の味

삼겹살은 소주와 같이 먹어야 **제맛**이지.

サムギョプサルは、焼酎と一緒に食べてこそ本来の味が楽しめる。

☑ 1207
맛대가리
[맏때가리]

味の俗語

이 가게 음식은 값도 비싼데 **맛대가리**도 없다.❷

この店の料理は、値段も高いのにまずい。

☑ 1208
맹물

真水　関- 스럽다

국이 너무 싱거워서 **맹물** 같았지만, 염분 섭취를 줄이려 노력 중이다.

汁の味が薄すぎて真水のようだったが、塩分の摂取を減らそうと努力中だ。

☑ 1209
분유
[부뉴]

粉ミルク　漢 粉乳

둘째 딸부터는 모유가 부족해 **분유**를 먹였다.
次女からは、母乳が足りなくて粉ミルクを飲ませた。

☑ 1210
프림

コーヒーミルク

커피에 설탕과 **프림**은 빼 주세요.
コーヒーに、砂糖とコーヒーミルクは入れないでください。

☑ 1211
수정과

スジョングァ　漢 水正果

고기를 구워 먹고 나서 **수정과**로 입가심을 했다.
肉を焼いて食べ、スジョングァで口直しをした。

☑ 1212
숭늉

スンニュン、おこげ湯

그는 밥을 다 먹은 후 꼭 **숭늉**을 마신다.
彼はご飯を全部食べた後、必ずスンニュンを飲む。

☑ 1213
식혜
[시케]

シッケ　漢 食醯

식사 후에 **식혜** 한 사발 들이켰다.
食事の後、シッケ1杯を飲み干した。

☑ 1214
율무차

はとむぎ茶

상처가 아무는 데 좋다고 하여 **율무차**를 타 마셨다.
傷が治るのにいいというので、はとむぎ茶を入れて飲んだ。

☑ 1215
약주
[약쭈]

酒の丁寧語　漢 薬酒

늦게 들어오신 걸 보니 **약주**가 과하셨군요.
遅くお帰りになったのを見ると、お酒を飲み過ぎたのですね。

解説　1207 **맛대가리가 없다**(まずい)など、主に否定の形で用いられる

221

☑ 1216
들이쉬다
[드리쉬다]

(息を)吸い込む

산 정상에 올라 숨을 깊이 **들이쉬면서** 호흡을 골랐다.
山頂に登り、息を深く吸い込みながら呼吸を整えた。

☑ 1217
들이켜다
[드리켜다]

(酒・水などを)飲み干す

깊은 산속의 샘물은 물맛이 좋아 단숨에 **들이켜게** 된다.
深い山奥の泉は、水の味が良くて一気に飲み干すことになる。

☑ 1218 　ㄹ語幹
악물다
[앙물다]

(歯を)食いしばる

회사를 그만두고 싶었으나 3년간 이를 **악물고** 버텨냈다.
会社を辞めたかったが、3年間歯を食いしばって耐え抜いた。

☑ 1219 　ㄹ語幹
깨물다
[깨물다]

かむ

아이는 과자를 한입 **깨물고** 그만 먹었다.
子どもは、菓子を一口かんで食べるのをやめた。

☑ 1220 　ㄹ語幹
앙다물다

かみ締める

수술을 받을 때 어금니를 **앙다물면서** 고통을 참아냈다.
手術を受ける時、奥歯をかみ締めながら苦痛を耐え抜いた。

☑ 1221
우물거리다

もぐもぐする、口ごもる

소년은 아무 말 없이 껌을 **우물거리며** 씹고 있었다.
少年は、何も言わずガムをもぐもぐかんでいた。

☑ 1222
머금다
[머금따]

(口に)含む、(心の中に)収める

사업에 실패해서 눈물을 **머금고** 집을 넘겨야만 했다.
事業に失敗し、涙を飲んで家を渡さなければならなかった。

☑ 1223
처먹다
[처먹따]

むやみやたらに食べる、がっついて食う

매일 **처먹고** 운동을 안 하니 살이 뒤룩뒤룩 찌지!
毎日やたらに食べて運動をしないから、ぶくぶく太るんだよ！

☐ 1224
걷다
[걷따]

まくる、片付ける、巻き上げる
모내기를 하려면 바지를 **걷고** 논에 들어가야 한다.
田植えをするには、ズボンをまくって田んぼに入らなければいけない。

☐ 1225
걷어붙이다
[거더부치다]

まくり上げる、たくし上げる
이사할 때 친구가 팔을 **걷어붙이고** 도와주러 왔다.
引っ越しする時、友達が腕をまくり上げて手伝いに来た。

☐ 1226
닥치다

閉じる、口をつぐむ
일단 입을 **닥치고** 내 말부터 듣기나 해!
ひとまず口をつぐんで、私の話から聞きなさい！

☐ 1227　ㄹ語幹
골다

(いびきを)かく
아들은 베개에 머리를 대자마자 코를 **골기** 시작했다.
息子は枕に頭を当てるやいなや、いびきをかき始めた。

☐ 1228
뀌다

(おならを)する
그는 고약한 냄새의 방귀를 **뀌고도** 모른 척했다.
彼は、きついにおいのおならをしても知らんぷりした。

☐ 1229
내뱉다
[내밷따]

吐く、吐き出す、言い捨てる
길 가면서 침을 **내뱉는** 행위는 삼가시기 바랍니다.
道を歩きながら唾を吐く行為は、お控えください。

☐ 1230
뱉다
[밷따]

吐く、吐き出す
씹다가 목으로 안 넘어가면 그냥 **뱉어**.
かんでいて飲み込めなかったら、そのまま吐きなさい。

☑ 1231 **하다用言**
큼직하다
[큼지카다]

かなり大きい、大ぶりだ
올해 수박은 예년보다 **큼직해서** 그런지 약간 비싸다.
今年のスイカは、例年より大ぶりなせいか、少し高い。

☑ 1232 **하다用言**
굵직하다
[국찌카다]

粒が大きめだ
아침부터 **굵직한** 빗방울이 떨어지더니 이제는 폭우가 됐다.
朝から大きな雨粒が落ちてきたが、今では大雨になった。

☑ 1233 **하다用言**
두툼하다
[두투마다]

分厚い
보너스로 **두툼한** 돈 봉투를 건네받았다.
ボーナスで、分厚いお金の封筒を手渡された。

☑ 1234 **하다用言**
자그마하다

少し小さい
퇴직 후에 고향에 내려가 **자그마한** 가게를 열었습니다.
退職後に故郷に帰って、小さな店を開きました。

☑ 1235 **하다用言**
자질구레하다

こまごまとしている
그런 **자질구레한** 일은 부하 직원에게 시키고 큰 계획을 세우세요.
そんなこまごました仕事は部下にさせて、大きな計画を立てなさい。

☑ 1236 **하다用言**
조그마하다

小さい
저렇게 **조그마한** 체구에서 어떻게 그런 힘이 나오는지 대단하다.
あんなに小さな体からどうやってそんな力が出るのか、すごい。

☑ 1237 **하다用言**
납작하다
[납짜카다]

ぺしゃんこだ
눈이 작고 코가 **납작해서** 평범한 인상이었다.
目が小さくて鼻がぺしゃんこなので、平凡な人相だった。

☑ 1238 **하다用言**
넓적하다
[넙쩌카다]

やや薄く平たい
새 중에서 오리의 부리는 **넓적하다**.
鳥の中でカモのくちばしは平べったい。

☑ 1239　하다用言
비쭉하다
[비쭈카다]

とがらせる、ぷっとふくれる
어린이날인데 선물을 준비 안 했더니 아들 입이 **비쭉하게** 나왔다.
こどもの日なのにプレゼントを用意しなかったら、息子が口をとがらせた。

☑ 1240　하다用言
뾰족하다
[뾰조카다]

細くなってとがっている様子
이곳은 어디를 가도 **뾰족하게** 솟은 교회 지붕을 쉽게 볼 수 있다.
ここはどこに行っても、とがった教会の屋根を簡単に見ることができる。

☑ 1241
잘빠지다

すらっとしている、抜きん出ている、上出来である
좋아하는 제조사의 신차 디자인이 정말 **잘빠졌다**.
好きなメーカーの新車のデザインが、本当にすらっとしている。

☑ 1242　ㅎ変則
가느다랗다
[가느다라타]

極めて細い、か細い
그 기계는 면발을 **가느다랗게** 뽑아내기 때문에 잘 팔린다.
その機械は、麺を細く引き伸ばすのでよく売れる。

☑ 1243　하다用言
갸름하다
[갸르마다]

やや長い、細長い
다이어트를 했더니 턱선이 **갸름해져서** 기분이 좋다.
ダイエットをしたら、顎のラインが細長くなって気分がいい。

☑ 1244　하다用言
길쭉하다
[길쭈카다]

少し長い、やや長めだ
이 옷은 얼굴이 **길쭉한** 사람에게 어울립니다.
この服は、顔がやや長めの人に似合います。

☑ 1245　하다用言
밋밋하다
[민미타다]

単調だ、地味だ、月並みだ、のっぺりしている
그림이 너무 **밋밋해서** 화려한 색으로 덧칠했다.
絵があまりに月並みなので、派手な色で上塗りした。

☑ 1246
불끈

ぐっと、ぱっと 関- 하다

그는 굴욕적인 말을 듣고 주먹을 **불끈** 쥐었지만, 꾹 참았다.
彼は屈辱的な言葉を聞いて拳をぐっと握ったが、じっと我慢した。

☑ 1247
뻥²

パンと、ぽっかり

친구가 건넨 위로의 말에 답답했던 마음이 **뻥** 뚫렸다.
友達が掛けた慰めの言葉に、もどかしかった気持ちがパンと晴れた。

☑ 1248
훌쩍

ひょいと、ずるっと(鼻水をすする様子) 関- 하다

모든 걸 잊고 가끔은 혼자 **훌쩍** 떠나고 싶다.
全てを忘れて、たまにはひょいと旅立ちたい。

☑ 1249
훌훌

すいすいと、ぱたぱたと

성체가 된 매가 둥지를 떠나 **훌훌** 날아올랐다.
成体となったタカが、巣を離れてぱたぱたと飛び立った。

☑ 1250
고불고불

くねくね、うねうね 関- 하다

시골이라 그런지 길이 **고불고불** 돌아가는 곳이 많았다.
田舎だからか、道がくねくねと曲がる所が多かった。

☑ 1251
울퉁불퉁

でこぼこ 関- 하다

산길이 **울퉁불퉁**해서 운전하기 힘들다.
山道がでこぼこで、運転するのが大変だ。

☑ 1252
갈기갈기

ずたずた

그녀는 그 사람에게서 받은 편지를 **갈기갈기** 찢어 버렸다.
彼女は、その人からもらった手紙をびりびりに破ってしまった。

☑ 1253
꾸깃꾸깃

[꾸긷꾸긷]

くしゃくしゃ、しわくちゃ 関- 하다

그는 지폐를 늘 주머니에 **꾸깃꾸깃** 넣고 다닌다.
彼は、紙幣をいつもポケットにくしゃくしゃに入れて歩いている。

☑ 1254
너덜너덜

垂れ下がって揺れる様子、ぼろぼろ　関 – 하다
책 표지가 **너덜너덜** 곧바로 떨어져나갈 듯했다.
本の表紙がぶらぶらして、すぐに外れそうだった。

☑ 1255
아롱다롱

点や紋様が散りばめられた様子、ちらほら　関 – 하다
꽃들이 **아롱다롱** 울긋불긋 곱고 다채로웠다.
花が色とりどり散りばめられ、美しく多彩だった。

☑ 1256
비슷비슷
[비슫삐슫]

似たり寄ったり　関 – 하다
실력이 **비슷비슷**해서 굳이 우열을 따질 필요는 없을 것 같다.
実力が似たり寄ったりで、無理に優劣を付ける必要はなさそうだ。

☑ 1257
주렁주렁

鈴なりに、ふさふさ　関 – 하다
주렁주렁 달린 열매 중 탐스럽게 생긴 걸 하나 따 먹었다.
鈴なりになった実のうち、おいしそうなものを一つ摘んで食べた。

☑ 1258
우수수

ぱらぱら　関 – 하다
나무를 흔들었더니 눈이 **우수수** 떨어졌다.
木を揺すったら、雪がぱらぱらと落ちた。

☑ 1259
주룩주룩
[주룩쭈룩]

ざあざあ
데이트 날, 화사한 날씨를 기대했건만 비만 **주룩주룩** 내리고 있다.
デートの日、良い天気を期待していたのに、雨ばかりざあざあ降っている。

☑ 1260
펑펑

じゃあじゃあ、雪が盛んに降るさま　関 – 하다
함박눈이 **펑펑** 내리자 강아지가 마당을 신나게 뛰어다녔다.
ぼたん雪がこんこん降ると、子犬が庭を楽しそうに走り回った。

☐ 1156 주황색	☐ 1191 입석	☐ 1226 닥치다
☐ 1157 주홍색	☐ 1192 합석	☐ 1227 골다
☐ 1158 자주색	☐ 1193 특실	☐ 1228 꿔다
☐ 1159 아름	☐ 1194 탈의실	☐ 1229 내뱉다
☐ 1160 포물선	☐ 1195 주막	☐ 1230 뱉다
☐ 1161 윤기	☐ 1196 여인숙	☐ 1231 큼직하다
☐ 1162 윤	☐ 1197 대중탕	☐ 1232 굵직하다
☐ 1163 광	☐ 1198 독방	☐ 1233 두툼하다
☐ 1164 녹	☐ 1199 양로원	☐ 1234 자그마하다
☐ 1165 터전	☐ 1200 오피스텔	☐ 1235 자질구레하다
☐ 1166 인근	☐ 1201 끼니	☐ 1236 조그마하다
☐ 1167 복판	☐ 1202 식단	☐ 1237 납작하다
☐ 1168 객지	☐ 1203 일식	☐ 1238 넓적하다
☐ 1169 타향	☐ 1204 감칠맛	☐ 1239 비쭉하다
☐ 1170 도처	☐ 1205 손맛	☐ 1240 뾰족하다
☐ 1171 변두리	☐ 1206 제맛	☐ 1241 잘빠지다
☐ 1172 언저리	☐ 1207 맛대가리	☐ 1242 가느다랗다
☐ 1173 막바지	☐ 1208 맹물	☐ 1243 갸름하다
☐ 1174 빈터	☐ 1209 분유	☐ 1244 길쭉하다
☐ 1175 외길	☐ 1210 프림	☐ 1245 밋밋하다
☐ 1176 외곬	☐ 1211 수정과	☐ 1246 불끈
☐ 1177 대로	☐ 1212 숭늉	☐ 1247 뻥²
☐ 1178 오르막	☐ 1213 식혜	☐ 1248 훌쩍
☐ 1179 갈림길	☐ 1214 율무차	☐ 1249 훌훌
☐ 1180 갓길	☐ 1215 약주	☐ 1250 고불고불
☐ 1181 나루터	☐ 1216 들이쉬다	☐ 1251 울퉁불퉁
☐ 1182 둑	☐ 1217 들이켜다	☐ 1252 갈기갈기
☐ 1183 선창	☐ 1218 악물다	☐ 1253 꾸깃꾸깃
☐ 1184 장¹	☐ 1219 깨물다	☐ 1254 너덜너덜
☐ 1185 행선지	☐ 1220 앙다물다	☐ 1255 아롱다롱
☐ 1186 행처	☐ 1221 우물거리다	☐ 1256 비슷비슷
☐ 1187 뜰	☐ 1222 머금다	☐ 1257 주렁주렁
☐ 1188 우리	☐ 1223 처먹다	☐ 1258 우수수
☐ 1189 매표구	☐ 1224 걷다	☐ 1259 주룩주룩
☐ 1190 승강장	☐ 1225 걷어붙이다	☐ 1260 펑펑

☑1156　だいだい色
☑1157　朱色
☑1158　赤紫色
☑1159　〜抱え
☑1160　放物線
☑1161　つや
☑1162　つや
☑1163　つや
☑1164　さび
☑1165　基盤
☑1166　近隣
☑1167　真ん中
☑1168　旅先
☑1169　よその土地
☑1170　至る所
☑1171　町外れ
☑1172　周り
☑1173　大詰め
☑1174　空き地
☑1175　一本道
☑1176　一方にだけ通じた道
☑1177　〜大通り
☑1178　上り坂
☑1179　分かれ道
☑1180　路肩
☑1181　渡し場
☑1182　土手
☑1183　波止場
☑1184　場
☑1185　行き先
☑1186　行方
☑1187　庭
☑1188　(動物の)小屋
☑1189　切符売り場
☑1190　プラットホーム

☑1191　立ち席
☑1192　相席
☑1193　特等室
☑1194　更衣室
☑1195　宿屋を兼ねた居酒屋
☑1196　宿屋
☑1197　銭湯
☑1198　一人部屋
☑1199　老人ホーム
☑1200　簡単な住居施設を備えたオフィス
☑1201　(決まった)食事
☑1202　献立
☑1203　日本料理
☑1204　食欲をそそる味
☑1205　(料理の)味わい
☑1206　本来の味
☑1207　味の俗語
☑1208　真水
☑1209　粉ミルク
☑1210　コーヒーミルク
☑1211　スジョングァ
☑1212　スンニュン
☑1213　シッケ
☑1214　はとむぎ茶
☑1215　酒(の丁寧語)
☑1216　(息を)吸い込む
☑1217　(酒・水などを)飲み干す
☑1218　(歯を)食いしばる
☑1219　かむ
☑1220　かみ締める
☑1221　もぐもぐする
☑1222　(口に)含む
☑1223　むやみやたらに食べる
☑1224　まくる
☑1225　まくり上げる

12
週目

☑1226　閉じる
☑1227　(いびきを)かく
☑1228　(おならを)する
☑1229　吐く
☑1230　吐く
☑1231　かなり大きい
☑1232　粒が大きめだ
☑1233　分厚い
☑1234　少し小さい
☑1235　こまごまとしている
☑1236　小さい
☑1237　ぺしゃんこだ
☑1238　やや薄く平たい
☑1239　とがらせる
☑1240　細くなってとがっている様子
☑1241　すらっとしている
☑1242　極めて細い
☑1243　やや長い
☑1244　少し長い
☑1245　単調だ
☑1246　ぐっと
☑1247　パンと
☑1248　ひょいと
☑1249　すいすいと
☑1250　くねくね
☑1251　でこぼこ
☑1252　ずたずた
☑1253　くしゃくしゃ
☑1254　垂れ下がって揺れる様子
☑1255　点や紋様が散りばめられた様子
☑1256　似たり寄ったり
☑1257　鈴なりに
☑1258　ぱらぱら
☑1259　ざあざあ
☑1260　じゃあじゃあ

1·2級

13週目

☑ 1261
정종

日本酒　漢正宗
너무 추워서 따뜻하게 데운 **정종** 몇 잔을 마셨어요.
とても寒いので、日本酒の熱かんを数杯飲みました。

☑ 1262
전골

チョンゴル（鍋料理の一種）
사람이 많으니 두부**전골**을 해 먹는 게 어때요?
人が多いので、豆腐チョンゴルを作って食べるのはどうですか？

☑ 1263
청국장❶
[청국짱]

チョングクチャン　漢清麹醬
역시 아내가 끓여 준 **청국장**이 제일 맛있어요.
やはり、妻が作ってくれたチョングクチャンが一番おいしいです。

☑ 1264
추어탕

チュオタン、どじょう汁　漢鰌魚湯・鰍魚湯
아버지가 **추어탕**을 끓이신다고 미꾸라지를 잡아 왔다.
父がチュオタンを作ると、どじょうを捕まえてきた。

☑ 1265
우거짓국❷
[우거짇꾹]

ウゴジグッ
입맛이 없어서 소고기를 적당히 넣고 **우거짓국**을 끓였다.
食欲がなくて、牛肉を適量入れてウゴジグッを作った。

☑ 1266
건더기

（汁物やスープの）具
저는 **건더기**가 많이 있는 국을 좋아합니다.
私は、具の多いスープが好きです。

☑ 1267
찜

チム（蒸し料理）
부족한 반찬을 보충하기 위해 계란**찜**을 준비했다.
足りないおかずを補充するために、ケランチムを準備した。

☑ 1268
반죽

練った物、こねた物　関– 하다
반죽이 덜 돼서 빵이 부드럽지가 않다.
生地のこね具合が甘くて、パンが軟らかくない。

☑ 1269
어묵
かまぼこ, 練り物 漢魚 –
역시 겨울에는 따끈한 **어묵** 국물이 최고다.
やっぱり、冬には熱い練り物の汁が最高だ。

☑ 1270
빈대떡
ピンデトク、緑豆チヂミ
할 일 없으면 집에 가서 **빈대떡**이나 부쳐 먹어라.
やることがなければ、家に帰ってピンデトクでも焼いて食べなさい。

☑ 1271
찐빵
蒸しパン
출출할 때 **찐빵**과 우유 한 잔이면 식사 대용으로 충분하다.
小腹がすいたとき、蒸しパンと牛乳1杯があれば食事の代用として十分だ。

☑ 1272
송편
ソンピョン、松葉餅 漢松 –
추석 때마다 가족이 모여 **송편** 예쁘게 빚기 경쟁을 했다.
秋夕のたびに、家族が集まってソンピョンをきれいに作る競争をした。

☑ 1273
찰떡
もち米で作った餅
저 두 사람은 **찰떡**같이 궁합이 맞는 거 같아요.❷
あの二人は、もち米の餅のように相性がいいようです。

☑ 1274
찰밥
もち米のご飯、おこわ
저녁은 **찰밥**을 만들어서 먹기로 했어요.
夕飯は、もち米ご飯を作って食べることにしました。

☑ 1275
찹쌀
もち米
이 떡은 **찹쌀**로 만든 것이라 쫀득쫀득합니다.
この餅はもち米で作った物なので、もちもちしています。

13
週目

解説　1263 みその一種、またはそれで煮立てたスープ　1265 大根の葉や白菜を入れたスープ　1273 (比喩的に)男女の相性がよく合うことを**찰떡궁합**という

□1276
경단

団子　漢瓊団
친구 결혼식을 축하해 주기 위해 **경단**을 빚었다.
友達の結婚式を祝うために、団子を作った。

□1277
수제비

スジェビ、すいとん
출출할 때는 곧잘 **수제비**를 만들어 먹곤 했다.
おなかがすいた時は、よくスジェビを作って食べたりした。

□1278
미음

重湯　漢米飲
실의에 빠졌더라도 **미음**이라도 먹고 기운을 차려야지.
失意に陥っても、重湯でも食べて元気を出さないと。

□1279
누룽지

おこげ
솥에 쌀을 안치고 밥을 했더니 눌어서 **누룽지**가 되었다.
釜に米を入れてご飯を炊いたら、焦げておこげになった。

□1280
비지

おから
싼 게 **비지**떡이라고 청소기를 싸게 샀더니 금방 망가졌다.❷
安物買いの銭失いというが、安い掃除機を買ったらすぐに壊れた。

□1281
유부

油揚げ　漢油腐
엄마가 이번 소풍 때는 김밥이 아니라 **유부**초밥을 싸 주셨다.
母が今回の遠足ではキムパではなく、いなりずしを作ってくれた。

□1282
조

アワ
건강을 위해 잡곡에 **조**를 섞어서 밥을 해 먹고 있습니다.
健康のために雑穀にアワを混ぜ、ご飯を炊いて食べています。

□1283
짬뽕

チャンポン
술을 **짬뽕**으로 마셔서 머리가 어지럽다.
酒をチャンポンで飲んだので、頭がくらくらする。

☑ 1284
당면

春雨　漢唐麺

잡채는 **당면**을 기본으로 만드는데 야채도 볶아서 넣습니다.
チャプチェは、春雨を基本にして作りますが、野菜も炒めて入れます。

☑ 1285
그라탱

グラタン　外gratin（仏）

우리 아이들은 해물이 들어간 **그라탱**을 좋아한다.
うちの子どもたちは、海鮮が入ったグラタンが好きだ。

☑ 1286
덮밥
[덥빱]

丼物

주말에는 불고기**덮밥**을 주로 먹는다.
週末には、プルコギ丼を主に食べる。

☑ 1287
백반
[백빤]

定食、白米のご飯　漢白飯

직장 근처의 가정식 **백반**집에서 주로 점심을 해결합니다.
職場近くの家庭的な定食屋で、主に昼食を済ませます。

☑ 1288
밑반찬
[믿빤찬]

（保存の効く）おかず　漢‐飯饌

끼니마다 먹을 수 있는 **밑반찬** 두어 가지는 주말에 꼭 만들어 둡니다.
食事のたびに食べられるおかずを、2品ほどは週末に必ず作っておきます。

☑ 1289
장아찌

チャンアチ（漬物の一種）

마늘**장아찌**가 잘 삭아서 그것만으로도 밥을 먹을 수 있다.
ニンニクのチャンアチがいい具合に漬かって、それだけでもご飯が食べられる。

☑ 1290
시래기

シレギ（干した大根の茎や葉）

직접 손질한 **시래기**로 국도 해 먹고 나물로도 해 먹었다.
自分で下ごしらえしたシレギを、スープやナムルにして食べた。

解説　1280 **싼 게 비지떡**で「安物買いの銭失い」という意味

☐ 1291
채¹
千切り

무를 **채**로 썰어서 양념과 함께 버무렸다.
大根を千切りにして、ヤンニョムと一緒にあえた。

☐ 1292
쑥갓
[쑥깓]
春菊

해물탕에 **쑥갓**을 넣으면 풍미가 깊어집니다.
海鮮鍋に春菊を入れると、風味が深くなります。

☐ 1293
미나리
セリ

비빔밥에 **미나리**나물을 넣었더니 향긋해졌다.
ビビンバにセリのナムルを入れたら、かぐわしくなった。

☐ 1294
부추
ニラ

집에 변변한 음식도 없고 비도 오니 **부추**전이나 해 먹자.
家にろくな食べ物もないし雨も降っているので、ニラチヂミでも焼いて
食べよう。

☐ 1295
무순
カイワレ大根　漢-筍

무순을 회덮밥에 넣어 먹으면 상큼해서 딱 좋다.
カイワレ大根を海鮮丼に入れて食べると、さっぱりしてちょうどいい。

☐ 1296
죽순
[죽쑨]
タケノコ　漢竹筍

죽순이 여기저기 돋아 있어 식재료로 쓰기 위해 캤다.
タケノコがあちこち生えていて、食材として使うために採った。

☐ 1297
마
長芋

아침에 일어나면 건강을 위해 **마**를 갈아서 먹는다.
朝起きたら、健康のために長芋をすりおろして食べる。

☐ 1298
박하
[바카]
ハッカ　漢薄荷

식사 후 음식점에서 **박하**사탕을 나눠 주었다.
食後、飲食店でハッカのあめを分けてくれた。

☑ 1299

삼¹

高麗ニンジンの総称　漢蔘

산**삼**은 수령에 따라 수억 원을 호가한다.

山に生える高麗ニンジンは、樹齢によって数億ウォンの値が付く。

☑ 1300

잣

[잗]

チョウセンマツの実

식혜에 밥풀과 **잣**을 띄워 손님상에 내놓았다.

シッケにご飯粒とチョウセンマツの実を浮かべて、客の膳に出した。

☑ 1301

곶감

[곧깜]

干し柿

가을이면 할머니가 만들어서 주시던 **곶감** 생각이 나요.

秋には、おばあさんが作ってくれた干し柿を思い出します。

☑ 1302

버찌

サクランボ

아이는 물건을 고른 뒤 **버찌**씨를 돈이라고 생각하고 내놓았다.

子どもは品物を選んだ後、サクランボの種をお金だと思って出した。

☑ 1303

한우

[하누]

韓牛、韓国在来種の牛　漢韓牛

한우는 고급 식재료이기 때문에 선물용으로도 아주 좋습니다.

韓牛は高級食材なので、贈答用としてもとてもいいです。

☑ 1304

곱창

牛の小腸

눈 오는 날, **곱창**전골에 소주 한 잔이면 더 바랄 게 없다.

雪の降る日、モツのチョンゴルに焼酎が1杯あればそれ以上望むものはない。

☑ 1305

등심

ヒレ

등심은 비싸서 서민들은 특별한 날에만 먹을 수 있어요.

ヒレ肉は高いので、庶民は特別な日にのみ食べることができます。

☑ 1306
안심
(牛の)ロース

안심은 비싸서 먹기 힘드니 오늘은 삼겹살로 배나 채우자.
牛ロースは高くて食べられないから、今日はサムギョプサルで腹を満たそう。

☑ 1307
순대
スンデ、豚の腸詰め

순대볶음은 내가 포장마차에서 제일 좋아하는 메뉴야!
スンデ炒めは、私が屋台で一番好きなメニューだ！

☑ 1308
쌈
サム(野菜に包んで食べる料理)

삼겹살은 그냥 먹는 것보다 **쌈**을 싸서 먹는 게 맛있다.
サムギョプサルはそのまま食べるより、包んで食べた方がおいしい。

☑ 1309
족발
[족빨]
豚足 漢足 -

아내가 느닷없이 **족발**이 먹고 싶다고 해서 배달을 시켰다.❷
妻が不意に豚足が食べたいと言うので、出前を取った。

☑ 1310
쥐포
カワハギの干物 漢 - 脯

술안주로 **쥐포**를 구워 고추장에 찍어 먹었다.
酒のつまみにカワハギの干物を焼いて、コチュジャンにつけて食べた。

☑ 1311
겨자
からし

냉면에는 식초와 **겨자**를 어느 정도 넣어야 맛있다.
冷麺には、お酢とからしをある程度入れてこそおいしい。

☑ 1312
깨소금
ごま塩

요란한 튀김 소리와 고소한 **깨소금** 냄새가 진동하네.
揚げ物の大きい音と、香ばしいごま塩のにおいが立ち込めているね。

☑ 1313
녹말
[농말]
片栗粉 漢緑末

녹말을 물에 개어서 재료로 만들어 놓았으니 쓰세요.
片栗粉を水に溶いて材料に作っておいたから、使ってください。

☑1314
장²
しょうゆ・みそなどの総称　漢醬
요즘에는 **장**을 직접 담그는 집이 거의 없다.
最近は、しょうゆやみそなどを自分で漬ける家はほとんどない。

☑1315
젓갈
[전깔]
塩辛
간간한 **젓갈**만 있으면 밥 한 공기는 뚝딱 비울 수 있죠.
塩味の効いた塩辛さえあれば、ご飯1杯はさっと空にできるでしょう。

☑1316
초장
チョジャン、酢唐辛子みそ　漢酢醬
오징어 회는 **초장**에 찍어 먹어야 제맛이지.
イカの刺し身は、チョジャンにつけて食べるのがおいしい。

☑1317
군것질
[군걷찔]
間食、おやつ　関 - 하다
고교생 딸이 출출한지 **군것질**거리가 없나 냉장고를 뒤지고 있다.
高校生の娘が空腹なのか、間食になる物がないか冷蔵庫をあさっている。

☑1318
미식가
[미식까]
グルメ、食通　漢美食家
그는 대단한 **미식가**로 소문이 자자하다.
彼は、すごい食通としてうわさが広まっている。

☑1319
후식
デザート　漢後食
여긴 음식이 맛있고 **후식**으로 미니 케이크와 커피도 나옵니다.
ここは料理がおいしいし、デザートにミニケーキとコーヒーも出ます。

☑1320
호떡
ホットック　漢胡 -
추운 겨울에는 길거리에서 사 먹는 **호떡**이 최고죠.
寒い冬は、道端で買って食べるホットックが最高でしょう。

解説　1309 **배달을 시키다**で「出前を取る」という意味

☑ 1321
싸다²
(大小便を)漏らす
아이가 오줌을 **싸서** 아침부터 엄마에게 꾸지람을 들었다.
子どもがおしっこを漏らして、朝から母親に叱られた。

☑ 1322 　하다用言
오바이트하다
吐く 　外 overeat --
뭔가 잘못 먹었는지 속이 안 좋아 **오바이트했다**.
何か食べ物に当たったのか、おなかの調子が悪くて吐いた。

☑ 1323
누다
(大小便を)する
남의 담벼락에 오줌을 **누지** 마십시오.
よその家の塀に、小便をしないでください。

☑ 1324
두리번거리다
きょろきょろする
그 남자는 역에서 **두리번거리며** 누군가를 찾는 듯하다.
その男は、駅できょろきょろしながら誰かを探しているようだ。

☑ 1325 　하다用言
고수하다
固く守る 　漢 固守 -- 　関 - 되다
일본은 아직도 현금만을 **고수하면서** 카드를 안 받는 곳이 있다.
日本はいまだに現金のみを固守して、カードを受け付けない所がある。

☑ 1326
깝죽거리다
[깝쭉꺼리다]
得意になってそそっかしく振る舞う、偉ぶる、調子に乗る
별 실력도 없으면서 **깝죽거리다가** 큰코다칠 수도 있어. ✪
別に実力もないのに得意になっていると、ひどい目に遭うかもしれないぞ。

☑ 1327
둘러대다
言い繕う、言い逃れる、(お金を)やりくりする、融通する
모임이 재미없어서 대충 **둘러대고** 나왔다.
集まりがつまらなくて、適当に言い繕って出た。

☑ 1328 　으語幹
무릅쓰다
冒す、顧みない、押し切る
부모의 반대를 **무릅쓰고** 결혼하기로 했다.
親の反対を押し切って、結婚することにした。

☐ 1329　<u>하다用言</u>

외면하다

顔を背ける、無視する　漢外面 --　関 - 되다

사실이 아니라고 애써 **외면한다면** 현실은 바뀌지 않을 것이다.
事実ではないと努めて顔を背けたら、現実は変わらないだろう。

☐ 1330　<u>하다用言</u>

이룩하다

[이루카다]

成し遂げる

그 나라는 자원이 부족함에도 단기간에 경제성장을 **이룩했다**.
その国は、資源が足りないのに短期間で経済成長を成し遂げた。

☐ 1331　<u>ㄷ変則</u>

일컫다

[일컫따]

称する

타인에 대한 배려 없이 자기 생각만 하는 사람을 **일컬어** 얌체라
고 한다.
他人に配慮せず自分のことだけ考える人を称して、ちゃっかり者という。

☐ 1332　<u>하다用言</u>

주체하다

厄介なことを片付ける　関 - 스럽다

20대는 **주체할** 수 없는 젊음에 오히려 고통스러워한다. ❷
20代は、手に負えない若さにかえって苦しむ。

☐ 1333

치다⁴

(花札やトランプなどを)する

허구한 날 모여서 화투만 **치면** 어떡하냐.
毎日のように集まって花札ばかりして、どうするの。

☐ 1334

벌거벗다

[벌거벋따]

裸になる、剥げる

겨울이 되자 나무 대부분이 **벌거벗었다**.
冬になると、木のほとんどが剥げた。

☐ 1335

헐벗다

[헐벋따]

ぼろを着ている、貧乏だ、山がはげる

그 지역은 **헐벗고** 굶주린 사람이 많아 도움의 손길이 필요하다.
その地域はぼろを着て飢えた人が多いので、助けの手が必要だ。

解説　　1326 **큰코다치다**で「ひどい目に遭う」という意味　1332 **주체할 수 없다**で「手に負
えない」という意味

☑1336 **하다用言**
비리비리하다
[비리비리하다]

痩せこけている、ひょろひょろしている
제때 밥도 못 먹었는지 **비리비리해** 보여서 걱정이 된다.
まともにご飯も食べられなかったのか、痩せこけて見えるので心配だ。

☑1337 **하다用言**
투박하다
[투바카다]

ごつい、無骨だ、ぶっきらぼうだ　関-스럽다
그 시대에는 화려하지 않고 **투박한** 스타일의 그릇이 인기였다.
その時代は派手ではなく、無骨なスタイルの器が人気だった。

☑1338 **하다用言**
훌쭉하다
[훌쭈카다]

細長い、痩せてげっそりしている
다이어트를 했더니 **훌쭉한** 몸매를 되찾았다.
ダイエットをしたら、すらりとしたスタイルを取り戻した。

☑1339 **하다用言**
꼿꼿하다
[꼳꼬타다]

真っすぐだ、剛直だ
할아버지는 여전히 허리를 **꼿꼿이** 세우고 책을 읽으신다.
祖父は、相変わらず腰を真っすぐ立てて本をお読みになる。

☑1340 **하다用言**
반듯하다
[반드타다]

真っすぐだ、欠点がない
어려운 환경 속에서도 아들이 **반듯하게** 커서 대견한 느낌이 들어요.
厳しい環境下でも、息子が真っすぐ育って誇らしい気持ちです。

☑1341
묽다
[묵따]

薄い、水っぽい、緩い
물감을 좀 더 **묽게** 해서 칠을 해 보면 새로운 느낌이 들 거야.
絵の具をもう少し薄くして塗ってみると、新しい感じがするだろう。

☑1342
엷다
[열따]

淡い、薄い
지는 노을이 **엷은** 빛을 띠고 있다.
沈む夕日が、淡い光を帯びている。

☑1343 **하다用言**
자욱하다
[자우카다]

（霧・煙などが）濃く立ち込めている
비가 온 다음 날 숲에는 안개가 **자욱했다**.
雨が降った次の日、森には霧が濃く立ち込めていた。

☑ 1344 하다用言

칙칙하다

[칙치카다]

色がくすんでいる、(髪や林などが)密で濃く見える

이 옷은 정말 **칙칙해서** 오늘같이 화사한 날에 안 어울려.

この服は本当に色がくすんでいて、今日のように華やかな日に似合わない。

☑ 1345

해맑다

[해막따]

白く透き通っている、色白ですがすがしい

해맑은 피부를 가진 그녀가 너무 예쁘다.

白い肌の彼女が、とてもきれいだ。

☑ 1346 하다用言

해쓱하다

[해쓰카다]

蒼白だ、青ざめている

병약한 여왕은 **해쓱한** 얼굴로 신하들의 말을 들었다.

病弱な女王は蒼白な顔で家臣らの言葉を聞いた。

☑ 1347 하다用言

절절하다

[절저라다]

切ない 漢切切--

그 가수는 가슴 **절절한** 사랑 노래로 그 시절 최고의 인기를 끌었지.

その歌手は、切ない愛の歌でその頃最高の人気を集めたよ。

☑ 1348 하다用言

짠하다

[짜나다]

胸が痛い

힘들어하는 모습을 보니 내가 괜히 마음이 **짠해졌다.**

苦労している姿を見て、私は無性に胸が痛くなった。

☑ 1349 ㅂ変則

대수롭다

[대수롭따]

大したことだ

그는 자신에 대한 비판에 대해 **대수롭지** 않다는 반응을 보였다.❷

彼は自分に対する批判について、大したことないという反応を見せた。

☑ 1350

하찮다

[하찬타]

取るに足らない、大したことではない

하찮은 일로 친구와 싸웠는데, 결국 절교에 이르렀다.

取るに足らないことで友達とけんかしたが、結局絶交に至った。

解説   1349 **대수롭지 않다**(大したことない)など、主に否定の形で用いられる

☑ 1351
보슬보슬

しとしと　関 - 하다
봄날 아침부터 **보슬보슬** 비가 내렸다.
春の日の朝から、しとしと雨が降った。

☑ 1352
뒤죽박죽
[뒤죽빡쭉]

ごちゃごちゃ　関 - 되다
다음 주 이사 때문에 이삿짐으로 집 안이 **뒤죽박죽**이다.
来週の引っ越しのせいで、引っ越しの荷物で家の中がごちゃごちゃだ。

☑ 1353
와글와글
[와그라글]

わいわい、がやがや　関 - 하다
주말에 마트에 갔더니 시골 장터처럼 **와글와글** 붐볐다.
週末にスーパーに行ったら、田舎の市場のようにわいわい混んでいた。

☑ 1354
술렁술렁

ざわざわ　関 - 하다
연예인이라도 왔는지 갑자기 공항이 **술렁술렁** 소란스러워졌다.
芸能人でも来たのか、急に空港がざわざわと騒がしくなった。

☑ 1355
슬그머니

こっそり、ひそかに
그 사람은 훔쳐 간 물건을 **슬그머니** 제자리에 돌려놓았다.
その人は、盗んでいった品物をこっそり元の場所に戻した。

☑ 1356
살그머니

こっそり、そっと
쥐 죽은 듯이 조용히 있다가 **살그머니** 방에서 나왔다.
ネズミが死んだかのように静かにしていたが、こっそり部屋から出て来た。

☑ 1357
살금살금

こっそり、こそこそ
그는 발소리를 내지 않고 **살금살금** 아이 곁으로 다가갔다.
彼は足音を立てず、こっそり子どものそばに近寄った。

☑ 1358
소곤소곤

ひそひそ、こそこそ、ぼそぼそ　関 - 하다
카페에서 사람들이 책을 읽고 있어서 **소곤소곤** 이야기를 나눴다.
カフェで本を読んでいる人がいたので、ひそひそと話をした。

☑ 1359
수군수군

ひそひそ、こそこそ　関 – 하다
두 사람의 사내 연애에 대해서 주위에서 **수군수군** 말이 많았다.
二人の社内恋愛について、周りでひそひそ陰口が多かった。

☑ 1360
쑥덕쑥덕
[쑥떡쑥떡]

ひそひそ、こそこそ　関 – 하다
동네 사람들이 그의 사업에 대해 **쑥덕쑥덕** 뒷말을 하기 시작했다.
町内の人たちが、彼の事業についてひそひそ陰口を言い始めた。

☑ 1361
말똥말똥

まじまじ、じっと、ぱっちり　関 – 하다
아이들에게 길을 물어봤지만, **말똥말똥** 쳐다만 봤다.
子どもたちに道を尋ねてみたが、まじまじと見つめるだけだった。

☑ 1362
아른아른
[아르나른]

ちらちら、ゆらゆら　関 – 하다
종일 굶었더니 눈앞에 먹음직스러운 음식이 **아른아른**하다.
終日ご飯を抜いたら、目の前においしそうな食べ物がちらちらする。

☑ 1363
물끄러미

ぼんやりと、何気なく、じっと
호텔에서 바닷가 야경을 **물끄러미** 바라만 보았다.
ホテルで海辺の夜景をぼんやりとただ見つめた。

☑ 1364
우두커니

ぼんやりと、呆然と、ぼさっと
어찌할 수도 없어서 **우두커니** 먼 산만 바라보았다.
どうすることもできなくて、ぼんやりと遠くの山だけ眺めた。

☑ 1365
어물어물
[어무러물]

まごまご、何気なく、じっと　関 – 하다
아까 어디에 갔느냐고 물어보니 **어물어물** 말을 못 했다.
さっきどこに行ってたのと聞くと、まごまごして答えられなかった。

☑ 1261 정종	☑ 1296 죽순	☑ 1331 일컫다
☑ 1262 전골	☑ 1297 마	☑ 1332 주체하다
☑ 1263 청국장	☑ 1298 박하	☑ 1333 치다⁴
☑ 1264 추어탕	☑ 1299 삼¹	☑ 1334 벌거벗다
☑ 1265 우거짓국	☑ 1300 잣	☑ 1335 헐벗다
☑ 1266 건더기	☑ 1301 곶감	☑ 1336 비리비리하다
☑ 1267 찜	☑ 1302 버찌	☑ 1337 투박하다
☑ 1268 반죽	☑ 1303 한우	☑ 1338 홀쭉하다
☑ 1269 어묵	☑ 1304 곱창	☑ 1339 꼿꼿하다
☑ 1270 빈대떡	☑ 1305 등심	☑ 1340 반듯하다
☑ 1271 찐빵	☑ 1306 안심	☑ 1341 묽다
☑ 1272 송편	☑ 1307 순대	☑ 1342 엷다
☑ 1273 찰떡	☑ 1308 쌈	☑ 1343 자욱하다
☑ 1274 찰밥	☑ 1309 족발	☑ 1344 칙칙하다
☑ 1275 찹쌀	☑ 1310 쥐포	☑ 1345 해맑다
☑ 1276 경단	☑ 1311 겨자	☑ 1346 해쓱하다
☑ 1277 수제비	☑ 1312 깨소금	☑ 1347 절절하다
☑ 1278 미음	☑ 1313 녹말	☑ 1348 짠하다
☑ 1279 누룽지	☑ 1314 장²	☑ 1349 대수롭다
☑ 1280 비지	☑ 1315 젓갈	☑ 1350 하찮다
☑ 1281 유부	☑ 1316 초장	☑ 1351 보슬보슬
☑ 1282 조	☑ 1317 군것질	☑ 1352 뒤죽박죽
☑ 1283 짬뽕	☑ 1318 미식가	☑ 1353 와글와글
☑ 1284 당면	☑ 1319 후식	☑ 1354 술렁술렁
☑ 1285 그라탱	☑ 1320 호떡	☑ 1355 슬그머니
☑ 1286 덮밥	☑ 1321 싸다²	☑ 1356 살그머니
☑ 1287 백반	☑ 1322 오바이트하다	☑ 1357 살금살금
☑ 1288 밑반찬	☑ 1323 누다	☑ 1358 소곤소곤
☑ 1289 장아찌	☑ 1324 두리번거리다	☑ 1359 수군수군
☑ 1290 시래기	☑ 1325 고수하다	☑ 1360 쑥덕쑥덕
☑ 1291 채¹	☑ 1326 깝죽거리다	☑ 1361 말똥말똥
☑ 1292 쑥갓	☑ 1327 둘러대다	☑ 1362 아른아른
☑ 1293 미나리	☑ 1328 무릅쓰다	☑ 1363 물끄러미
☑ 1294 부추	☑ 1329 외면하다	☑ 1364 우두커니
☑ 1295 무순	☑ 1330 이룩하다	☑ 1365 어물어물

日本語 ▶ 韓国語

☑1261　日本酒
☑1262　チョンゴル(鍋料理の一種)
☑1263　チョングクチャン
☑1264　チュオタン
☑1265　ウゴジグッ
☑1266　(汁物やスープの)具
☑1267　チム(蒸し料理)
☑1268　練った物
☑1269　かまぼこ
☑1270　ピンデトク
☑1271　蒸しパン
☑1272　ソンピョン
☑1273　もち米で作った餅
☑1274　もち米のご飯
☑1275　もち米
☑1276　団子
☑1277　スジェビ
☑1278　重湯
☑1279　おこげ
☑1280　おから
☑1281　油揚げ
☑1282　アワ
☑1283　チャンポン
☑1284　春雨
☑1285　グラタン
☑1286　丼物
☑1287　定食
☑1288　(保存の効く)おかず
☑1289　チャンアチ(漬物の一種)
☑1290　シレギ(干した大根の茎や葉)
☑1291　千切り
☑1292　春菊
☑1293　セリ
☑1294　ニラ
☑1295　カイワレ大根

☑1296　タケノコ
☑1297　長芋
☑1298　ハッカ
☑1299　高麗ニンジンの総称
☑1300　チョウセンマツの実
☑1301　干し柿
☑1302　サクランボ
☑1303　韓牛
☑1304　牛の小腸
☑1305　ヒレ
☑1306　(牛の)ロース
☑1307　スンデ
☑1308　サム(野菜に包んで食べる料理)
☑1309　豚足
☑1310　カワハギの干物
☑1311　からし
☑1312　ごま塩
☑1313　片栗粉
☑1314　しょうゆ・みそなどの総称
☑1315　塩辛
☑1316　チョジャン
☑1317　間食
☑1318　グルメ
☑1319　デザート
☑1320　ホットック
☑1321　(大小便を)漏らす
☑1322　吐く
☑1323　(大小便を)する
☑1324　きょろきょろする
☑1325　固く守る
☑1326　得意になってそそっかしく振る舞う
☑1327　言い繕う
☑1328　冒す
☑1329　顔を背ける
☑1330　成し遂げる

- ☑ **1331** 称する
- ☑ **1332** 厄介なことを片付ける
- ☑ **1333** （花札やトランプなどを）する
- ☑ **1334** 裸になる
- ☑ **1335** ぼろを着ている
- ☑ **1336** 痩せこけている
- ☑ **1337** ごつい
- ☑ **1338** 細長い
- ☑ **1339** 真っすぐだ
- ☑ **1340** 真っすぐだ
- ☑ **1341** 薄い
- ☑ **1342** 淡い
- ☑ **1343** （霧・煙などが）濃く立ち込めている
- ☑ **1344** 色がくすんでいる
- ☑ **1345** 白く透き通っている
- ☑ **1346** 蒼白だ
- ☑ **1347** 切ない
- ☑ **1348** 胸が痛い
- ☑ **1349** 大したことだ
- ☑ **1350** 取るに足らない
- ☑ **1351** しとしと
- ☑ **1352** ごちゃごちゃ
- ☑ **1353** わいわい
- ☑ **1354** ざわざわ
- ☑ **1355** こっそり
- ☑ **1356** こっそり
- ☑ **1357** こっそり
- ☑ **1358** ひそひそ
- ☑ **1359** ひそひそ
- ☑ **1360** ひそひそ
- ☑ **1361** まじまじ
- ☑ **1362** ちらちら
- ☑ **1363** ぼんやりと
- ☑ **1364** ぼんやりと
- ☑ **1365** まごまご

1・2級

14週目

☐ 1366
별미
珍味、特別な味　漢別味
냉면은 여름 **별미**로 알려져 있지만, 원래는 겨울에 즐겨 먹었다.
冷麺は夏の珍味として知られているが、もともとは冬に好んで食べた。

☐ 1367
양식
糧　漢糧食
책은 마음의 **양식**이니 방학 동안 부지런히 읽어 두도록 해라!
本は心の糧だから学校が休みの間、まめに読んでおくようにしなさい！

☐ 1368
미끼
餌、おとり
사람들을 가게로 유인하기 위한 **미끼** 상품에 속으면 안 된다.
人々を店に誘うためのおとりの商品に、だまされてはいけない。

☐ 1369
모이
鳥の餌
비둘기가 **모이**를 먹기 위해 공원에 몰려들었다.
ハトが餌を食べるために、公園に群がった。

☐ 1370
부스러기
残りかす
과자 **부스러기**를 뿌리자 굶주린 새들이 한꺼번에 몰려들었다.
お菓子の残りかすをまくと、飢えた鳥たちが一度に群がった。

☐ 1371
찌꺼기
かす
커피를 끓이고 난 **찌꺼기**를 방향제로 사용하면 좋다.
コーヒーを入れた後のかすを、芳香剤として使うといい。

☐ 1372
골²
頭、脳
어제, 밤늦게까지 술을 마셨더니 아직도 **골**이 띵하네요.❷
昨日、夜遅くまでお酒を飲んだら、まだ頭ががんがんしています。

☐ 1373
대가리
頭の俗語
대가리가 나쁘면 몸이 고생한다고 머리 좀 써라.
頭が悪いと体が苦労するっていうけど、ちょっと頭を使いなよ。

☐ 1374

골치

頭の俗語

내일이 시험인데 수학 문제가 어려워서 **골치**가 아픕니다.

明日が試験なのに、数学の問題が難しくて頭が痛いです。

☐ 1375

골칫덩이

[골칟떵이]

頭痛の種、厄介者

한때 **골칫덩이**였던 막내는 이름 있는 예술가가 됐다.

一時頭痛の種だった末っ子は、名のある芸術家になった。

☐ 1376

진절머리

うんざり

그는 같은 이야기를 **진절머리**가 나도록 반복해 말하는 버릇이 있다.❶

彼は、同じ話をうんざりするほど繰り返し話す癖がある。

☐ 1377

진저리

うんざり、身震い

그는 가난이 **진저리** 나게 싫어서 성공하고자 다짐했다.❶

彼は、貧乏がうんざりするほど嫌で成功しようと誓った。

☐ 1378

가마¹

つむじ

머리의 **가마**가 두 개인 사람도 있다.

頭のつむじが二つの人もいる。

☐ 1379

뒤통수

後頭部

아기를 바닥에 눕혀서 재웠더니 **뒤통수**가 납작해졌다.

赤ん坊を床に横たえて寝かせたら、後頭部が平らになった。

☐ 1380

가르마

(髪の)分け目

가운데 **가르마**는 유행이 지났으니 바꾸는 게 어때?

センター分けは流行が過ぎたから、変えたらどう？

解説　1372 **골이 땅하다**で「頭ががんがんする」という意味　1376、1377 **진절머리가 나다、진저리가 나다**で「うんざりする」という意味

☑1381
구레나룻
[구레나룯]

もみあげ

구레나룻을 기르면 왠지 멋있다고 생각하는 사람이 있다.
もみあげを伸ばすと、なぜだかかっこいいと考える人がいる。

☑1382
새치

若白髪

요즘 스트레스를 받는지 **새치**가 많이 늘었어.
最近ストレスを受けているのか、若白髪がたくさん増えた。

☑1383
까까머리

丸刈り

내가 중학생 시절에는 모두 **까까머리**에 교복을 입고 학교에 다녔다.
僕が中学生の頃には、皆丸刈りに制服を着て学校に通った。

☑1384
대머리

はげ頭

공짜 좋아하면 **대머리** 된다고 하니 너무 좋아하지 마.
ただが好きだとはげ頭になるというので、あまり好きにならないで。

☑1385
곱슬머리
[곱쓸머리]

くせ毛

나는 **곱슬머리**가 싫어서 늘 스트레이트 파마를 해요.
私はくせ毛が嫌で、いつもストレートパーマをかけています。

☑1386
숱
[숟]

髪の毛などの濃さの程度、量

머리**숱**이 너무 많아서 말리는 데 한참 걸린다.
髪の毛の量が多過ぎて、乾かすのにしばらくかかる。

☑1387
단발머리

おかっぱ(の人) 漢断髪 --

기분 전환을 위해 과감하게 **단발머리**로 잘랐어요.
気分転換のため、果敢におかっぱにしました。

☑1388
가발

かつら 漢仮髪

머리숱이 많아도 멋을 부리기 위해 **가발**을 쓰는 사람도 있다.
髪が多くても、おしゃれのためにかつらをかぶる人もいる。

☐ 1389
비듬
ふけ
머리를 하루만 안 감아도 **비듬**이 우수수 떨어진다.
髪の毛を1日洗わないだけでも、ふけがぱらぱらと落ちる。

☐ 1390
혹
こぶ
턱 밑에 붙은 **혹**을 떼기 위해서 병원에 갔다.
顎の下に付いたこぶを取るために、病院に行った。

☐ 1391
귓불
[귇뿔]
耳たぶ
그녀는 실수를 하면 **귓불**이 빨개졌다.
彼女は、ミスをすると耳たぶが赤くなった。

☐ 1392
귀지
耳あか、耳くそ
귀지를 파내다가 귓병에 걸려 이비인후과에 갔다.
耳あかを取っていたら耳の病気にかかり、耳鼻咽喉科に行った。

☐ 1393
귀이개
耳かき
오랜만에 **귀이개**로 귀를 파니 정말 시원했다.
久しぶりに耳かきで耳をほじったら、本当にすっきりした。

☐ 1394
이명증
[이명쯩]
耳鳴り 漢 耳鳴症
언제부터인가 귓속이 울리는 **이명증**을 앓고 있다.
いつからか、耳の中が鳴る耳鳴りを患っている。

☐ 1395
눈꼴
目つき
옆자리 직원이 아부하는 걸 볼 때마다 **눈꼴**사나웠다.❶
隣の席の職員がこびるのを見るたびに、気に障った。

解説	1395 **눈꼴사납다**で「気に障る」という意味

☑1396
눈총
にらみつける目つき　漢-銃

그는 늘 지각을 해서 회사 사람들의 **눈총**을 받고 있다.❷
彼はいつも遅刻をするので、会社の人たちからにらまれている。

☑1397
눈초리
目つき

친구는 나에게 비난의 **눈초리**를 보냈다.
友達は、私に非難の視線を送った。

☑1398
눈곱
[눈꼽]
目やに、目くそ

피곤했는지 아침에 일어나니 **눈곱**이 누렇게 끼어 있었다.
疲れていたのか、朝起きたら黄色い目やにが付いていた。

☑1399
눈살
[눈쌀]
眉間のしわ

새치기는 주위 사람의 **눈살**을 찌푸리게 만든다.
割り込みは、周りの人の眉をひそめさせる。

☑1400
다래끼
ものもらい

피곤했는지 눈에 **다래끼**가 났다.
疲れたのか、目にものもらいができた。

☑1401
핏발
[핃빨]
充血、血走ること

눈에 **핏발**까지 세우면서 흥분할 건 없잖아요?❷
目を血走らせてまで、興奮することはないじゃないですか？

☑1402
콧날
[콘날]
鼻筋

젊었을 때 **콧날**이 선 사람이 멋있다고 생각했다.❷
若かった時、鼻筋の通った人がかっこいいと思っていた。

☑1403
콧대
[콛때]
鼻っ柱

그 여자는 **콧대**가 높아서 만나는 남자마다 퇴짜를 놓았다.❷
彼女はプライドが高くて、出会った男たちをことごとく振った。

DATE 年 月 日
DATE 年 月 日

14週目
15週目
16週目
17週目
18週目
19週目
20週目
21週目
22週目
23週目
24週目
25週目
26週目

☑ 1404
코딱지
[코딱찌]

鼻くそ

아이가 수업 중에 자꾸 **코딱지**를 후볐다.
子どもは授業中、しきりに鼻をほじっていた。

☑ 1405
광대뼈

頰骨

살이 빠지니까 얼굴의 **광대뼈**가 튀어나왔는데 어쩌지?
痩せたら頰骨が飛び出てきたんだけど、どうしよう？

☑ 1406
주둥이

口先、口の俗語

함부로 **주둥이**를 놀렸다가 큰일을 치를 수도 있다.❷
むやみに出任せを言うと、大変なことになりかねない。

☑ 1407
아가리

口の俗語

매운탕을 끓이기 위해 생선의 **아가리**를 벌리고 배를 갈랐다.
メウンタンを作るために、魚の口を広げて腹を割いた。

☑ 1408
숨통

息の根

부도 위기에 몰렸지만, 긴급 자금 수혈로 **숨통**이 트였다.❷
不渡りの危機に追い込まれたが、緊急資金の注入で一息ついた。

☑ 1409
보조개

えくぼ

웃을 때 그녀의 **보조개**가 마음에 들어서 데이트 신청을 했다.
笑う時の彼女のえくぼが気に入って、デートを申し込んだ。

☑ 1410
치아

歯　漢歯牙

치아가 고르게 발달하려면 제대로 된 양치질이 필수입니다.
歯が均等に発達するには、きちんとした歯磨きが欠かせません。

解説　1396 **눈총을 받다**で「にらまれる」という意味　1401 **눈에 핏발을 세우다**で「目を血走らせる」という意味　1402 **콧날이 서다**で「鼻筋が通る」という意味　1403 **퇴짜를 놓다**で「拒絶する」という意味　1406 **주둥이를 놀리다**で「出任せを言う」という意味　1408 **숨통이 트이다**で「一息つく」という意味

☑ 1411

어금니

奥歯

어금니가 시려서 음식을 제대로 씹을 수조차 없었다.

奥歯がしみて、食べ物をきちんとかむことすらできなかった。

☑ 1412

사랑니

親知らず

치과에 가서 **사랑니**를 뽑았더니 얼굴이 부었다.

歯医者に行って、親知らずを抜いたら顔が腫れた。

☑ 1413

틀니

[틀리]

入れ歯

이가 빠진 후 **틀니**를 할지 임플란트를 할지 고민 중이다.

歯が抜けた後、入れ歯をするかインプラントをするか悩んでいるところだ。

☑ 1414

군침

よだれ、生唾

식사를 했는데도 TV에서 맛있는 음식을 보니 **군침**이 돈다.❷

食事をしたのに、テレビでおいしそうな食べ物を見るとよだれが出る。

☑ 1415

가래

たん

감기에 걸리니 **가래**가 끓는다.

風邪をひいたので、たんが絡む。

☑ 1416

진해제

[지내제]

せき止め　漢鎮咳剤

기침이 멈추지 않아서 **진해제**를 사다 먹었다.

せきが止まらないので、せき止めを買って飲んだ。

☑ 1417

트림

げっぷ　関-하다

아기에게 분유를 먹인 후에는 반드시 **트림**을 시켜야 한다.

赤ん坊に粉ミルクを飲ませた後は、必ずげっぷをさせなければならない。

☑ 1418

구역질

[구역찔]

吐き気　漢嘔逆-

그 사람의 말과 행동을 보면 정말 **구역질**이 난다니까.

あの人の言葉と行動を見ると、本当に吐き気がするんだってば。

☑ 1419
갈증
[갈쯩]

渇き　漢渇症
더운 여름에는 **갈증**이 나지 않도록 수분을 충분히 섭취해야 합니다.
暑い夏は、喉が渇かないよう水分を十分に摂取しなければいけません。

☑ 1420
허기

飢え、ひもじさ、すきっ腹　漢虚飢
급한 대로 이 빵으로 **허기**를 달래시기 바랍니다.
取り急ぎ、このパンで飢えを紛らせてください。

☑ 1421
경락
[경낙]

ツボ　漢経絡
태국에 가서 **경락** 마사지를 받고 왔다.
タイに行って、ツボマッサージを受けてきた。

☑ 1422
살갗
[살깓]

肌
바다낚시를 하다가 넘어져 바위에 쓸린 **살갗**이 아리다.
海釣りをしていて転び、岩で擦りむいた肌がひりひりする。

☑ 1423
허파

肺
철수는 여친만 만나면 **허파**에 바람 든 사람처럼 웃었다.❷
チョルスは、彼女に会うといつも訳もなく笑った。

☑ 1424
주근깨

そばかす
소녀 시절 눈 밑에 **주근깨**가 가득했다.
少女の頃、目の下にそばかすがいっぱいだった。

☑ 1425
주름

しわ
나이가 들면서 얼굴에 **주름**이 많이 생겼다.
年を取るにしたがって、顔にしわがたくさんできた。

解説　1414 **군침이 돌다**「よだれが出る」という意味　1423 **허파에 바람 들다**で「筋の通らない言動をしたり、訳もなく笑い過ぎたりする」という意味

動詞24_動作

☑ 1426
굴러먹다
[굴러먹따]

卑しく暮らす

아니 어디서 **굴러먹던** 사람인데 여기서 큰소리를 치세요?❷

おや、どこの馬の骨か分からない人が、ここで大口をたたくんですか？

☑ 1427 ㄹ語幹
굴다

振る舞う

그렇게 제멋대로 **굴다가는** 일을 그르칠 수 있다고!

そうやって自分勝手に振る舞っていたら、事をし損じるかもしれないよ！

☑ 1428 ㄹ語幹
떨다

軽率に振る舞う

그렇게 방정을 **떠니까** 일에 실수가 많은 거야.

そうやってそそっかしく軽率に振る舞うから、仕事にミスが多いんだよ。

☑ 1429
때우다

済ます、間に合わせる

바쁠 때는 점심을 늘 컵라면으로 **때우고** 있습니다.

忙しいときは、昼食をいつもカップラーメンで済ましています。

☑ 1430
설치다²

～しそびれる

친구가 옆에서 코를 심하게 고는 통에 잠을 **설쳤다**.

友達が隣でひどくいびきをかいていたせいで、寝そびれた。

☑ 1431 하다用言
게을리하다

怠ける、おろそかにする

그때 일이 바빠서 공부를 **게을리했더니** 제때 졸업을 못 했다.

当時、仕事が忙しくて勉強を怠けていたら、きちんと卒業できなかった。

☑ 1432
일삼다
[일삼따]

（良くないことに）ふける、し続ける、没頭する

그는 늘 거짓말을 **일삼아서** 아무도 신용하지 않는다.

彼はいつもうそばかり言うので、誰も信用しない。

☑ 1433 하다用言
감당하다

うまくやり遂げる、耐える　漢 堪当 --　関 - 되다

이 정도 일은 충분히 **감당할** 수 있습니다.

これくらいの仕事は、十分にやり遂げられます。

☐ 1434

걷잡다

[걷짭따]

収拾する、食い止める

초기 진화에 실패하자 불길이 건물 위로 **걷잡을** 수 없이 번졌다.

初期鎮火に失敗し、火の手が建物の上へと収拾がつかないほど広がった。

☐ 1435

해치우다

やってのける、片付ける

미루고 미뤘던 일을 **해치웠더니** 속이 후련하다.

延ばしに延ばしていた仕事を片付けたら、すっきりした。

☐ 1436　하다用言

임하다

[이마다]

臨む　漢臨--

이번 프로젝트로 회사를 반드시 되살리겠다는 각오로 **임하겠습니다**!

今回のプロジェクトで、会社を必ず蘇らせるという覚悟で臨みます！

☐ 1437

거덜나다

[거덜라다]

破綻する、破産する、滅びる

아이가 5명인데 너무 많이 먹어 대서 살림이 **거덜날** 것 같다.

子どもが5人いて、あまりにも食べるので生活が破綻しそうだ。

☐ 1438

걷어치우다

[거더치우다]

やめる、中止する、引き払う

억지로 공부하느니 **걷어치우고**, 일이나 해라.

いやいや勉強するぐらいなら、やめて、働きなさい。

☐ 1439

때려치우다

やめる、投げ出す、放り出す

행정 고시를 준비하다가 몇 번 실패하고 나서 결국 **때려치웠다**.

行政職の公務員試験の準備をしていたが、数回失敗して結局やめた。

☐ 1440

집어치우다

[지버치우다]

途中でやめる、放り出す

그렇게 일하려면 **집어치우는** 게 나아.

あのように仕事をするくらいなら、途中でやめる方がましだ。

解説　　1426 **어디서 굴러먹던 사람**で「どこの馬の骨か分からない人」という意味

☑ 1441 하다用言

무방하다

差し支えない、構わない 漢無妨--

남들이 들어도 **무방한** 이야기이니 여기서 하세요.
他の人に聞かれても差し支えない話なので、ここでしてください。

☑ 1442 하다用言

수월하다

[수워라다]

容易だ、たやすい 関-스럽다

컴퓨터를 활용하면 문서 정리가 훨씬 **수월해진다**.
パソコンを活用すれば、文書の整理がはるかにたやすくなる。

☑ 1443 하다用言

용하다

腕が良い、上手い、立派だ

아들의 미래가 궁금해서 **용하다는** 점쟁이를 찾아갔다.
息子の未来が気になって、腕が良いという占い師を訪ねた。

☑ 1444 하다用言

우월하다

優れている、勝っている 漢優越--

그 팀은 월등하게 실력이 **우월해서** 대적할 팀이 없다.
そのチームは並外れて実力が優れているので、相手になるチームがない。

☑ 1445

심상찮다

[심상찬타]

尋常ではない 漢尋常--

회의 분위기가 **심상찮은** 걸 보니 회사가 위기 상황인 것 같다.
会議の雰囲気が尋常ではないのを見ると、会社が危機状況にあるようだ。

☑ 1446

당치않다

[당치안타]

不当だ、とんでもない 漢当---

제가 조직의 기밀을 빼돌렸다는 이야기는 **당치않은** 모함입니다.
私が組織の機密を流したという話は、不当な謀略です。

☑ 1447 하다用言

각별하다

[각뼈라다]

格別だ 漢各別--

그 집은 형제간의 우애가 **각별해서** 늘 서로 돕습니다.
その家は、兄弟愛が格別でいつも助け合っています。

☑ 1448 하다用言

특이하다

[트기하다]

特異だ、変わっている 漢特異--

뮤지컬에서 **특이한** 복장의 배우가 인기를 끌었다.
ミュージカルで、変わった服装の俳優が人気を得た。

☐ 1449 하다用言
능란하다
[능나나다]

熟練している、手際が良い 漢能爛 --
종업원들은 **능란한** 손놀림으로 기계를 다룬다.
従業員たちは熟練した手さばきで機械を扱う。

☐ 1450 하다用言
능통하다

精通している、詳しい 漢能通 --
우리 회사는 일단 외국어에 **능통한** 사람이 필요합니다.
うちの会社は、ひとまず外国語に長けた人が必要です。

☐ 1451 하다用言
거룩하다
[거루카다]

偉大だ、神聖だ、高潔だ
크리스마스이브는 기독교인들에게 성스럽고 **거룩한** 날이다.
クリスマスイブは、キリスト教徒にとって神聖で偉大な日である。

☐ 1452
억척같다
[억척깓따]

粘り強い、がむしゃらだ
시장에서 장사하는 사람들은 대부분 **억척같이** 살아오신 분들이다.
市場で商売している人たちは、ほとんどが粘り強く生きてきた方たちだ。

☐ 1453 하다用言
냉랭하다
[냉냉하다]

冷ややかだ、非常に冷たい 漢冷冷 --
두 사람이 싸운 후 지금은 **냉랭한** 분위기가 흐르고 있다.
二人がけんかした後、今は冷ややかな雰囲気が流れている。

☐ 1454 하다用言
찬찬하다
[찬차나다]

綿密で落ち着いている、注意深い、沈着だ 関-스럽다
그러니까 일의 진행 경과를 **찬찬하게** 설명해 보세요.
ですから仕事の進行経過を、落ち着いて説明してみてください。

☐ 1455 하다用言
준엄하다
[주너마다]

非常に厳しい、手厳しい 漢峻厳 --
흉악범죄에 대해서는 법의 **준엄한** 심판이 내려지기 바랍니다.
凶悪犯罪に対しては、法の非常に厳しい審判が下されることを願います。

☑1456
우물쭈물

ぐずぐず、もたもた、まごまご　関–하다

밤늦게 어디 갔느냐고 추궁했더니 **우물쭈물** 대답을 못 했다.
夜遅くどこに行ったのかと追及したら、まごまごして答えなかった。

☑1457
살살

しくしく、少しずつ

점심에 뭘 잘못 먹었는지 배가 **살살** 아프네.
お昼に何か変な物でも食べたのか、おなかがしくしく痛むな。

☑1458
새근새근

すやすや　関–하다

아기가 **새근새근** 자다가 전화벨 소리에 놀라서 깼다.
赤ん坊がすやすや寝ていたが、電話のベルに驚いて目を覚ました。

☑1459
뻐끔뻐끔

すぱすぱ、ぷかぷか　関–하다

좁은 술집 안에서 사람들이 **뻐끔뻐끔** 담배만 피워 대고 있다.
狭い飲み屋の中で、人々がすぱすぱたばこばかり吸いまくっている。

☑1460
삭삭
[삭싹]

両手をもみながら許しを請う様子

피해자의 부모님을 만나 **삭삭** 빌면서 용서를 구했다.
被害者の両親に会って、両手をこすりながら許しを請うた。

☑1461
볼록

ふっくら、ぷくっと　関–하다

매일 밤 술을 많이 먹었더니 배가 **볼록** 나왔다.
毎晩酒をたくさん飲んでいたら、おなかがぷっくり出てきた。

☑1462
토실토실

ぽちゃぽちゃ、ふっくら　関–하다

강아지를 실내에서만 키웠더니 살이 **토실토실** 쪘다.
犬を室内でだけ飼っていたら、ぽっちゃりと太った。

☑1463
포동포동

むっちり、ぽってり　関–하다

걔는 운동을 게을리하더니 금방 **포동포동**해졌네.
あいつは運動を怠けていたから、すぐにむっちりしてきたね。

☑ 1464
빵빵

(中身が)いっぱいだ　関 - 하다
이곳은 실력이 **빵빵**한 의사들이 모인 병원입니다. ❷
ここは、腕のいい医者が集まった病院です。

☑ 1465
삐끗

腰がぎくっとなる様子　関 - 하다
어설프게 물건을 들다가 허리가 **삐끗**했다.
中途半端に物を持ち上げたら、腰がぎくっとなった。

☑ 1466
시름시름

病状が良くも悪くもならず長引く様子
원인을 알 수 없는 병으로 **시름시름** 앓았다.
原因の分からない病気を長く患っていた。

☑ 1467
아기자기

かわいらしい様子　関 - 하다, - 스럽다
화려하진 않으나 **아기자기**하게 가게를 잘 꾸몄다.
華やかではないが、かわいらしく店を飾り付けた。

☑ 1468
무럭무럭

[무렁무럭]

すくすく
막내가 **무럭무럭** 자라 어느새 덩치가 형만 해졌다.
末っ子がすくすく育って、いつの間にか体が兄ぐらいになった。

☑ 1469
곤드레만드레

ぐでんぐでん　関 - 하다
매일 이렇게 **곤드레만드레** 취해서 집에 올 거야?
毎日こんなにぐでんぐでんに酔って、家に帰ってくるつもり？

☑ 1470
산들산들

そよそよ　関 - 하다
산들산들 부는 바람에 흔들리는 꽃들이 너무 아름다웠다.
そよそよ吹く風に揺られる花が、とても美しかった。

解説　1464 **실력이 빵빵하다**で「腕のいい」という意味

☑1366	별미	☑1401	핏발	☑1436	임하다
☑1367	양식	☑1402	콧날	☑1437	거들나다
☑1368	미끼	☑1403	콧대	☑1438	걷어치우다
☑1369	모이	☑1404	코딱지	☑1439	때려치우다
☑1370	부스러기	☑1405	광대뼈	☑1440	집어치우다
☑1371	찌꺼기	☑1406	주둥이	☑1441	무방하다
☑1372	골²	☑1407	아가리	☑1442	수월하다
☑1373	대가리	☑1408	숨통	☑1443	용하다
☑1374	골치	☑1409	보조개	☑1444	우월하다
☑1375	골칫덩이	☑1410	치아	☑1445	심상찮다
☑1376	진절머리	☑1411	어금니	☑1446	당치않다
☑1377	진저리	☑1412	사랑니	☑1447	각별하다
☑1378	가마¹	☑1413	틀니	☑1448	특이하다
☑1379	뒤통수	☑1414	군침	☑1449	능란하다
☑1380	가르마	☑1415	가래	☑1450	능통하다
☑1381	구레나룻	☑1416	진해제	☑1451	거룩하다
☑1382	새치	☑1417	트림	☑1452	억척같다
☑1383	까까머리	☑1418	구역질	☑1453	냉랭하다
☑1384	대머리	☑1419	갈증	☑1454	찬찬하다
☑1385	곱슬머리	☑1420	허기	☑1455	준엄하다
☑1386	숱	☑1421	경락	☑1456	우물쭈물
☑1387	단발머리	☑1422	살갗	☑1457	살살
☑1388	가발	☑1423	허파	☑1458	새근새근
☑1389	비듬	☑1424	주근깨	☑1459	뻐끔뻐끔
☑1390	혹	☑1425	주름	☑1460	삭삭
☑1391	귓불	☑1426	굴러먹다	☑1461	볼록
☑1392	귀지	☑1427	굴다	☑1462	토실토실
☑1393	귀이개	☑1428	떨다	☑1463	포동포동
☑1394	이명증	☑1429	때우다	☑1464	빵빵
☑1395	눈꼴	☑1430	설치다²	☑1465	삐꾸
☑1396	눈총	☑1431	게을리하다	☑1466	시름시름
☑1397	눈초리	☑1432	일삼다	☑1467	아기자기
☑1398	눈곱	☑1433	감당하다	☑1468	무럭무럭
☑1399	눈살	☑1434	걷잡다	☑1469	곤드레만드레
☑1400	다래끼	☑1435	해치우다	☑1470	산들산들

日本語 ▶ 韓国語

DATE　　　年　　　月　　　日
DATE　　　年　　　月　　　日

14 週目

15 週目

16 週目

17 週目

18 週目

19 週目

20 週目

21 週目

22 週目

23 週目

24 週目

25 週目

26 週目

☑ 1366　珍味
☑ 1367　糧
☑ 1368　餌
☑ 1369　鳥の餌
☑ 1370　残りかす
☑ 1371　かす
☑ 1372　頭
☑ 1373　頭の俗語
☑ 1374　頭の俗語
☑ 1375　頭痛の種
☑ 1376　うんざり
☑ 1377　うんざり
☑ 1378　つむじ
☑ 1379　後頭部
☑ 1380　(髪の)分け目
☑ 1381　もみあげ
☑ 1382　若白髪
☑ 1383　丸刈り
☑ 1384　はげ頭
☑ 1385　くせ毛
☑ 1386　髪の毛などの濃さの程度
☑ 1387　おかっぱ(の人)
☑ 1388　かつら
☑ 1389　ふけ
☑ 1390　こぶ
☑ 1391　耳たぶ
☑ 1392　耳あか
☑ 1393　耳かき
☑ 1394　耳鳴り
☑ 1395　目つき
☑ 1396　にらみつける目つき
☑ 1397　目つき
☑ 1398　目やに
☑ 1399　眉間のしわ
☑ 1400　ものもらい

☑ 1401　充血
☑ 1402　鼻筋
☑ 1403　鼻っ柱
☑ 1404　鼻くそ
☑ 1405　頬骨
☑ 1406　口先
☑ 1407　口の俗語
☑ 1408　息の根
☑ 1409　えくぼ
☑ 1410　歯
☑ 1411　奥歯
☑ 1412　親知らず
☑ 1413　入れ歯
☑ 1414　よだれ
☑ 1415　たん
☑ 1416　せき止め
☑ 1417　げっぷ
☑ 1418　吐き気
☑ 1419　渇き
☑ 1420　飢え
☑ 1421　ツボ
☑ 1422　肌
☑ 1423　肺
☑ 1424　そばかす
☑ 1425　しわ
☑ 1426　卑しく暮らす
☑ 1427　振る舞う
☑ 1428　軽率に振る舞う
☑ 1429　済ます
☑ 1430　〜しそびれる
☑ 1431　怠ける
☑ 1432　(良くないことに)ふける
☑ 1433　うまくやり遂げる
☑ 1434　収拾する
☑ 1435　やってのける

☑1436 臨む
☑1437 破綻する
☑1438 やめる
☑1439 やめる
☑1440 途中でやめる
☑1441 差し支えない
☑1442 容易だ
☑1443 腕が良い
☑1444 優れている
☑1445 尋常ではない
☑1446 不当だ
☑1447 格別だ
☑1448 特異だ
☑1449 熟達している
☑1450 精通している
☑1451 偉大だ
☑1452 粘り強い
☑1453 冷ややかだ
☑1454 綿密で落ち着いている
☑1455 非常に厳しい
☑1456 ぐずぐず
☑1457 しくしく
☑1458 すやすや
☑1459 すぱすぱ
☑1460 両手をもみながら許しを請う様子
☑1461 ふっくら
☑1462 ぽちゃぽちゃ
☑1463 むっちり
☑1464 （中身が）いっぱいだ
☑1465 腰がぎくっとなる様子
☑1466 病状が良くも悪くもならず長引く様子
☑1467 かわいらしい様子
☑1468 すくすく
☑1469 ぐでんぐでん
☑1470 そよそよ

1・2級

15週目

☑ 1471
주름살
[주름쌀]

しわ

얼굴에 **주름살**이 는 걸 보니 나이를 먹긴 먹었네.
顔にしわが増えたのを見ると、確かに年を取ったね。

☑ 1472
기미¹

染み

나이가 들면서 얼굴에 **기미**가 끼기 시작했다.❷
年を取るにつれて、顔に染みができ始めた。

☑ 1473
건성 피부

乾燥肌　漢乾性 皮膚

겨울이 되니 **건성 피부**가 말썽이다.
冬になったので、乾燥肌が問題だ。

☑ 1474
허물¹

皮膚の薄い皮、抜け殻、化けの皮

뱀이 **허물**을 벗는 장면을 본 적이 있다.
蛇が脱皮する場面を見たことがある。

☑ 1475
면모

顔立ち、様子、状態　漢面貌

지점을 열 개 이상 늘림으로써 프랜차이즈의 **면모**를 갖췄다.
支店を10店舗以上増やすことで、フランチャイズの形を整えた。

☑ 1476
밉상
[밉쌍]

憎らしい顔　漢-相　関-스럽다

뭐든지 딴지 거는 사람을 보면 정말 **밉상**이라니까.❷
何でも突っ掛かる人を見ると、本当に憎らしいんだってば。

☑ 1477
모가지

首の俗語

전투에서 가장 먼저 적장의 **모가지**를 가져오는 자에게 포상을 내리겠다.
戦で最初に敵将の首を持ってきた者に、褒美を与えよう。

☑ 1478
목덜미
[목떨미]

首筋

여름이라서 그런지 **목덜미**에 땀띠가 났다.
夏だからか、首筋にあせもができた。

DATE　　　年　　月　　日
DATE　　　年　　月　　日

14週目
15週目
16週目
17週目
18週目
19週目
20週目
21週目
22週目
23週目
24週目
25週目
26週目

☐ 1479
목청
声帯、首、声色
노래자랑대회에서 우승하기 위해 **목청** 높여 노래했다.❷
のど自慢大会で優勝するために、声を張り上げて歌った。

☐ 1480
뼈대
骨格、骨組み
그는 늘 자신이 **뼈대** 있는 집안의 사람이라고 강조했다.❷
彼は、いつも自分が良い家柄の人間だと強調した。

☐ 1481
뼈다귀
骨の俗語
우리 집 개는 **뼈다귀**를 무척 좋아해서 항상 준비해 두고 있다.
うちの犬は骨がとても好きなので、いつも準備してある。

☐ 1482
몸뚱이
体
매일 고된 노동에 **몸뚱이**가 여기저기 안 아픈 곳이 없다.
毎日のつらい労働で、体のあちこちがとても痛い。

☐ 1483
몸통
胴体
이 생선회의 **몸통** 부분은 특히 살이 많고 쫄깃쫄깃하다.
この刺身の胴体部分は特に身が多くて、こりこりしている。

☐ 1484
등골
[등꼴]
脊椎、背筋
그는 어른이 되어서도 부모의 **등골**을 빼먹으며 살고 있다.❷
彼は、大人になっても親のすねをかじりながら暮らしている。

☐ 1485
멱살
[멱쌀]
胸ぐら
그들은 말싸움하다가 급기야 서로 **멱살**을 잡았다.
彼らは口げんかしていて、ついに互いの胸ぐらをつかんだ。

解説　1472 **기미가 끼다**で「(顔に)しみができる」という意味　1476 **딴지 걸다**で「突っ掛かる」という意味　1479 **목청을 높이다**で「声を張り上げる」という意味。　1480 **뼈대 있다**で「家柄が良い」という意味　1484 **등골을 빼먹다**で「(親の)すねをかじる」という意味

☑1486
겨드랑이

脇、腹、横腹
여름이면 **겨드랑이**에 땀이 많이 차서 나 자신도 불쾌하거든.
夏になると、いつも脇の下に汗がたくさんたまって、私自身も不快なんだよ。

☑1487
옆구리
[엽꾸리]

脇
무리한 운동을 많이 했더니 내내 **옆구리**가 쑤신다.
無理な運動をたくさんしたら、終始脇腹がずきずきする。

☑1488
덩치

ずうたい
図体、体格
레슬링 경기에 **덩치**가 우람한 선수가 출전하자 사람들이 환호했다.
レスリングの試合に、図体が大きな選手が出場すると人々は歓声を上げた。

☑1489
키다리

のっぽ
그는 키가 커서 **키다리**로 불렸다.
彼は背が高くて、のっぽと呼ばれた。

☑1490
골절상
[골쩔상]

骨折傷　漢骨折傷
빙판길에 미끄러져서 **골절상**을 입었습니다.
凍った道で滑って、骨折しました。

☑1491
기지개

伸び、手足を伸ばすこと　関-하다
새로운 하루를 시작하고자 일어나자마자 **기지개**를 켰다.❷
新しい一日を始めようと、起きてすぐに背筋を伸ばした。

☑1492
부스럼

できもの、ふきでもの
갑자기 온몸에 **부스럼**이 나서 병원에 갔다.
突然体中にできものができて、病院に行った。

☑1493
종기

おでき、できもの、腫れ物　漢腫気
엉덩이에 **종기**가 나서 일할 때 앉아 있을 수가 없네.
お尻におできができて、仕事する時に座っていられないよ。

☑ 1494
딱지
[딱찌]

かさぶた
상처에 **딱지**가 생겼을 때 긁으면 안 됩니다.
傷にかさぶたができたとき、かいてはいけません。

☑ 1495
땀띠

あせも
이번 여름은 너무 더워서 안 생기던 **땀띠**까지 생겼다.
今年の夏はとても暑くて、これまでできなかったあせもまでできた。

☑ 1496
두드러기

じんましん
음식을 잘못 먹어서 그런지 **두드러기**가 났어요.
何か悪い物でも食べたからか、じんましんが出ました。

☑ 1497
진땀

脂汗、冷や汗　漢津 -
그는 불만 섞인 고객을 상대하느라 **진땀**을 뺐다.❷
彼は不満混じりの客を相手していて、脂汗をかいた。

☑ 1498
비지땀

脂汗
어민들은 매일 **비지땀**을 흘리며 조개를 캐느라 여념이 없다.
漁民たちは、毎日脂汗を流しながら貝を掘るのに余念がない。

☑ 1499
소름

鳥肌
영화 속에서 무시무시한 장면을 보니 온몸에 **소름**이 돋았다.
映画の中で恐ろしい場面を見たら、体中に鳥肌が立った。

☑ 1500
닭살
[닥쌀]

鳥肌
만난 지 하루 만에 사랑한다는 말에 **닭살**이 돋았다.
出会って1日で愛しているという言葉に、鳥肌が立った。

解説　1491 **기지개를 펴다**で「背筋を伸ばす」という意味　1497 **진땀을 빼다**で「脂汗をか
く」という意味

271

名詞49_ 体・健康

[TR101]

☑1501
피땀
血と汗
농민들의 **피땀** 섞인 쌀이니만큼 남김없이 먹는 것이 좋다.
農民たちの血と汗が混ざった米なので、残さず食べた方がいい。

☑1502
핏기
[핃끼]
血の気、血色　漢 – 気
죽도 못 먹은 것처럼 그렇게 **핏기**가 없어서 무슨 일을 하겠냐.
おかゆも食べられなかったほど血の気が引いていて、何ができるのか。

☑1503
다혈질
[다혈찔]
多血質、血の気が多い性格　漢 多血質
그 사람은 **다혈질**이라서 조심해야 한다.
その人は血の気の多い性格なので、気を付けなければならない。

☑1504
군살
ぜい肉
군살을 빼려면 주로 어떤 운동을 해야 해요?
ぜい肉を落とすには、主にどんな運動をしなければいけませんか？

☑1505
응어리
しこり、わだかまり
그 말을 들으니 가슴 속에 **응어리**가 풀린 기분이었다.
その話を聞いて、胸の中のしこりが溶けた気分だった。

☑1506
유방암
乳がん　漢 乳房癌
40대 이상의 여성은 주기적으로 **유방암** 검사를 할 필요가 있다.
40代以上の女性は、定期的に乳がん検査をする必要がある。

☑1507
간담
肝臓と胆のう、心の奥底　漢 肝胆
몸 건강이 안 좋아지면 **간담** 기능이 현저히 떨어진다.
体の健康を損なうと、肝臓と胆のうの機能が顕著に落ちる。

☑1508
지사제
下痢止め　漢 止瀉剤
설사해서 **지사제**를 복용했더니 좀 진정이 되었다.
下痢をしたので、下痢止めを飲んだら少し落ち着いた。

DATE　　年　　月　　日
DATE　　年　　月　　日

14週目
15週目
16週目
17週目
18週目
19週目
20週目
21週目
22週目
23週目
24週目
25週目
26週目

☑ 1509
입덧
[입떤]

つわり

아내는 다른 임신부에 비해 **입덧**이 심한 편이라고 한다.
妻は、他の妊婦に比べてつわりがひどい方だという。

☑ 1510
가랑이

股

친구네 집은 **가랑이**가 찢어지게 가난하다.❷
友達の家は非常に貧乏だ。

☑ 1511
허벅다리
[허벅따리]

ももの付け根の部分、高もも

요즘은 **허벅다리**가 굵은 사람이 인기다.
最近は、ももの上部が太い人が人気だ。

☑ 1512
허벅지
[허벅찌]

内もも、太もも

그녀는 **허벅지**가 드러난 짧은 치마를 입었다.
彼女は、太ももがあらわになった短いスカートをはいた。

☑ 1513
꽁무니

尻

그렇게 여자 **꽁무니**만 따라다니니까 못 사귀는 거야.
そうやって、女の尻ばかり追い掛けているから付き合えないんだ。

☑ 1514
방귀

おなら

속이 안 좋은지 **방귀**만 계속 나왔다.
おなかの調子が悪いのか、おならが出っ放しだった。

☑ 1515
치질

痔　漢痔疾

요새 **치질** 환자가 많이 늘어서 관련 병원이 호황이다.
この頃、痔の患者がたくさん増えて関連の病院が好況だ。

解説　1510 **가랑이가 찢어지게 가난하다**は貧しくて食べられず便秘で苦労することから、「股が裂けるほどに貧しい」、つまり「非常に貧しい」という意味

☑1516
장딴지

ふくらはぎ
등산을 오래 했더니 **장딴지**가 아프다.
登山を長時間したので、ふくらはぎが痛い。

☑1517
종아리

ふくらはぎ
다리에 힘을 주면서 걸었더니 **종아리**에 알이 뱄다.❷
脚に力を入れながら歩いたら、ふくらはぎの筋肉が凝った。

☑1518
정강이

すね
상관은 부하의 잘못을 지적한 뒤 **정강이**를 걷어찼다.
上官は部下の過ちを指摘した後、すねを蹴飛ばした。

☑1519
목발

[목빨]

松葉づえ 漢木 -
교통사고로 다리가 부러져 한동안 **목발**을 짚어야만 했다.
交通事故で脚が折れて、しばらく松葉づえを突かなければならなかった。

☑1520
검지

人さし指 漢 - 指
그는 **검지** 손가락으로 정확히 나를 가리켰다.
彼は、人さし指で正確に私を指した。

☑1521
엄지

親指
경기 전에 건투를 빌며 **엄지**손가락을 세워 보였다.
試合前に、健闘を祈って親指を立てて見せた。

☑1522
새끼손가락

[새끼손까락]

小指
새끼손가락 걸고 약속했건만 다 잊어버린 듯했다.❷
指切りをして約束したが、すっかり忘れてしまったようだった。

☑1523
손아귀

[소나귀]

手中、手の内
민중들은 독재의 **손아귀**에서 벗어나기 위해 발버둥쳤다.
民衆は、独裁の手中から抜け出すためにあがいた。

□ 1524

뼘

親指と他の指を広げた長さ、指尺
그녀는 다리맵시를 돋보이게 하기 위해 한 **뼘**짜리 핫팬츠를 입었다.
彼女は脚線美を引き立たせるため、指尺ほどのホットパンツをはいた。

□ 1525

발꿈치

かかと
구두를 신고 오래 걸어 다녔더니 **발꿈치**가 다 까졌다.
皮靴を履いて長時間歩き回ったら、かかとの皮がすっかりむけた。

□ 1526

오금

ひかがみ、膝裏
마누라에게 비상금 쓴 걸 들킬까 봐 **오금** 저리는 경험을 했다. ❷
妻に非常用の金を使ったのがばれるのではと、ハラハラする経験をした。

□ 1527

무좀

水虫
더운 여름에 갑갑한 신발을 매일같이 신었더니 **무좀**이 생겼다.
暑い夏に、窮屈な靴を毎日のように履いていたら水虫になった。

□ 1528

물집
[물찝]

水ぶくれ
온종일 여행지를 돌고 나니 발에 **물집**이 생겼다.
一日中旅行先を歩き回ったら、足に水ぶくれができた。

□ 1529

티눈

魚の目
불편한 신발을 신고 계속 걸으면 **티눈**이 생긴다.
合わない靴を履いて歩き続けたら、魚の目ができる。

□ 1530

못
[몯]

たこ
결혼 이야기는 귀에 **못**이 박이도록 들어서 이제 질린다. ❷
結婚の話は、耳にたこができるほど聞いて、もう飽き飽きしている。

解説　1517 **알이 배다**で「筋肉痛になる」という意味　1522 **새끼손가락 걸다**で「指切りする」という意味　1526 **오금이 저리다**で「過ちがばれるかひやひやする」という意味　1530 **못이 박이다**で「たこができる」という意味

☐ 1531
가다듬다
[가다듬따]

落ち着かせる、鎮める、(気を)取り直す
그녀는 연기하기 전에 마음을 **가다듬었다**.
彼女は、演技をする前に心を落ち着かせた。

☐ 1532
다잡다
[다잡따]

気を引き締める、気を取り直す
어머니가 다치셨다는 소식을 들었지만, 경기를 앞두고 마음을 굳게 **다잡았다**.
母がけがをしたという知らせを聞いたが、試合を控えて気を引き締めた。

☐ 1533 　하다用言
간주하다

見なす 　漢看做 -- 　関 - 되다
회의 내용에 대해 특별히 답이 없다면 찬성한 것으로 **간주하겠습니다**.
会議の内容について、特にご意見がなければ賛成したものと見なします。

☐ 1534 　하다用言
겨냥하다

狙う
이번 조치는 회사에서 높은 연봉을 받는 이사들을 **겨냥한** 것이다.
今回の措置は、会社で高い年俸をもらう理事らを狙ったものだ。

☐ 1535
겨누다

狙う、(銃を)向ける
무장한 군인이 민간인에게 총을 **겨누는** 것은 해서는 안 될 일이다.
武装した軍人が民間人に銃を向けることは、してはならないことだ。

☐ 1536 　ㄷ変則
곧이듣다
[고지듣따]

真に受ける、言葉通りに受け取る
그 사람 말을 **곧이듣다니** 너무 순진하네.
あの人の言葉を真に受けるなんて、純粋すぎるね。

☐ 1537 　하다用言
기도하다

企てる、企む 　漢企図 --
그 국회의원은 국가 전복을 **기도했다는** 이유로 구속됐다.
その国会議員は、国家転覆を企てたという理由で拘束された。

☐ 1538 　하다用言
강구하다

講ずる、(考えを)練る 　漢講究 -- 　関 - 되다
계속되는 재정적자 해결을 위한 개선방안을 **강구해야** 한다.
続く財政赤字解決のための改善案を、講じなければならない。

☐ 1539

넘겨잡다

[넘겨잡따]

憶測する

그의 말만 믿고 부하 직원의 잘못이라고 **넘겨잡지** 마세요.

彼の言葉だけを信じて、部下の過ちだと憶測しないでください。

☐ 1540

종잡다

[종잡따]

推し量る、見当を付ける

나는 변덕이 심한 그녀의 마음을 **종잡을** 수가 없었다. ❼

私は、気まぐれな彼女の気持ちが推し量れなかった。

☐ 1541

꿀리다

気に掛かる、引け目を感じる

양심에 **꿀리는** 일이 있다면 지금이라도 솔직히 털어놔라.

良心にとがめることがあるのなら、今でも正直に打ち明けなさい。

☐ 1542

거리끼다

はばかる、気に掛かる、引っ掛かる

그는 경험이 많아서 그런지 발언하는 데 **거리낌이** 없다.

彼は経験が多いからか、発言に遠慮がない。

☐ 1543 　하다用言

개의하다

[개이하다]

頓着する、気に掛ける　漢介意--

다른 사람 농담에 **개의하지** 말고 자기 할 일이나 똑바로 하면 된다.

他の人の冗談は気に掛けず、自分のすべきことをしっかりやればいい。

☐ 1544

자아내다

そそる、醸し出す、誘う

놀이동산에 갔더니 아이의 흥미를 **자아내는** 놀이기구가 많았다.

遊園地に行ったら、子どもの興味をそそる乗り物が多かった。

☐ 1545

돋우다

[도두다]

(興味などを) そそる

그날따라 입맛을 **돋우는** 음식이 많이 차려져 있어서 과식했습니다.

その日に限って、食欲をそそる料理が多く並べられていて食べ過ぎました。

解説　　1540 **종잡을 수 없다**(推し量れない)など、主に否定的な表現に用いられる

☑ 1546 　**하다用言**
멍청하다

ばかだ、間抜けだ　**関**- 스럽다
리더가 **멍청하면** 부하들이 고생하게 마련이죠.
リーダーがばかだと、部下が苦労するものです。

☑ 1547 　**하다用言**
검소하다

質素だ、つましい　**漢**倹素 --
기부를 많이 하는 그 배우는 원래 **검소하기로** 유명하다.
寄付をたくさんするその俳優は、もともと質素なことで有名だ。

☑ 1548 　**하다用言**
구차하다

非常に貧しい、見苦しい　**漢**苟且 --　**関**- 스럽다
구차한 변명만 대지 말고 솔직하게 인정해라.
見苦しい言い訳ばかりしないで、率直に認めなさい。

☑ 1549 　**하다用言**
궁색하다
[궁새카다]

とても貧しい、苦しい　**漢**窮塞 --　**関**- 스럽다
사업에 실패하자 집안에는 **궁색한** 살림살이만 남았다.
事業に失敗すると、家には貧しい家財道具だけが残った。

☑ 1550
굳세다
[굳쎄다]

丈夫だ、強固だ
강철보다 **굳센** 의리로 뭉친 형제들을 당해 낼 사람은 없었다.
鋼鉄より固い義理で団結した兄弟たちに、かなう人はいなかった。

☑ 1551
억세다
[억쎄다]

強固だ、強い
내 말투가 **억세서** 그런지 사람들이 자꾸 피한다.
私の話し方が強いせいか、人々はやたらと避ける。

☑ 1552 　**하다用言**
딴딴하다
[딴따나다]

非常に固い
근육이 **딴딴한** 걸 보니 평소에 운동을 열심히 하나 봐?
筋肉が固いのを見ると、普段から運動を一生懸命しているようだね?

☑ 1553
옹골차다

がっしりしている、堅実だ
그는 생긴 것처럼 마음도 **옹골차서** 믿음직스럽다.
彼は見掛けと同様、心も堅実で信頼できる。

☑ 1554 | 하다用言
듬직하다
[듬지카다]

どっしりしている、頼もしい　関 - 스럽다
이렇게 **듬직한** 아들이 둘이나 있으니 걱정이 없으시겠어요.
こんなに頼もしい息子が2人もいるので、心配なさそうですね。

☑ 1555 | 하다用言
굳건하다
[굳꺼나다]

(人・意志・組織などが)堅固である
그 사람의 **굳건한** 의지는 그 누구도 꺾을 수가 없다.
その人の堅い意志は、誰もくじくことができない。

☑ 1556 | 하다用言
꼼꼼하다
[꼼꼬마다]

きちょうめんだ、細かい
그 여자는 역시 평판대로 일 처리가 **꼼꼼하구나**.
あの女性は、やはり評判通り、仕事の仕方がきちょうめんだね。

☑ 1557
시원찮다
[시원찬타]

どうも物足りない、芳しくない、さえない
여러 사람을 불러 해결책을 들어 봤지만, 하나같이 **시원찮았다**.
いろいろな人を呼んで解決策を聞いてみたが、一様に物足りなかった。

☑ 1558
변변찮다
[변변찬타]

ぱっとしない、ろくでもない
사내가 **변변찮아서** 남편 재목이 못 된다.❼
ぱっとしない男なので、夫にはふさわしくない。

☑ 1559 | 하다用言
가뿐하다

(気持ちが)軽い
이 정도 무게의 짐은 **가뿐하게** 들 수 있지요.
この程度の重さの荷物は、軽く持てます。

☑ 1560 | 하다用言
아리송하다

はっきりしない、あやふやだ
그의 정체가 무엇인지가 여전히 **아리송했다**.
彼の正体が何なのか、依然としてはっきりしなかった。

| 解説 | 1558 **재목**(材木) **이 되다**で「ふさわしい」という意味 |

☑ 1561
덜덜
ぶるぶる、がたがた、がくがく　関 - 하다
비를 맞고 나니 감기에 걸렸는지 몸이 **덜덜** 떨렸다.
雨にぬれたら、風邪にをひいたのか体がぶるぶる震えた。

☑ 1562
와들와들
[와드롸들]
ぶるぶる、わなわな　関 - 하다
얇은 옷을 입고 나와서 추위에 **와들와들** 떨었다.
薄着で出てきたので、寒さにぶるぶる震えた。

☑ 1563
바들바들
ぶるぶる、わなわな　関 - 하다
날씨가 갑자기 추워져서 약속 장소에서 **바들바들** 떨다가 왔다.
急に寒くなって、約束の場所からぶるぶる震えて帰ってきた。

☑ 1564
부들부들
ぶるぶる、わなわな、がくがく　関 - 하다
정말 모욕적인 말을 듣고 나니 한참 동안 **부들부들** 떨었다.
とても侮辱的な言葉を聞いて、しばらくの間ぶるぶる震えた。

☑ 1565
후들후들
[후드루들]
がたがた、がくがく　関 - 하다
흔들다리를 건너기도 전부터 다리가 **후들후들** 떨렸다.
つり橋を渡る前から、足ががくがく震えた。

☑ 1566
하늘하늘
[하느라늘]
ゆらゆら　関 - 하다
봄날 정원에 가득 핀 하얀 꽃이 **하늘하늘** 흔들린다.
春の日、庭いっぱいに咲いた白い花がゆらゆら揺れている。

☑ 1567
건들건들
ゆらゆら、ぶらぶら　関 - 하다
가을바람에 길가의 코스모스가 **건들건들** 흔들린다.
秋風に道端のコスモスがゆらゆら揺れている。

☑ 1568
두둥실
ふんわり
공원에서 아이들이 날려 보낸 풍선이 **두둥실** 떠 올랐다.
公園で子どもたちが飛ばした風船が、ふんわり浮かび上がった。

□ 1569
뭉게뭉게

もくもく、むくむく
하늘에 구름이 **뭉게뭉게** 떠 있는 걸 보니 한여름임을 실감한다.
空に雲がもくもく浮かんでいるのを見ると、真夏であることを実感する。

□ 1570
갈팡질팡

うろうろ、まごまご 関 – 하다
이번 일을 계기로 더이상 **갈팡질팡**하지 말고 중심을 잡으세요.❷
今回のことをきっかけに、これ以上右往左往せず、でんと構えなさい。

□ 1571
까딱

こっくり 関 – 하다
딸은 알겠다고 고개만 **까딱**하고 방으로 들어가 버렸다.
娘は分かったと首をこっくりして、部屋に入ってしまった。

□ 1572
꾸벅

ぺこり、(꾸벅꾸벅の形で)うとうと 関 – 하다
그 아이는 나를 보자마자 **꾸벅** 인사를 했다.
その子は私を見るや、ぺこりとあいさつをした。

□ 1573
꾸역꾸역

続々と、むくむく、がつがつ
할인을 한다니까 좁은 행사장으로 사람들이 **꾸역꾸역** 들어오고 있다.
割引をすると言うので、狭いイベント会場に人が続々と入ってきている。

□ 1574
깡충

ぴょんと、ひょいと
토끼가 들판을 **깡충** 뛰면서 돌아다니고 있다
ウサギが、野原をぴょんと飛び回っている。

□ 1575
납작
[납짝]

ぺたんと 関 – 하다
왕이 들어오자 신하들은 **납작** 엎드렸다.
王が入ってくるや、臣下たちはぺたんとひれ伏した。

解説　1570 **중심을 잡다**で「でんと構える」という意味

☑1471 주름살	☑1506 유방암	☑1541 꿀리다
☑1472 기미¹	☑1507 간담	☑1542 거리끼다
☑1473 건성 피부	☑1508 지사제	☑1543 개의하다
☑1474 허물¹	☑1509 입덧	☑1544 자아내다
☑1475 면모	☑1510 가랑이	☑1545 돋우다
☑1476 밉상	☑1511 허벅다리	☑1546 멍청하다
☑1477 모가지	☑1512 허벅지	☑1547 검소하다
☑1478 목덜미	☑1513 꽁무니	☑1548 구차하다
☑1479 목청	☑1514 방귀	☑1549 궁색하다
☑1480 뼈대	☑1515 치질	☑1550 굳세다
☑1481 뼈다귀	☑1516 장딴지	☑1551 억세다
☑1482 몸뚱이	☑1517 종아리	☑1552 딴딴하다
☑1483 몸통	☑1518 정강이	☑1553 옹골차다
☑1484 등골	☑1519 목발	☑1554 듬직하다
☑1485 멱살	☑1520 검지	☑1555 굳건하다
☑1486 겨드랑이	☑1521 엄지	☑1556 꼼꼼하다
☑1487 옆구리	☑1522 새끼손가락	☑1557 시원찮다
☑1488 덩치	☑1523 손아귀	☑1558 변변찮다
☑1489 키다리	☑1524 뼘	☑1559 가뿐하다
☑1490 골절상	☑1525 발꿈치	☑1560 아리송하다
☑1491 기지개	☑1526 오금	☑1561 덜덜
☑1492 부스럼	☑1527 무릎	☑1562 와들와들
☑1493 종기	☑1528 물집	☑1563 바들바들
☑1494 딱지	☑1529 티눈	☑1564 부들부들
☑1495 땀띠	☑1530 못	☑1565 후들후들
☑1496 두드러기	☑1531 가다듬다	☑1566 하늘하늘
☑1497 진땀	☑1532 다잡다	☑1567 건들건들
☑1498 비지땀	☑1533 간주하다	☑1568 두둥실
☑1499 소름	☑1534 겨냥하다	☑1569 뭉게뭉게
☑1500 닭살	☑1535 겨누다	☑1570 갈팡질팡
☑1501 피땀	☑1536 곧이듣다	☑1571 까딱
☑1502 핏기	☑1537 기도하다	☑1572 꾸벅
☑1503 다혈질	☑1538 강구하다	☑1573 꾸역꾸역
☑1504 군살	☑1539 넘겨잡다	☑1574 깡충
☑1505 응어리	☑1540 종잡다	☑1575 납작

☐1471　しわ
☐1472　染み
☐1473　乾燥肌
☐1474　皮膚の薄い皮
☐1475　顔立ち
☐1476　憎らしい顔
☐1477　首の俗語
☐1478　首筋
☐1479　声帯
☐1480　骨格
☐1481　骨の俗語
☐1482　体
☐1483　胴体
☐1484　脊椎
☐1485　胸ぐら
☐1486　脇
☐1487　脇
☐1488　図体
☐1489　のっぽ
☐1490　骨折
☐1491　伸び
☐1492　できもの
☐1493　おでき
☐1494　かさぶた
☐1495　あせも
☐1496　じんましん
☐1497　脂汗
☐1498　脂汗
☐1499　鳥肌
☐1500　鳥肌
☐1501　血と汗
☐1502　血の気
☐1503　多血質
☐1504　ぜい肉
☐1505　しこり

☐1506　乳がん
☐1507　肝臓と胆のう
☐1508　下痢止め
☐1509　つわり
☐1510　股
☐1511　ももの付け根の部分
☐1512　内もも
☐1513　尻
☐1514　おなら
☐1515　痔
☐1516　ふくらはぎ
☐1517　ふくらはぎ
☐1518　すね
☐1519　松葉づえ
☐1520　人さし指
☐1521　親指
☐1522　小指
☐1523　手中
☐1524　親指と他の指を広げた長さ
☐1525　かかと
☐1526　ひかがみ
☐1527　水虫
☐1528　水ぶくれ
☐1529　魚の目
☐1530　たこ
☐1531　落ち着かせる
☐1532　気を引き締める
☐1533　見なす
☐1534　狙う
☐1535　狙う
☐1536　真に受ける
☐1537　企てる
☐1538　講ずる
☐1539　憶測する
☐1540　推し量る

14週目
15週目
16週目
17週目
18週目
19週目
20週目
21週目
22週目
23週目
24週目
25週目
26週目

☑1541 気に掛かる
☑1542 はばかる
☑1543 頓着する
☑1544 そそる
☑1545 （興味などを）そそる
☑1546 ばかだ
☑1547 質素だ
☑1548 非常に貧しい
☑1549 とても貧しい
☑1550 丈夫だ
☑1551 強固だ
☑1552 非常に固い
☑1553 がっしりしている
☑1554 どっしりしている
☑1555 （人・意志・組織などが）堅固である
☑1556 きちょうめんだ
☑1557 どうも物足りない
☑1558 ぱっとしない
☑1559 （気持ちが）軽い
☑1560 はっきりしない
☑1561 ぶるぶる
☑1562 ぶるぶる
☑1563 ぶるぶる
☑1564 ぶるぶる
☑1565 がたがた
☑1566 ゆらゆら
☑1567 ゆらゆら
☑1568 ふんわり
☑1569 もくもく
☑1570 うろうろ
☑1571 こっくり
☑1572 ぺこり
☑1573 続々と
☑1574 ぴょんと
☑1575 ぺたんと

1・2級

16週目

☑1576
뜸¹

きゅう

그 병원은 한방치료로 **뜸**을 전문으로 하고 있다.
その病院は、韓方治療できゅうを専門にしている。

☑1577
링거

点滴 [外]Ringer（独）

피곤해서 **링거** 주사를 맞고 하루 쉬었어요.
疲れたので、点滴を打って1日休みました。

☑1578
백신
[백씬]

ワクチン [外]vaccine

바이러스를 막기 위해 **백신** 프로그램을 깔았다.
ウイルスを防ぐために、ワクチンプログラムを入れた。

☑1579
홍역

はしか [漢]紅疫

그 사건으로 **홍역**을 치른 사람이 한둘이 아니다.❷
その事件で大変な苦労をした人は、一人や二人じゃない。

☑1580
흉

傷、欠点

사고로 이마에 커다란 **흉**터가 생겼다.
事故で、額に大きな傷跡ができた。

☑1581
찰과상

擦り傷 [漢]擦過傷

빙판길에 넘어져서 **찰과상**을 입었다.
凍った道で転んで、擦り傷を負った。

☑1582
파스

貼り薬、湿布

어깨에 **파스**를 붙이자 통증이 씻은 듯이 사라졌다.
肩に貼り薬を貼ると、痛みがきれいに消えた。

☑1583
붕대

包帯 [漢]繃帯

그는 상처 부위를 소독한 뒤 **붕대**로 감쌌다.
彼は傷の部位を消毒した後、包帯で巻いた。

☑ 1584
성형
整形　漢成形　関 – 하다
그 배우는 **성형** 수술로 코를 높인 것 같아.
あの俳優は、整形手術で鼻を高くしたみたい。

☑ 1585
병환
ご病気　漢病患
할아버지의 **병환**이 위독하셔서 가족이 모두 병원으로 모였다.
祖父がご病気で危篤なので、家族が皆病院に集まった。

☑ 1586
병세
病状　漢病勢
아버님의 **병세**가 악화하고 있어서 임종을 준비해야 한다.
父の病状が悪化しているので、臨終に備えなければならない。

☑ 1587
부실
体が弱いこと、手抜き　漢不実　関 – 하다
저렇게 몸이 **부실**하면 육체노동은 못 하겠다.
あんなに体が弱いと、肉体労働はできないね。

☑ 1588
녹초
疲れ切って力が抜けた状態
이삿짐을 나르느라고 너무 힘들어서 **녹초**가 됐다.
引っ越しの荷物を運ぶのがとても大変で、へばってしまった。

☑ 1589
현기증
[현기쯩]
目まい　漢眩気症
그 작품을 보고 나서 잊고 있었던 기억이 떠올라 **현기증**이 일었다.
その作品を見てから、忘れていた記憶が思い出されて目まいがした。

☑ 1590
뇌진탕
脳振とう　漢脳震蕩
빙판길에 뒤로 넘어져서 **뇌진탕**을 일으켰다.
凍った道で後ろに転んで、脳振とうを起こした。

解説　1579 **홍역을 치르다**で「大変な苦労をする、ひどい目に合う」という意味

287

☐ 1591
노망

ぼけ　漢老妄　関 - 하다
그 할머니는 **노망**이 나셨는지 걸핏하면 화를 내신다니까!
あのおばあさんはぼけたのか、ともすると怒るんだってば！

☐ 1592
향수병
[향수뼝]

ホームシック　漢郷愁病
꿈을 안고 고국을 떠났으나 **향수병**에 걸려 돌아가고 싶어졌다.
夢を抱えて故国を離れたが、ホームシックになって帰りたくなった。

☐ 1593
명¹

命　漢命
옛날에 미인은 **명**이 짧다는 말이 있었는데 요즘에는 아닌 것 같다.
昔、美人薄命という言葉があったが、最近は違うようだ。

☐ 1594
불치병
[불치뼝]

治療が難しい病気　漢不治病
의사는 환자의 부모를 불러 **불치병**이라 고치기 어렵다고 했다.
医者は患者の両親を呼び、治療が難しい病気なので治すのは難しいと話した。

☐ 1595
중환

重病　漢重患
응급실에서 수술을 먼저 필요로 하는 사람들은 **중환**자들이다.
救急室で手術を先に必要とする人は、重症患者たちだ。

☐ 1596
시신

死体　漢屍身
날씨가 더워서 **시신**을 급히 영안실에 안치해 두었습니다.
暑いので、急いで死体を霊安室に安置しておきました。

☐ 1597
완쾌

全快　漢完快　関 - 되다/하다
기나긴 병마와의 싸움을 이겨내고 **완쾌**되신 걸 축하드립니다.
とても長い病魔との闘いに打ち勝ち、全快したことをお祝い申し上げます。

☐ 1598
병균

病原菌、ばい菌　漢病菌
집에 가서 손을 깨끗이 씻지 않으면 **병균**이 옮을 수도 있어.
家に帰って手をきれいに洗わないと、病原菌がうつることもあるよ。

☑ 1599
한방
韓方　漢韓方
ハンバン

한국의 **한방**차에 관심을 보이는 외국인들이 늘고 있다.
韓国の韓方茶に関心を示す外国人が増えている。

☑ 1600
보신
滋養　漢補身　関 - 하다

우리 복날이고 하니 몸**보신**을 위해 삼계탕이라도 먹자!
私たち、三伏の日だし滋養のためにサムゲタンでも食べよう！

☑ 1601
보약
強壮剤、補い薬　漢補薬

아들이 수험 공부로 인해 몸이 쇠약해진 것 같으니 **보약**을 먹여야겠다.
息子が受験勉強で体が衰弱したようなので、強壮剤を飲ませなければ。

☑ 1602
찜질
温罨法　関 - 하다
おんあんぽう

뭉친 근육은 뜨거운 물수건으로 **찜질**을 하면 좋다고 한다.
固まった筋肉は、熱い蒸しタオルで温めるといいそうだ。

☑ 1603
식이 요법
食事療法　漢食餌 療法

운동뿐 아니라 제대로 된 **식이 요법**으로 다이어트에 성공했다.
運動だけじゃなく、ちゃんとした食事療法でダイエットに成功した。

[시기 요뻡]

☑ 1604
항생제
抗生物質　漢抗生剤

항생제 과용은 몸에 독이 될 수도 있다.
抗生物質の乱用は、体に毒になることもある。

☑ 1605
재활 치료
リハビリ　漢再活 治療

아버지는 교통사고 후 **재활 치료**를 받고 있다.
父は交通事故後、リハビリを受けている。

☑1606
휠체어
車椅子 [外]wheelchair

차량 전복 사고 이후로 **휠체어**를 타게 되었다.
車両転覆事故以降、車椅子に乗ることになった。

☑1607
요기
腹の足し、しのぎ [漢]療飢

산 정상까지 길이 멀어 아침 **요기**를 하고 나서 출발했다.
山の頂上までの道のりは長いので、朝の口しのぎを済ませて出発した。

☑1608
온기
ぬくもり [漢]温気

도시락을 열었더니 보온 도시락이라 그런지 **온기**가 남아 있었다.
弁当を開けたら、保温弁当だからかぬくもりが残っていた。

☑1609
모금
一口分の量

금주를 시작한 지 몇 달 동안 술은 한 **모금**도 입에 대지 않았다.
禁酒を始めてから数カ月間、酒は一口も口にしなかった。

☑1610
구린내
臭いにおい

발에서 **구린내**가 나는데 방에 들어올 때는 씻고 오세요.
足から臭いにおいがするので、部屋に入るときは洗ってきてください。

☑1611
지린내
小便くさいにおい

재래식 화장실 앞에 서니 **지린내**가 코를 찌른다.
くみ取り式トイレの前に立ったら、小便くさいにおいが鼻を刺す。

☑1612
주거
居住 [漢]住居 [関]-하다

그 아파트 단지는 주변 환경을 고려하면 **주거**지로 적합하지 않다.
あのマンション団地は、周辺環境を考慮すると居住地として適していない。

☑1613
거처
住む所、所在、居場所 [漢]居処 [関]-하다

직장을 구하려면 **거처**를 확실히 해야 합니다.
職に就くには、所在をしっかりしないといけません。

☐1614
대지

敷地 漢垈地

이 정도 **대지**면 공장을 지어도 되겠네요.

これくらいの敷地なら、工場を建ててもよさそうですね。

☐1615
입주
[입쭈]

入居 漢入住 関-하다

이번에 아파트에 **입주**하는 세대는 젊은 사람이 대부분이다.

今回マンションに入居する世帯は、若い人がほとんどだ。

☐1616
빈집

空き家

휴가철이 되면 **빈집** 털이범이 기승을 부린다.

休暇シーズンになると、空き巣が猛威を振るう。

☐1617
세

貸し料、借り賃 漢貰

물가도 많이 올라서 **세**를 올릴 수밖에 없으니 양해 바랍니다.

物価もかなり上がって賃料を上げるしかないので、ご了承ください。

☐1618
월세❗
[월쎄]

ウォルセ、月払いの家賃 漢月貰

요즘은 서울에서 작은 원룸도 **월세**가 만만치 않다.

最近は、ソウルの小さなワンルームでも毎月の家賃がばかにならない。

☐1619
전세❗

チョンセ 漢伝貰

집값이 오르면서 **전셋**값도 덩달아 오르기 시작했다.

家の値段が上がったことで、チョンセの値段も釣られて上がり始めた。

☐1620
셋집
[섿찝]

借家 漢貰-

전세가 폭등에 겨우 **셋집**을 하나 얻어 이사할 수 있었다.

チョンセ価格が高騰し、なんとか借家を一つ見つけて引っ越せた。

解説 1618 **월세**は家を借りる際に毎月支払う家賃　1619 **전세**は家を借りる際に家主に預けるまとまった額の保証金で、毎月の家賃は不要

☑1621
사글세
[사글쎄]

月払いの家賃、月払いの部屋　漢 - - 貰

그 부부는 돈이 없어 **사글세**부터 시작했지만, 누구보다 행복했다.

その夫婦はお金がなくて月払いの部屋から始めたけど、誰より幸せだった。

☑1622
초가집

わらぶきの家、わら屋　漢 草家 -

옛날 농촌에는 **초가집**이 많았지만, 지금은 거의 사라졌다.

昔の農村にはわらぶきの家がたくさんあったが、今はほとんどなくなった。

☑1623
오막살이
[오막싸리]

粗末な家　漢 - 幕 - -

도시화가 되기 전 **오막살이** 초가집에서도 가족들이 살았다.

都市化される前、粗末なわらぶきの家でも家族が暮らしていた。

☑1624
별채

(家の)離れ　漢 別 -

형님 집에 더부살이하는 관계로 안채와 떨어져 있는 **별채**에 살고 있다.

兄の家に居候している関係で、母屋から離れた離れに住んでいる。

☑1625
건넌방

居間の向かいの部屋　漢 - - 房

남편과 부부싸움을 한 뒤 **건넌방**으로 가서 잠을 청했다.

夫と夫婦げんかをした後、居間の向かいの部屋に行って眠りについた。

☑1626
단칸방
[단칸빵]

一間の部屋　漢 単 - 房

단칸방 하나만 가지고 결혼생활을 시작했다.

たった一間で結婚生活を始めた。

☑1627
곳간
[곧깐]

物置、蔵　漢 庫間

곳간에서 인심 난다고 돈을 많이 번 그는 오늘도 한턱냈다. ✐

「衣食足りて礼節を知る」というが、大金を稼いだ彼は今日もおごった。

☑1628
우물

井戸

두 달째 가뭄이 이어져서 **우물**이 다 말랐다.

日照りが2カ月続いて、井戸がすっかり干上がった。

☑ 1629
도랑
どぶ、溝
도랑 치고 가재 잡는다고 그들에게는 너무 좋은 일이지.❷
「ドブをさらってザリガニを捕まえる」というが、彼らにはとても良いことだ。

☑ 1630
징검다리
飛び石
물살이 빠르니 반드시 **징검다리**를 통해 냇가를 건너는 게 좋습니다.
水の流れが速いので、必ず飛び石を通って川を渡るのがいいです。

☑ 1631
발판
踏み台、踏み板　漢 - 板
집에 들어올 때는 입구 **발판**에서 신발의 먼지를 털고 들어와라.
家に入るときは、入口の踏み台で靴のほこりを落として入ってきなさい。

☑ 1632
디딤돌
[디딤똘]
踏み石、飛び石、土台
그의 노력은 그 분야의 **디딤돌**이 될 것입니다.
彼の努力は、その分野の土台になるでしょう。

☑ 1633
기와
瓦
기와를 한 장 한 장 정성을 기울여서 얹었다.
瓦を一枚一枚、真心を込めて載せた。

☑ 1634
처마
軒
비 오는 날이면 **처마** 밑에 앉아서 빗물이 떨어지는 걸 구경하곤 했다.
雨の日は、軒下に座って雨水が落ちるのをよく見たりした。

☑ 1635
대들보
[대들뽀]
大梁、大黒柱　漢 大 --
오래된 집이라서 천장의 **대들보**에 거미줄이 보였다.
古い家なので、天井の大梁にクモの巣が見えた。

解説　1627 **곳간에서 인심 난다**는 「蔵から人情が出る」、つまり「衣食足りて礼節を知る」という意味　1629 **도랑 치고 가재 잡는다**で「一挙両得、一石二鳥」という意味

☑ 1636　하다用言
내로라하다
(連体形で使って)そうそうたる、ある分野を代表する
여기는 **내로라하는** 인재들이 모이는 학교입니다.
ここは、そうそうたる人材が集まる学校です。

☑ 1637
내키다
気が向く、気乗りする、気が進む
언제라도 괜찮으니 마음이 **내키시면** 꼭 연락 주세요.
いつでもいいので、気が向いたら必ず連絡ください。

☑ 1638　ㅇ語幹
들뜨다
そわそわする、うきうきする
벚꽃축제에 벌써 기분이 **들떠** 있어요.
桜祭りに、もう気分がうきうきしています。

☑ 1639
들썩거리다
[들썩꺼리다]
そわそわする、ざわつく
그 회사의 주가가 크게 오르자 투자자들이 **들썩거렸다**.
その会社の株価が大きく上がると、投資者たちがざわついた。

☑ 1640
머뭇거리다
[머묻꺼리다]
ためらう、もじもじする
그는 윗사람에게 무슨 부탁이 있는지 한참을 **머뭇거렸다**.
彼は上の人に何か頼みがあるのか、しばらくの間ためらった。

☑ 1641
서슴다⊘
[서슴따]
ためらう
그는 자기에게 유리하다면 거짓말도 **서슴지** 않는다.
彼は、自分に有利ならうそもためらわない。

☑ 1642　ㄹ語幹
대들다
歯向かう、食って掛かる、楯突く
지각한 문제로 선생님에게 **대들다가** 무척 혼났다.
遅刻した問題で先生に歯向かったら、すごく怒られた。

☑ 1643
흘기다
横目でにらむ
그는 무섭게 눈을 **흘기고** 한참 나를 쳐다보았다.
彼は鋭く横目でにらみ、しばらくの間私をじっと見た。

☑ 1644
흘겨보다

横目でにらむ、横目でじろっと見る

그렇게 사람을 **흘겨보는** 버릇 좀 고쳐.

そうやって人を横目でにらむくせ、直しな。

☑ 1645
부대끼다

もまれる、悩まされる

매일 전쟁같이 만원 버스에 **부대끼면서** 출근한다.

毎日、戦争のように満員のバスにもまれながら出勤している。

☑ 1646
삐치다

すねる

동생이 **삐쳤는지** 입술을 쭉 내밀고 말이 없다.

弟(妹)がすねたのか、口をつんと突き出して黙っている。

☑ 1647
새기다

分かりやすく解釈する、かみ砕く、翻訳する

그녀가 한 말을 곰곰이 **새겨** 보았다.

彼女の言ったことを、じっくりと解釈してみた。

☑ 1648
아로새기다

(心の中に)刻み付ける

힘들 때 선생님의 격려 말씀이 아직도 가슴속에 **아로새겨져** 있다.

つらい時、先生の激ましのお言葉がいまも胸の中に刻み付けられている。

☑ 1649　하다用言
선호하다

(複数の中から特に)好む　漢選好 --

건강에 관심이 높아져서 사람들이 무공해 식품을 **선호한다**.

健康への関心が高まり、人々は無公害食品を好んでいる。

[서노하다]

☑ 1650
시시덕거리다

はしゃぐ

수업 중에 친구와 **시시덕거리다가** 혼이 났다.

授業中に友達とはしゃいでいたら、怒られた。

[시시덕꺼리다]

解説　1641 **서슴지 않다**(ためらわない)のように、否定形で用いる

☑1651 **하다用言**

완연하다
[와녀나다]

はっきりしている 漢宛然 --

아지랑이가 피어오르는 걸 보니 이제 **완연한** 봄이다.
かげろうが涌き上がるのを見ると、もう完全に春だ。

☑1652 **ㅂ変則**

이채롭다
[이채롭따]

ひときわ目立っている、異彩を放つ 漢異彩 --

패션쇼에서 본 각국의 전통 의상이 **이채롭다**.
ファッションショーで見た各国の伝統衣装が、ひときわ目立っている。

☑1653 **하다用言**

자상하다
[자상하다]

心が温かく親切だ 漢仔詳 -- 関 - 스럽다

어머니가 아이를 안고 **자상한** 눈길로 바라보고 있다.
母親が子どもを抱いて、温かい視線で眺めている。

☑1654

여리다

か弱い、もろい

그 사람은 마음이 **여려서** 상대를 매몰차게 대하지 못한다.
その人は心がか弱くて、相手に冷たく接することができない。

☑1655

속절없다
[속쩌럽따]

むなしい、どうしようもない

젊은이들이 무의미한 전쟁에 투입돼 **속절없이** 죽어 갔다.
若者たちが無意味な戦争に投入され、むなしく死んでいった。

☑1656

곧다
[곧따]

真っすぐだ

나는 늘 내가 걸어온 길이 **곧은** 길이라고 믿고 있습니다.
私は常に、自分が歩んできた道が正しい道だと信じています。

☑1657 **하다用言**

비스듬하다
[비스드마다]

斜めだ、やや傾いている

책들이 책장에 **비스듬하게** 꽂혀 있다.
本が本棚に斜めに挿さっている。

☑1658 **하다用言**

구질구질하다
[구질구지라다]

じめじめしている

쿨하게 헤어지자고 했는데 **구질구질하게** 왜 이래?
クールに別れようと言ったのに、どうしてこう湿っぽいんだ？

☑ 1659 하다用言
그럴싸하다

もっともらしい

이건 포장은 **그럴싸한데** 내용물이 부실하다.
これは、包装はもっともらしいが、中身が貧弱だ。

☑ 1660 하다用言
비스름하다

[비스르마다]

少し似ている

형제의 얼굴이 너무 **비스름해서** 누가 형인지 모르겠다.
兄弟の顔がとても似ていて、どちらが兄か分からない。

☑ 1661 하다用言
그만그만하다

[그만그마나다]

似たり寄ったりだ

모두 **그만그만한** 실력이라 맡길 사람이 없네요.
みんな似たり寄ったりな実力なので、任せる人がいませんね。

☑ 1662 하다用言
긴요하다

[기뇨하다]

緊要だ、急を要する 漢緊要 --

어머니가 비상금으로 챙겨 주신 돈을 여행 중에 **긴요하게** 쓸 수 있었다.
母が持たせてくれたへそくりを、旅行中に大事に使うことができた。

☑ 1663 하다用言
요긴하다

[요기나다]

重要だ、大切だ 漢要緊 --

주신 보너스는 연말에 쉬면서 **요긴하게** 잘 쓰겠습니다.
下さったボーナスは、年末に休みながら大切に使います。

☑ 1664 하다用言
다급하다

[다그파다]

緊迫している 漢多急 -- 関 -스럽다

경찰서에 **다급한** 목소리의 전화가 걸려왔다.
警察署に、緊迫した声の電話がかかってきた。

☑ 1665 하다用言
느슨하다

[느스나다]

緩んでいる

운동화 끈이 **느슨하게** 매어져 있었던지 금방 풀어졌다.
運動靴のひもが緩んでいたのか、すぐにほどけた。

☑1666
쫑긋
[쫑귿]

ぴんととがっている様子 関-하다
내년 승진자 명단이 발표된다고 하자 모두 귀를 **쫑긋** 세우고 있다.
来年の昇進者名簿が発表されると言うので、皆耳をぴんと立てている。

☑1667
티격태격

なんだかんだと、ごたごた、いざこざ 関-하다
남편은 아침부터 부인과 외식하는 문제로 **티격태격**하고 있다.
夫は、朝から妻と外食する問題で言い争っている。

☑1668
발칵

突然騒動を起こす様子、ぱっと
두 사람의 갑작스러운 퇴사 소식은 회사를 **발칵** 뒤집어 놓았다.❼
二人の急な退社の知らせは、会社を突然混乱させた。

☑1669
뱅글뱅글

くるくる 関-하다
갑자기 일어나자 머리가 **뱅글뱅글** 도는 것 같았다.
急に起き上がると、頭がくるくる回るようだった。

☑1670
비실비실

よろよろ、ふらふら 関-하다
경찰이 나타나자 청년은 **비실비실** 뒷걸음질 쳤다.
警察が現れると、青年はよろよろと後ずさりした。

☑1671
비칠비칠

よろよろ 関-하다
그 사람은 어지러운지 **비칠비칠** 걸었다.
その人は目まいがするのか、よろよろと歩いた。

☑1672
느릿느릿
[느린느릳]

のろのろ 関-하다
눈이 와서 도로의 자동차들이 **느릿느릿** 가고 있다.
雪が降って、道路の自動車がのろのろと進んでいる。

☑1673
다독다독
[다독따독]

とんとん 関-하다
어머니는 **다독다독** 아기의 등을 두드리며 재웠다.
母はとんとんと赤ん坊の背中をたたいて、寝かしつけた。

☐ 1674
발딱

がばっと
상사가 호출하자 그는 **발딱** 몸을 일으켰다.
上司が呼び出すと、彼はがばっと体を起こした。

☐ 1675
척²

格好付けて、でんと
친구는 외투를 벽에 **척** 걸고 바로 의자에 앉았다.
友人はコートを壁に格好付けて掛けて、椅子に座った。

☐ 1676
축²

だらっと
체력 소모가 심한 시합이 끝나자 그는 **축** 늘어졌다.
体力消耗の激しい試合が終わると、彼はぐったりした。

☐ 1677
아장아장

よちよち　関-하다
아기가 잔디밭에서 **아장아장** 잘도 걷는다.
赤ん坊が芝生でよちよちよく歩く。

☐ 1678
터벅터벅

とぼとぼ、てくてく　関-하다
막차를 놓치자 택시비가 없어 **터벅터벅** 집까지 걸어갔다.
終電を逃すと、タクシー代がなくてとぼとぼ家まで歩いて帰った。

☐ 1679
핑

くるりと
아이가 장난감 팽이를 땅에 던지자 **핑** 돌았다.
子どもがおもちゃのこまを地面に投げると、くるりと回った。

☐ 1680
휘휘

くるくる、ひゅうひゅう
그 남자는 목도리를 **휘휘** 감고는 서둘러 나가 버렸다.
その男は、マフラーをくるりと巻いて急いで出て行ってしまった。

解説　1668 **발칵 뒤집다**で「大騒ぎになる、大変なことになる」という意味

☑ 1576 뜸¹	☑ 1611 지린내	☑ 1646 삐치다
☑ 1577 링거	☑ 1612 주거	☑ 1647 새기다
☑ 1578 백신	☑ 1613 거처	☑ 1648 아로새기다
☑ 1579 홍역	☑ 1614 대지	☑ 1649 선호하다
☑ 1580 흉	☑ 1615 입주	☑ 1650 시시덕거리다
☑ 1581 찰과상	☑ 1616 빈집	☑ 1651 완연하다
☑ 1582 파스	☑ 1617 세	☑ 1652 이채롭다
☑ 1583 붕대	☑ 1618 월세	☑ 1653 자상하다
☑ 1584 성형	☑ 1619 전세	☑ 1654 여리다
☑ 1585 병환	☑ 1620 셋집	☑ 1655 속절없다
☑ 1586 병세	☑ 1621 사글세	☑ 1656 곧다
☑ 1587 부실	☑ 1622 초가집	☑ 1657 비스듬하다
☑ 1588 녹초	☑ 1623 오막살이	☑ 1658 구질구질하다
☑ 1589 현기증	☑ 1624 별채	☑ 1659 그럴싸하다
☑ 1590 뇌진탕	☑ 1625 건넌방	☑ 1660 비스름하다
☑ 1591 노망	☑ 1626 단칸방	☑ 1661 그만그만하다
☑ 1592 향수병	☑ 1627 곳간	☑ 1662 긴요하다
☑ 1593 명¹	☑ 1628 우물	☑ 1663 요긴하다
☑ 1594 불치병	☑ 1629 도랑	☑ 1664 다급하다
☑ 1595 중환	☑ 1630 징검다리	☑ 1665 느슨하다
☑ 1596 시신	☑ 1631 발판	☑ 1666 쫑긋
☑ 1597 완쾌	☑ 1632 디딤돌	☑ 1667 티격태격
☑ 1598 병균	☑ 1633 기와	☑ 1668 발칵
☑ 1599 한방	☑ 1634 처마	☑ 1669 뱅글뱅글
☑ 1600 보신	☑ 1635 대들보	☑ 1670 비실비실
☑ 1601 보약	☑ 1636 내로라하다	☑ 1671 비칠비칠
☑ 1602 찜질	☑ 1637 내키다	☑ 1672 느릿느릿
☑ 1603 식이 요법	☑ 1638 들뜨다	☑ 1673 다독다독
☑ 1604 항생제	☑ 1639 들썩거리다	☑ 1674 발딱
☑ 1605 재활 치료	☑ 1640 머뭇거리다	☑ 1675 척²
☑ 1606 휠체어	☑ 1641 서슴다	☑ 1676 축²
☑ 1607 요기	☑ 1642 대들다	☑ 1677 아장아장
☑ 1608 온기	☑ 1643 흘기다	☑ 1678 터벅터벅
☑ 1609 모금	☑ 1644 흘겨보다	☑ 1679 핑
☑ 1610 구린내	☑ 1645 부대끼다	☑ 1680 휘휘

日本語 ▶ 韓国語

DATE　　　年　　　月　　　日
DATE　　　年　　　月　　　日

14週目
15週目
16週目
17週目
18週目
19週目
20週目
21週目
22週目
23週目
24週目
25週目
26週目

☑1576　きゅう
☑1577　点滴
☑1578　ワクチン
☑1579　はしか
☑1580　傷
☑1581　擦り傷
☑1582　貼り薬
☑1583　包帯
☑1584　整形
☑1585　ご病気
☑1586　病状
☑1587　体が弱いこと
☑1588　疲れ切って力が抜けた状態
☑1589　目まい
☑1590　脳振とう
☑1591　ぼけ
☑1592　ホームシック
☑1593　命
☑1594　治療が難しい病気
☑1595　重病
☑1596　死体
☑1597　全快
☑1598　病原菌
☑1599　韓方
☑1600　滋養
☑1601　強壮剤
☑1602　温罨法
☑1603　食事療法
☑1604　抗生物質
☑1605　リハビリ
☑1606　車椅子
☑1607　腹の足し
☑1608　ぬくもり
☑1609　一口分の量
☑1610　臭いにおい

☑1611　小便くさいにおい
☑1612　居住
☑1613　住む所
☑1614　敷地
☑1615　入居
☑1616　空き家
☑1617　貸し料
☑1618　ウォルセ
☑1619　チョンセ
☑1620　借家
☑1621　月払いの家賃
☑1622　わらぶきの家
☑1623　粗末な家
☑1624　(家の)離れ
☑1625　居間の向かいの部屋
☑1626　一間の部屋
☑1627　物置
☑1628　井戸
☑1629　どぶ
☑1630　飛び石
☑1631　踏み台
☑1632　踏み石
☑1633　瓦
☑1634　軒
☑1635　大梁
☑1636　(連体形で使って)そうそうたる
☑1637　気が向く
☑1638　そわそわする
☑1639　そわそわする
☑1640　ためらう
☑1641　ためらう
☑1642　歯向かう
☑1643　横目でにらむ
☑1644　横目でにらむ
☑1645　もまれる

☑**1646** すねる
☑**1647** 分かりやすく解釈する
☑**1648** (心の中に)刻み付ける
☑**1649** (複数の中から特に)好む
☑**1650** はしゃぐ
☑**1651** はっきりしている
☑**1652** ひときわ目立っている
☑**1653** 心が温かく親切だ
☑**1654** か弱い
☑**1655** むなしい
☑**1656** 真っすぐだ
☑**1657** 斜めだ
☑**1658** じめじめしている
☑**1659** もっともらしい
☑**1660** 少し似ている
☑**1661** 似たり寄ったりだ
☑**1662** 緊要だ
☑**1663** 重要だ
☑**1664** 緊迫している
☑**1665** 緩んでいる
☑**1666** ぴんととがっている様子
☑**1667** なんだかんだと
☑**1668** 突然騒動を起こす様子
☑**1669** くるくる
☑**1670** よろよろ
☑**1671** よろよろ
☑**1672** のろのろ
☑**1673** とんとん
☑**1674** がばっと
☑**1675** どっかりと
☑**1676** だらっと
☑**1677** よちよち
☑**1678** とぼとぼ
☑**1679** くるりと
☑**1680** くるくる

1・2級

17週目

☑ 1681
대청마루
家の中央にある広い板の間　漢大庁 --
한옥에 살다 보니 **대청마루**에서 더위를 피하는 게 습관이 됐다.
韓屋に住んでいると、板の間で暑さを避けるのが習慣になった。

☑ 1682
문짝
(門の)扉　漢門 -
문짝이 떨어져 나갈 정도로 큰 태풍이었다.
扉が取れるほどに、大きな台風だった。

☑ 1683
문턱
敷居　漢門 -
그 시험은 **문턱**을 낮추자 응시자 수가 늘었다.
その試験は、敷居を下げるや受験者数が増えた。

☑ 1684
살
(戸・障子などの)桟、(たこ・扇子などの)骨
창호지 **살** 틈 사이로 바람이 들어와서 막았다.
障子の桟の隙間から風が入ってくるので、ふさいだ。

☑ 1685
초인종
呼び鈴、チャイム　漢招人鐘
밤늦게 **초인종**이 울려서 가족 모두 잠에서 깼다.
夜遅くに呼び鈴が鳴って、家族皆目が覚めた。

☑ 1686
문패
表札　漢門牌
새로 집을 사면서 부부 모두의 이름이 들어간 **문패**를 달았다.
新しく家を買って、夫婦両方の名前が入った表札を掛けた。

☑ 1687
등불
[등뿔]
明かり　漢灯 -
향학열에 불타던 옛날에는 희미한 **등불** 아래에서도 공부했다.
向学の熱に燃えていた昔は、ほのかな明かりの下でも勉強した。

☑ 1688
미닫이
[미다지]
引き戸、障子
이 가게는 출입문이 **미닫이**로 되어 있다.
この店は、出入り口が引き戸になっている。

☑ 1689
버팀목

支え木、つっかい棒、柱　漢 -- 木

몸이 아프셔서 일은 못 하셨지만, 아버지는 우리 집안의 **버팀목**
이셨다.

具合が悪くて仕事はできなかったけど、父はわが家の柱だった。

☑ 1690
발

すだれ

맞바람이 치도록 창문에 커튼 대신 **발**을 쳤다.

両側から風が入るよう、窓にカーテンの代わりにすだれを掛けた。

☑ 1691
장판

厚い油紙を張ったオンドルの床　漢 壮版

이사한 집이 지은 지 오래돼서 도배와 **장판**을 새로 했어요.

引っ越した家が建てて長いので、壁紙とオンドルの床を新しくしました。

☑ 1692
돗자리

ござ

여름철 느티나무 아래 **돗자리**를 펼쳐 놓고 쉬고 있다.

夏に、ケヤキの木の下にござを広げて休んでいる。

[돋짜리]

☑ 1693
요

敷布団

집이 좁아서 놀러 온 친구의 잠자리를 위해 구석에 **요**를 깔아 주
었다.

家が狭いので、遊びに来た友達の寝床のために隅に敷布団を敷いてあげた。

☑ 1694
융단

じゅうたん　漢 絨緞

시상식에서 그 여배우는 **융단** 위를 사뿐사뿐 걸어갔다.

授賞式で、その俳優はじゅうたんの上を身軽に歩いていった。

☑ 1695
장롱

たんす　漢 欌籠

결혼할 때 마련했던 **장롱**을 새 아파트에 입주하면서 처분했다.

結婚する時に買ったたんすを、新しいマンションに入居する際に処分した。

[장농]

☑ 1696
세간
家財道具
새로 **세간**을 장만하느라 꽤 많은 돈이 나갔다.
新しく家財道具を用意するために、かなりのお金が出ていった。

☑ 1697
주방
台所 漢厨房
아버지는 옛날 사람이라 여전히 **주방** 근처에는 얼씬도 안 한다.
父は昔の人なので、相変わらず台所には近寄りもしない。

☑ 1698
부뚜막
かまど
겨울엔 부엌의 **부뚜막**에 걸터앉아 구운 고구마를 먹기도 했지.
冬には、台所のかまどに腰掛けて焼き芋を食べたりもしたよ。

☑ 1699
선반
棚
안 쓰는 그릇은 **선반**의 가장 위쪽에 올려놓았다.
使わない器は、棚の一番上に上げておいた。

☑ 1700
찬장
[찬짱]
食器棚 漢饌欌
어머니는 시집오실 때 사 온 **찬장**을 지금도 쓰고 있다.
母は、結婚する時に買った食器棚を今も使っている。

☑ 1701
곤로
[골로]
こんろ 漢焜炉
가스레인지가 없어서 여전히 **곤로**를 쓰는 집이 있다.
ガスレンジがなくて、今もなおこんろを使う家がある。

☑ 1702
독
かめ
김장한 뒤 김칫**독**을 땅에 묻고 겨우내 먹기로 했다.
キムジャンをした後、キムチのかめを地面に埋めて冬の間食べることにした。

☑ 1703
항아리
かめ 漢缸 --
항아리 안에 김치가 들어 있으니 꺼내 오거라.
かめの中にキムチが入っているから、取り出してきなさい。

☐ 1704

질그릇
[질그륻]

土器

질그릇이 투박해 보여도 실제 써 보면 튼튼하고 실용적이야.
土器がごつく見えても、実際に使ってみると丈夫で実用的だ。

☐ 1705

단지

つぼ

다락에 꿀**단지**를 넣어 두고 입이 심심할 때마다 꺼내 먹었다.
屋根裏に蜂蜜のつぼを入れておき、口寂しくなるたびに取り出して食べた。

☐ 1706

대야

たらい

마당이 있던 옛날 집에서는 주로 **대야**에 물을 담아 세수를 했다.
庭のあった昔の家では、主にたらいに水をためて顔を洗った。

☐ 1707

박

ふくべ

운동회의 하이라이트는 청군과 백군의 **박** 터뜨리기이다. ❷
運動会のハイライトは、青組と白組のくす玉割りだ。

☐ 1708

가마솥
[가마솓]

大釜

전기밥통만 쓰는 요즘 **가마솥**으로 한 밥은 정말 맛있다.
電気炊飯器ばかり使っているこのごろ、大釜で炊いたご飯は本当においしい。

☐ 1709

바구니

かご

과수원에서 **바구니**에 과일을 가득 채워 가져왔다.
果樹園で、かごに果物をいっぱい詰めて持って帰った。

☐ 1710

소쿠리

ざる

과수원에서 딴 과일을 **소쿠리**에 담아서 옮겼다.
果樹園で摘んだ果物を、ざるに入れて運んだ。

解説　1707 **박** 터뜨리기で「くす玉割り」という意味

☑ 1711
체

ふるい

체로 좁쌀을 거른 다음 병아리들에게 주었다.

ふるいでアワをこした後、ひよこたちに与えた。

☑ 1712
테

へり、眼鏡のフレーム、(帽子の)つば

노안이 와서 **테**가 굵은 돋보기안경을 샀다.

老眼になって、フレームの太い老眼鏡を買った。

☑ 1713
석쇠

[석쐬]

焼き網

캠핑 가서 먹는 생선은 **석쇠**로 구워야 제맛이다.

キャンプに行って食べる魚は、焼き網で焼いてこそおいしい。

☑ 1714
시루

蒸し器、せいろ

명절이라 **시루**에 떡을 쪄 먹었다.

名節なので、蒸し器で餅を蒸して食べた。

☑ 1715
쟁반

盆　漢錚盤

손님이 오면 대접할 과일이 **쟁반**에 놓여 있다.

客人が来たらもてなす果物が、お盆に置かれている。

☑ 1716
주걱

しゃもじ

밥솥의 누룽지까지 **주걱**으로 박박 긁어 먹었다.

炊飯器のおこげまで、しゃもじでがりがりこそげて食べた。

☑ 1717
국자

[국짜]

しゃくし、お玉

엄마가 **국자**로 국물 한 가득 퍼서 담아 주었다.

母が、しゃくしで汁をいっぱいすくって入れてくれた。

☑ 1718
집게

[집께]

やっとこ、トング

기름 범벅인 철판을 손으로 잡기에는 더러워서 **집게**로 집어서 씻었다.

油まみれの鉄板を手でつかむのは汚いので、やっとこでつかんで洗った。

☐ 1719
저울

はかり
주인장은 고기 무게를 **저울**로 재고 난 다음, 팔기 시작했다.
店主は肉の重さをはかりで量った後、売り始めた。

☐ 1720
성냥

マッチ
라이터의 보급으로 **성냥**을 그어서 불을 피우는 사람이 없어졌다.
ライターの普及により、マッチを擦って火を付ける人がいなくなった。

☐ 1721
수세미

スポンジ、たわし
기름기가 낀 접시는 **수세미**로 박박 문질러서 닦아야 지워진다.
油が付いた皿は、スポンジでごしごしこすって磨かないと落ちない。

☐ 1722
은박지
[은박찌]

アルミホイル　漢銀箔紙
식당에서 먹다 남은 갈비를 **은박지**에 싸서 가져갔다.
食堂で食べ残したカルビを、アルミホイルに包んで持って帰った。

☐ 1723
행주

布巾
여기는 셀프서비스이니 식사 전에 **행주**로 식탁을 닦으세요.
ここはセルフサービスなので、食事前に布巾でテーブルを拭いてください。

☐ 1724
노끈

ひも
장사하러 떠나기 전에 **노끈**으로 짐을 단단히 묶었다.
商売に出掛ける前に、ひもで荷物をしっかり縛った。

☐ 1725
밧줄
[받쭐]

ロープ
너무 오래돼서 금방이라도 **밧줄**이 끊어질 것만 같았다.
古くなり過ぎて、すぐにでもロープが切れそうだった。

☑ 1726
철사
[철싸]

針金　漢鉄糸
철조망은 보통 굵은 **철사**를 엮어서 만듭니다.
鉄条網は普通、太い針金を編んで作ります。

☑ 1727
사슬

鎖
시골에 가니 **사슬**에 묶인 개가 짖어 댔다.
田舎に行ったら、鎖につながれた犬が吠え立てた。

☑ 1728
나사

ねじ　漢螺糸
가구를 오래 쓰려면 **나사**를 꽉 조여야 한다.
家具を長く使うには、ねじをしっかり締めなければならない。

☑ 1729
자물쇠
[자물쐬]

錠
자전거를 세워 둘 때는 반드시 **자물쇠**를 채워 둬야 합니다.
自転車を止めておくときは、必ず錠を掛けておかなければいけません。

☑ 1730
용수철

バネ　漢竜鬚鉄
그 육상선수는 높이뛰기대회에서 **용수철**처럼 펄쩍 뛰어올랐다.
あの陸上選手は、高跳び大会でバネのようにぴょんと跳んだ。

☑ 1731
칼날
[칼랄]

刃
이 상처는 예리한 **칼날**에 베인 것 같다.
この傷は、鋭利な刃で切られたようだ。

☑ 1732
송곳
[송곧]

きり
송곳 끝이 너무 무뎌서 구멍이 잘 안 뚫어진다.
きりの先端があまりに鈍くなって、穴がうまく開かない。

☑ 1733
낫
[낟]

鎌
조상의 묘를 깨끗이 하기 위해 **낫**으로 풀을 베고 정리했다.
先祖の墓をきれいにするため、鎌で草を刈り整理した。

☐ 1734
도끼
おの
믿는 **도끼**에 발등을 찍힌다더니 어떻게 그런 일을 벌일 수 있지?
「飼い犬に手をかまれる」というけど、どうしてそんなことができるの？

☐ 1735
망치
ハンマー
망치로 벽에 못을 박고 시계를 걸었다.
ハンマーで壁にくぎを打って、時計を掛けた。

☐ 1736
삽
スコップ
삽과 곡괭이로 구덩이를 파고 김장독을 묻었다.
スコップとつるはしでくぼみを掘って、キムジャンのかめを埋めた。

☐ 1737
비
ほうき
낙엽으로 수북한 마당을 쓸려고 **비**를 찾았다.
落ち葉でうず高くなった庭を掃こうと、ほうきを探した。

☐ 1738
지레
てこ
팔심만으로 들어 올리기 힘든 돌은 **지레**로 들어 올렸다.
腕力だけで持ち上げるのが大変な石は、てこで持ち上げた。

☐ 1739
사닥다리
[사닥따리]
はしご
눈을 치우기 위해 **사닥다리**를 타고 지붕에 올라갔다.
雪下ろしをするために、はしごに乗って屋根に上がった。

☐ 1740
책상머리
[책쌍머리]
机の一方のへり、机上、机の前　漢冊床 --
시험 기간 내내 **책상머리**에서 엎드려 잤더니 허리가 아프다.
試験期間中ずっと、机にうつ伏せて寝ていたから腰が痛い。

解説　1734 믿는 도끼에 발등 찍히다で「飼い犬に手を噛まれる」という意味

□ 1741 **하다用言**
자처하다
自負する、自任する　漢自処 --
애국자라고 **자처하는** 사람 중에 진정으로 나라를 사랑하는 사람은 없다.
愛国者と自負する人の中に、心から国を愛する人はいない。

□ 1742
홀리다
ほれ込む、惑わされる
그 사람한테 **홀려서** 재산을 탕진했다.
その人に惑わされて、財産を使い果たした。

□ 1743
소스라치다
びっくり仰天する、肝をつぶす
고층 건물이 갑자기 정전되면서 사람들의 비명에 **소스라치게** 놀랐다.
高層の建物が急に停電になって、人々の悲鳴にびっくり仰天した。

□ 1744 **하다用言**
질겁하다
[질거파다]
びっくり仰天する、怖くてびっくりする　漢窒怯 --
아무도 없는데 귀신이 있는 줄 알고 **질겁하고** 도망갔다.
誰もいないのに、お化けがいると思ってびっくり仰天して逃げた。

□ 1745 **하다用言**
어리둥절하다
[어리둥저라다]
面食らう、まごつく
보자마자 다짜고짜 화를 내니 **어리둥절할** 수밖에 없지 않냐?
会うなりいきなり怒るので、面食らうしかないだろ？

□ 1746
쩔쩔매다
たじろぐ、あわてふためく、途方に暮れる
발표자는 예상치 못한 질문에 제대로 답을 하지 못하고 **쩔쩔맸다.**
発表者は、予想外の質問にきちんと答えられずあわてふためいた。

□ 1747
쪽팔리다
恥ずかしいの俗語
우아한 옷을 입고 있었는데 **쪽팔리게** 사람 많은 곳에서 넘어졌다.
優雅な服を着ていたのに、恥ずかしいことに人の多い場所で転んだ。

□ 1748
시달리다
悩まされる、苦しめられる
인플루엔자에 걸려서 밤새 고열에 **시달렸다.**
インフルエンザにかかり、夜通し高熱に苦しめられた。

☑1749 　하다用言
환장하다
[换腸 --]

気がおかしくなる、のめり込む　漢換腸 --
스무 살 딸이 아빠 말은 듣지 않아서 **환장하겠어.**
20歳の娘が父親の言うことは聞かないので、気がおかしくなりそうだ。

☑1750
업신여기다
[업씬녀기다]

見くびる、蔑視する
가진 것이 없다고 함부로 남을 **업신여겨서는** 안 된다.
貧乏だからといって、むやみに他人を見くびってはいけない。

☑1751
우쭐거리다

偉そうに振る舞う
친구 녀석이 이번에 1등을 하더니 **우쭐거리는** 모습이 얄밉다.
友達の奴が今回1位になったけど、偉そうに振る舞う姿が憎らしい。

☑1752
울렁거리다

(吐き気で)むかむかする
밥을 급하게 먹었더니 속이 **울렁거리면서** 토할 것 같다.
ご飯を急いで食べたら、胃がむかむかして吐きそうだ。

☑1753
어리다

(涙が)にじむ、涙ぐむ
편지를 읽어 내려가던 그의 눈가에 눈물이 **어렸습니다.**❼
手紙を読み進めていた彼の目元に、涙がにじみました。

☑1754
북받치다
[북빧치다]

込み上げる、湧き上がる
그런 이야기를 들으면 감정이 **북받칩니다.**
そんな話を聞いたら、感情が込み上げます。

☑1755　ㄹ語幹
치밀다

込み上げる、突き上げる
그의 뻔뻔한 말에 분노가 **치밀었다.**
彼のずうずうしい言葉に、怒りが込み上げた。

解説　1753 **정성이 어리다**(心がこもる)という形でも用いられる

☑1756 하다用言
가련하다
[가려나다]

哀れだ　漢可憐 --
내가 당신을 **가련하게** 여겨 이번에는 용서하도록 하겠다.
私があなたを哀れに思い、今回は許すことにする。

☑1757 하다用言
무식하다
[무시카다]

無知だ、無学だ　漢無識 --
무식하면 용감하다고 무언가 잘 모를 때 시작하는 것이 낫다.
無知な者ほど勇敢だというが、よく知らずに始める方がいい。

☑1758 하다用言
고요하다

静かだ
고요한 주택가에서 아침부터 소란이 일어났다.
静かな住宅街で、朝から騒ぎが起きた。

☑1759 하다用言
한적하다
[한저카다]

物静かだ、ひっそりしている　漢閑寂 --
한적한 시골에서 일주일 정도 지내고 싶다.
物静かな田舎で1週間ほど過ごしたい。

☑1760 하다用言
어수선하다
[어수서나다]

乱れている
범죄가 끊이지 않고 먹고살기 힘드니 나라가 **어수선하다**.
犯罪が絶えず暮らしが大変だから、国が乱れている。

☑1761 하다用言
떠들썩하다
[떠들써카다]

騒々しい、騒がしい
옆집 총각의 결혼식으로 동네가 **떠들썩한** 걸 보니 마음이 흐뭇합니다.
隣の家の青年の結婚式で町内が騒がしいのを見ると、ほほ笑ましいです。

☑1762 하다用言
바글바글하다
[바글바그라다]

ごった返している、うじゃうじゃいる
명품 할인 매장은 손님들로 **바글바글했다**.
ブランド品のセール会場は、客でごった返していた。

☑1763 하다用言
번화하다
[버놔하다]

にぎやかだ、大変だ　漢繁華 --　関-스럽다, -롭다
시골에서만 살다가 **번화한** 도시에 나오니 정신없다.
田舎でずっと暮らしていて、にぎやかな都会に出てきたらせわしない。

DATE　　　年　　月　　日
DATE　　　年　　月　　日

14週目
15週目
16週目
17週目
18週目
19週目
20週目
21週目
22週目
23週目
24週目
25週目
26週目

☑ 1764 ㅂ変則

소란스럽다

[소란스럽따]

騒がしい、手に余る　漢騒乱 --- 関- 하다
마을 축제 때문에 아침부터 **소란스럽다**.
村のお祭りのせいで、朝から騒がしい。

☑ 1765 ㅂ変則

버겁다

[버겁따]

手に余る、大変だ
아이 하나 돌보는 것도 **버거운데** 둘째를 낳으라고요?
子ども1人の面倒を見るのも手に余るのに、2人目を産めですって？

☑ 1766

벅차다

手に負えない、手に余る
신입 사원인데 일이 너무 많아서 **벅차다**.
新入社員だが、仕事が多すぎて手に負えない。

☑ 1767 하다用言

빡빡하다

[빡빠카다]

融通が利かない、かつかつだ
내가 잘못한 건 맞는데 그렇게 **빡빡하게** 굴지 말고 좀 봐줘.
私が間違ったのは事実だが、そんなにきつく言わずに少し見逃してよ。

☑ 1768 하다用言

빤하다

[빤하다]

見え透いている、ほのかに明るい
이런 실력으로는 경기에 질 것이 불 보듯 **빤하다**.❶
こんな実力では、試合に負けることは火を見るより明らかだ。

☑ 1769 하다用言

빳빳하다

[빤빠타다]

ぱりぱりしている、こちこちだ
설날이라서 세뱃돈을 **빳빳한** 지폐로 준비했다.
お正月なので、お年玉をピン札で用意した。

☑ 1770 하다用言

빠듯하다

[빠드타다]

きっちりだ、ぎりぎりだ
아이돌의 하루 일정은 늘 **빠듯하게** 짜여 있다.
アイドルの1日のスケジュールは、いつもぎっしり組まれている。

解説　　1768 **불 보듯 빤하다**で「火を見るより明らかだ」という意味

☑ 1771
휙

くるっと、さっと

바람이 세게 불자 그녀는 고개를 **휙** 돌렸다.

風が強く吹くや、彼女は首をくるっと回した。

☑ 1772
허겁지겁❶

[허겁찌겁]

あたふた、そそくさ、慌てて　関 – 하다

아이가 허기에 시달렸는지 **허겁지겁** 빵을 삼켰다.

子どもが空腹に苦しんだのか、あたふたとパンを飲み込んだ。

☑ 1773
허둥지둥

あたふた、慌てて　関 – 하다

닥쳐서 **허둥지둥** 일을 하지 말고, 미리 준비하고 그래라.

ぎりぎりになってあたふたと仕事をしないで、あらかじめ準備しておきなさい。

☑ 1774
부랴부랴

あたふたと、慌てて、急いで

늦잠을 자서 일어나자마자 세수도 하지 않고 **부랴부랴** 뛰쳐나갔다.

寝坊をして、起きてすぐ顔も洗わず慌てて飛び出した。

☑ 1775
허우적허우적

[허우저커우적]

じたばた、あっぷあっぷ　関 – 하다

수영을 못 하는 그는 물에 빠지자 **허우적허우적** 바둥거렸다.

泳げない彼は水に落ちると、あっぷあっぷあがいた。

☑ 1776
탁탁

てきぱき、ぱたぱた、ぺっと

배고프다고 했더니 아빠가 부엌에서 **탁탁** 음식을 만들어 왔다.

お腹が空いたと言ったら、父が台所でてきぱき料理を作ってきた。

☑ 1777
주춤

たじろぐさま　関 – 하다

그는 한 걸음 다가서기를 **주춤**거렸지만, 이내 앞으로 나아갔다.

彼は一歩近づくのをためらったが、すぐに前に進んだ。

☑ 1778
홱

さっと、くるっと

그녀는 고개를 **홱** 돌리고 그 자리를 떠났다.

彼女はさっとそっぽを向いて、その場を去った。

☑ 1779

힐끔

ちらっと
고양이가 나를 **힐끔** 쳐다보고 어디론가 사라졌다.
猫が私をちらっと見て、どこかに消えた。

☑ 1780

아삭아삭

[아사가삭]

さくさく 　関 – 하다
사과가 **아삭아삭**해서 식감이 최고다.
リンゴがさくさくして、食感が最高だ。

☑ 1781

쫄깃쫄깃

[쫄긷쫄긷]

しこしこ 　関 – 하다
낙지를 가볍게 데쳐서 고추장에 찍어 먹었더니 **쫄깃쫄깃**했다.
タコを軽くゆでてコチュジャンに付けて食べたら、しこしこしていた。

☑ 1782

반들반들

つやつや 　関 – 하다
손님들이 오기 전에 가구를 **반들반들**하게 닦아 놓았다.
客が来る前に、家具をつやつやに磨いておいた。

☑ 1783

울긋불긋

[울근뿔근]

色とりどり 　関 – 하다
가을 산이 단풍으로 **울긋불긋**하게 물들었다.
秋の山が、紅葉で色とりどりに染まった。

☑ 1784

발끈

かっと 　関 – 하다
부모님을 모욕하는 발언에 **발끈**하여 친구를 한 대 치고 말았다.
両親を侮辱する発言にかっとなり、友達を一発殴ってしまった。

☑ 1785

버럭

かっと
신랑이 나의 호화 신혼여행 계획을 듣더니 **버럭** 화를 냈다.
夫は、私の豪華新婚旅行の計画を聞いてかっと怒った。

解説	1772 主に食べるときに用いられる

☑1681 대청마루	☑1716 주걱	☑1751 우쭐거리다
☑1682 문짝	☑1717 국자	☑1752 울렁거리다
☑1683 문턱	☑1718 집게	☑1753 어리다
☑1684 살	☑1719 저울	☑1754 북받치다
☑1685 초인종	☑1720 성냥	☑1755 치밀다
☑1686 문패	☑1721 수세미	☑1756 가련하다
☑1687 등불	☑1722 은박지	☑1757 무식하다
☑1688 미닫이	☑1723 행주	☑1758 고요하다
☑1689 버팀목	☑1724 노끈	☑1759 한적하다
☑1690 발	☑1725 밧줄	☑1760 어수선하다
☑1691 장판	☑1726 철사	☑1761 떠들썩하다
☑1692 돗자리	☑1727 사슬	☑1762 바글바글하다
☑1693 요	☑1728 나사	☑1763 번화하다
☑1694 융단	☑1729 자물쇠	☑1764 소란스럽다
☑1695 장롱	☑1730 용수철	☑1765 버겁다
☑1696 세간	☑1731 칼날	☑1766 벅차다
☑1697 주방	☑1732 송곳	☑1767 빡빡하다
☑1698 부뚜막	☑1733 낫	☑1768 빤하다
☑1699 선반	☑1734 도끼	☑1769 뻣뻣하다
☑1700 찬장	☑1735 망치	☑1770 빠듯하다
☑1701 곤로	☑1736 삽	☑1771 휙
☑1702 독	☑1737 비	☑1772 허겁지겁
☑1703 항아리	☑1738 지레	☑1773 허둥지둥
☑1704 질그릇	☑1739 사닥다리	☑1774 부랴부랴
☑1705 단지	☑1740 책상머리	☑1775 허우적허우적
☑1706 대야	☑1741 자처하다	☑1776 탁탁
☑1707 박	☑1742 홀리다	☑1777 주춤
☑1708 가마솥	☑1743 소스라치다	☑1778 홱
☑1709 바구니	☑1744 질겁하다	☑1779 힐끔
☑1710 소쿠리	☑1745 어리둥절하다	☑1780 아삭아삭
☑1711 체	☑1746 쩔쩔매다	☑1781 쫄깃쫄깃
☑1712 테	☑1747 쪽팔리다	☑1782 반들반들
☑1713 석쇠	☑1748 시달리다	☑1783 울긋불긋
☑1714 시루	☑1749 환장하다	☑1784 발끈
☑1715 쟁반	☑1750 업신여기다	☑1785 버럭

☐1681　家の中央にある広い板の間
☐1682　(門の)扉
☐1683　敷居
☐1684　(戸・障子などの)桟
☐1685　呼び鈴
☐1686　表札
☐1687　明かり
☐1688　引き戸
☐1689　支え木
☐1690　すだれ
☐1691　厚い油紙を張ったオンドルの床
☐1692　ござ
☐1693　敷布団
☐1694　じゅうたん
☐1695　たんす
☐1696　家財道具
☐1697　台所
☐1698　かまど
☐1699　棚
☐1700　食器棚
☐1701　こんろ
☐1702　かめ
☐1703　かめ
☐1704　土器
☐1705　つぼ
☐1706　たらい
☐1707　ふくべ
☐1708　大釜
☐1709　かご
☐1710　ざる
☐1711　ふるい
☐1712　へり
☐1713　焼き網
☐1714　蒸し器
☐1715　盆

☐1716　しゃもじ
☐1717　しゃくし
☐1718　やっとこ
☐1719　はかり
☐1720　マッチ
☐1721　スポンジ
☐1722　アルミホイル
☐1723　布巾
☐1724　ひも
☐1725　ロープ
☐1726　針金
☐1727　鎖
☐1728　ねじ
☐1729　錠
☐1730　バネ
☐1731　刃
☐1732　きり
☐1733　鎌
☐1734　おの
☐1735　ハンマー
☐1736　スコップ
☐1737　ほうき
☐1738　てこ
☐1739　はしご
☐1740　机の一方のへり
☐1741　自負する
☐1742　ほれ込む
☐1743　びっくり仰天する
☐1744　びっくり仰天する
☐1745　面食らう
☐1746　たじろぐ
☐1747　恥ずかしいの俗語
☐1748　悩まされる
☐1749　気がおかしくなる
☐1750　見くびる

14週目
15週目
16週目
17週目
18週目
19週目
20週目
21週目
22週目
23週目
24週目
25週目
26週目

☑1751　偉そうに振る舞う
☑1752　(吐き気で)むかむかする
☑1753　(涙が)にじむ
☑1754　込み上げる
☑1755　込み上げる
☑1756　哀れだ
☑1757　無知だ
☑1758　静かだ
☑1759　物静かだ
☑1760　乱れている
☑1761　騒々しい
☑1762　ごった返している
☑1763　にぎやかだ
☑1764　騒がしい
☑1765　手に余る
☑1766　手に負えない
☑1767　融通が利かない
☑1768　見え透いている
☑1769　ぱりぱりしている
☑1770　きっちりだ
☑1771　くるっと
☑1772　あたふた
☑1773　あたふた
☑1774　あたふたと
☑1775　じたばた
☑1776　てきぱき
☑1777　たじろぐさま
☑1778　さっと
☑1779　ちらっと
☑1780　さくさく
☑1781　しこしこ
☑1782　つやつや
☑1783　色とりどり
☑1784　かっと
☑1785　かっと

☐ 1786
먹

墨
먹물이 옷에 묻어서 빨아도 지워지지 않는다.❷
墨汁が服に付いて、洗っても落ちない。

☐ 1787
인주

朱肉　漢印朱
도장을 찍으려고 **인주**를 찾았는데 안 보였다.
判を押そうと朱肉を探したが、見つからなかった。

☐ 1788
방울

鈴
고양이가 어디에 있어도 알 수 있도록 목에 **방울**을 달았다.
猫がどこにいても分かるよう、首に鈴を付けた。

☐ 1789
초

ろうそく
일과를 마무리하면 집에 **초**를 켜고 한 시간 정도 명상을 한다.
日課を終えると、家でろうそくをつけて1時間ほど瞑想をする。

☐ 1790
향

香り、香　漢香
카페든 집이든 **향**이 그윽한 곳이 좋다.
カフェでも家でも、香りが奥ゆかしい場所が好きだ。

☐ 1791
압정
[압쩡]

画びょう　漢押釘
포스터가 떨어지지 않도록 **압정**으로 벽에 단단히 고정했다.
ポスターが落ないように、画びょうで壁にしっかり固定した。

☐ 1792
액자
[액짜]

額縁　漢額子
가장 아끼는 그림엽서를 **액자**에 끼워 벽에 걸어 뒀다.
一番大事にしている絵はがきを額縁に入れて、壁に掛けておいた。

☐ 1793
주사위

さいころ
체제 개혁을 위한 **주사위**는 이미 던져졌다.
体制改革のためのさいは、すでに投げられた。

☑ 1794
돋보기
[돋뽀기]

虫眼鏡、老眼鏡
돋보기로 곤충을 관찰하는 숙제를 내 줬다.
虫眼鏡で昆虫を観察する宿題を出した。

☑ 1795
쪽지
[쪽찌]

紙切れ　漢 – 紙
일상적인 실력 평가를 위해 매주 **쪽지** 시험을 보고 있다.❷
日常的な実力評価のために、毎週小テストを受けている。

☑ 1796
인화
[이놔]

(写真の) プリント　漢 印画　関 – 하다
요즘에는 스마트폰에 사진을 저장하기 때문에 **인화**하는 사람이 드물다.
最近はスマートフォンに写真を保存するので、プリントする人はまれだ。

☑ 1797
조리개

(カメラの) 絞り
카메라 사용에 능숙한 사람은 **조리개**를 잘 조절한다.
カメラを上手に使う人は、絞りをうまく調節する。

☑ 1798
기별

便り、消息、知らせ　漢 奇別
거액을 투자하기로 한 그가 다음 달에 방문한다는 **기별**이 왔다.
巨額を投資することにした彼が、来月訪問するという知らせが届いた。

☑ 1799
귀중

御中　漢 貴中
서울남부지방법원 제1민사부 **귀중**.
ソウル南部地方裁判所第一民事部御中。

☑ 1800
귀하

貴殿　漢 貴下
귀하가 보내신 메일만으로는 아무런 소득증명이 되지 않습니다.
貴殿がお送りになったメールだけでは、なんの所得証明にもなりません。

解説　1786 **먹물**で「墨汁」という意味　1795 **쪽지 시험**で「小テスト」という意味

☑ 1801
사서함
私書箱　漢私書函
라디오방송국에 사연을 보내려면 우체국 **사서함**을 이용해야 합니다.
ラジオ局に便りを送るには、郵便局の私書箱を利用しなければいけません。

☑ 1802
방명록
[방명녹]
芳名帳　漢芳名録
방문자들은 개인전 축하메시지를 **방명록**에 한마디씩 남기고 갔다.
訪問者は、個展のお祝いメッセージを芳名帳に一言ずつ残していった。

☑ 1803
송장
[송짱]
送り状　漢送状
국제 화물 **송장**을 메일로 보내 드리오니 챙기시기 바랍니다.
国際貨物の送り状をメールで送りますので、ご査収願います。

☑ 1804
꾸러미
包み、束
교회에서 산타클로스로부터 선물 **꾸러미**를 받았다.
教会で、サンタクロースからプレゼントの包みをもらった。

☑ 1805
보따리
包み　漢褓--
그는 그동안 겪었던 장사에 관한 이야기**보따리**를 풀어놓았다.❶
彼は、これまで経験した商売に関するエピソードを披露した。

☑ 1806
뜨개질
編み物　関-하다
그녀는 남자 친구에게 손수 **뜨개질**한 목도리를 선물했다.
彼女は、彼氏に自分で編んだマフラーをプレゼントした。

☑ 1807
매듭
結び目、結末
그 건은 우리 회사가 손해를 보는 것으로 **매듭**을 지읍시다.❶
その件は、当社が損をすることで片を付けましょう。

☑ 1808
실마리
糸口
수사가 계속되고 있으나 사건 해결의 **실마리**가 전혀 보이지 않는다.
捜査が続いているが、事件解決の糸口が全く見えない。

DATE 年 月 日
DATE 年 月 日

□ 1809

수¹

刺しゅう　漢繡

아이 가방에 이름을 **수** 놓았다. ❷

子どものかばんに、名前を刺しゅうした。

□ 1810

명주

絹織物　漢明紬

결혼 선물로 어머님이 **명주** 저고리를 한 벌 준비해 주셨다.

結婚のプレゼントとして、お母さんが絹織物のチョゴリを1着準備してくださった。

□ 1811

베

麻、麻布

그 공장에 가면 **베**를 짜는 것을 볼 수 있다. ❷

その工場に行けば、麻を織っているのを見ることができる。

□ 1812

삼²

麻、(植物の)麻

조상들은 예전에 **삼**으로 **삼**베옷을 만들어 입었다.

祖先たちは昔、麻で麻の服を作って着ていた。

□ 1813

넝마

ぼろ

그의 모습은 **넝마**를 걸친 걸인과 흡사했다.

彼の姿は、ぼろをまとった物乞いに酷似していた。

□ 1814

헝겊

[헝겁]

布切れ

테이블 위가 물로 너무 흥건하니 **헝겊**으로 먼저 닦아 내세요.

テーブルの上が水浸しなので、布切れでまず拭き取ってください。

□ 1815

지퍼

ファスナー　外zipper

가방의 **지퍼**가 열린 줄도 모르고 돌아다녔다.

かばんのファスナーが開いているとも知らずに、出歩いた。

解説　1805 **이야기보따리**で「エピソード」という意味　1807 **매듭을 짓다**で「けりをつける」という意味　1809 **수(를) 놓다**で「刺しゅうする」という意味　1811 **베를 짜다**で「麻を織る」という意味

☑ 1816
윗도리
[윋또리]

上半身に着る衣類、上衣、トップス
일하느라 땀이 많이 나서 **윗도리**를 갈아입었다.
仕事で汗をたくさんかいたので、上衣を着替えた。

☑ 1817
자락

裾
갯벌에서 조개를 캐기 위해 바짓**자락**을 걷어 올렸습니다.
干潟で貝を採るために、ズボンの裾をまくり上げました。

☑ 1818
기장

丈
새로 산 바지의 **기장**이 길어서 줄였다.
新しく買ったズボンの丈が長くて、詰めた。

☑ 1819
구두창

靴底
영업 때문에 하도 많이 걸었더니 **구두창**이 빠져 버렸다.
営業のために、あまりにたくさん歩いたら靴底が取れてしまった。

☑ 1820
굽

ヒール、かかと
구두의 **굽**이 무척 높은데 그러면 발목 다칠걸?
靴のヒールがすごく高いんだけど、それだと足首をケガするよ。

☑ 1821
우비

雨具、カッパ 漢雨備
비가 거세게 와서 **우비**를 입고 장화를 신었다.
雨が激しく降っていたので、カッパを着て長靴を履いた。

☑ 1822
양산

日傘 漢陽傘
자외선을 차단하기 위해서는 **양산**이 필요하죠?
紫外線を遮断するためには、日傘が必要ですよね？

☑ 1823
밀짚모자
[밀찜모자]

麦わら帽子 漢--帽子
땡볕에 밭에서 수박을 딸 때 **밀짚모자**를 써야 목이 안 탄다.
炎天下の畑でスイカを採るとき、麦わら帽子をかぶると首が日焼けしない。

☐ 1824

갓

[갇]

カッ(昔、成人男性がかぶった冠帽)、カサ

신분질서가 엄격했던 조선 시대에 **갓**은 양반의 상징이었다.

身分秩序が厳格だった朝鮮時代に、カッは両班の象徴だった。

☐ 1825

앞치마

[압치마]

エプロン

일찍 퇴근해서 **앞치마**를 두르고 본격적으로 가족을 위한 요리를 시작했다.

早く退勤してエプロンを着けて、本格的に家族のための料理を始めた。

☐ 1826

턱받이

[턱빠지]

よだれかけ、スタイ

이유식을 먹는 아이는 **턱받이**를 해 주지 않으면 다 흘린다.

離乳食を食べる子どもは、よだれかけをしてやらないと全部こぼす。

☐ 1827

기저귀

おむつ

아기 **기저귀**를 갈아 주는 것은 남편 몫입니다.

赤ん坊のおむつを替えてやることは、夫の役目です。

☐ 1828

도금

メッキ　漢鍍金　関-하다

이 목걸이는 순금이 아니라 **도금**을 한 것입니다.

このネックレスは純金ではなく、メッキをした物です。

☐ 1829

백금

[백끔]

プラチナ　漢白金

이것은 피부 재생을 위해서 **백금**도 일부 함유시킨 마스크팩입니다.

これは、皮膚再生のためにプラチナも一部含ませたマスクパックです。

☐ 1830

배지

バッジ　外badge

명문고 아이들은 자랑스레 학교 **배지**를 가슴에 달고 다닌다.

名門高の子どもたちは、誇らしげに学校のバッジを胸に着けて歩いている。

□ 1831
팔찌

ブレスレット
결혼기념일에 아내에게 예쁜 **팔찌**를 사 주었다.
結婚記念日に、妻にかわいいブレスレットを買ってあげた。

□ 1832
모닥불
[모닥뿔]

たき火
캠프에 가서 **모닥불** 주변에 모여 앉아 이야기를 나누었다.
キャンプに行ってたき火の周りに集まって座り、語り合った。

□ 1833
장작

まき　漢長斫
장작을 주워 와서 모닥불을 피우고 이야기를 도란도란 나눴다.
まきを拾ってきてたき火をして、仲むつまじく話をした。

□ 1834
꽁초

吸い殻
꽁초는 바닥이 아니라 꼭 재떨이에 버려 주세요.
吸い殻は床ではなく、必ず灰皿に捨ててください。

□ 1835
천막

テント　漢天幕
피해자들은 시청사 앞에서 **천막**을 치고 요구사항을 주장하고 있다.❼
被害者たちは、市庁舎前にテントを張って要求事項を主張している。

□ 1836
침낭

寝袋　漢寝囊
산 중턱에서 자기 위해 **침낭**을 챙겨 왔다.
山の中腹で寝るために、寝袋を持ってきた。

□ 1837
일회용
[이뢰용]

使い捨て　漢一回用
환경을 위해서는 **일회용**품 사용을 줄여야 한다.
環境のためには、使い捨て用品の使用を減らさなければならない。

□ 1838
아이스 박스

クーラーボックス　外ice box
아이스 박스에 음료수 캔을 잔뜩 넣어서 가져갔다.
クーラーボックスに、ジュースの缶をたっぷり入れて持っていった。

☑ 1839
물레방아

水車
쿵더쿵쿵더쿵 **물레방아** 소리가 들린다.
ゴトンゴトン、水車の音が聞こえる。

☑ 1840
바람개비

かざぐるま
자전거를 타고 달리니 **바람개비**가 신나게 돌아간다.
自転車に乗って走ったら、かざぐるまが勢いよく回っている。

☑ 1841
화분

植木鉢　漢花盆
아파트에 살지만 **화분**에 꽃을 심어서 자연과 가까이하고 있다.
マンションに住んでいるが、植木鉢に花を植えて自然と親しんでいる。

☑ 1842
짚
[집]

わら
짚신을 신고 흙길을 걸으니 마치 농부가 된 듯하다.
わらじを履いて土の道を歩くと、まるで農夫になった気がする。

☑ 1843
허수아비

かかし、操り人形
수확을 앞둔 가을철이라 농촌에 **허수아비**가 많았다.
収穫を前にした秋なので、農村にかかしが多かった。

☑ 1844
거름

肥料、肥やし　関 - 하다
낙엽을 모아서 잘 삭히면 좋은 **거름**이 됩니다.
落ち葉を集めてよく発酵させると、いい肥料になります。

☑ 1845
밑거름
[믿꺼름]

基礎
너의 그런 노력이 **밑거름**이 되어서 오늘날의 성공을 불러온 거야!
君のそのような努力が基礎になって、今日の成功を呼んだんだ！

| 解説 | 1835 **천막을 치다**로「テントを張る」という意味 |

動詞28_ 思考・感情～変化

[TR124]

☑ 1846
들끓다
[들끌타]

(感情などが) 沸き立つ、沸き起こる、大騒ぎになる

법원의 판결에 납득할 수 없다는 여론이 **들끓었다**.

裁判所の判決に納得できないという世論が、沸き起こった。

☑ 1847
불러일으키다
[불러이르키다]

呼び起こす

이번 사건으로 보안에 대한 경각심을 **불러일으킬** 필요가 있다.

今回の事件で、セキュリティーに対する警戒心を呼び起こす必要がある。

☑ 1848
흐느끼다

すすり泣く

그녀는 이별 통보를 받았는지 **흐느끼는** 목소리로 전화를 받았다.

彼女は別れを告げられたのか、すすり泣く声で電話を受けた。

☑ 1849
울부짖다
[울부진따]

泣き叫ぶ

소송으로 아이를 빼앗긴 어머니는 법정에서 **울부짖었다**.

訴訟で子どもを奪われた母親は、法廷で泣き叫んだ。

☑ 1850
호통치다

怒鳴る、怒鳴りつける

할아버지는 항상 인자하신 분이었지만, **호통치실** 때는 정말 무서웠다.

祖父はいつも優しい方だったが、怒鳴りつける時は本当に怖かった。

☑ 1851
처지다

感情などが沈む、垂れる、取り残される

형편이 어려워 자퇴하는 학생을 보면 기분이 **처진다**.

暮らし向きが悪くて、自主退学する学生を見ると気持ちが沈む。

☑ 1852
허덕이다
[허더기다]

苦しむ、あえぐ

그녀는 가난에 **허덕였던** 어린 시절을 잊고 싶어 했다.

彼女は、貧困に苦しんだ幼い頃を忘れたがった。

☑ 1853
허우적거리다
[허우적꺼리다]

もがく、じたばたする

수영을 못 해서 물에 들어가면 늘 **허우적거린다**.

泳げないので、水に入るといつもじたばたする。

14週目
15週目
16週目
17週目
18週目
19週目
20週目
21週目
22週目
23週目
24週目
25週目
26週目

☐ 1854
헐떡거리다
[헐떡꺼리다]

息を切らせる、あえぐ、ぜいぜい言う
병약한 영수는 **헐떡거리며** 계단을 올랐다.
病弱なヨンスは、息を切らせながら階段を上った。

☐ 1855
가물거리다

もうろうとする、(火などが) ちらちらする、ぼんやりする、揺らめく
술에 취했는지 정신이 **가물거렸다**.
酒に酔ったのか、意識がもうろうとした。

☐ 1856
가시다²

消える
그 아이는 이제 소녀티가 **가시고** 제법 처녀티가 난다.
あの子はもう少女らしさが消えて、すっかりお姉さんらしい。

☐ 1857
거듭나다
[거듭나다]

生まれ変わる
이번에 속죄하고 새로운 사람으로 **거듭나고자** 합니다.
今回罪を償って、新しい人に生まれ変わろうと思います。

☐ 1858　**하다用言**
탈바꿈하다
[탈바꾸마다]

変身する、変貌する
그곳은 재개발되면서 새로운 느낌의 거리로 **탈바꿈했다**.
そこは再開発されたことで、新しい感じの街に変貌した。

☐ 1859
고부라지다

曲がる
술 취해서 혀 **고부라진** 소리로 이야기를 하니 무슨 말인지 못 알아듣겠어요.❼
酒に酔ってろれつが回らない状態で話しているから、何を言っているのか分からないです。

☐ 1860
구부러지다

曲がる
허리가 **구부러지도록** 일하는데 남는 게 없다.
腰が曲がるほど働いているのに、残るものがない。

解説　1859 **혀가 고부라지다**で「舌が曲がる」、つまり「舌が回らない」という意味

☑ 1861 **하다用言**
빼곡하다

びっしりと詰まっている
그녀가 조사한 사건 기록에는 관련 메모가 **빼곡했다**.
彼女が調べた事件記録には、関連メモがびっしりと詰まっていた。

☑ 1862 **하다用言**
탱탱하다

ぱんぱんだ、ぷるぷるだ、かちかちだ
오렌지 껍질을 까자 **탱탱한** 알맹이가 나왔다.
オレンジの皮をむくと、ぷるぷるした実が出てきた。

☑ 1863 **하다用言**
팽팽하다

ぴんと張っている、釣り合っている
줄다리기가 끝나자 **팽팽하던** 밧줄이 일순간에 느슨해졌다.
綱引きが終わるや、ぴんと張っていた綱が一瞬で緩んだ。

☑ 1864
알차다

内容が充実している
언제나 **알찬** 내용으로 강의를 해 주셔서 감사합니다.
いつも充実した内容で講義をしてくださり、ありがとうございます。

☑ 1865 **하다用言**
약소하다
[약쏘하다]

少なくて粗末だ、ささやかだ　漢略少 --
비록 선물이 **약소하오나** 받아 주시면 감사하겠습니다.
贈り物がささやかではありますが、受け取ってくださるとありがたいです。

☑ 1866 **하다用言**
깊숙하다
[깁쑤카다]

奥深い、深い、奥まっている
귀중품은 장롱 **깊숙한** 곳에 보관하고 있다.
貴重品はたんすの奥深くに保管している。

☑ 1867 **하다用言**
나직하다
[나지카다]

やや低い
변성기 때 성인 남성처럼 **나직한** 목소리로 말하곤 했다.
声変わりの頃、大人の男性のように低い声で話をしたものだ。

☑ 1868 **하다用言**
수북하다
[수부카다]

うずたかい
책상 위에 처리해야 할 서류가 **수북하게** 쌓여 있다.
机の上に、処理しなければならない書類がうずたかく積んである。

☑ 1869

옅다

[엳따]

薄い、浅い

후지산 정상으로 올라갈수록 공기가 **옅어져서** 산소통이 필요하다.

富士山の頂上に近づくほど空気が薄くなるので、酸素ボンベが必要だ。

☑ 1870　하다用言

장황하다

長たらしい　漢張皇 --　関- 스럽다

설명이 너무 **장황하면** 강사로서는 실격입니다.

説明が長たらしすぎると、講師としては失格です。

☑ 1871　하다用言

썰렁하다

ひやりとする、がらんとする、物寂しい

아무도 없는 듯 집이 조용하고 **썰렁하다.**

誰もいないかのように、家が静かでがらんとしている。

☑ 1872　하다用言

쏠쏠하다

[쏠쏘라다]

(質が)かなり良い、うまみがある

그는 주식투자로 **쏠쏠한** 재미를 보더니 전업 투자자가 됐다.❷

彼は株投資でかなり良い目を見ていたが、専業投資家になった。

☑ 1873　하다用言

아늑하다

[아느카다]

温かで穏やかだ、こぢんまりとしている、くつろげる

이 카페는 **아늑하여** 책 읽기에 좋다.

このカフェは温かで穏やかで、本を読むのにいい。

☑ 1874　하다用言

아담하다

[아다마다]

こぢんまりとして上品だ　漢雅淡 --　関- 스럽다

아파트에서 벗어나 근교에 집을 짓고 **아담하게** 정원을 꾸몄다.

マンションから抜け出し、近郊に家を建ててこぢんまりとした庭を造った。

☑ 1875　하다用言

오붓하다

[오부타다]

こぢんまりしている、仲が良い、穏やかで暖かい

모처럼 **오붓하게** 가족끼리 식사를 했다.

久しぶりに、仲良く家族だけで食事をした。

解説　1872 **재미를 보다**で「良い目を見る」という意味

126日目 副詞18_ 状態・様子 [TR126]

☑ 1876
후끈

かっと、ぽかぽかと　関 – 하다
그가 홈런을 치자 경기장이 **후끈** 달아올랐다.
彼がホームランを打つと、競技場がわっと熱くなった。

☑ 1877
쨍쨍

かんかん、じりじり　関 – 하다
밭의 김을 매는 날은 햇볕이 **쨍쨍** 내리쬐는 무더운 하루였다.
畑の草取りの日は、日差しがじりじり照り付ける蒸し暑い一日だった。

☑ 1878
투덜투덜

ぶつぶつ、ぶうぶう　関 – 하다
내 친구는 일을 하면서도 늘 **투덜투덜** 말이 많다.
私の友達は仕事をしながらも、いつもぶつぶつ文句が多い。

☑ 1879
덜컥

ぎくっと、どきっと　関 – 하다
골목길 모퉁이에서 갑자기 사람이 나타나 겁이 **덜컥** 났다.
路地の角から急に人が現れ、ぎくっと怖い思いをした。

☑ 1880
욱신욱신
[욱씨눅씬]

（主に筋肉が）ずきずき　関 – 하다
어제 과격한 운동을 하고 나서부터 온몸이 **욱신욱신**하다.
昨日、激しい運動をしてから体中がずきずきする。

☑ 1881
지끈지끈

（主に頭が）ずきずき　関 – 하다
수학 문제를 풀려고 했더니 머리가 **지끈지끈** 아파졌다.
数学の問題を解こうとしたら、頭がずきずきと痛くなった。

☑ 1882
뭉클

じんと、ぐっと　関 – 하다
철없는 아빠와 생각 깊은 딸의 가슴 **뭉클**한 이야기가 화제다.
世間知らずな父と思慮深い娘の、胸がじんとする物語が話題だ。

☑ 1883
글썽

涙ぐむ様子　関 – 하다
오랜만에 어머니를 뵈었더니 눈물이 **글썽**거렸다.
久しぶりに母に会ったら、涙ぐんでしまった。

334

☐ 1884
철렁

ひやっと、びくっと 関-하다
투자처가 망했다는 이야기를 듣자 가슴이 **철렁** 내려앉았다.❼
投資先が倒産したとの話を聞いて、肝を冷やした。

☐ 1885
간질간질

こちょこちょ、むずむず 関-하다
아빠가 아이에게 **간질간질** 장난을 치면서 놀고 있다.
お父さんが、子どもにこちょこちょふざけながら遊んでいる。

☐ 1886
진득진득
[진득찐득]

ねばねば 関-하다
가방 안에 들어 있던 사탕이 녹아 **진득진득** 책과 엉겨 붙었다.
かばんの中に入っていたあめが溶けて、ねばねばと本にくっついた。

☐ 1887
폭신폭신
[폭씬폭씬]

ふわふわ、ふんわり 関-하다
이 소파는 **폭신폭신**해서 아이들이 뒹굴기 좋아 보인다.
このソファはふわふわしてて、子どもたちが寝転ぶのによさそうに見える。

☐ 1888
푸석푸석

ぱさぱさ、ぼろぼろ 関-하다
요즘 피부 관리를 못 해서 얼굴이 많이 **푸석푸석**하다.
最近、肌のケアができなくて顔がとてもぱさぱさしている。

☐ 1889
빙그레

にっこり 関-하다
그는 내가 하는 말에 바보처럼 그저 **빙그레** 웃기만 했다.
彼は私の言葉に、ばかみたいにただにっこり笑うだけだった。

☐ 1890
싱긋
[싱귿]

にっこり
그녀는 퀴즈의 답에 대해 알고 있다는 듯 **싱긋** 웃고 답했다.
彼女はクイズの答えを知っているかのように、にっこり笑って答えた。

解説 | 1884 **가슴이 철렁 내려앉다**で「肝を冷やす」という意味

☐ 1786	먹	☐ 1821	우비	☐ 1856	가시다 [2]
☐ 1787	인주	☐ 1822	양산	☐ 1857	거듭나다
☐ 1788	방울	☐ 1823	밀짚모자	☐ 1858	탈바꿈하다
☐ 1789	초	☐ 1824	갓	☐ 1859	고부라지다
☐ 1790	향	☐ 1825	앞치마	☐ 1860	구부러지다
☐ 1791	압정	☐ 1826	턱받이	☐ 1861	빼곡하다
☐ 1792	액자	☐ 1827	기저귀	☐ 1862	탱탱하다
☐ 1793	주사위	☐ 1828	도금	☐ 1863	팽팽하다
☐ 1794	돋보기	☐ 1829	백금	☐ 1864	알차다
☐ 1795	쪽지	☐ 1830	배지	☐ 1865	약소하다
☐ 1796	인화	☐ 1831	팔찌	☐ 1866	깊숙하다
☐ 1797	조리개	☐ 1832	모닥불	☐ 1867	나직하다
☐ 1798	기별	☐ 1833	장작	☐ 1868	수북하다
☐ 1799	귀중	☐ 1834	꽁초	☐ 1869	옅다
☐ 1800	귀하	☐ 1835	천막	☐ 1870	장황하다
☐ 1801	사서함	☐ 1836	침낭	☐ 1871	썰렁하다
☐ 1802	방명록	☐ 1837	일회용	☐ 1872	쏠쏠하다
☐ 1803	송장	☐ 1838	아이스 박스	☐ 1873	아늑하다
☐ 1804	꾸러미	☐ 1839	물레방아	☐ 1874	아담하다
☐ 1805	보따리	☐ 1840	바람개비	☐ 1875	오붓하다
☐ 1806	뜨개질	☐ 1841	화분	☐ 1876	후끈
☐ 1807	매듭	☐ 1842	짚	☐ 1877	쨍쨍
☐ 1808	실마리	☐ 1843	허수아비	☐ 1878	투덜투덜
☐ 1809	수 [1]	☐ 1844	거름	☐ 1879	덜컥
☐ 1810	명주	☐ 1845	밑거름	☐ 1880	욱신욱신
☐ 1811	베	☐ 1846	들끓다	☐ 1881	지끈지끈
☐ 1812	삼 [2]	☐ 1847	불러일으키다	☐ 1882	뭉클
☐ 1813	넝마	☐ 1848	흐느끼다	☐ 1883	글썽
☐ 1814	헝겊	☐ 1849	울부짖다	☐ 1884	철렁
☐ 1815	지퍼	☐ 1850	호통치다	☐ 1885	간질간질
☐ 1816	윗도리	☐ 1851	처지다	☐ 1886	진득진득
☐ 1817	자락	☐ 1852	허덕이다	☐ 1887	폭신폭신
☐ 1818	기장	☐ 1853	허우적거리다	☐ 1888	푸석푸석
☐ 1819	구두창	☐ 1854	헐떡거리다	☐ 1889	빙그레
☐ 1820	굽	☐ 1855	가물거리다	☐ 1890	싱긋

☑1786　墨
☑1787　朱肉
☑1788　鈴
☑1789　ろうそく
☑1790　香り
☑1791　画びょう
☑1792　額縁
☑1793　さいころ
☑1794　虫眼鏡
☑1795　紙切れ
☑1796　(写真の)プリント
☑1797　(カメラの)絞り
☑1798　便り
☑1799　御中
☑1800　貴殿
☑1801　私書箱
☑1802　芳名帳
☑1803　送り状
☑1804　包み
☑1805　包み
☑1806　編み物
☑1807　結び目
☑1808　糸口
☑1809　刺しゅう
☑1810　絹織物
☑1811　麻
☑1812　麻
☑1813　ぼろ
☑1814　布切れ
☑1815　ファスナー
☑1816　上半身に着る衣類
☑1817　裾
☑1818　丈
☑1819　靴底
☑1820　ヒール

☑1821　雨具
☑1822　日傘
☑1823　麦わら帽子
☑1824　カッ(昔、成人男性がかぶった冠帽)
☑1825　エプロン
☑1826　よだれかけ
☑1827　おむつ
☑1828　メッキ
☑1829　プラチナ
☑1830　バッジ
☑1831　ブレスレット
☑1832　たき火
☑1833　まき
☑1834　吸い殻
☑1835　テント
☑1836　寝袋
☑1837　使い捨て
☑1838　クーラーボックス
☑1839　水車
☑1840　かざぐるま
☑1841　植木鉢
☑1842　わら
☑1843　かかし
☑1844　肥料
☑1845　基礎
☑1846　(感情などが)沸き立つ
☑1847　呼び起こす
☑1848　すすり泣く
☑1849　泣き叫ぶ
☑1850　怒鳴る
☑1851　感情などが沈む
☑1852　苦しむ
☑1853　もがく
☑1854　息を切らせる
☑1855　もうろうとする

14週目
15週目
16週目
17週目
18週目
19週目
20週目
21週目
22週目
23週目
24週目
25週目
26週目

☑1856 消える
☑1857 生まれ変わる
☑1858 変身する
☑1859 曲がる
☑1860 曲がる
☑1861 びっしりと詰まっている
☑1862 ぱんぱんだ
☑1863 ぴんと張っている
☑1864 内容が充実している
☑1865 少なくて粗末だ
☑1866 奥深い
☑1867 やや低い
☑1868 うずたかい
☑1869 薄い
☑1870 長たらしい
☑1871 ひやりとする
☑1872 （質が）かなり良い
☑1873 温かで穏やかだ
☑1874 こぢんまりとして上品だ
☑1875 こぢんまりしている
☑1876 かっと
☑1877 かんかん
☑1878 ぶつぶつ
☑1879 ぎくっと
☑1880 （主に筋肉が）ずきずき
☑1881 （主に頭が）ずきずき
☑1882 じんと
☑1883 涙ぐむ様子
☑1884 ひやっと
☑1885 こちょこちょ
☑1886 ねばねば
☑1887 ふわふわ
☑1888 ぱさぱさ
☑1889 にこり
☑1890 にっこり

1・2級

19週目

☑1891
추수
秋の収穫、秋の取り入れ　漢 秋収　関 -하다
추수가 끝나고 나면 할 일이 없어진다.
秋の収穫が終わると、やることがなくなる。

☑1892
흉년
凶作の年　漢 凶年
옛날에는 **흉년**이 들 때마다 백성들이 굶주림에 허덕였다.
昔は凶作のたびに、民が飢えに苦しんだ。

☑1893
덫
[덛]
罠
멧돼지가 **덫**에 걸려서 빠져나오려고 애쓰고 있다.
イノシシが罠にかかって抜け出そうと、もがいている。

☑1894
지팡이
つえ
문을 여니 **지팡이**를 짚은 노인이 기다리고 있었다.
扉を開けると、つえを突いた老人が待っていた。

☑1895
채찍
むち
사람을 제대로 부리기 위해서는 **채찍**뿐 아니라 당근도 필요하다.
人をちゃんと働かせるためには、むちだけでなくニンジンも必要だ。

☑1896
들것
[들껃]
担架
환자가 있으니 어서 **들것**을 가져오세요.
患者がいるので、早く担架を持ってきてください。

☑1897
지게
背負子
예전에는 **지게**에 장독을 얹어서 팔러 다니는 사람도 있었다.
昔は、背負子にかめを載せて売り歩く人もいた。

☑1898
가마²
かご
옛날에는 높은 신분의 사람만 **가마**를 탔다.
昔は、高い身分の人だけがかごに乗った。

☑ 1899
수레
荷車、手車、リヤカー
할아버지는 **수레**를 끌면서 폐지나 헌 신문을 모아다 팔았다.
おじいさんは、リヤカーを引きながら紙くずや古い新聞を集めて売った。

☑ 1900
나들이
[나드리]
外出、お出かけ
날씨가 좋아 **나들이**를 하고 왔는데 길이 막혀서 피곤하다.
天気が良くて出かけてきたけど、道が混んでて疲れる。

☑ 1901
차량
車両　漢 車輛
명절이라 고속도로에 **차량**의 행렬이 꼬리를 물었다.🖋
名節なので、高速道路に車の行列が相次いでできた。

☑ 1902
고물 차
ぼろ車、ぽんこつ車　漢 古物 車
영업용으로 한 10년 탔더니 **고물 차**가 다 됐다.
営業用におよそ10年乗ったら、すっかりぼろ車になった。

☑ 1903
봉고 차
バン　外 bongo 車
사람이 많아서 **봉고 차**를 빌려서 놀러 갔다.
人が多いので、バンを借りて遊びに行った。

☑ 1904
크레인 차
クレーン車　外 crane 車
간판을 달기 위한 **크레인 차**가 왔으니 작업을 합시다.
看板を掛けるためのクレーン車が来たので、作業をしましょう。

☑ 1905
외제
外国製　漢 外製
막대한 부를 물려받은 그는 언제나 **외제** 차를 끌고 다닌다.
莫大な富を譲り受けた彼は、いつも外車に乗っている。

解説　1901 **꼬리를 물다**で「相次いで起こる」という意味

☑1906
환승

乗り換え 漢換乗 関-하다

서울역 방향으로 가시는 손님은 4호선으로 **환승**하시기 바랍니다.

ソウル駅方面に行かれるお客さまは、4号線にお乗り換え願います。

☑1907
순회
[수뇌]

巡回 漢巡廻 関-하다

그 밴드 그룹은 인기에 힘입어 전국 **순회**공연을 결정했다.

そのバンドは、人気に支えられ全国巡回公演を決定した。

☑1908
완행
[와냉]

鈍行 漢緩行

급행이 아니라 **완행**열차를 타고 가서 시간이 오래 걸렸다.

急行ではなく各駅停車に乗って行ったので、とても時間がかかった。

☑1909
과속

速度超過 漢過速 関-하다

고속도로에서 **과속**으로 경찰 단속에 걸렸다.

高速道路で、スピード違反で警察の取り締まりに引っ掛かった。

☑1910
백미러
[뱅미러]

バックミラー 外back mirror

후진할 때는 **백미러**로 뒤를 충분히 확인하면서 하세요.

バックの際は、バックミラーで後ろを十分に確認しながらしてください。

☑1911
키

かじ

선장은 **키**를 잡고 방향을 조정하면서 폭풍우를 헤쳐 나갔다.

船長は、かじをつかんで方向を調整しながら嵐を切り抜けた。

☑1912
닻
[닫]

いかり

세계 일주를 위한 배가 출항을 위해 **닻**을 올렸다.

世界一周のための船が、出航のためにいかりを揚げた。

☑1913
돛
[돋]

帆

돛을 단 배들이 순풍을 맞아 힘차게 나아갔다.

帆を張った船が追い風を受けて、力強く進んだ。

□ 1914
구정
旧正月 漢旧正
구정은 이제 정식으로 설날의 지위를 갖게 되었다.
旧正月は、今や正式に元日の地位を手にした。

□ 1915
세배
新年のあいさつ 漢歳拝 関 - 하다
우리는 새해 첫날 먼저 부모님께 **세배**를 올렸다.
私たちは、元旦にまず両親に新年のあいさつをした。

□ 1916
그믐날
みそか
섣달**그믐날**에 새해 일출을 보러 떠났다.
大みそかに、初日の出を見に出発した。

□ 1917
삼복
三伏(サムボク) 漢三伏
삼복더위에는 삼계탕이 인기라 가게마다 사람들이 몰린다.
三伏の暑さにはサムゲタンが人気なので、店ごとに人が押し寄せる。

□ 1918
띠
(十二支の) 〜年
올해에 태어난 아이들은 호랑이**띠**입니다.
今年生まれた子どもたちは、寅年です。

□ 1919
예식
礼式 漢礼式
결혼식 준비로 **예식**장을 구하는 것도 일이지.
結婚式の準備で、式場探しも一仕事だ。

□ 1920
혼사
婚姻に関すること 漢婚事
혼사를 앞두고 서로 얼굴을 붉히면 안 되죠. ❼
婚礼を控えて、お互いに顔を赤くしては駄目でしょう。

解説　1920 **얼굴을 붉히다**で「顔を赤らめる」という意味

☐ 1921
축의금
[추기금]

祝儀　漢祝儀金
가계 부담도 클 텐데 결혼 **축의금**은 얼마 정도 내세요?
家計の負担も大きいでしょうに、ご祝儀はいくらぐらい出されますか？

☐ 1922
혼수

婚礼用品　漢婚需
결혼하기 위해 **혼수**를 장만했다.
結婚するために婚礼用品を用意した。

☐ 1923
영결식

告別式　漢永訣式
민주주의 발전에 기여한 고인의 **영결식**에 많은 시민이 운집하였다.
民主主義の発展に寄与した故人の告別式に、多くの市民が集まった。

☐ 1924
부고

訃報　漢訃告
그는 스승의 **부고**를 받자마자 고향으로 달려왔다.
彼は、師の訃報を受け取るや故郷に駆け付けた。

☐ 1925
부조금

香典, 祝儀　漢扶助金
철수 씨가 상을 당했으니 팀 차원에서 **부조금**을 걷겠습니다.❷
チョルスさんの近親者が亡くなったので、チームで香典を集めます。

☐ 1926
빈소

棺を安置する部屋, 喪屋　漢殯所
부모님의 **빈소**를 지키기 위해 형제들이 모두 모였다.
両親の棺を安置した部屋の見守りをするために、兄弟が皆集まった。

☐ 1927
큰절

座ってするお辞儀, 最も丁寧なお辞儀
아내와 고향에 가서 아버지에게 **큰절**을 올렸다.
妻と故郷に行って、父にお辞儀をした。

☐ 1928
초상

死んで葬式を終えるまでの期間, 喪中　漢初喪
친구 **초상**집에 갔더니 오랜만에 고교 동창생들이 모두 모여 있었다.
友達の喪中の家に行ったら、久しぶりに高校の同窓生が皆集まっていた。

☑ 1929
산소
墓、墓地　漢山所
매년 어머니의 **산소**를 아이와 함께 가고 있습니다.
毎年、母の墓に子どもと一緒に行っています。

☑ 1930
기일
命日　漢忌日
곧 아버지 **기일**이 돌아오니 제사 준비를 해야겠어요
もうすぐ父の命日なので、法事の準備をしなければいけません。

☑ 1931
영혼
霊魂　漢霊魂
죽은 사람의 **영혼**이 이승을 떠나지 못하는 경우도 있다.
死んだ人の魂が、この世を離れられない場合もある。

☑ 1932
저승
あの世
이 은혜는 **저승**에 가서도 잊지 않겠습니다.
この恩は、あの世に行っても忘れません。

☑ 1933
귀신
死者の霊　漢鬼神
귀신에 씌었는지 그때는 나도 정신이 나가 있었어.❷
憑き物に取りつかれたのか、あの時は私も気がどうかしていた。

☑ 1934
도깨비
トッケビ、お化け、妖怪
심야에 비행기를 타고 떠나는 여행을 밤**도깨비** 여행이라고 한다.❷
深夜に飛行機に乗って出発する旅行を、弾丸旅行という。

☑ 1935
염라대왕
[염나대왕]
閻魔大王　漢閻羅大王
무슨 죄를 지었다고 **염라대왕** 앞에 끌려가는 꿈을 꾼 건지.
どんな罪を犯したからって、閻魔大王の前に連れていかれる夢を見たのやら。

解説　1925 **상을 당하다**で「近親者が亡くなる」という意味　1933 **귀신에 씌다**で「憑き物に取りつかれる」という意味　1934 **밤도깨비 여행**で「(寝る間を惜しむ)弾丸旅行」という意味

☐ 1936
부처님

仏様

그는 평생 **부처님** 말씀을 가슴에 담고 살았다.
彼は生涯、仏様のお言葉を胸に抱いて生きた。

☐ 1937
스님

お坊さん

스님에게 공양을 올리려는 사람으로 절이 북적북적했다.
お坊さんに食べ物をもてなそうとする人で、寺がごった返した。

☐ 1938
경

お経　漢経

그 사람에게는 아무리 말해도 소 귀에 **경** 읽기야. ❷
その人には、いくら言っても馬の耳に念仏だ。

☐ 1939
주지

住職　漢住持

절의 내력을 듣기 위해 찾아갔더니 **주지** 스님이 직접 마중 나와 주셨다.
寺の由緒を聞くために訪れたら、住職が自ら出迎えてくださった。

☐ 1940
중

僧

절이 싫으면 **중**이 떠나라고 내가 회사를 그만두는 게 빠를 거 같다. ❷
寺が嫌なら僧が出ていけというが、私が会社を辞めるのが早そうだ。

☐ 1941
천주교

カトリック　漢天主教

어머니는 **천주교** 신자라서 매주 성당에 갑니다.
母はカトリックの信者なので、毎週聖堂へ行きます。

☐ 1942
성경

聖書　漢聖経

목사는 **성경** 한 구절 한 구절을 읽고 설교를 시작했다.
牧師は、聖書の一節一節を読んで説教を始めた。

☐ 1943
수녀

シスター　漢修女

성당에서 **수녀**님들이 앞줄에 앉아 기도를 드리고 있었다.
聖堂で、シスターたちが前の列に座って祈りをささげていた。

☑1944
이슬람교

イスラム教　外Islam教
기독교와 **이슬람교**는 오랫동안 싸웠으나 지금도 갈등이 계속되고 있다.
キリスト教とイスラム教は長い間戦ったが、今も対立が続いている。

☑1945
힌두교

ヒンズー教　外Hindu教
불교의 발상지인 인도에는 정작 **힌두교** 신자가 많다.
仏教の発祥地であるインドには実際、ヒンズー教信者が多い。

☑1946
무당

シャーマン、ムーダン
어머니는 아들의 병이 낫지 않자 **무당**을 불러 굿을 하셨다.❷
母は息子の病気が治らないと、シャーマンを呼んで厄払いをなさった。

☑1947
굿
[굳]

厄払いの儀式、クッ　関-하다
옛날에는 안 좋은 일이 있을 때마다 **굿**을 하는 집들이 많았다.
昔は良くないことがあるたびに、厄払いをする家が多かった。

☑1948
제물

いけにえ　漢祭物
원시시대에는 살아 있는 동물들을 **제물**로 바쳤다.
原始時代には、生きている動物をいけにえとしてささげた。

☑1949
상

相　漢相
그 남자의 얼굴은 대표적인 호랑이 **상**이다.
その男の顔は、代表的な虎の相だ。

☑1950
점

占い　漢占
신년이라 어머니와 **점**을 보러 용하다는 집을 찾아갔다.
新年なので、母と占ってもらうためによく当たるという店を訪ねた。

解説　1938 소 귀에 경 읽기で「馬の耳に念仏」という意味　1940 절이 싫으면 중이 떠나라で「気に入らなければ本人が去るべきだ」という意味　1946 굿을 하다で「厄払い(の儀式)をする」という意味

☑ 1951

꼬부라지다

曲がる、もつれる

시골에 가면 쭉 뻗은 길보다 **꼬부라진** 길이 많다.
田舎に行くと、真っすぐ伸びた道より曲がっている道が多い。

☑ 1952

휘다

曲がる、しなる

갑자기 날아온 물체에 강한 충격을 받고 테이블 다리 부분이 **휘었다**.
突然飛んできた物体に強い衝撃を受けて、テーブルの脚の部分が曲がった。

☑ 1953

곤두서다

逆立つ、気が立つ

머리를 감고 잤더니 머리카락이 전부 **곤두서** 버렸다.
髪を洗ってから寝たら、髪の毛が全部逆立ってしまった。

☑ 1954

구기다

しわくちゃにする、しわが寄る

선배가 내용이 없다고 내 보고서를 **구겨** 버려서 화가 났다.
先輩が、内容がないと言って私の報告書をくしゃくしゃにしたので腹が立った。

☑ 1955

쏠리다

傾く、(心・視線が)注がれる

중대 발표를 앞두고 사회자에게 시선이 **쏠렸다**.
重大発表を前にして、司会者に視線が集まった。

☑ 1956

치우치다

偏る、片寄る

모든 판결은 한쪽에 **치우치지** 않고 공정하게 내려져야 한다.
全ての判決は一方に偏らず、公正に下されなければならない。

☑ 1957

꼬이다

もつれる、こじれる

일이 꼬일 대로 **꼬여서** 해결될 기미가 보이지 않는다.
事がこじれにこじれて、解決する気配が見えない。

☑ 1958 　ㄹ変則

넘쳐흐르다

[넘처흐르다]

あふれる

홍수로 강물이 **넘쳐흐르면서** 인근 농가가 큰 피해를 봤다.
洪水で川の水があふれて、近隣の農家が大きな被害を受けた。

☑ 1959
누그러지다
和らぐ、穏やかになる
그 이야기를 듣자 화가 조금 **누그러졌다.**
その話を聞いたら、怒りが少し和らいだ。

☑ 1960
사그라지다
収まる、朽ち果てる
그 노래는 처음에 큰 주목을 받았지만, 점점 관심이 **사그라졌다.**
その歌は最初は大きな注目を集めたが、だんだん関心が収まっていった。

☑ 1961
고조되다
高まる、高潮する　漢 高調 --　関 – 하다
축구 결승전에서 후반전에 동점으로 따라붙자 분위기가 **고조되었다.**
サッカーの決勝戦で、後半に同点に追い付くと雰囲気が高まった。

☑ 1962　ㄹ語幹
다다르다
至る、達する
야구 결승전에서 분위기가 최고조에 **다다랐다.**
野球の決勝戦で、雰囲気が最高潮に達した。

☑ 1963　ㄹ語幹
달다²
煮詰まる、熱くなる、気をもむ
그녀는 다른 사람이 먼저 그 물건을 사 갈까 봐 몸이 **달았다.**❷
彼女は、他の人が先にその品物を買って行くのではないかとやきもきした。

☑ 1964　ㄹ語幹
졸다
(水気が)減る
부대찌개 국물이 **졸아서** 육수를 더 넣었다.
プデチゲのスープが煮詰まったので、だし汁を追加した。

☑ 1965　ㄹ語幹
졸아들다
[조라들다]
煮詰まる、(分量などが)減っていく
먹다 남은 국을 계속 끓였더니 국물이 **졸아들면서** 짰다.
食べ残しのスープを煮続けたら、汁が煮詰まってしょっぱかった。

解説　1963 **몸이 달다**で「いらだつ、やきもきする」という意味

☑ 1966 　하다用言
조촐하다
[조초라다]

こぢんまりとする、小ぎれいだ、素朴だ

부장님이 전근 가신다고 해서 **조촐한** 송별회를 준비했다.
部長が転勤するというので、こぢんまりとした送別会を準備した。

☑ 1967 　ㅂ変則
사사롭다
[사사롭따]

私的だ、個人的だ　[漢]私私 --

공무를 수행할 때는 **사사로운** 감정에 이끌려서는 안 된다.
公務を遂行するときは、私的な感情に引っ張られてはいけない。

☑ 1968 　하다用言
세세하다

細かい、事細かだ　[漢]細細 --

그렇게 **세세하게** 다 따지면 오늘 내로 못 끝낸다.
そんなに細かく全部指摘していたら、今日中に終えられない。

☑ 1969 　하다用言
깜깜하다
[깜까마다]

真っ暗だ、(ある分野などに)疎い

캠핑 가서 밤이 되자 불빛이 전혀 없어 완전히 **깜깜해졌다**.
キャンプに行って夜になると、明かりが全くなくて完全に真っ暗になった。

☑ 1970 　하다用言
침침하다
[침치마다]

(目が)かすんで見える、薄暗い　[漢]沈沈 --

스마트폰을 많이 봐서 그런지 눈이 **침침해서** 잘 보이지 않는다.
スマートフォンをたくさん見たせいか、目がかすんでよく見えない。

☑ 1971 　하다用言
컴컴하다
[컴커마다]

暗い、真っ暗だ、腹黒い

방이 북향인 데다가 짐도 많아서 어둡고 **컴컴하다**.
部屋が北向きな上に、荷物も多くて真っ暗だ。

☑ 1972 　하다用言
어두컴컴하다
[어두컴커마다]

薄暗い

어두컴컴한 골목길을 혼자 걷기 무서우니 같이 걸어가 줬으면
해.
薄暗い路地を一人で歩くのが怖いので、一緒に歩いてくれたらと思う。

☑ 1973 　하다用言
찬란하다
[찰라나다]

きらびやかだ、輝かしい　[漢]燦爛 --

크리스마스 시즌이 되자 **찬란한** 조명이 거리를 수놓았다.
クリスマスシーズンになるや、きらびやかな照明が街を彩った。

☑ 1974 ^{하다用言}

훤하다

[훤나다]

薄明るい
여름은 해가 길어서 저녁 8시까지도 밖이 **훤하다**.
夏は日が長くて、夜8時でも外が薄明るい。

☑ 1975 ^{하다用言}

지당하다

極めて当然である、もっともだ [漢]至当 --
선생님께서 지적하신 사항은 백번 **지당하신** 말씀입니다.
先生が指摘なさった事項は、どれも極めて当然のことです。

☑ 1976 ^{하다用言}

진정하다

本当だ、真正だ [漢]真正 --
네가 그러고도 **진정한** 친구라고 할 수 있냐?
おまえはそれでも本当の友達と言えるのか?

☑ 1977 ^{ㅂ変則}

참답다

[참답따]

真だ、真実に満ちている
참다운 인생, **참다운** 성공이란 뭘까요?
真の人生、真の成功とは何でしょうか?

☑ 1978

참되다

[참뙤다]

真実だ、誠実だ [関]- 스럽다
그 사람은 이번 선거에서 **참된** 인물이라는 것을 어필 포인트로 삼았다.
その人は今回の選挙で、誠実な人物であることをアピールポイントにした。

☑ 1979 ^{하다用言}

도도하다²

勢いがあってよどみない [漢]滔滔 --
한강은 5천 년 역사의 순간을 지켜보며 **도도하게** 흘렀다.
漢江は、5千年の歴史の瞬間を見守りながらよどみなく流れた。

☑ 1980 ^{하다用言}

헐렁하다

緩い、ぶかぶかだ、でたらめで信用が置けない
형으로부터 물려받은 옷은 **헐렁해서** 입고 다니기 싫다.
兄から譲り受けた服はぶかぶかなので、着て歩きたくない。

☑ 1981
씩

にやっと、にたりと
그 배우는 대상을 받고 나서 기쁘다는 듯 **씩** 웃었다.
その俳優は大賞をもらった後、うれしそうににやっと笑った。

☑ 1982
히죽

にやりと、にんまりと
그는 엉망인 성적표를 받아 보고는 **히죽** 웃었다.
彼はひどい成績表を受け取っては、にやりと笑った。

☑ 1983
허허

はは（笑い声）、ほほ　関- 하다
그분은 늘 **허허** 하며 어려운 일도 쉽게 웃어넘기셨다.
その方はいつもははっと笑って、困難なことも軽く笑い飛ばされた。

☑ 1984
껄껄

からから、げらげら　関- 하다
친척이 나를 보고 언제 이렇게 컸냐며 **껄껄** 웃었다.
親戚は、私を見ていつこんなに大きくなったのかと、からから笑った。

☑ 1985
흥얼흥얼

ふんふん、ぶつぶつ　関- 하다
할아버지는 매일 **흥얼흥얼** 노래를 부르며 집에 돌아오셨다.
祖父は、毎日ふんふんと歌を口ずさみながら家に帰ってこられた。

☑ 1986
응애응애

おぎゃあおぎゃあ　関- 하다
배고픔을 못 참고 아기가 **응애응애** 하고 울기 시작했다.
空腹に耐えられず、赤ん坊がおぎゃあおぎゃあと泣き始めた。

☑ 1987
고래고래

大声でわめく様子
그는 술만 먹으면 **고래고래** 소리를 지른다.
彼は酒さえ飲めば、大声でわめく。

☑ 1988
엉거주춤

及び腰、中腰　関- 하다
그렇게 **엉거주춤** 서 있지 말고 얼른 와서 같이 먹어요.
そうやって及び腰で立っていないで、早く来て一緒に食べましょう。

DATE 年 月 日
DATE 年 月 日

14週目
15週目
16週目
17週目
18週目
19週目
20週目
21週目
22週目
23週目
24週目
25週目
26週目

☑ 1989
쿨쿨

ぐうぐう　関 – 하다
피곤했는지 그녀는 어느새 **쿨쿨** 잠을 자고 있었다.
疲れていたのか、彼女はいつの間にかぐうぐう寝ていた。

☑ 1990
콜록

ごほんごほん（せきをする音）　関 – 하다
그는 감기에 걸렸는지 연신 **콜록콜록** 기침을 해 댔다.
彼は風邪をひいたのか、しきりにごほんごほんとせきをし続けた。

☑ 1991
뚝뚝

ぽとっぽとっ（続けざまに落ちるさま）、ぽたりぽたり
그는 자기 잘못을 인정하면서 눈물을 **뚝뚝** 흘렸다.
彼は自分の過ちを認めて、涙をぽろぽろ流した。

☑ 1992
설설

しゅんしゅん（水が沸く様子）、ぐらぐら
가마솥에 물이 **설설** 끓기 시작하자 일꾼들의 식사 준비에 들어
갔다.
釜に湯がぐらぐらと沸き始めると、人夫たちの食事の準備に入った。

☑ 1993
윙윙

ひゅうひゅう、ぶんぶん　関 – 하다
선풍기가 **윙윙** 돌아가는 소리에 잠이 깨 버렸다.
扇風機がぶんぶん回る音で、目が覚めてしまった。

☑ 1994
졸졸

ちょろちょろ
이 여름, 시냇물이 **졸졸** 흐르는 곳에 가서 발을 담그고 싶다.
この夏、小川の水がちょろちょろ流れる所に行って足を浸したい。

☑ 1995
덜그렁

がちゃんと　関 – 하다
짐을 많이 실은 트럭이라 **덜그렁** 소리가 요란하다.
荷物をたくさん積んだトラックなので、がちゃんという音がうるさい。

☑ 1891 추수	☑ 1926 빈소	☑ 1961 고조되다
☑ 1892 흉년	☑ 1927 큰절	☑ 1962 다다르다
☑ 1893 덫	☑ 1928 초상	☑ 1963 달다²
☑ 1894 지팡이	☑ 1929 산소	☑ 1964 졸다
☑ 1895 채찍	☑ 1930 기일	☑ 1965 졸아들다
☑ 1896 들것	☑ 1931 영혼	☑ 1966 조촐하다
☑ 1897 지게	☑ 1932 저승	☑ 1967 사사롭다
☑ 1898 가마²	☑ 1933 귀신	☑ 1968 세세하다
☑ 1899 수레	☑ 1934 도깨비	☑ 1969 깜깜하다
☑ 1900 나들이	☑ 1935 염라대왕	☑ 1970 침침하다
☑ 1901 차량	☑ 1936 부처님	☑ 1971 컴컴하다
☑ 1902 고물 차	☑ 1937 스님	☑ 1972 어두컴컴하다
☑ 1903 봉고 차	☑ 1938 경	☑ 1973 찬란하다
☑ 1904 크레인 차	☑ 1939 주지	☑ 1974 훤하다
☑ 1905 외제	☑ 1940 중	☑ 1975 지당하다
☑ 1906 환승	☑ 1941 천주교	☑ 1976 진정하다
☑ 1907 순회	☑ 1942 성경	☑ 1977 참담다
☑ 1908 완행	☑ 1943 수녀	☑ 1978 참되다
☑ 1909 과속	☑ 1944 이슬람교	☑ 1979 도도하다²
☑ 1910 백미러	☑ 1945 힌두교	☑ 1980 헐렁하다
☑ 1911 키	☑ 1946 무당	☑ 1981 씩
☑ 1912 닻	☑ 1947 굿	☑ 1982 히죽
☑ 1913 돛	☑ 1948 제물	☑ 1983 허허
☑ 1914 구정	☑ 1949 상	☑ 1984 껄껄
☑ 1915 세배	☑ 1950 점	☑ 1985 흥얼흥얼
☑ 1916 그믐날	☑ 1951 꼬부라지다	☑ 1986 응애응애
☑ 1917 삼복	☑ 1952 휘다	☑ 1987 고래고래
☑ 1918 띠	☑ 1953 곤두서다	☑ 1988 엉거주춤
☑ 1919 예식	☑ 1954 구기다	☑ 1989 쿨쿨
☑ 1920 혼사	☑ 1955 쏠리다	☑ 1990 콜록
☑ 1921 축의금	☑ 1956 치우치다	☑ 1991 뚝뚝
☑ 1922 혼수	☑ 1957 꼬이다	☑ 1992 설설
☑ 1923 영결식	☑ 1958 넘쳐흐르다	☑ 1993 윙윙
☑ 1924 부고	☑ 1959 누그러지다	☑ 1994 졸졸
☑ 1925 부조금	☑ 1960 사그라지다	☑ 1995 덜그렁

☑1891　秋の収穫
☑1892　凶作の年
☑1893　罠
☑1894　つえ
☑1895　むち
☑1896　担架
☑1897　背負子
☑1898　かご
☑1899　荷車
☑1900　外出
☑1901　車両
☑1902　ぼろ車
☑1903　バン
☑1904　クレーン車
☑1905　外国製
☑1906　乗り換え
☑1907　巡回
☑1908　鈍行
☑1909　速度超過
☑1910　バックミラー
☑1911　かじ
☑1912　いかり
☑1913　帆
☑1914　旧正月
☑1915　新年のあいさつ
☑1916　みそか
☑1917　三伏
☑1918　（十二支の）〜年
☑1919　礼式
☑1920　婚姻に関すること
☑1921　祝儀
☑1922　婚礼用品
☑1923　告別式
☑1924　訃報
☑1925　香典

☑1926　棺を安置する部屋
☑1927　座ってするお辞儀
☑1928　死んで葬式を終えるまでの期間
☑1929　墓
☑1930　命日
☑1931　霊魂
☑1932　あの世
☑1933　死者の霊
☑1934　トッケビ
☑1935　閻魔大王
☑1936　仏様
☑1937　お坊さん
☑1938　お経
☑1939　住職
☑1940　僧
☑1941　カトリック
☑1942　聖書
☑1943　シスター
☑1944　イスラム教
☑1945　ヒンズー教
☑1946　シャーマン
☑1947　厄払いの儀式
☑1948　いけにえ
☑1949　相
☑1950　占い
☑1951　曲がる
☑1952　曲がる
☑1953　逆立つ
☑1954　しわくちゃにする
☑1955　傾く
☑1956　偏る
☑1957　もつれる
☑1958　あふれる
☑1959　和らぐ
☑1960　収まる

14週目
15週目
16週目
17週目
18週目
19週目
20週目
21週目
22週目
23週目
24週目
25週目
26週目

☑1961　高まる
☑1962　至る
☑1963　煮詰まる
☑1964　（水気が）減る
☑1965　煮詰まる
☑1966　こぢんまりとする
☑1967　私的だ
☑1968　細かい
☑1969　真っ暗だ
☑1970　（目が）かすんで見える
☑1971　暗い
☑1972　薄暗い
☑1973　きらびやかだ
☑1974　薄明るい
☑1975　極めて当然である
☑1976　本当だ
☑1977　真だ
☑1978　真実だ
☑1979　勢いがあってよどみない
☑1980　緩い
☑1981　にやっと
☑1982　にやりと
☑1983　はは（笑い声）
☑1984　からから
☑1985　ふんふん
☑1986　おぎゃあおぎゃあ
☑1987　大声でわめく様子
☑1988　及び腰
☑1989　ぐうぐう
☑1990　ごほんごほん（せきをする音）
☑1991　ぽとっぽとっ（続けざまに落ちるさま）
☑1992　しゅんしゅん（水が沸く様子）
☑1993　ひゅうひゅう
☑1994　ちょろちょろ
☑1995　がちゃんと

1·2級

20週目

☑ 1996
해몽

夢占い　漢解夢　関- 하다
꿈보다 **해몽**이 좋다고 그 사람 이야기는 별로 설득력이 없다.❷
夢より夢占いがいいというけど、その人の話はあまり説得力がない。

☑ 1997
수²

運　漢数
아홉수란 끝자리가 9인 나이의 사람의 운수를 뜻해.
「アホプス」とは、年齢の一の位が9である人の運勢を意味するんだ。

☑ 1998
운수

運、星回り　漢運数
오늘은 **운수**가 사나워서 되는 일이 없다.❷
今日は星回りが悪いので、全部うまくいかない。

☑ 1999
재수¹

運、つき　漢財数
오늘은 전철도 늦게 오고 출근길에 지갑까지 잃어버려서 **재수**가
없다.
今日は電車も遅れるし出勤途中に財布までなくして、ついてない。

☑ 2000
팔자
[팔짜]

運、運勢、星回り　漢八字
그런 남자를 만난 것도 다 **팔자**인데 누굴 원망하겠어?
そういう男に会ったのも全て星回りのせいなのに、誰を恨むの？

☑ 2001
널뛰기

板跳び
옛날 오월 단오 때는 **널뛰기**하는 처녀들을 볼 수 있었다.
昔、5月の端午の時は、板跳びをする娘たちを見ることができた。

☑ 2002
연

たこ　漢鳶
동네마다 전봇대가 많이 들어서서 이제 **연**을 날릴 만한 곳이 없
다.
町ごとに電柱がたくさん立って、今ではたこを上げるような場所がない。

☑ 2003
윷놀이
[윤노리]

ユンノリ
설날에 가족이 모이면 **윷놀이**를 많이 한다.
正月に家族が集まると、ユンノリをよくする。

☐ 2004
제기차기
チェギチャギ（羽根蹴り）
명절을 맞이해 아이들이 공터에서 **제기차기**를 하고 있다.
名節を迎えて、子どもたちが空き地でチェギチャギをしている。

☐ 2005
팽이
こま
어렸을 때 겨울만 되면 얼음 위에서 **팽이**치기하며 놀았다.❷
幼い頃、冬になるたびに氷の上でこま回しをして遊んだ。

☐ 2006
화살
矢
적군이 돌격해 오자 병사들이 **화살**을 비 오듯 쐈다.
敵軍が突撃してくると、兵士は矢を雨のように放った。

☐ 2007
화투
花札　漢花闘　関-하다
모처럼 야외로 놀러 가서 **화투**만 하는 사람이 있다.
わざわざ屋外に遊びに行って、花札ばかりする人がいる。

☐ 2008
활
弓
건강을 위해 **활**을 쏘고 나니 완력이 좋아졌다.
健康のために、弓を射たら腕力がついた。

☐ 2009
과녁
的
훗날 장군이 되는 소년은 어렸을 때부터 화살로 **과녁**을 정확히 맞혔다.
後に将軍になる少年は、幼い頃から矢を的に正確に当てた。

☐ 2010
가락
リズム、音調、曲調
한국의 전통음악을 들으면 **가락**에 맞춰 어깨가 절로 들썩거려져.
韓国の伝統音楽を聞くと、リズムに合わせて肩が自然に揺れ動く。

解説　1996 **꿈보다 해몽이 좋다**で「つまらないことや気に入らないことでも肯定的に受け止める」という意味のことわざ　1998 **운수가 사납다**で「運（星回り）が悪い」という意味　2005 **팽이치기**で「こま回し」という意味

□2011
장단
調子 [漢]長短
도대체 어느 **장단**에 맞추어서 일하라는 말입니까?❷
一体、誰の言葉に従って仕事しろと言うのですか？

□2012
타령
タリョン（曲調の一つ）、~節、嘆くこと [漢]打令 [関]-하다
우리 모두 흥겹게 민요 **타령**을 불러 봅시다.❷
みんなで楽しく、民謡のタリョンを歌ってみましょう。

□2013
농악
農楽 [漢]農楽
이 동네는 축제 때 **농악** 소리가 울려 퍼진다.
この町は、祭りの時は農楽の音が鳴り響く。

□2014
판소리
[판쏘리]
パンソリ
서편제는 **판소리**를 소재로 한 영화로 사람들의 심금을 울렸다.
『風の丘を越えて／西便制』はパンソリを素材にした映画で、人々の琴線
に触れた。

□2015
거문고
コムンゴ（韓国の琴の一種）
요즘에는 **거문고**를 타는 소리를 듣기가 어렵다.
最近は、コムンゴを弾く音を聞くのが難しい。

□2016
동네북❷
村の太鼓 [漢]洞--
내가 **동네북**이야? 왜 나한테만 모든 잘못을 뒤집어씌우고 그래?
私は村の厄介者？ どうして私にだけ全ての罪をかぶせようとするんだ？

□2017
채²
ばち、むち、ラケット
해외에서 비싼 골프**채**를 수입해서 판매하고 있습니다.
海外から、高いゴルフクラブを輸入して販売しています。

□2018
기생
芸妓、芸者 [漢]妓生
조선 시대에 제일 유명한 **기생**은 황진이였다.
朝鮮時代、最も有名な芸妓はファン・ジニだった。

☑ 2019
댕기
テンギ(お下げの先に付けるリボン)
서당에서는 **댕기** 머리를 한 아이들이 모여서 공부했다.
寺子屋では、テンギを付けた子どもたちが集まって勉強した。

☑ 2020
노리개
ノリゲ
저고리에 **노리개**를 달면 한복의 맵시가 살아난다.
チョゴリにノリゲを着けると、韓服が着映えする。

☑ 2021
한옥
[하녹]
韓屋(韓国の伝統的な家屋) 漢韓屋
독일의 한 건축가는 한국의 **한옥**을 보고 매우 감탄했다.
ドイツのある建築家は、韓国の韓屋を見てとても感嘆した。

☑ 2022
구들장
[구들짱]
オンドル石 漢 -- 張
날씨가 추워서 따듯한 **구들장**에 등을 대고 잠을 청했다.
寒いので、温かいオンドル石に背中を当てて眠りについた。

☑ 2023
김장❶
キムジャン 関 - 하다
김장 김치를 잘 담그기 위해서는 감칠맛 나는 양념이 중요하다.
キムジャン・キムチを上手に漬けるには、旨みのあるヤンニョムが重要だ。

☑ 2024
놀부
ノルブ(朝鮮時代の小説の登場人物)
형인 **놀부**는 동생인 흥부의 몫까지 모두 빼앗고 내쫓아 버렸습니다.
兄であるノルブは、弟のフンブの分まで全て奪い追い出してしまいました。

☑ 2025
양반
両班 漢両班
조선 시대에는 천한 신분의 사람들이 **양반** 족보를 사는 경우가 있었다.
朝鮮時代には、卑しい身分の人が両班の家系図を買うことがあった。

解説　2011 **어느 장단에 맞추어서**는 「指図する人が多くて誰の言葉に従わなければならないのか分からない」という比喩　2012 名詞の後に付いて、同じことを繰り返し口癖のように言う場合にも使われる。**술타령**や**반찬 타령**など　2016 たくさんの人に悪口を言われる人のことをいう　2023 冬用のキムチを一度に漬けること

☑ 2026
선비

士人、在野の学者
가난한 살림에 과거에 여러 번 낙방한 **선비** 신세가 참으로 처량
하다.
貧しい暮らしに、科挙に何度も落ちた士人の身の上が本当にうら寂しい。

☑ 2027
호

雅号、(世間に広く知られている)名   漢号
조선의 명필로 소문난 한석봉의 **호**는 석봉이다.
朝鮮の名筆と評判の韓石峯の雅号は、石峯だ。

☑ 2028
귀양

島流し、流刑
양반들은 반대 세력을 **귀양** 보냄으로써 자신들의 정치적 입지를
다졌다.
両班たちは、反対勢力を流刑にすることで自らの政治基盤を固めた。

☑ 2029
머슴

作男、昔の使用人の呼称
그 남자는 매일 **머슴**같이 일만 하다가 쓰러졌다.
その男は、毎日作男のように仕事ばかりしていて倒れた。

☑ 2030
종

しもべ
그 집안은 해방 전까지 대대로 **종**살이를 했다.
その家は、日本の植民地から解放されるまで代々下人暮らしをしていた。

☑ 2031
하인

召し使い   漢下人
그 집은 옛날에 **하인**을 100명이나 두고 있었다.
その家は、昔召し使いを100人も抱えていた。

☑ 2032
시조

時調(韓国の古典的な定型詩)   漢時調
선비가 **시조** 한 수를 읊기 시작하자 일행들이 사뭇 진지한 표정
으로 들었다.
士人が時調の一首を詠み始めると、一行はとても真剣な表情で聞いた。

☑ 2033
서예

書道、書芸   漢書芸
서예를 배우면 한자도 익히고 글씨도 예쁘게 쓸 수 있다.
書道を学ぶと漢字にも親しみ、字もきれいに書ける。

☐ 2034
한지
韓紙　漢韓紙
민속촌에서 **한지**를 만드는 체험을 해 본 적이 있다.
民俗村で韓紙を作る体験をしたことがある。

☐ 2035
훈민정음
訓民正音　漢訓民正音
훈민정음은 '백성을 가르치는 바른 소리'라는 뜻이다.
訓民正音は「民を教える正しい音」という意味だ。

☐ 2036
수³
(将棋や囲碁の)手　漢手
매번 상황에 급급해하지 말고 한 **수** 앞을 내다보고 바둑을 두어라.
都度の状況にきゅうきゅうとせず、一手先を見据えて碁を打ちなさい。

☐ 2037
구절
句と節　漢句節
그가 쓴 시의 한 **구절**을 읽으니 잊고 있었던 어린 시절 추억이 떠올랐다.
彼が書いた詩の一節を読むと、忘れていた幼い頃の思い出が浮かんだ。

☐ 2038
단편
短編　漢短篇
그 작가의 **단편** 소설을 읽다가 장편까지 읽게 되었다.
その作家の短編小説を読んでいたら、長編まで読むようになった。

☐ 2039
졸작
[졸짝]
駄作　漢拙作
출품된 작품 중 몇몇 작품을 제외하면 모두 **졸작**이다.
出品された作品のうち、いくつかの作品を除けば全て駄作だ。

☐ 2040
자장가
子守唄　漢--歌
아이에게 **자장가**를 불러 줬더니 금세 잠들었다.
子どもに子守歌を歌ってやったら、すぐに寝付いた。

□ 2041
후렴
繰り返し、リフレイン 　漢後斂
후렴에 맞춰서 노래를 다 같이 불러 보아요.
繰り返し部分に合わせて、皆一緒に歌を歌ってみましょう。

□ 2042
나팔
ラッパ 　漢喇叭
기상 **나팔** 소리와 함께 잠에서 깼다.
起床のラッパの音とともに、目覚めた。

□ 2043
첼로
チェロ 　外cello
첼로는 초등학교 때부터 배웠는데 지금도 가끔 켭니다.
チェロは小学校の時から習いましたが、今も時々弾きます。

□ 2044
플루트
フルート 　外flute
친구는 **플루트**를 기똥차게 연주해 댔다.
友達は、フルートをすごく上手に演奏しまくった。

□ 2045
발레
バレエ 　外ballet(仏)
그녀는 **발레**를 해서 그런지 춤출 때도 우아하게 느껴진다.
彼女はバレエをしているせいか、ダンスを踊る時も優雅に感じられる。

□ 2046
안무
振り付け 　漢按舞 　関 - 하다
뮤지컬 공연에 앞서 배우들이 서로 **안무**를 맞춰 봤다.
ミュージカル公演に先立ち、俳優たちが互いに振り付けを合わせてみた。

□ 2047
립싱크
[립씽크]
口パク 　外lip sync 　関 - 하다
콘서트에서 성의 없이 **립싱크**를 하다가 팬들의 항의를 받았다.
コンサートで誠意なく口パクをしていて、ファンの抗議を受けた。

□ 2048
단식 경기
[단식 경기]
シングルス 　漢単式 競技
많은 관중이 배드민턴 **단식 경기**를 보기 위해 모였다.
たくさんの観衆が、バドミントンのシングルスの試合を見るために集まった。

☑ 2049

당구

ビリヤード　漢撞球
그는 **당구**를 잘 쳐서 다들 한 수 배우려고 같이 친다.❶
彼はビリヤードが上手なので、皆胸を借りようと一緒に突く。

☑ 2050

글러브

グローブ　外glove
어린이날 아버지로부터 야구 **글러브**를 선물로 받았다.
こどもの日、父から野球のグローブをプレゼントしてもらった。

☑ 2051

괴기 영화

ホラー映画　漢怪奇 映画
그 사람은 어떤 영화보다 피가 튀는 **괴기 영화**를 좋아한다.
あの人はどんな映画より、血が飛び散るホラー映画が好きだ。

☑ 2052

학창

学校、学窓　漢学窓
제가 **학창** 시절에는 노래를 잘 불렀어요.
私は、学生時代は歌が上手でした。

☑ 2053

전학

[저낙]

転校　漢転学　関– 하다
전학 가는 친구의 송별회를 열고 우정을 나눴다.
転校する友達の送別会を開いて、友情を分かち合った。

☑ 2054

고시

試験　漢考試
한국에서 이제 사법 **고시**는 공식적으로 폐지되었다.
韓国では、もう司法試験は公式に廃止された。

☑ 2055

수능❶

修学能力試験　漢修能
수능은 1점 차에 학생들의 희비가 좌우될 정도로 경쟁이 치열하다.
修学能力試験は、1点差で生徒たちの悲喜が左右されるほどに競争が激しい。

解説　　2049 **한 수 배우다**で「胸を借りる」という意味　　2055 日本の大学入学共通テストのような、韓国で行われる大学共通の入学試験

☑ 2056
졸이다
[조리다]

煮詰める
양념된 간장에 소고기를 넣고 오래 **졸이면** 장조림이 됩니다.
味付けした醤油に牛肉を入れて長く煮詰めると、肉の煮付けになります。

☑ 2057 　ㄹ変則
달아오르다
[다라오르다]

熱くなる
스테이크는 잘 **달아오른** 철판에 구워야 맛있다.
ステーキは、しっかり熱くなった鉄板で焼いてこそおいしい。

☑ 2058 　ㄹ語幹
부풀다

膨れる、毛羽立つ
한 대 맞은 부분에 멍이 생기더니 빨갛게 **부풀어** 올랐다.
一発殴られた部分にあざができて、赤く膨れ上がった。

☑ 2059 　ㅇ語幹
부르트다

腫れる、腫れ上がる、豆ができる
그는 자식들을 위해 손발이 **부르트도록** 열심히 일했다.
彼は、子どもたちのために手足が腫れるくらい一生懸命働いた。

☑ 2060
쓸리다

擦りむける
꽉 끼는 청바지를 샀더니 허벅지가 바지에 **쓸려** 불편했다.
ぴったりのジーンズを買ったら、太ももがズボンに擦れて心地悪かった。

☑ 2061
돋구다
[돋꾸다]

上げる、高める
칠판 글씨가 잘 안 보이니 안경도수를 **돋궈야겠어**.
黒板の字がよく見えないので、眼鏡の度数を上げなきゃ。

☑ 2062
돋다
[돋따]

生える、湧く
자기 기분 나쁘다고 가시가 **돋은** 말을 하면 안 되죠.
気分が悪いからって、とげのある言葉を言ってはいけないですよ。

☑ 2063
우거지다

生い茂る
숲이 **우거져서** 너무 어두우니 어서 숲 밖으로 나와라.
森が生い茂っていて暗すぎるから、早く森の外に出ておいで。

14週目

15週目

16週目

17週目

18週目

19週目

20週目

21週目

22週目

23週目

24週目

25週目

26週目

☐ 2064 　하다用言

만발하다

[만바라다]

満開になる　[漢]満發--

꽃이 **만발한** 봄날에 그 남자와 첫 데이트를 했다.
花が満開になった春の日に、その男性と初デートをした。

☐ 2065

무르익다

[무르익따]

(主に雰囲気が) 熟す、盛り上がる

이제 회사 합병을 위한 분위기가 **무르익었습니다**.
もう、会社の合併のための雰囲気が熟しました。

☐ 2066 　ㄹ語幹

여물다

(主に果物・野菜が) 熟す、よく実る

먹음직스럽게 **여문** 사과를 하나 따서 한 입 깨물었다.
おいしそうに熟したリンゴを一つ取って、一口かじった。

☐ 2067 　ㄹ語幹

물들다

染まる

붉은빛으로 **물든** 단풍을 보기 위해 관광객들이 몰렸다.
赤く染まった紅葉を見るために、観光客が殺到した。

☐ 2068

스미다

染みる

언니의 새집에 갔더니 정성이 구석구석 **스며** 있었다.
姉の新居に行ったら、真心が隅々まで染み渡っていた。

☐ 2069

사무치다

胸が痛む、(身に) 染みる

어머니가 돌아가시고 나자 가끔 **사무치는** 그리움이 밀려왔다.
母が亡くなった後、時々胸が痛むような恋しさが押し寄せて来た。

☐ 2070

바래다

(色が) あせる

엄마의 옛날 앨범을 보니 빛이 **바랜** 사진이 많았다.
母の昔のアルバムを見ると、色あせた写真が多かった。

☐ 2071 **르変則**
가파르다
（勾配が）急だ
가파른 언덕 위에 서민들이 사는 집이 다닥다닥 붙어 있다.
急な丘の上に、庶民たちが住む家が軒を並べている。

☐ 2072 **르変則**
막다르다
[막따르다]
（막다른の形で）突き当たりの
도망치다가 **막다른** 길에 들어서 버렸다.❷
逃げていたら、袋小路に入ってしまった。

☐ 2073 **하다用言**
험난하다
[험나나다]
険しい、厳しい　漢険難 --
이곳은 산이 **험난해서** 하이킹 기분으로 오르면 안 됩니다.
ここは山が険しいので、ハイキング気分で登ってはいけません。

☐ 2074 **ㅂ変則**
매섭다
[매섭따]
険しい、鋭い、手厳しい
눈매가 **매서운** 그는 사실 착한 사람이었다.
目つきが険しい彼は、実際は優しい人だった。

☐ 2075 **하다用言**
혹독하다
[혹또카다]
厳しい、つらい、（程度が）甚だしい　漢酷毒 --
금메달을 따기 위해 **혹독한** 수련을 거쳤다.
金メダルを取るために、厳しい修練を経た。

☐ 2076 **하다用言**
수두룩하다
[수두루카다]
ありふれている、おびただしい、数多い
그 일을 할 수 있는 사람은 이 분야에 **수두룩하다**.
その仕事ができる人は、この分野にありふれている。

☐ 2077 **하다用言**
희한하다
[히하나다]
非常にまれだ、非常に珍しい　漢稀罕 --　関- 스럽다
살다 보면 별 **희한한** 일이 다 생기지요.
生きていると、非常に珍しいことが起きますね。

☐ 2078 **하다用言**
희귀하다
[히귀하다]
珍しく貴重だ　漢稀貴 --
이런 도자기는 이제 아주 **희귀한** 물건이 됐다.
このような陶磁器は、今ではとても珍しくて貴重な物になった。

☑ 2079　하다用言
무고하다
無事だ　漢無故 --
사고가 크게 났지만 저는 **무고하니** 걱정 마세요.
大きな事故が起きましたが、私は無事なので心配しないでください。

☑ 2080　하다用言
무관하다
無関係だ　漢無関 --
사건과 **무관한데도** 억울하게 경찰에 불려 나갔다.
事件と無関係なのに、悔しくも警察に呼ばれた。
[무과나다]

☑ 2081　하다用言
눅눅하다
水っぽくて緩い、湿っぽくて柔らかい
과자가 바삭하지 않고 **눅눅해서** 맛이 없다.
菓子がぱりっとせず、しけっていてまずい。
[눙누카다]

☑ 2082　하다用言
달착지근하다
少し甘みがある
할아버지는 유난히 **달착지근한** 커피를 좋아하셨다.
おじいさんは、とりわけ少し甘みがあるコーヒーがお好きだった。
[달착찌그나다]

☑ 2083　하다用言
달콤새콤하다
甘酸っぱい
키위는 **달콤새콤해서** 디저트 과일로 적격이다.
キウイは甘酸っぱくて、デザートのフルーツとして適格だ。
[달콤새코마다]

☑ 2084
되다
固い
밥통에 물을 적게 넣고 밥을 했더니 **되게** 지어졌다.
炊飯器に水を少なめに入れてご飯を炊いたら、固くなった。

☑ 2085
질기다
固い
고기가 **질겨서** 아무리 씹어도 목으로 넘어가지 않는다.
肉が固くて、いくらかんでも喉を通らない。

解説　2072 **막다른 길**で「袋小路」という意味

☑ 2086
덜커덕
ばたん、がちゃり　関 - 하다
손을 대지도 않았는데 문이 **덜커덕** 열려서 놀랐다.
手を触れもしなかったのに、扉がばたんと開いて驚いた。

☑ 2087
덜컹
がたっと、がたん
기차가 움직이기 시작하자 **덜컹** 소리가 났다.
汽車が動き出すと、がたっと音がした。

☑ 2088
쾅
どん、どしん
길을 가다가 갑자기 **쾅** 하는 소리에 놀라서 뒤를 돌아보았다.
道を歩いていて、突然どんという音に驚いて振り向いた。

☑ 2089
쿵
どしん、ずしん、ずどん
트럭에서 물건이 바닥에 **쿵** 떨어졌다.
トラックから物が下にどしんと落ちた。

☑ 2090
바스락
かさっ　関 - 하다
가을 낙엽을 밟을 때마다 **바스락바스락** 기분 좋은 소리가 났다.
秋、落ち葉を踏むたびにかさっかさっと気分のいい音がした。

☑ 2091
흑흑
[흐큭]
しくしく
여동생은 갑자기 **흑흑** 소리를 내며 울었다.
妹は突然、しくしく声を出して泣いた。

☑ 2092
걸핏하면
[걸피타면]
何かにつけて、どうかするとすぐ、ともすると
그 사람은 **걸핏하면** 화를 내기 때문에 주위 사람들이 싫어해요.
その人は何かにつけて怒るので、周りの人たちは嫌がっています。

☑ 2093
까딱하면
[까따카면]
ともすれば、ややもすれば
SNS상의 선거 운동은 **까딱하면** 불법으로 신고될 수 있다.
SNS上の選挙運動は、ともすれば違法として通報され得る。

☑ 2094
쩍하면
[쩌카면]

ともすれば
몸이 너무 약해서 **쩍하면** 앓아눕기 일쑤였다.
体がとても弱くて、ともすれば病気で寝込むのが常だった。

☑ 2095
툭하면
[투카면]

ともすると、どうかすると、ささいな事で
대학생이라고 **툭하면** 외박하는데 별로 좋지 않아 보여.
大学生だからって、ともすると外泊するけどあまり良く見えないよ。

☑ 2096
급기야
[급끼야]

揚げ句の果てに、結局、とうとう　漢及其也
두 사람은 논쟁 끝에 **급기야** 치고받고 싸웠다.
二人は口論の末に、揚げ句の果てに殴り合いのけんかをした。

☑ 2097
별반

別段　漢別般
이번 사안에 대해서는 그 사람이라고 **별반** 뾰족한 수가 없어.
今回の事案については、その人だからといって別段優れたいい手はない。

☑ 2098
가령

たとえ、仮に　漢仮令
가령 네가 그 일을 한다고 치자.
仮に、おまえがその仕事をするとしよう。

☑ 2099
설령

たとえ　漢設令
설령 죽는 한이 있어도 끝까지 싸우겠다.
たとえ死ぬことがあっても、最後まで戦う。

☑ 2100
설사
[설싸]

たとえ　漢設使
설사 그랬다손 치더라도 네가 그를 원망해서는 안 된다.
たとえそうだったとしても、おまえは彼を恨んではいけない。

☑1996 해몽	☑2031 하인	☑2066 여물다
☑1997 수²	☑2032 시조	☑2067 물들다
☑1998 운수	☑2033 서예	☑2068 스미다
☑1999 재수¹	☑2034 한지	☑2069 사무치다
☑2000 팔자	☑2035 훈민정음	☑2070 바래다
☑2001 널뛰기	☑2036 수³	☑2071 가파르다
☑2002 연	☑2037 구절	☑2072 막다르다
☑2003 윷놀이	☑2038 단편	☑2073 험난하다
☑2004 제기차기	☑2039 졸작	☑2074 매섭다
☑2005 팽이	☑2040 자장가	☑2075 혹독하다
☑2006 화살	☑2041 후렴	☑2076 수두룩하다
☑2007 화투	☑2042 나팔	☑2077 희한하다
☑2008 활	☑2043 첼로	☑2078 희귀하다
☑2009 과녁	☑2044 플루트	☑2079 무고하다
☑2010 가락	☑2045 발레	☑2080 무관하다
☑2011 장단	☑2046 안무	☑2081 눅눅하다
☑2012 타령	☑2047 립싱크	☑2082 달착지근하다
☑2013 농악	☑2048 단식 경기	☑2083 달콤새콤하다
☑2014 판소리	☑2049 당구	☑2084 되다
☑2015 거문고	☑2050 글러브	☑2085 질기다
☑2016 동네북	☑2051 괴기 영화	☑2086 덜커덕
☑2017 채²	☑2052 학창	☑2087 덜컹
☑2018 기생	☑2053 전학	☑2088 쾅
☑2019 댕기	☑2054 고시	☑2089 쿵
☑2020 노리개	☑2055 수능	☑2090 바스락
☑2021 한옥	☑2056 졸이다	☑2091 흑흑
☑2022 구들장	☑2057 달아오르다	☑2092 걸핏하면
☑2023 김장	☑2058 부풀다	☑2093 까딱하면
☑2024 놀부	☑2059 부르트다	☑2094 쩍하면
☑2025 양반	☑2060 쓸리다	☑2095 툭하면
☑2026 선비	☑2061 돋구다	☑2096 급기야
☑2027 호	☑2062 돋다	☑2097 별반
☑2028 귀양	☑2063 우거지다	☑2098 가령
☑2029 머슴	☑2064 만발하다	☑2099 설령
☑2030 종	☑2065 무르익다	☑2100 설사

☑1996　夢占い
☑1997　運
☑1998　運
☑1999　運
☑2000　運
☑2001　板跳び
☑2002　たこ
☑2003　ユンノリ
☑2004　チェギチャギ(羽根蹴り)
☑2005　こま
☑2006　矢
☑2007　花札
☑2008　弓
☑2009　的
☑2010　リズム
☑2011　調子
☑2012　タリョン(曲調の一つ)
☑2013　農楽
☑2014　パンソリ
☑2015　コムンゴ(韓国の琴の一種)
☑2016　村の太鼓
☑2017　ばち
☑2018　芸妓
☑2019　テンギ(お下げの先に付けるリボン)
☑2020　ノリゲ
☑2021　韓屋(韓国の伝統的な家屋)
☑2022　オンドル石
☑2023　キムジャン
☑2024　ノルブ(朝鮮時代の小説の登場人物)
☑2025　両班
☑2026　士人
☑2027　雅号
☑2028　島流し
☑2029　作男
☑2030　しもべ

☑2031　召し使い
☑2032　時調(韓国の古典的な定型詩)
☑2033　書道
☑2034　韓紙
☑2035　訓民正音
☑2036　(将棋や囲碁の)手
☑2037　句と節
☑2038　短編
☑2039　駄作
☑2040　子守唄
☑2041　繰り返し
☑2042　ラッパ
☑2043　チェロ
☑2044　フルート
☑2045　バレエ
☑2046　振り付け
☑2047　口パク
☑2048　シングルス
☑2049　ビリヤード
☑2050　グローブ
☑2051　ホラー映画
☑2052　学校
☑2053　転校
☑2054　試験
☑2055　修学能力試験
☑2056　煮詰める
☑2057　熱くなる
☑2058　膨れる
☑2059　腫れる
☑2060　擦りむける
☑2061　上げる
☑2062　生える
☑2063　生い茂る
☑2064　満開になる
☑2065　(主に雰囲気が)熟す

14週目
15週目
16週目
17週目
18週目
19週目
20週目
21週目
22週目
23週目
24週目
25週目
26週目

☑ 2066　(主に果物・野菜が)熟す
☑ 2067　染まる
☑ 2068　染みる
☑ 2069　胸が痛む
☑ 2070　(色が)あせる
☑ 2071　(勾配が)急だ
☑ 2072　(막다른の形で)突き当たりの
☑ 2073　険しい
☑ 2074　険しい
☑ 2075　厳しい
☑ 2076　ありふれている
☑ 2077　非常にまれだ
☑ 2078　珍しく貴重だ
☑ 2079　無事だ
☑ 2080　無関係だ
☑ 2081　水っぽくて緩い
☑ 2082　少し甘みがある
☑ 2083　甘酸っぱい
☑ 2084　固い
☑ 2085　固い
☑ 2086　ばたん
☑ 2087　がたっと
☑ 2088　どん
☑ 2089　どしん
☑ 2090　かさっ
☑ 2091　しくしく
☑ 2092　何かにつけて
☑ 2093　ともすれば
☑ 2094　ともすれば
☑ 2095　ともすると
☑ 2096　揚げ句の果てに
☑ 2097　別段
☑ 2098　たとえ
☑ 2099　たとえ
☑ 2100　たとえ

1・2級

21週目

☑ 2101
전형
[저녕]

選考 漢銓衡 関-하다
서류 **전형**에 통과한다고 해도 면접에서 떨어지는 경우가 많아요.
書類選考に通過したとしても、面接で落ちるケースが多いんです。

☑ 2102
문항
[무낭]

(試験の)問題 漢問項
중간고사에 나오는 수학은 몇 **문항**입니까?
中間テストに出る数学は、何問ですか？

☑ 2103
재수²

浪人すること 漢再修 関-하다
대학입시에 실패한 후 **재수** 학원에 등록했다.
大学入試に失敗した後、浪人生向けの予備校に入った。

☑ 2104
꼴찌

びり、最下位
열심히 공부했는데도 겨우 **꼴찌**만 면했다.
一生懸命勉強したのに、かろうじてびりだけは免れた。

☑ 2105
수련

修練、修行 漢修鍊 関-하다
배운 지식은 충분한 **수련**을 거치지 않고서는 체화되지 않는다.
学んだ知識は、十分な修練を経なければ自分のものにならない。

☑ 2106
시범

範を示すこと、手本 漢示範 関-하다
제가 지금부터 **시범**을 보일 테니 잘 보고 따라 하세요.
私が今から手本を見せるので、よく見てまねてください。

☑ 2107
빵점
[빵쩜]

零点 漢-点
그는 효자로 알려졌지만, 신랑감으로서는 **빵점**이다.
彼は孝行息子と知られているが、花婿候補としては零点だ。

☑ 2108
교무

教務 漢教務
교무실에 가니 선생님이 다른 학생의 진로 상담을 하고 있었다.
職員室に行ったら、先生が他の生徒の進路相談をしていた。

☐ 2109

교감²

[漢] 校監

教頭

조회 시간에 **교감** 선생님의 훈화가 너무 길어서 피곤했다.

朝礼の時間の教頭先生の訓話が長すぎて、疲れた。

☐ 2110

원어민

[워너민]

ネイティブスピーカー　[漢] 原語民

원어민이 하는 말은 아직 알아듣기 어렵다.

ネイティブスピーカーの言うことは、まだ聞き取りにくい。

☐ 2111

석사

[석싸]

修士　[漢] 碩士

그는 **석사**를 따고 나면 박사 학위를 위해 유학을 떠날 예정이다.

彼は修士を取ったら、博士号のために留学する予定だ。

☐ 2112

낱말

[난말]

単語

낱말 맞히기를 하면서 아이와 함께 놀곤 했어요.

単語当てをしながら、子どもと一緒に遊んだりしました。

☐ 2113

국사

[국싸]

国史　[漢] 国史

역사를 제대로 아는 사람이 **국사** 교과서를 집필해야 합니다.

歴史をきちんと知っている人が、国史教科書を執筆しなければいけません。

☐ 2114

덧셈

[덛쎔]

足し算

수학의 기본은 **덧셈**이니 숙달하도록 해야 합니다.

数学の基本は足し算なので、上達するようにしなければいけません。

☐ 2115

뺄셈

[뺄쎔]

引き算

산수는 덧셈과 **뺄셈**이 기본이니 셈을 빨리하는 연습을 해 봐.

算数は足し算と引き算が基本なので、計算を早くする練習をしてみなさい。

☑ 2116
함수
[함쑤]

関数　漢函数
수학 중에서 **함수** 문제가 제일 어렵다.
数学の中で、関数の問題が一番難しい。

☑ 2117
주판

そろばん　漢籌板
그는 계산기 대신 **주판**으로 장부 정리를 하고 있었다.
彼は、計算機の代わりにそろばんで帳簿整理をしていた。

☑ 2118
당구장 표시

※ (米印)　漢撞球場 標示
교과서의 중요한 부분에 **당구장 표시**를 해서 외웁니다.
教科書の重要な部分に、「※」を付けて覚えます。

☑ 2119
별표

＊(星印)　漢 - 標
참고서를 보면서 중요한 내용에는 **별표**를 하세요.
参考書を見ながら、重要な内容には「＊」を付けてください。

☑ 2120
도화지

画用紙　漢図画紙
하얀 **도화지**에 봄날의 상큼한 분위기를 담은 수채화를 그렸다.
白い画用紙に、春の日の爽やかな雰囲気を込めた水彩画を描いた。

☑ 2121
물감
[물깜]

絵の具
수채화를 잘 그리려면 먼저 **물감**을 팔레트에 잘 개세요.
水彩画をうまく描くには、まず絵の具をパレットによく溶いてください。

☑ 2122
줄다리기

綱引き　関 - 하다
양 팀 모두 힘이 세서 **줄다리기** 승자가 좀처럼 정해지지 않고 있다.
両チーム共に力が強くて、綱引きの勝者がなかなか決まらないでいる。

☑ 2123
뜀틀

跳び箱
아이들의 체력을 키우기 위해 체육 시간에 **뜀틀**을 사용하고 있다.
子どもたちの体力を付けるために、体育の時間に跳び箱を使用している。

☐ 2124
미끄럼틀

滑り台
방과 후 아이들이 단지 내 놀이터 **미끄럼틀**에서 놀고 있다.
放課後、子どもたちが団地内の公園の滑り台で遊んでいる。

☐ 2125
술래잡기
[술래잡끼]

鬼ごっこ、かくれんぼ 関 - 하다
아이들이 공원에서 **술래잡기** 놀이를 하고 있다.
子どもたちが、公園で鬼ごっこをしている。

☐ 2126
숨바꼭질
[숨바꼭찔]

かくれんぼ 関 - 하다
우리 동네 아이들은 **숨바꼭질**과 줄넘기를 즐겨한다.
うちの町内の子どもたちは、かくれんぼと縄跳びを好んでする。

☐ 2127
양호실

保健室 漢 養護室
배가 아파서 선생님께 말씀드리고 **양호실**에 갔다.
おなかが痛いので、先生に話して保健室に行った。

☐ 2128
귀동냥

耳学問、聞き覚え 関 - 하다
그 사람은 **귀동냥**으로 한글을 깨우쳤다.
その人は、耳学問でハングルが分かるようになった。

☐ 2129
어깨너멋글
[어깨너멋끌]

耳学問
이런 지식은 다 **어깨너멋글**로 익힌 겁니다.
このような知識は、全て耳学問で身に付けたものです。

☐ 2130
일터

職場、仕事場
일터는 자유롭게 아이디어를 내고 실행할 수 있는 곳이어야 합니다.
職場は、自由にアイデアを出して実行できる所でないといけません。

14 週目
15 週目
16 週目
17 週目
18 週目
19 週目
20 週目
21 週目
22 週目
23 週目
24 週目
25 週目
26 週目

☑ 2131
일꾼

人手、働き手

연휴 때는 이삿짐을 나를 **일꾼** 구하기가 어려웠다.

連休の時は、引っ越しの荷物を運ぶ人手を探すのが難しかった。

☑ 2132
직함
[지캄]

肩書き　漢職銜

그는 여러 회사에서 일을 하므로 **직함**도 한두 개가 아니었다.

彼は、いろいろな会社で仕事をするため、肩書きも一つ二つではなかった。

☑ 2133
인계
[인게]

引き継ぎ　漢引継　関 - 되다/하다

회사를 그만두기 전에 반드시 후임자에게 일을 **인계**해야 합니다.

会社を辞める前に、必ず後任の人に仕事を引き継がなければいけません。

☑ 2134
과업

業務、課業、タスク、任務　漢課業

한국 대통령은 통일이라는 **과업**을 수행할 수 있는지가 중요하다.

韓国の大統領は、統一という任務を遂行できるかが重要だ。

☑ 2135
급선무
[급썬무]

急務　漢急先務

신입사원은 실무를 익히는 것이 **급선무**다.

新入社員は、実務を覚えるのが急務だ。

☑ 2136
벼슬

官職　関 - 하다

조선 시대에 양반집 자손이면서도 **벼슬** 한 자리도 못 해 본 집도 많았다.

朝鮮時代に両班の子孫でありながら、官職一つもらえない家も多かった。

☑ 2137
관리
[괄리]

官吏　漢官吏

조선 시대 **관리**들의 횡포로 백성들은 극심한 생활고를 겪었다.

朝鮮時代、役人たちの横暴で民はひどい生活苦を味わった。

☑ 2138
순경

巡査　漢巡警

순경이 순찰을 하면서 골목에 수상한 사람이 없는지 확인했다.

巡査が巡回をしながら、路地に怪しい人がいないか確認した。

☑ 2139

바느질

針仕事　関 – 하다

바느질 솜씨가 좋아서 웬만한 옷은 직접 수선해서 쓴다.
針仕事の腕前が良くて、大抵の服は自分で繕って使う。

☑ 2140

목수

[목쑤]

大工　漢木手

목수들이 집 지을 재목을 다듬고 있다.
大工が、家を建てるための材木を整えている。

☑ 2141

연장

仕事の道具

다락방에 있던 **연장**통을 가져다가 망가진 가구를 수리했다.
屋根裏部屋にあった仕事の道具箱を持っていって、壊れた家具を修理した。

☑ 2142

사공

船頭　漢沙工

뱃삯을 받고 **사공**이 손님을 배로 강을 건너다주었다.
船賃を取って、船頭が客を船で川を渡してやった。

☑ 2143

막노동

[망노동]

肉体労働　漢 – 労動　関 – 하다

가장이라면 **막노동**을 해서라도 가족을 먹여 살려야 한다.
家長であれば、肉体労働をしてでも家族を食べさせなければならない。

☑ 2144

잡일

[잠닐]

雑用　漢雑 –

취직했더니 상사가 **잡일**만 시켜서 그만뒀다.
就職したら、上司が雑用ばかりさせるので辞めた。

☑ 2145

보육 교사

[보육 꼬사]

保育士　漢保育 教師

어린이집의 **보육 교사**들이 박봉에 고생이 심하다고 한다.
保育園の保育士たちは、薄給の上、苦労がひどいという。

☑ 2146

やぶ医者　漢--- 医師

돌팔이 의사
[돌파리 의사]

치료를 제대로 못 하는 의사를 **돌팔이 의사**라고 한다.
治療がまともにできない医師を、やぶ医者という。

☑ 2147

商人

장수

아침 일찍 종을 치며 지나가는 두부 **장수**를 더 이상 보기 힘들다.
朝早く、鐘を鳴らしながら通る豆腐商人を見るのはもはや難しい。

☑ 2148

不動産屋　漢福徳房

복덕방
[복떡빵]

이사를 하기 위해 **복덕방**에 집을 알아보러 다녔다.
引っ越しをするために、家を調べに不動産屋を回った。

☑ 2149

ボーナス、賞与　漢賞与金

상여금

이번 명절에는 **상여금**이 지급될 예정입니다.
今度の名節には、ボーナスが支給される予定です。

☑ 2150

手当　漢手当

수당

야근 **수당**을 줄이기 위해서 정시퇴근을 장려하고 있다.
残業手当を減らすために、定時退社を奨励している。

☑ 2151

振り替え　漢移替　関- 되다 / 하다

이체

각종 공과금은 시간 절약 차원에서 자동으로 **이체**되도록 했다.
各種公共料金は、時間節約のため自動的に振り替えられるようにした。

☑ 2152

デビットカード　漢直払 card

직불 카드
[직뿔 카드]

신용 카드 쓰는 걸 싫어해서 **직불 카드**로 물건을 샀다.
クレジットカードを使うのが嫌なので、デビットカードで品物を買った。

☑ 2153

大金　漢巨金

거금

그 기업인은 후배들을 위한 장학금으로 **거금**을 기부했다.
その経営者は、後輩たちのための奨学金として大金を寄付した。

☑ 2154

목돈
[목똔]

まとまったお金

사업을 하는 데 **목돈**이 필요해 대출을 받았다.
事業をするのにまとまった金が必要で、融資を受けた。

☑ 2155

푼돈
[푼똔]

はした金

고작 **푼돈** 조금 벌려고 아이들에게까지 거짓말을 하다니.
たかがはした金を少し稼ごうと、子どもたちにまでうそをつくなんて。

☑ 2156

적금
[적끔]

積立金　漢積金　関 – 하다

집을 장만하기 위해 아파트청약형 정기 **적금**을 들었다.
家を購入するために、マンション請約型積立定期預金に加入した。

☑ 2157

예치금

預かり金　漢預置金

다음 주까지 대학교 등록 **예치금** 납부를 하지 않으면 입학이 취소됩니다.
来週までに大学入学の預かり金を納付しないと、入学が取り消されます。

☑ 2158

적립
[정닙]

積み立て　漢積立　関 – 되다/하다

물건 구매 시 현금만 쓰지 말고, **적립**식 포인트를 활용하세요.
品物購入時、現金だけ使わずに積み立て式のポイントをご活用ください。

☑ 2159

인출

引き出すこと　漢引出　関 – 되다/하다

주말에는 돈을 **인출**하는 데 수수료가 필요합니다.
週末は、お金を引き出すのに手数料が必要です。

☑ 2160

성금

献金、寄付金　漢誠金

연말마다 불우이웃을 위한 **성금**을 내고 있습니다.
年末になるたび、恵まれない隣人のために寄付をしています。

☑ 2161

흩날리다

[흔날리다]

舞い散る、飛び散る

가을바람에 **흩날리는** 낙엽이 어쩐지 좀 쓸쓸하다.

秋風に舞い散る落ち葉が、どうにも寂しい。

☑ 2162

흐트러지다

散らばる、乱れる

지진이 심하게 나면서 방 안의 물건들이 모두 **흐트러졌다**.

ひどい地震が起きて、部屋の中の物が皆散らばった。

☑ 2163

결딴내다

台無しにする、駄目にする

그렇게 이간질을 해서 우리 사이를 **결딴내려고** 하는구나.

そうやって仲違いをさせて、われわれの仲を壊そうとしているんだな。

☑ 2164

망가지다

壊れる

사고로 자전거가 **망가져서** 요즘 걸어 다닙니다.

事故で自転車が壊れたので、最近は歩いて通っています。

☑ 2165

이지러지다

壊れる、ゆがむ、ひずむ

내가 약점에 대해 한마디하자 친구의 표정이 **이지러졌다**.

私が弱点について一言言うと、友達の表情がゆがんだ。

☑ 2166　○語幹

트다²

ひび割れる、避ける

겨울철에 자꾸 흙을 만지고 일하니까 손이 쉽게 **튼다**.

冬にしきりに土をいじって仕事しているので、手が簡単にひび割れる。

☑ 2167

뻐개지다

割れる

축구하다 태클 당한 그는 무릎뼈가 **뻐개지는** 아픔을 호소했다.

サッカーをしていてタックルされた彼は、膝の骨が割れる痛みを訴えた。

☑ 2168

일그러지다

ゆがむ

내가 그 사람을 비판하자 그의 얼굴이 **일그러졌다**.

私がその人を批判すると、彼の顔がゆがんだ。

☑ 2169

치이다

ひかれる、邪魔される、圧迫される

지나가는 사람이 차에 **치이는** 사고가 발생했다.

通行人が車にひかれる事故が発生した。

☑ 2170

쉬다[1]

(食べ物が)腐りかけて酸っぱくなる

한여름에 남은 밥은 냉장고에 바로 넣지 않으면 금방 **쉰다**.

真夏に残ったご飯は、冷蔵庫にすぐ入れないと直ちに腐る。

☑ 2171　ㄹ語幹

슬다

(カビが)生える、さびる

식빵을 세일하길래 잔뜩 사 놓았더니 곰팡이가 **슬어서** 버렸다.

食パンをセールしていたからいっぱい買っておいたら、カビが生えたので
捨てた。

☑ 2172　ㄹ語幹

아물다

癒える

보기 흉했던 상처도 어느덧 많이 **아물었다**.

見苦しかった傷も、いつの間にかだいぶ癒えた。

☑ 2173

엉기다

凝固する

접착제를 책 위에 두었더니 표지에 **엉겨** 붙었다.

接着剤を本の上に置いていたら、表紙に固まってくっついた。

☑ 2174

이글거리다

赤々と燃え上がる

해변가에 놀러 왔는데 **이글거리는** 태양에 쪄 죽을 것만 같다.

海辺に遊びに来たが、真っ赤に燃える太陽に焼かれて死にそうだ。

☑ 2175　ㄹ語幹

일다

生じる

커다란 지진과 함께 파도도 크게 **일었다**.

大きな地震と一緒に、波も大きく生じた。

☑ 2176
떫다
[떨따]

渋い
감이 덜 익어서 **떫으니** 좀 더 있다가 먹읍시다.
柿が熟してなくて渋いので、もう少ししてから食べましょう。

☑ 2177　하다用言
말랑말랑하다

柔らかい、ぷにぷにしている、ふわふわしている
나는 **말랑말랑한** 젤리를 좋아한다.
私は、ぷにぷにしたゼリーが好きだ。

☑ 2178　하다用言
비릿하다
[비리타다]

少し生臭い
어머니가 새벽같이 일 나가던 가게는 늘 생선 냄새가 **비릿하게** 났다.
母が朝早くから働きに出た店は、いつも魚の生臭いにおいがした。

☑ 2179　하다用言
상큼하다
[상크마다]

(味やにおいなどが)芳しくて爽やかだ
그녀는 **상큼한** 과일을 한 입 베어 물고 환하게 웃었다.
彼女は、爽やかなにおいの果物を一口かじって明るく笑った。

☑ 2180　하다用言
새콤하다
[새코마다]

やや酸っぱい
양념장에 식초를 넣어 **새콤하게** 간을 했다.
たれに酢を入れて、甘酸っぱく味付けをした。

☑ 2181　하다用言
얼큰하다
[얼크나다]

(辛くて口の中が)ひりひりする、ぴりっとする
육개장 국물이 **얼큰하니** 해장에 딱 좋다.
ユッケジャンのスープはぴりっとして、酔いさましにちょうどいい。

☑ 2182　하다用言
정갈하다
[정가라다]

小ぎれいだ、こざっぱりしている　関 - 스럽다
이 가게는 음식이 **정갈하고** 맛있어 외국 손님이 많이 찾는다.
この店は料理が小ぎれいでおいしいので、外国人客がたくさん訪れる。

☑ 2183　하다用言
짭짤하다
[짭짜라다]

やや塩辛い、(商売などが)うまくいく
여름에 염분 섭취를 늘리기 위해서 된장국을 **짭짤하게** 끓였다.
夏に塩分摂取を増やすために、みそ汁をやや塩辛く作った。

☐ 2184 　하다用言
출출하다
[출추라다]

小腹がすく、ややひもじい

밤이 되니까 배가 **출출한데** 야식이라도 시켜 먹을까?
夜になって小腹がすいたから、夜食でも頼んで食べようか？

☐ 2185 　하다用言
텁텁하다
[텁터파다]

舌触りが悪くさっぱりしない、(目がかすんで)はっきりしない

그 음식은 맛이 **텁텁해서** 끝까지 다 먹지 못하고 남겼다.
その食べ物は味がさっぱりしなくて、最後まで食べられずに残した。

☐ 2186 　하다用言
푸짐하다
[푸지마다]

たっぷりある、豊富だ

회사 단골 식당은 언제나 음식의 양이 **푸짐하다**.
会社の行きつけの食堂は、いつも料理の量がたっぷりある。

☐ 2187
궂다
[굳따]

天気が悪い

궂은 날씨에도 불구하고 모임에 와 주셔서 감사합니다.
悪天候にもかかわらず、集まりに来てくださってありがとうございます。

☐ 2188 　하다用言
따스하다

(心地よく)暖かい

휴일 아침, 햇볕이 **따스해** 베란다에서 책을 읽었다.
休日の朝、日差しが暖かくてベランダで本を読んだ。

☐ 2189 　르変則
메마르다

干からびている

두 달 이상 가뭄이 들자 강물이 모두 **메말랐다**.
2ヵ月以上日照りが続くと、川の水が全て干からびた。

☐ 2190 　하다用言
선선하다
[선서나다]

涼しい、さわやかだ

무더운 날들이 이어졌으나 이제 날씨가 꽤 **선선해졌다**.
蒸し暑い日が続いたが、ようやくかなり涼しくなった。

☐ 2191
하마터면
危うく、まかり間違えると
핸드폰을 보면서 걸어가다가 **하마터면** 사고가 날 뻔했다.
携帯電話を見ながら歩いていたら、危うく事故が起きるところだった。

☐ 2192
행여
ひょっとしたら、もしや　漢幸 -
이 일은 **행여** 내가 다 못 하더라도 마저 다 끝내 주기를 바란다.
この仕事は、もし私が全てできなくても、全部終えるよう願う。

☐ 2193
필시
[필씨]
きっと、多分、おそらく　漢必是
지금까지 연락이 없는 걸 보니 **필시** 무슨 일이 난 것이 분명하다.
今まで連絡がないのを見ると、きっと何かが起こったに違いない。

☐ 2194
바라건대
願わくば
제발 **바라건대** 건강도 챙기면서 일을 했으면 좋겠다.
願わくば、どうか健康にも気を付けながら仕事をしてくれたらと思う。

☐ 2195
기필코
必ず、間違いなく、きっと　漢期必 -
이번에는 **기필코** 합격해서 합격증을 받아오겠어요!
今回は必ず合格して、合格証をもらってきます！

☐ 2196
아무쪼록
ぜひとも
타지에서도 **아무쪼록** 몸 건강히 잘 지내라.
他の所でも、ぜひとも元気に過ごして。

☐ 2197　하다用言
하다못해
[하다모태]
せめて、少なくとも
예습은 안 해도 **하다못해** 복습을 위한 숙제는 해 와야지!
予習はしなくても、せめて復習のための宿題はしてこなきゃ！

☐ 2198
기왕이면
せっかくなら、どうせなら　漢既往 --
기왕이면 서로 얼굴 붉히지 말고 기분 좋게 일합시다.
どうせなら、互いに顔を赤らめてないで気分よく仕事しましょう。

☑ 2199

가뜩이나
[가뜨기나]

ただでさえ、そうでなくても

가뜩이나 일이 많아서 힘든 사람한테 일을 더 시키면 어떻게 해?
ただでさえ仕事が多くて大変な人に、仕事をさらにさせてどうする？

☑ 2200

숫제
[숟쩨]

むしろ

처음에는 조금씩 먹더니 이제는 **숫제** 그릇째 먹고 있다.
最初は少しずつ食べていたが、今ではむしろ器ごと食べる勢いだ。

☑ 2201

모름지기

すべからく、当然

청년은 **모름지기** 진취적이어야 한다.
青年は、すべからく進取的でなければならない。

☑ 2202

가히

まさに、十分、かなり　漢可-

거대한 폭포가 떨어지는 광경은 **가히** 장관이라 할 수 있다.
巨大な滝から水が落ちる光景は、まさに壮観と言える。

☑ 2203

실로

実に　漢実-

스스로 마음에서 우러나서 하는 봉사가 **실로** 가치 있는 일이다.
自分の心からにじみ出て行う奉仕は、実に価値のあることだ。

☑ 2204

오죽

いかに、どんなに　関-하다

부모가 **오죽** 답답했으면 아들더러 집을 나가라고 했을까!
親がどれだけもどかしかったら、息子に家を出るように言っただろう！

☑ 2205

가급적
[가급쩍]

なるべく、できるだけ　漢可及的

주말 이벤트에 **가급적** 참석해 주시기 바랍니다.
週末のイベントに、なるべくご参加ください。

☑2101 전형	☑2136 벼슬	☑2171 슬다
☑2102 문항	☑2137 관리	☑2172 아물다
☑2103 재수²	☑2138 순경	☑2173 엉기다
☑2104 꼴찌	☑2139 바느질	☑2174 이글거리다
☑2105 수련	☑2140 목수	☑2175 일다
☑2106 시범	☑2141 연장	☑2176 떫다
☑2107 빵점	☑2142 사공	☑2177 말랑말랑하다
☑2108 교무	☑2143 막노동	☑2178 비릿하다
☑2109 교감²	☑2144 잡일	☑2179 상큼하다
☑2110 원어민	☑2145 보육 교사	☑2180 새콤하다
☑2111 석사	☑2146 돌팔이 의사	☑2181 얼큰하다
☑2112 낱말	☑2147 장수	☑2182 정갈하다
☑2113 국사	☑2148 복덕방	☑2183 짭짤하다
☑2114 덧셈	☑2149 상여금	☑2184 출출하다
☑2115 뺄셈	☑2150 수당	☑2185 텁텁하다
☑2116 함수	☑2151 이체	☑2186 푸짐하다
☑2117 주판	☑2152 직불 카드	☑2187 궂다
☑2118 당구장 표시	☑2153 거금	☑2188 따스하다
☑2119 별표	☑2154 목돈	☑2189 메마르다
☑2120 도화지	☑2155 푼돈	☑2190 선선하다
☑2121 물감	☑2156 적금	☑2191 하마터면
☑2122 줄다리기	☑2157 예치금	☑2192 행여
☑2123 뜀틀	☑2158 적립	☑2193 필시
☑2124 미끄럼틀	☑2159 인출	☑2194 바라건대
☑2125 술래잡기	☑2160 성금	☑2195 기필코
☑2126 숨바꼭질	☑2161 흩날리다	☑2196 아무쪼록
☑2127 양호실	☑2162 흐트러지다	☑2197 하다못해
☑2128 귀동냥	☑2163 결딴내다	☑2198 기왕이면
☑2129 어깨너멋글	☑2164 망가지다	☑2199 가뜩이나
☑2130 일터	☑2165 이지러지다	☑2200 숫제
☑2131 일꾼	☑2166 트다²	☑2201 모름지기
☑2132 직함	☑2167 뻐개지다	☑2202 가히
☑2133 인계	☑2168 일그러지다	☑2203 실로
☑2134 과업	☑2169 치이다	☑2204 오죽
☑2135 급선무	☑2170 쉬다¹	☑2205 가급적

☑2101　選考
☑2102　(試験の)問題
☑2103　浪人すること
☑2104　びり
☑2105　修練
☑2106　範を示すこと
☑2107　零点
☑2108　教務
☑2109　教頭
☑2110　ネイティブスピーカー
☑2111　修士
☑2112　単語
☑2113　国史
☑2114　足し算
☑2115　引き算
☑2116　関数
☑2117　そろばん
☑2118　※(米印)
☑2119　＊(星印)
☑2120　画用紙
☑2121　絵の具
☑2122　綱引き
☑2123　跳び箱
☑2124　滑り台
☑2125　鬼ごっこ
☑2126　かくれんぼ
☑2127　保健室
☑2128　耳学問
☑2129　耳学問
☑2130　職場
☑2131　人手
☑2132　肩書き
☑2133　引き継ぎ
☑2134　業務
☑2135　急務

☑2136　官職
☑2137　官吏
☑2138　巡査
☑2139　針仕事
☑2140　大工
☑2141　仕事の道具
☑2142　船頭
☑2143　肉体労働
☑2144　雑用
☑2145　保育士
☑2146　やぶ医者
☑2147　商人
☑2148　不動産屋
☑2149　ボーナス
☑2150　手当
☑2151　振り替え
☑2152　デビットカード
☑2153　大金
☑2154　まとまったお金
☑2155　はした金
☑2156　積立金
☑2157　預かり金
☑2158　積み立て
☑2159　引き出すこと
☑2160　献金
☑2161　舞い散る
☑2162　散らばる
☑2163　台無しにする
☑2164　壊れる
☑2165　壊れる
☑2166　ひび割れる
☑2167　割れる
☑2168　ゆがむ
☑2169　ひかれる
☑2170　(食べ物が)腐りかけて酸っぱくなる

☑ **2171** (カビが)生える
☑ **2172** 癒える
☑ **2173** 凝固する
☑ **2174** 赤々と燃え上がる
☑ **2175** 生じる
☑ **2176** 渋い
☑ **2177** 柔らかい
☑ **2178** 少し生臭い
☑ **2179** (味やにおいなどが)芳しくて爽やかだ
☑ **2180** やや酸っぱい
☑ **2181** (辛くて口の中が)ひりひりする
☑ **2182** 小ぎれいだ
☑ **2183** やや塩辛い
☑ **2184** 小腹がすく
☑ **2185** 舌触りが悪くさっぱりしない
☑ **2186** たっぷりある
☑ **2187** 天気が悪い
☑ **2188** (心地よく)暖かい
☑ **2189** 干からびている
☑ **2190** 涼しい
☑ **2191** 危うく
☑ **2192** ひょっとしたら
☑ **2193** きっと
☑ **2194** 願わくば
☑ **2195** 必ず
☑ **2196** ぜひとも
☑ **2197** せめて
☑ **2198** せっかくなら
☑ **2199** ただでさえ
☑ **2200** むしろ
☑ **2201** すべからく
☑ **2202** まさに
☑ **2203** 実に
☑ **2204** いかに
☑ **2205** なるべく

1・2級

22週目

☑ 2206

위자료

慰謝料　漢慰藉料

아내가 갑자기 이혼 소송을 걸고 **위자료**를 청구했다.

妻が急に離婚訴訟を起こして、慰謝料を請求した。

☑ 2207

씀씀이

[씀쓰미]

出費

수입이 늘면 자기도 모르게 **씀씀이**도 늘어나게 마련이다.

収入が増えると、知らないうちに出費も増えるものだ。

☑ 2208

파직

罷免、免職　漢罷職　関 - 되다/하다

사태가 걷잡을 수 없이 심각해졌기에 그는 **파직**을 당할 것이다.

事態が収拾できないくらい深刻になったので、彼は罷免されるだろう。

☑ 2209

업체

企業　漢業体

그는 IT 관련 기술로 유명한 **업체**에 근무하고 있다.

彼は、IT関連技術で有名な企業に勤務している。

☑ 2210

인수

引き受け　漢引受　関 - 되다/하다

그 회사의 모든 권리를 **인수**해서 새롭게 사업을 시작했다.

その会社の全ての権利を引き受けて、新しく事業を始めた。

☑ 2211

합작 사업

[합짝 싸업]

合弁事業　漢合作 事業

일본 회사와 **합작 사업**을 하기 위해 일본으로 출장 갔다.

日本の会社と合弁事業をするために、日本に出張に行った。

☑ 2212

창업

創業、起業、建国　漢創業　関 - 하다

취업하기 어려워서 그런지 **창업**을 하는 젊은이가 늘고 있습니다.

就職するのが大変なせいか、起業をする若者が増えています。

☑ 2213

하청

下請け　漢下請

그 일이라면 **하청** 업체 직원에게 물어보세요.

そのことだったら、下請け業者の職員に聞いてください。

☑ 2214
도급

請負　漢都給　関 - 하다
하청 업체에 **도급**을 주고 일을 맡기고 있습니다.❷
下請け業者と請負契約して、仕事を任せています。

☑ 2215
할당
[할땅]

割り当て、分け前　漢割当　関 - 되다/하다
할당된 일의 양이 많아서 시간 내에 끝낼 수 없다.
割り当てられた仕事の量が多すぎて、時間内に終わらせられない。

☑ 2216
도매

卸売り　漢都売　関 - 하다
폐점하기로 해서 물건을 **도매**가로 팔고 있습니다.
閉店することにしたので、品物は卸値で売っています。

☑ 2217
소매

小売り　漢小売　関 - 하다
그는 학교 앞에서 문구 **소매**점을 운영한다.
彼は学校の前で、文房具の小売店を営んでいる。

☑ 2218
구멍가게

小規模の商店
동네 **구멍가게**에는 팔리지 않은 물건들 위에 먼지가 쌓여 있었다.
町の小さな店には、売れていない品物の上にほこりが積もっていた。

☑ 2219
대매출

大売り出し　漢大売出
연말 **대매출** 세일을 진행하고 있습니다.
年末大売り出しセールを行っています。

☑ 2220
대목

書き入れ時、肝心な所、やま場
추석 **대목**을 맞이하여 장사하는 사람들이 활기를 띠었다.
秋夕の書き入れ時を迎えて、商売人たちが活気を帯びた。

解説　2214 **도급을 주다**で「請け負わせる、請負契約をする」という意味

☑ 2221
출시
[출씨]

商品が市中に出回ること、発売　漢出市　関- 되다/하다
신제품이 **출시**되자 그 회사의 주가가 급상승했다.
新製品が発売されるや、その会社の株価が急上昇した。

☑ 2222
매물

売り物　漢売物
경기가 나빠짐에 따라서 부동산 시장에 **매물**이 늘어났다.
景気が悪くなるに従って、不動産市場に売り物が増えた。

☑ 2223
싸구려

安売り品
이 옷은 장식이 많고 화려해 보이지만, **싸구려** 티가 팍팍 난다.
この服は飾りが多くて派手に見えるが、安物のにおいがぷんぷんする。

☑ 2224
덤

おまけ
귤을 잔뜩 샀더니 **덤**으로 세 개 더 얹어 주었다.
ミカンをたくさん買ったら、おまけでもう3個載せてくれた。

☑ 2225
매점

買い占め、買いだめ　漢買占　関- 하다
생필품이 부족해지자 **매점** 행위가 극성을 부렸다.
生活必需品が不足し始めると、買い占め行為が激しくなった。

☑ 2226
사재기

買いだめ、買い占め　関- 하다
전쟁 소식이 돌자 생필품 **사재기**가 시작됐다.
戦争のニュースが広まると、生活必需品の買いだめが始まった。

☑ 2227
매진

売り切れ　漢売尽　関- 되다/하다
그 영화는 당일표가 금방 **매진**되니 예매하는 게 좋아.
あの映画は当日券がすぐに売り切れるので、事前に買った方がいい。

☑ 2228
밑천
[믿천]

元手
투자할 **밑천**이 바닥나서 주식이 폭락해도 그저 지켜만 보았다.
投資用の元手が底を突いて、株価が暴落してもただ見守るだけだった。

☑ 2229
삯
[삭]

代金、賃金
어학연수를 위한 비행기 **삯**은 아버지가 대신 내주었다.
語学研修のための飛行機代は、父が代わりに出してくれた。

☑ 2230
이득

もうけ、利益　漢利得
이런 사업은 나에게 별 **이득**이 없는 것들이다.
このような事業は、私にとってとりたててもうけがないものだ。

☑ 2231
견적

見積もり　漢見積　関 – 하다
작업실 에어컨 설치에 대한 **견적**을 좀 보내 주시겠어요?
作業室のエアコン設置に関する見積もりを送ってくださいますか？

☑ 2232
에누리

掛け値、値引き
세상에 **에누리** 없는 장사가 어디 있다고 그래요.
世の中に、値引きのない商売がどこにあるというの。

☑ 2233
할증
[할쯩]

割り増し　漢割増　関 – 되다/하다
한국의 택시 **할증** 요금이 붙는 시간은 밤 10시부터 4시까지이다.
韓国のタクシーの割増料金がかかる時間は、夜の10時から4時までだ。

☑ 2234
헐값
[헐깝]

安値、捨て値　漢歇 –
수중에 돈이 없어 아끼던 고급 자전거를 **헐값**으로 팔아 버렸다.
手中に金がなくて、大事にしていた高級自転車を安値で売ってしまった。

☑ 2235
선불

先払い　漢先払　関 – 하다
이번에만 알바 비를 **선불**로 받을 수 있는지 사장님께 여쭤봤어요.
今回だけアルバイト代を先払いでもらえるか、社長に聞いてみました。

☑ 2236

후불

後払い　漢後払　関 - 하다
식사비 지불은 **후불**이 아니라 선불입니다.
食費の支払いは、後払いではなく先払いです。

☑ 2237

외상

つけ
돈이 없어서 일단 **외상**으로 물건을 구입했다.
お金がなくて、ひとまずつけで品物を購入した。

☑ 2238

어음

手形
거래 대금을 현금이 아니라 **어음**으로 지급한다니 어이가 없다.
取引の代金を、現金ではなく手形で支払うだなんてあきれる。

☑ 2239

단서

ただし書き　漢但書
피해를 방지하기 위해 계약에 **단서**를 달았다.
被害を防止するため、契約にただし書きを付けた。

☑ 2240

체불

支払いが遅れること、遅払い　漢滞払　関 - 되다/하다
임금이 **체불**되자 종업원들은 회사를 고용노동부에 고소하였다.
賃金の支払いが遅れるや、従業員たちは会社を雇用労働部に告訴した。

☑ 2241

압류

[암뉴]

差し押さえ　漢押留　関 - 되다/하다
아버지 사업이 부도가 나면서 부동산이 모두 **압류**되었다.
父の事業が不渡りになって、不動産が全て差し押さえられた。

☑ 2242

거시적

マクロ、巨視的　漢巨視的
경제 현상을 분석할 때는 **거시적**으로 보는 눈이 필요하다.
経済現象を分析するときは、マクロに見る目が必要だ。

☑ 2243

큰손

莫大な金額で取引をする個人や機関、大物、大手
그 사람은 금융업계의 **큰손**으로 알려져 있다.
彼は、金融業界の大物として知られている。

☐ 2244
외환

外国為替　漢外換
외환 거래를 할 때는 리스크 관리에도 신경을 써야 한다.
外国為替取引をするときは、リスク管理にも気を使わなければならない。

☐ 2245
약세
[약쎄]

劣勢　漢弱勢
엔화가 **약세**를 나타내면서 많은 한국 관광객들이 일본을 찾고
있다.
円安傾向になって、多くの韓国の観光客が日本を訪れている。

☐ 2246
누리

世の中
온**누리**에 굶주리는 사람이 없도록 도움의 손길을 주고자 합니
다.
世界中に飢える人がいないよう、助けの手を差し伸べようと思います。

☐ 2247
추세

大勢、傾向、ある勢力や勢力のある人に従うこと　漢趨勢　関–하다
지금 **추세**라면 신간의 100만 부 돌파도 가능합니다.
今の大勢なら、新刊の100万部突破も可能です。

☐ 2248
소용돌이
[소용도리]

渦巻き
그 사건에 대해 한바탕 정치적 **소용돌이**가 휘몰아쳤다.
その事件について、ひとしきり政治的混乱の渦が巻き起こった。

☐ 2249
명분

名分　漢名分
정치를 그만둘 **명분**이 있었지만, 권력욕을 버리기가 쉽지 않았
다.
政治を辞める名分はあったが、権力欲を捨てるのは容易でなかった。

☐ 2250
명색

名目　漢名色
명색이 회사의 대표인데 아무런 책임을 지지 않으려 하다니 어
이없네.
名目は会社の代表なのに、何の責任も負おうとしないなんてあきれるね。

☑ 2251
광복

失った主権を取り戻すこと 漢光復 関- 되다/하다
매해 8월 15일은 한국의 **광복**절로 독립을 기념하는 날입니다.
毎年8月15日は韓国の光復節で、独立を記念する日です。

☑ 2252
행세

処世、ふり 漢行世
그 사람은 돈도 없으면서 부자 **행세**를 하고 있다.
その人は金もないのに、金持ちのふりをしている。

☑ 2253
문란
[물란]

道徳や秩序が乱れていること 漢紊乱 関- 하다
법질서 **문란**을 더는 방치할 수 없어 엄격하게 단속할 예정입니다.
法秩序の乱れをこれ以上放置できないので、厳格に取り締まる予定です。

☑ 2254
도모

企て 漢図謀 関- 되다/하다
이번 일은 **도모**하다가 실패하면 큰일이니 비밀로 해 주십시오.
今回のことは計画中に失敗したら大ごとなので、秘密にしてください。

☑ 2255
중상모략 ❶

中傷と謀略 漢中傷謀略 関- 하다
그 사람은 회사에서 **중상모략**으로 높은 자리까지 올라갔다.
その人は、会社において中傷と謀略で高い地位まで上った。

☑ 2256
위배

違反 漢違背 関- 되다/하다
판사는 그의 행태가 법에 **위배**되는 행위라고 판결했다.
裁判官は、彼の行動が法に背く行為であるとの判決を下した。

☑ 2257
표절

盗作 漢剽窃 関- 하다
그녀는 **표절**하고도 본인이 창작한 거라고 우기고 있다.
彼女は盗作したのに、自分が創作したものだと言い張っている。

☑ 2258
누설

漏えい 漢漏洩 関- 되다/하다
정부의 고급 기밀을 **누설**할 경우는 처벌받을 수 있습니다.
政府の機密情報を漏えいした場合は、処罰されることがあります。

☐ 2259

비리

道理に外れること　漢非理

국민들 모르게 **비리**를 저지른 국회의원이 시민단체에 의해 고발
됐다.❷

国民に知られないよう不正を犯した国会議員が、市民団体に告発された。

☐ 2260

뺑소니

ひき逃げ

뺑소니 사고를 내고 도망간 범인을 찾아야 한다.

ひき逃げ事故を起こして逃げた犯人を、見つけなければならない。

☐ 2261

날치기

ひったくり　関-하다

길을 가다가 가방을 **날치기**당했는데 어쩌죠?

道を歩いていてかばんをひったくられたのですが、どうしましょう？

☐ 2262

들치기

こそ泥、万引き　関-하다

복잡한 버스 안에서 내가 모르는 사이에 **들치기**를 당했다.

混雑したバスの中で、知らぬ間にこそ泥に遭った。

☐ 2263

협잡

[협짭]

詐欺、ごまかし、いんちき　漢挟雑　関-하다

아버지는 **협잡**꾼에게 속아서 재산을 모두 탕진했다.

父は、詐欺師にだまされて財産を使い果たした。

☐ 2264

피신

身を隠すこと、逃げること　漢避身　関-하다

예기치 못한 지진으로 모두가 건물 밖으로 **피신**하였다.

予期できなかった地震で、皆が建物の外に逃げた。

☐ 2265

행적

行方、(人の残した)業績や足跡　漢行跡

문제를 일으킨 주범들은 **행적**을 감추고 해외로 달아났다.

問題を起こした主犯たちは、行方をくらまして海外に逃げた。

解説　2255 **중상모략**で「他人を誹謗中傷することで悪いはかりごとを企むこと」という意
味　2259 **비리를 저지르다**で「不正を犯す」という意味

☑ 2266 　ㄹ語幹

잦아들다
[자자들다]

少なくなる、静まる

태풍이 불어서 한참 바람이 거세더니 이제 겨우 바람이 **잦아들었다.**

台風がやってきてしばらく風が強かったが、今やっと風が弱まった。

☑ 2267

해지다

すり減る、着古す

좋아하는 옷만 **해질** 때까지 입는 습관을 좀 버려.

好きな服ばかりすり切れるるまで着る習慣を捨てなよ。

☑ 2268

축나다
[충나다]

減る、衰弱する　漢縮--

그렇게 매일 술을 마셔 대니 몸이 **축나지.**

そうやって、毎日酒を飲むから体が衰えるんだよ。

☑ 2269

닳다
[달타]

すり減る

구두 굽이 **닳아서** 새로 사야겠다.

靴のかかとがすり減ったので、新しく買わなくちゃ。

☑ 2270 　ㄹ語幹

오그라들다

衰える、傾く、縮む

사업에 실패하면서 유복한 살림이 궁색하게 **오그라들었다.**

事業に失敗して、裕福な暮らしが困窮した状態に傾いた。

☑ 2271

여위다

痩せ細る

그간 공사 현장에서 고생이 많았는지, 얼굴이 **여위어** 보였다.

その間、工事現場で苦労が多かったのか、顔が痩せ細って見えた。

☑ 2272

까무러치다

気絶する

벌레를 갑자기 보여 주자 그 사람은 **까무러쳤다.**

虫を突然見せてやったら、その人は気絶した。

☑ 2273

곤두박질치다
[곤두박찔치다]

悪い状態に落ちる、急に逆さまに落ちる　関- 하다

주요 과목의 기초가 부족하니 성적이 갈수록 **곤두박질쳤다.**

主要科目の基礎が足りないので、成績がますます悪くなった。

☐ 2274　ㄹ語幹

저물다

暮れる

겨울이 되면 여름보다 날이 훨씬 빨리 **저문다**.

冬になると、夏より日がはるかに早く沈む。

☐ 2275　ㄹ語幹

그을다

日焼けする

피부가 여름 햇볕에 검게 **그을었다**.

肌が、夏の日差しで黒く焼けた。

☐ 2276　ㄹ語幹

접어들다

[저버들다]

差し掛かる

본격적으로 가을에 **접어들면서** 단풍을 즐기려는 사람들이 산을 찾고 있다.

本格的に秋に差し掛かり、紅葉を楽しもうとする人たちが山を訪れている。

☐ 2277　하다用言

안절부절못하다

[안절부절모타다]

そわそわする、気が気でない

그녀는 쉬는 날 갑작스러운 시어머니의 방문에 **안절부절못했다**.

彼女は休みの日、急なしゅうとめの訪問に気が気でなかった。

☐ 2278

할애되다

[하래되다]

割かれる、割り当てられる　漢割愛 --　関 -하다

면담을 위해 나에게 **할애된** 시간은 고작 10분이다.

面談のために私に割り当てられた時間は、わずか10分だ。

☐ 2279

갇히다

[가치다]

閉じ込められる、監禁される

화재가 발생한 뒤 건물 안에 **갇힌** 사람들이 구조 요청을 했다.

火災発生後、建物の中に閉じ込められた人たちが救助要請をした。

☐ 2280

결부되다

結び付けられる　漢結付 --　関 -하다

이 두 가지 사건은 알고 보면 밀접하게 **결부되어** 있다.

この二つの事件は、実は密接に結び付けられている。

形容詞22_状態・様子

[TR153]

☑ 2281 하다用言

습하다

[스파다]

じめじめする 漢 湿 --

이 지역은 **습해서** 집이 대부분 나무로 지어집니다.

この地域はじめじめしているので、家がほとんど木で建てられます。

☑ 2282 하다用言

싸늘하다

[싸느라다]

冷え冷えしている

늦가을이 되자 밤공기가 사뭇 **싸늘해졌다.**

晩秋になると、夜の空気がすっかり冷えてきた。

☑ 2283 하다用言

쌀쌀하다

[쌀싸라다]

肌寒い、よそよそしい 関 – 스럽다

무더위도 한풀 꺾여 이제 아침저녁으로 꽤 **쌀쌀해졌다.** ❷

蒸し暑さも気勢がそがれ、今は朝夕とかなり肌寒くなった。

☑ 2284 하다用言

촉촉하다

[촉초카다]

しっとりしている、やや湿っぽい

봄에 비가 온 후에는 땅이 **촉촉해서** 기분이 좋다.

春に雨が降った後は、地面がしっとりして気分がいい。

☑ 2285 하다用言

혼탁하다

[혼타카다]

(気体や液体などが)濁っている 漢 混濁 --

요즘 미세 먼지로 인해 공기가 많이 **혼탁해서** 시야 확보가 안 된다. ❷

最近、PM10によって空気がとても濁っていて、視界が確保できない。

☑ 2286 하다用言

훈훈하다

[후누나다]

程よく暖かい、ぽかぽかしている 漢 薫薫 --

추운 날 강의실에 들어오니 사람이 많아 **훈훈한** 느낌이 들었다.

寒い日、講義室に入ると人が多くて暖かい感じがした。

☑ 2287 ㅎ変則

부옇다

[부여타]

ぼやけている

뜨거운 물로 샤워하고 났더니 거울에 김이 서려 **부옇게** 되었다.

お湯でシャワーを浴びたら、鏡が湯気で曇ってぼやけた。

☑ 2288 하다用言

아렴하다

[아려나다]

おぼろげだ、かすかだ

그 영화를 보니 그 시절의 추억이 **아련하게** 떠올랐다.

その映画を見たら、その時代の思い出がおぼろげに浮かんだ。

☑ 2289 **하다用言**

은은하다

[으느나다]

かすかで明らかではない、ほのかだ 漢 隠隠 --
봄만 되면 라일락 꽃향기가 거리에 **은은하게** 퍼진다.
春になるたび、ライラックの花の香りが街にほのかに広がる。

☑ 2290 **하다用言**

탁하다

[타카다]

濁っている 漢 濁 --
너무 더워서 당장이라도 수영하고 싶지만, 강물이 **탁해서** 들어가기 싫다.
とても暑くてすぐにでも泳ぎたいが、川の水が濁っていて入りたくない。

☑ 2291 **하다用言**

흐리터분하다

[흐리터부나다]

はっきりしない、ぼんやりしている
황사 현상 때문인지 하늘이 **흐리터분하다**.
黄砂現象のせいか、空がぼんやりしている。

☑ 2292 **하다用言**

흐릿하다

[흐리타다]

薄ぼんやりしている
날씨가 **흐릿한** 것이 곧 비가 올 것 같다.
空が薄ぼんやりしているから、すぐに雨が降りそうだ。

☑ 2293 **하다用言**

거나하다

かなり酔っている、出来上がっている
10년 만에 동창을 만나 술을 마셨더니 기분이 좋아 **거나하게** 취했다.
10年ぶりに同級生に会って酒を飲んだら、気分が良くてかなり酔った。

☑ 2294 **하다用言**

거뜬하다

[거뜨나다]

身軽い、容易だ、すっきりする
이 정도 일은 **거뜬하게** 해낼 줄 알아야죠.
これくらいの仕事は、容易にやり遂げることができなきゃ。

☑ 2295 **으語幹**

고달프다

つらい、ひどく疲れてだるい
이번에도 공무원 시험에 떨어졌는데 참으로 인생이 **고달프다**.
今回も公務員試験に落ちたが、本当に人生がつらい。

解説 2283 **한풀 꺾이다**で「気勢がややそがれる」という意味　2285 **미세 먼지**はPM10、**초미세 먼지**はPM2.5に当たる

☐ 2296 하다用言

골똘하다

[골또라다]

没頭している、夢中だ、熱心だ

그 학자는 요즘 유전자 연구에 **골똘하고** 있습니다.

その学者は最近、遺伝子研究に没頭しています。

☐ 2297 으語幹

굼뜨다

のろい、まだるっこい

그렇게 행동이 **굼떠서야** 어디 가서 인정받겠어?

そんなに行動がのろくては、どこに行っても認められないぞ。

☐ 2298

더디다

遅い、のろい、鈍い

공부 방법이 잘못되면 실력 느는 것이 **더딥니다.**

勉強方法が間違っていると、実力が伸びるのが遅いです。

☐ 2299 하다用言

느긋하다

[느그타다]

ゆったりしている、気長だ

열심히 했다면 시험 결과는 **느긋하게** 기다려라.

一生懸命したなら、試験の結果はのんびり待ちなさい。

☐ 2300

날래다

すばしこい、すばやい

어렸을 때 동작이 **날래서** 축구를 하는 게 어떻겠냐고 들었다.

幼い頃、動作がすばしこいので、サッカーをするのはどうかと聞かれた。

☐ 2301 하다用言

조속하다

[조소카다]

速やかだ 漢早速--

이 문제는 나이 드신 분들이 돌아가시기 전에 **조속한** 해결을 원합니다.

この問題は、ご高齢の方々が亡くなる前に速やかな解決を望みます。

☐ 2302 하다用言

급급하다

[급끄파다]

きゅうきゅうとしている、精いっぱいだ、せっかちだ 漢汲汲--

노력은 하지 않고 결과에만 **급급한** 것은 좋지 않다.

努力はしないで、結果だけにきゅうきゅうとするのはよくない。

☐ 2303 하다用言

얄팍하다

[얄파카다]

薄っぺらい、すばやい 関- 스럽다

얄팍한 속임수로 속이려 했지만, 소용없었다.

薄っぺらいトリックでだまそうとしたが、無駄だった。

☐ 2304 ㄹ語幹
거칠다

粗い、乱暴だ、粗雑だ
나이가 들면서 피부가 **거칠어지고** 주름이 느는 것 같다.
年を取るにつれて肌のキメが粗くなり、しわが増えているようだ。

☐ 2305 하다用言
까칠하다
[까치라다]

ざらざらしてつやがない、(性格が)気難しい、とげとげしい
겨울철 보습 크림을 안 발랐더니 피부가 **까칠하다**.
冬に保湿クリームを塗らなかったから、肌がかさかさだ。

☐ 2306 하다用言
미끈미끈하다
[미끈미끄나다]

つるつるしている
목욕을 했더니 몸이 **미끈미끈하다**.
入浴したら体がすべすべだ。

☐ 2307 ㅂ変則
매끄럽다
[매끄럽따]

滑らかだ、つるつるだ、すべすべだ
온천에 몸을 담갔더니 **매끄러운** 피부를 갖게 됐다.
温泉に体を浸したら、すべすべな肌になった。

☐ 2308 하다用言
매끈하다
[매끄나다]

滑らかだ、スマートだ、すっきりする
매끈하게 옷을 차려입고 파티에 갔다.
スマートに服を着飾って、パーティーに行った。

☐ 2309 하다用言
삼삼하다
[삼사마다]

ありありと目に浮かぶ
정의로운 일이라면 몸을 돌보지 않던 그의 성격이 눈에 **삼삼하다**.
正義のためなら体を顧みなかった彼の性格が、ありありと目に浮かぶ。

☐ 2310 하다用言
역력하다
[영녀카다]

ありありとしている、明らかだ　漢 歴歴 --
그 이야기에 친구가 당황한 기색이 **역력했다**.
その話に、友達が困惑した気配がありありとしていた。

☐ 2206	위자료	☐ 2241	압류	☐ 2276	접어들다
☐ 2207	씀씀이	☐ 2242	거시적	☐ 2277	안절부절못하다
☐ 2208	파직	☐ 2243	큰손	☐ 2278	할애되다
☐ 2209	업체	☐ 2244	외환	☐ 2279	갇히다
☐ 2210	인수	☐ 2245	약세	☐ 2280	결부되다
☐ 2211	합작 사업	☐ 2246	누리	☐ 2281	습하다
☐ 2212	창업	☐ 2247	추세	☐ 2282	싸늘하다
☐ 2213	하청	☐ 2248	소용돌이	☐ 2283	쌀쌀하다
☐ 2214	도급	☐ 2249	명분	☐ 2284	촉촉하다
☐ 2215	할당	☐ 2250	명색	☐ 2285	혼탁하다
☐ 2216	도매	☐ 2251	광복	☐ 2286	훈훈하다
☐ 2217	소매	☐ 2252	행세	☐ 2287	부옇다
☐ 2218	구멍가게	☐ 2253	문란	☐ 2288	아련하다
☐ 2219	대매출	☐ 2254	도모	☐ 2289	은은하다
☐ 2220	대목	☐ 2255	중상모략	☐ 2290	탁하다
☐ 2221	출시	☐ 2256	위배	☐ 2291	흐리터분하다
☐ 2222	매물	☐ 2257	표절	☐ 2292	흐릿하다
☐ 2223	싸구려	☐ 2258	누설	☐ 2293	거나하다
☐ 2224	덤	☐ 2259	비리	☐ 2294	거뜬하다
☐ 2225	매점	☐ 2260	뺑소니	☐ 2295	고달프다
☐ 2226	사재기	☐ 2261	날치기	☐ 2296	골똘하다
☐ 2227	매진	☐ 2262	들치기	☐ 2297	굼뜨다
☐ 2228	밑천	☐ 2263	협잡	☐ 2298	더디다
☐ 2229	삯	☐ 2264	피신	☐ 2299	느긋하다
☐ 2230	이득	☐ 2265	행적	☐ 2300	날래다
☐ 2231	견적	☐ 2266	잦아들다	☐ 2301	조속하다
☐ 2232	에누리	☐ 2267	해지다	☐ 2302	급급하다
☐ 2233	할증	☐ 2268	축나다	☐ 2303	얄팍하다
☐ 2234	헐값	☐ 2269	닳다	☐ 2304	거칠다
☐ 2235	선불	☐ 2270	오그라들다	☐ 2305	까칠하다
☐ 2236	후불	☐ 2271	여위다	☐ 2306	미끈미끈하다
☐ 2237	외상	☐ 2272	까무러치다	☐ 2307	매끄럽다
☐ 2238	어음	☐ 2273	곤두박질치다	☐ 2308	매끈하다
☐ 2239	단서	☐ 2274	저물다	☐ 2309	삼삼하다
☐ 2240	체불	☐ 2275	그을다	☐ 2310	역력하다

☑2206　慰謝料
☑2207　出費
☑2208　罷免
☑2209　企業
☑2210　引き受け
☑2211　合弁事業
☑2212　創業
☑2213　下請け
☑2214　請負
☑2215　割り当て
☑2216　卸売り
☑2217　小売り
☑2218　小規模の商店
☑2219　大売り出し
☑2220　書き入れ時
☑2221　商品が市中に出回ること
☑2222　売り物
☑2223　安売り品
☑2224　おまけ
☑2225　買い占め
☑2226　買いだめ
☑2227　売り切れ
☑2228　元手
☑2229　代金
☑2230　もうけ
☑2231　見積もり
☑2232　掛け値
☑2233　割り増し
☑2234　安値
☑2235　先払い
☑2236　後払い
☑2237　つけ
☑2238　手形
☑2239　ただし書き
☑2240　支払いが遅れること

☑2241　差し押さえ
☑2242　マクロ
☑2243　莫大な金額で取引をする個人や機関
☑2244　外国為替
☑2245　劣勢
☑2246　世の中
☑2247　大勢
☑2248　渦巻き
☑2249　名分
☑2250　名目
☑2251　失った主権を取り戻すこと
☑2252　処世
☑2253　道徳や秩序が乱れていること
☑2254　企て
☑2255　中傷と謀略
☑2256　違反
☑2257　盗作
☑2258　漏えい
☑2259　道理に外れること
☑2260　ひき逃げ
☑2261　ひったくり
☑2262　こそ泥
☑2263　詐欺
☑2264　身を隠すこと
☑2265　行方
☑2266　少なくなる
☑2267　すり減る
☑2268　減る
☑2269　すり減る
☑2270　衰える
☑2271　痩せ細る
☑2272　気絶する
☑2273　悪い状態に落ちる
☑2274　暮れる
☑2275　日焼けする

14週目
15週目
16週目
17週目
18週目
19週目
20週目
21週目
22週目
23週目
24週目
25週目
26週目

☑ **2276** 差し掛かる
☑ **2277** そわそわする
☑ **2278** 割かれる
☑ **2279** 閉じ込められる
☑ **2280** 結び付けられる
☑ **2281** じめじめする
☑ **2282** 冷え冷えしている
☑ **2283** 肌寒い
☑ **2284** しっとりしている
☑ **2285** （気体や液体などが）濁っている
☑ **2286** 程よく暖かい
☑ **2287** ぼやけている
☑ **2288** おぼろげだ
☑ **2289** かすかで明らかではない
☑ **2290** 濁っている
☑ **2291** はっきりしない
☑ **2292** 薄ぼんやりしている
☑ **2293** かなり酔っている
☑ **2294** 身軽い
☑ **2295** つらい
☑ **2296** 没頭している
☑ **2297** のろい
☑ **2298** 遅い
☑ **2299** ゆったりしている
☑ **2300** すばしこい
☑ **2301** 速やかだ
☑ **2302** きゅうきゅうとしている
☑ **2303** 薄っぺらい
☑ **2304** 粗い
☑ **2305** ざらざらしてつやがない
☑ **2306** つるつるしている
☑ **2307** 滑らかだ
☑ **2308** 滑らかだ
☑ **2309** ありありと目に浮かぶ
☑ **2310** ありありとしている

1・2級

23週目

名詞79_ 社会

☑ 2311

제보

情報提供　漢提報　関 – 되다/하다
이번 대형 사기 사건에 대한 여러분들의 많은 **제보**를 바랍니다.
今回の大型詐欺事件に対する、皆さんの多くの情報提供をお願いします。

☑ 2312

뇌물

賄賂　漢賂物
그 정치인은 **뇌물** 수수 혐의로 긴급 체포되었습니다.
その政治家は、収賄容疑で緊急逮捕されました。

☑ 2313

항소

控訴　漢抗訴　関 – 하다
그 사람은 재판 결과에 불복해 즉각 **항소**했다.
その人は、裁判の結果に不服を唱え即刻控訴した。

☑ 2314

누명

ぬれぎぬ　漢陋名
간첩이라고 억울하게 쓴 **누명**을 벗어서 정말 다행이다.
スパイという、悔しくもかぶったぬれぎぬを晴らせて本当に幸いだ。

☑ 2315

교도소

刑務所　漢矯導所
여름의 **교도소**는 너무 더워서 징역 살기가 힘듭니다.
夏の刑務所はあまりに暑くて、服役するのが大変です。

☑ 2316

인도

引き渡し　漢引渡　関 – 되다/하다
국제공조로 인해 미국으로부터 범인을 **인도**받았다.
国際共助によって、米国から犯人が引き渡された。

☑ 2317

수갑

手錠　漢手匣
범인을 잡아 **수갑**을 채워 경찰서에 끌고 갔다.
犯人を捕まえて手錠を掛け、警察署に引っ張って行った。

☑ 2318

포승

捕り縄　漢捕縄
사기를 친 그는 **포승**줄에 묶인 채 법정에 나타났다.
詐欺を働いた彼は、捕り縄に縛られたまま法廷に現れた。

☑ 2319
취조
取り調べ　漢取調　関 – 되다/하다
아침 출근길에 치한으로 오인 받아 **취조**를 당했다.
朝、出勤途中で痴漢に間違われて、取り調べを受けた。

☑ 2320
문신
入れ墨　漢文身
등에 용 **문신**을 새겨서 그런지 아무도 그에게 접근하지 않았다.
背中に竜の入れ墨を入れているからか、誰も彼に近づかなかった。

☑ 2321
사냥
狩り　関 – 하다
상아를 얻기 위한 코끼리 **사냥**은 그만두어야 한다.
象牙を得るための象狩りは、やめなければならない。

☑ 2322
시위
デモ　漢示威　関 – 하다
광장이 반정부 **시위**를 하는 사람들로 가득 찼다.
広場が、反政府デモをする人で埋まった。

☑ 2323
궐기
決起　漢蹶起　関 – 하다
값싼 수입농산물 협상 타결에 대해 **궐기**대회가 한창이다.
安い輸入農産物の交渉妥結に対して、決起大会が盛んに行われている。

☑ 2324
호소
訴え　漢呼訴　関 – 하다
그 정치가는 평범한 시민들의 양심에 **호소**했다.
その政治家は、一般市民の良心に訴えた。

☑ 2325
선동
扇動　漢煽動　関 – 되다/하다
그는 언변이 매우 뛰어나서 **선동**가로서는 완벽하다고 할 수 있다.
彼はとても弁が立つので、扇動家としては完璧だといえる。

☐ 2326
태업

サボタージュ、怠業　漢怠業　関-하다
그 회사 자동차 노조는 **태업**에 들어가기로 했다.
その会社の自動車労組は、サボタージュに入ることにした。

☐ 2327
파업

ストライキ　漢罷業　関-하다
지하철 **파업**이 이틀 앞으로 다가오자 시민들의 걱정이 커지고 있다.
地下鉄のストライキが2日後に迫り、市民の心配が高まっている。

☐ 2328
단합
[다납]

団結　漢団合　関-되다/하다
이번 주말에 회사 **단합**대회가 있어서 나가야 합니다.
今週末に会社の団結大会があって、出なければいけません。

☐ 2329
탄원
[타눤]

嘆願　漢嘆願　関-하다
사기 사건 피해자를 구제해 달라는 **탄원**이 계속되고 있다.
詐欺事件の被害者を救済してほしいという嘆願が、続いている。

☐ 2330
구걸

物乞い　漢求乞　関-하다
그렇게 **구걸**하면서까지 살고 싶지는 않다.
そうやって、物乞いをしてまでは生きたくない。

☐ 2331
동냥

物乞い　関-하다
전쟁 후 먹을 것이 없어 **동냥**하며 마을을 돌아다녔다.
戦後、食べる物がなくて物乞いしながら村を歩き回った。

☐ 2332
풍자

風刺　漢諷刺　関-되다/하다
현 정부를 **풍자**한 만화가 큰 인기를 끌고 있다.
現政権を風刺した漫画が、大きな人気を集めている。

☐ 2333
표제

見出し、タイトル　漢表題
신문의 눈길을 끄는 **표제** 아래 그에 대한 기사가 실렸다.
新聞の目を引く見出しの下に、彼についての記事が載った。

□ 2334

변

災難、事故、異常な事件　漢 変
친구가 철도 보수 작업을 하다가 사고로 **변**을 당하였다.❶
友達が鉄道保守作業をしていて、事故で亡くなった。

□ 2335

재앙

災難　漢 災殃
쓰나미가 갑자기 밀려오면서 마을에 **재앙**이 닥쳤다.
津波が急に押し寄せて、村に災難が訪れた。

□ 2336

화

災い　漢 禍
이번 일로 **화**를 입은 피해자 가족에게 위로의 말을 전합니다.
今回のことで災いを被った被害者家族に、慰労の言葉を伝えます。

□ 2337

청와대❷

青瓦台（チョンワデ）　漢 青瓦台
청와대에서 대통령이 기자회견을 열자 기자들이 열띠게 취재했다.
青瓦台で大統領が記者会見を開くや、記者たちは熱く取材した。

□ 2338

백악관

[배각꽌]

ホワイトハウス　漢 白堊館
미국 대통령의 집무실이 있는 **백악관**은 워싱턴 D.C.에 있다.
米国大統領の執務室があるホワイトハウスは、ワシントンD.C.にある。

□ 2339

명²

命令　漢 命　関 - 하다
왕은 권력 강화를 위해 **명**을 따르지 않는 자들을 처형했다.
王は権力強化のため、命令に従わない者を処刑した。

□ 2340

고을

郡
우리 **고을**은 대대로 참외로 유명한 지역입니다.
うちの郡は、代々マクワウリで有名な地域です。

解説　2334 **변을 당하다**で「とんだ目に遭う、死ぬ」という意味　2337 青瓦台は長らく大統領府として使われてきたが、2022年の大統領府移転に伴い、現在は一般開放されている

☐ 2341
구획

区画　[漢]区画　[関]- 되다/하다
신도시 건설을 위해 토지를 사들인 뒤 **구획**을 정리했다.
新都市建設のために土地を買い入れた後、区画を整理した。

☐ 2342
현수막

横断幕、垂れ幕　[漢]懸垂幕
선거 후 당선을 축하한다는 **현수막**이 내걸렸다.
選挙後、当選を祝う横断幕が掲げられた。

☐ 2343
가교

懸け橋、橋を架けること　[漢]架橋
적대적이던 두 나라 사이에 **가교**를 놓는 역할을 하고 싶어.
敵対的だった両国の間で、懸け橋となる役割をしたい。

☐ 2344
길잡이

道しるべ
이 책은 문학에 대해 문외한인 사람에게도 **길잡이**가 될 책이다.
この本は、文学について門外漢である人にも道しるべになる本だ。

[길자비]

☐ 2345
첨단

先端　[漢]尖端
그 기업의 제품은 **첨단**을 달리고 있습니다.
その企業の製品は、先端を走っています。

☐ 2346
기틀

土台、基礎、機会
두 나라의 협약으로 분쟁지역에서 평화의 **기틀**을 다지게 됐다.
二つの国の協約によって、紛争地域で平和の基礎を固めることになった。

☐ 2347
결판

決着、(良しあしの)判定　[漢]決判
5년을 끌어온 사건이 대법원에서 최종적으로 **결판**이 날 예정이다.
5年引きずった事件が、最高裁で最終的に決着する予定だ。

☐ 2348
전담

専任　[漢]専担　[関]- 되다/하다
범죄를 줄이기 위한 **전담** 기구를 설치하기로 했습니다.
犯罪を減らすための専任の機関を、設置することにしました。

☐ 2349

방안

方案、方法　漢方案

사람들의 소비 심리를 끌어올리는 **방안**을 논의해 봅시다.
人々の消費心理を引き上げる方法を、議論してみましょう。

☐ 2350

기동

機動　漢機動　関 – 하다

전투에서는 **기동** 속도가 빠른 것이 중요하다.
戦闘では、機動速度が速いことが重要だ。

☐ 2351

아군

味方　漢我軍

야간 전투에서는 **아군**과 적군을 구별하는 게 중요하다.
夜間の戦闘では、味方と敵軍を区別するのが重要だ。

☐ 2352

항공 모함

空母　漢航空 母艦

미국 **항공 모함**이 어제 부산항에 정박했다.
米国の空母が昨日、釜山港に停泊した。

☐ 2353

방아쇠

引き金

군인들은 수상한 소리가 나는 쪽을 향해 **방아쇠**를 당겼다.
軍人たちは、怪しい音がする方に向かって引き金を引いた。

☐ 2354

방패

盾　漢防牌

시위를 막기 위해서 경찰이 **방패**를 가지고 대비하고 있다.
デモを止めるために、警察が盾を持って備えている。

☐ 2355

황산

硫酸　漢黄酸

황산 등 위험 물질을 두는 창고는 안전하게 관리합시다.
硫酸などの危険物質を置く倉庫は、安全に管理しましょう。

☐ 2356
헹가래
胴上げ

선수들은 우승이 확정되자 자신들을 이끌어 준 감독을 **헹가래**
쳤다.❶

選手は優勝が確定すると、自分たちを導いてくれた監督を胴上げした。

☐ 2357
목말
[몽말]
肩車

어렸을 때는 아버지가 **목말**을 자주 태워 주시곤 했다.

幼い頃は、父がよく肩車をしてくださったものだ。

☐ 2358
턱걸이
[턱꺼리]
懸垂、かろうじて合格すること

철봉에 매달려 **턱걸이** 연습을 한다.

鉄棒にぶら下がって、懸垂の練習をする。

☐ 2359
물장구
バタ足

아이들이 강에서 **물장구**를 치면서 놀고 있다.

子どもたちが、川でバタ足をしながら遊んでいる。

☐ 2360
발자취
[발짜취]
足跡

이번 여행의 목적은 작가의 **발자취**를 따라 문학을 느끼는 것입
니다.

今回の旅行の目的は、作家の足跡をたどって文学を感じることです。

☐ 2361
걸음걸이
[거름거리]
足取り、歩きぶり

합격통보를 받고 나자 **걸음걸이**가 한결 가벼워졌다.

合格通知を受け取ると、足取りが一段と軽くなった。

☐ 2362
걸음마
[거름마]
あんよ、一歩

이제 막 **걸음마**를 뗀 아이에게 뛰자고 하면 어떻게 되겠니?❶

よちよち歩きを始めたばかりの赤ん坊に、走ろうと言ってどうする？

☐ 2363
발버둥
じだんだ

발버둥 친다고 해서 이 상황을 타개할 수 있는 것은 아닙니다.❷

悪あがきをしたからって、この状況を打開できるわけではありません。

☐2364
휘파람
口笛
기분이 좋은지 청년은 강둑에서 **휘파람**을 불었다.
気分がいいのか、青年は川の堤防で口笛を吹いた。

☐2365
엉덩방아
尻もち
얼음판에 미끄러져 **엉덩방아**를 찧었다.
凍った表面で滑って、尻もちをついた。

☐2366
줄달음
[줄다름]
一息に走ること 関 -하다
귀신을 봤는지 삼십육계 **줄달음**을 치며 달아났다.❗
お化けを見たのか、一目散に逃げた。

☐2367
지탱
支えること、持ちこたえること 漢 支撐 関 -되다/하다
무너져 가는 담을 버팀목이 **지탱**하고 있다.
崩れゆく塀を、つっぱり棒が支えている。

☐2368
팔짱
腕組み
아이들이 시험 보는 것을 선생이 **팔짱**을 끼고 지켜보았다.
子どもたちがテストを受けるのを、先生は腕組みをして見守った。

☐2369
주먹다짐
[주먹따짐]
腕力沙汰 関 -하다
술에 취해 시비 끝에 **주먹다짐**까지 벌였다.
酒に酔って言い争いの末に、腕力沙汰まで起こした。

☐2370
주먹질
[주먹찔]
げんこつで殴ること 関 -하다
그는 내게 마구 욕지거리하며 **주먹질**까지 했다.
彼は私にやたらと悪態をついて、げんこつで殴りまでした。

解説
2356 **헹가래를 치다**で「胴上げする」という意味　2362 **걸음마를 떼다**で「最初の一歩を踏み出す」という意味　2363 **발버둥 치다**で「悪あがきする」という意味　2366 **삼십육계 줄달음을 치다**で「一目散に逃げる」という意味

☑ 2371 **하다用言**
골몰하다
[골모라다]

没頭する、夢中になる、集中する　**漢**汩沒 --
관광지에 넘쳐나는 쓰레기 문제로 지자체가 처리에 **골몰하고** 있다.
観光地にあふれ返るごみ問題で、自治体が処理に全力を尽くしている。

☑ 2372
곯아떨어지다
[고라떠러지다]

眠りこける
어제 너무 피곤했는데 눕자마자 **곯아떨어졌어**.
昨日とても疲れていたんだけど、横になった途端眠りこけたよ。

☑ 2373 **ㄹ語幹**
길들다
[길뜰다]

なつく、手なづく、手慣れる
인간을 따르는 늑대의 한 종류가 **길들어** 개가 됐다.
人間に従うオオカミの一種が手なづいて、犬になった。

☑ 2374 **ㄹ語幹**
깃들다
[긷뜰다]

巣を作る、宿る
집 앞의 오래된 나무는 가지가 풍성해서 새들이 **깃들어** 산다.
家の前の古い木は枝が豊かで、鳥が巣を作って住んでいる。

☑ 2375
늘어서다
[느러서다]

立ち並ぶ
역 앞에 **늘어선** 술집에 사람들이 가득했다.
駅前に立ち並んだ居酒屋は、人でいっぱいだった。

☑ 2376 **ㄹ変則**
깎아지르다
[까까지르다]

切り立っている
저 멀리 절벽은 **깎아지른** 바위가 장관이다.
あの遠くの絶壁は、切り立つ岩が壮観だ。

☑ 2377
가로놓이다
[가로노이다]

立ちはだかる、横たわる
승승장구하던 그의 앞길에는 커다란 장애물이 **가로놓여** 있었다.
とんとん拍子だった彼の前途に、大きなハードルが立ちはだかっていた。

☑ 2378
눌러앉다
[눌러안따]

居座る、腰を据える
가게 문 닫을 시간인데도 손님들이 **눌러앉아서** 이야기하고 있다.
店を閉める時間なのに、客が居座って話している。

☐ 2379

도사리다

潜む、とぐろを巻く

이 길은 위험이 **도사리고** 있기 때문에 다른 길로 돌아가는 게 낫다.

この道は危険が潜んでいるため、他の道に回った方がいい。

☐ 2380

남아나다●

[나마나다]

最後までまともに残る

아이들이 만지면 **남아나는** 물건이 없어요.

子どもたちが触ると、壊れずに残る品物がありません。

☐ 2381

돋보이다

[돋뽀이다]

目立つ、際立つ

세련미가 **돋보이는** 옷을 패션쇼에 선보였다.

洗練された美しさが際立つ服を、ファッションショーで披露した。

☐ 2382

돼먹다●

[돼먹따]

人間ができている

학교를 그만두더니 **돼먹지** 않은 짓만 골라서 하는구나.

学校を辞めたら、駄目なことばかり選んでいるね。

☐ 2383

뒤틀리다

ねじれる

장시간 의자에 앉아 있었더니 몸이 **뒤틀린다**.

長時間、椅子に座っていたので、体がねじれている。

☐ 2384

들이닥치다

[드리닥치다]

不意に訪れる、押し寄せる、押し掛ける

용의자로 특정된 그 사람 집에 형사들이 **들이닥쳤다**.

容疑者と特定されたその人の家に、刑事らが押し掛けた。

☐ 2385

떨치다²

振るう

인플루엔자가 전국적으로 맹위를 **떨치고** 있다.

インフルエンザが、全国的に猛威を振るっている。

解説

2380 **남아나지 않다**(最後まで残らない)のように、主に否定形で用いられる

2382 **돼먹다**は主に**돼먹지 않다**の形で使われる

☑ 2386　하다用言
선하다²
[서나다]

ありありと目に浮かぶ、目にちらつく
50년 전에 떠나온 고향 산천이 지금도 눈에 **선합니다**.
50年前に離れた故郷の山川が、今も目に浮かびます。

☑ 2387　하다用言
쟁쟁하다

今なお耳に残っている　漢琤琤 --
아이들의 떠들며 웃는 소리가 귓가에 **쟁쟁하다**.
子どもたちの騒ぎながら笑う声が、今なお耳に残っている。

☑ 2388　하다用言
성하다¹

丈夫だ、元気だ、健康だ
할아버지는 아직 치아가 **성하셔서** 고기도 잘 씹으신다.
祖父はまだ歯が丈夫で、肉もちゃんとおかみになる。

☑ 2389　하다用言
건장하다

体が丈夫だ、壮健だ、元気だ　漢健壮 --
건축 현장은 **건장한** 사람들이 주로 일한다.
建築現場は、体が丈夫な人が主に働いている。

☑ 2390　하다用言
정정하다

(老人が)かくしゃくとしている　漢亭亭 --
아흔이 넘은 할아버지는 아직도 **정정하십니다**.
90歳を過ぎた祖父は、まだかくしゃくとしています。

☑ 2391
생때같다
[생때갇따]

非常に元気だ、(病気がなく)とても丈夫だ　漢生 ---
생때같은 아들을 사고로 하루아침에 잃었다.
非常に元気な息子を、事故で一朝にして失った。

☑ 2392　하다用言
고단하다
[고다나다]

疲れている、だるい
비리비리한 몸으로 종일 이삿짐을 날랐더니 **고단하다**.
がりがりの体で、一日中引っ越しの荷物を運んだら疲れてだるい。

☑ 2393　하다用言
더부룩하다
[더부루카다]

(胃が)もたれる
반찬 없이 밥만 먹었더니 속이 **더부룩하다**.
おかずなしでご飯だけ食べたら、胃がもたれている。

☑ 2394 　하다用言

불그레하다

赤みがかっている

그는 술에 취하면 금세 얼굴이 **불그레하게** 달아올랐다.

彼は酒に酔うと、すぐに顔が赤くほてった。

☑ 2395

편찮다

[편찬타]

具合が悪い　漢便 --

오랫동안 우리들을 뒷바라지해 주신 어머니가 지금 **편찮으시다.**

長い間、私たちの面倒を見てくださった母が、今具合が良くない。

☑ 2396 　하다用言

갑갑하다

[갑까파다]

息苦しい、退屈だ、重苦しい

영업을 위해 넥타이를 맸더니 너무 **갑갑하다.**

営業のためにネクタイをしたら、すごく息苦しい。

☑ 2397 　하다用言

위급하다

[위그파다]

危ない、緊急だ　漢危急 --

아버지의 병세가 **위급하시니** 서둘러 귀국하거라!

お父さんが危篤なので、急いで帰国しなさい！

☑ 2398 　하다用言

아찔하다

[아찌라다]

くらっとする

이 아파트는 웬만한 타워보다 높아서 밖을 보기만 해도 **아찔하다.**

このマンションは大概のタワーより高くて、外を見るだけでもくらっとする。

☑ 2399 　하다用言

어찔하다

[어찌라다]

くらっとする

계속 앉아서 일하다가 갑자기 일어섰더니 **어찔했다.**

ずっと座って仕事をしていて急に立ち上がったら、くらっとした。

☑ 2400

시리다

(体の一部が)冷たい

찬물을 마셨더니 이가 **시리다.**

冷たい水を飲んだら、歯がしみる。

161日目　形容詞25_ 状態・様子　　　[TR161]

☑ 2401
쓰라리다
ひりひりする、うずく
점심을 거르고 일을 계속했더니 위산 때문인지 속이 **쓰라리네.**
昼食を抜いて仕事を続けたら、胃酸のせいか胃がひりひりするな。

☑ 2402
아리다
ひりひりと痛む
아까 한 대 얻어맞은 볼이 아직도 **아리다.**
さっき一発殴られた頬が、まだひりひりと痛む。

☑ 2403 ㅂ変則
따갑다
[따갑따]
痛い、(目付きや忠告などが)厳しい
길을 가다가 침을 뱉었더니 남들의 시선이 **따가웠다.**
道を歩いていて唾を吐いたら、人々の視線が痛かった。

☑ 2404
무디다
鈍い、切れ味が悪い
무딘 칼로 재료를 자르려고 하니 제대로 잘라지지 않는다.
切れ味が悪い包丁で材料を切ろうとしたら、きちんと切れない。

☑ 2405 하다用言
가혹하다
[가호카다]
厳しい、過酷だ　漢 苛酷--
그 정도의 실수로 큰 벌을 주다니 너무 **가혹하지** 않아?
その程度のミスで大きな罰を与えるなんて、厳しすぎるんじゃない?

☑ 2406
걸맞다
[걸맏따]
ふさわしい、似合う、釣り合う
직위에 **걸맞은** 행동을 해야 부하 직원들이 좋아하죠.
職位にふさわしい行動をしてこそ、部下たちに好かれるでしょう。

☑ 2407 하다用言
구구하다
まちまちだ　漢 区区--
마을 쓰레기 처리 방법에 대해 주민들의 의견이 **구구하게** 나뉘었다.
村のごみ処理方法について、住民の意見がまちまちに分かれた。

☑ 2408 하다用言
뜸하다
[뜨마다]
途絶えている
한동안 소식이 **뜸하더니** 먼저 연락도 하고 웬일이야?
しばらくの間便りが途絶えていたのに、先に連絡もするなんてどうしたんだ?

424

☑ 2409 하다用言

야릇하다

[야르타다]

おかしい、けったいだ、風変わりだ

그녀는 나한테 관심이 있는지 왠지 눈길이 **야릇하다**.

彼女は僕に関心があるのか、何だか視線が変だ。

☑ 2410 하다用言

이상야릇하다

[이상야르타다]

不思議だ、奇妙だ、けったいだ、変だ　漢異常 ----

점을 보러 나를 **이상야릇한** 카페로 데리고 갔다.

占いをしてもらいに、私を奇妙なカフェに連れていった。

☑ 2411 하다用言

어렴풋하다

[어렴푸타다]

ぼんやりしている、おぼろげだ、かすかだ

어릴 때의 기억이 **어렴풋해서** 잘 기억이 안 난다.

小さい頃の記憶がおぼろげで、あまり思い出せない。

☑ 2412 하다用言

흐리멍덩하다

그날 기억이 **흐리멍덩해서** 잘 떠오르지 않는다.

ぼんやりしている、はっきりしない、もうろうとしている

その日の記憶がぼんやりしていて、よく思い出せない。

☑ 2413 하다用言

절친하다

[절치나다]

極めて親しい　漢切親 --

그 교수는 나와 아주 **절친한** 사이이니 강연 부탁을 해도 될 겁니다.

その教授は私ととても親しいので、講演を依頼してもいいでしょう。

☑ 2414 하다用言

단란하다

[달라나다]

仲むつまじい、円満だ　漢団欒 --

제 꿈은 그저 **단란한** 가정을 꾸려서 행복하게 사는 것입니다.

私の夢は、ただ仲むつまじい家庭を築いて幸せに暮らすことです。

☑ 2415

의좋다

[의조타]

むつまじい、親しい　漢誼 --

동네 이웃 주민들과 늘 **의좋게** 지내고 있다.

町の近隣住民たちと、いつも仲良く過ごしている。

☑2311 제보	☑2346 기틀	☑2381 돋보이다
☑2312 뇌물	☑2347 결판	☑2382 돼먹다
☑2313 항소	☑2348 전담	☑2383 뒤틀리다
☑2314 누명	☑2349 방안	☑2384 들이닥치다
☑2315 교도소	☑2350 기동	☑2385 떨치다²
☑2316 인도	☑2351 아군	☑2386 선하다²
☑2317 수갑	☑2352 항공 모함	☑2387 쟁쟁하다
☑2318 포승	☑2353 방아쇠	☑2388 성하다¹
☑2319 취조	☑2354 방패	☑2389 건장하다
☑2320 문신	☑2355 황산	☑2390 정정하다
☑2321 사냥	☑2356 헹가래	☑2391 생때같다
☑2322 시위	☑2357 목말	☑2392 고단하다
☑2323 궐기	☑2358 턱걸이	☑2393 더부룩하다
☑2324 호소	☑2359 물장구	☑2394 불그레하다
☑2325 선동	☑2360 발자취	☑2395 편찮다
☑2326 태업	☑2361 걸음걸이	☑2396 갑갑하다
☑2327 파업	☑2362 걸음마	☑2397 위급하다
☑2328 단합	☑2363 발버둥	☑2398 아찔하다
☑2329 탄원	☑2364 휘파람	☑2399 어찔하다
☑2330 구걸	☑2365 엉덩방아	☑2400 시리다
☑2331 동냥	☑2366 줄달음	☑2401 쓰라리다
☑2332 풍자	☑2367 지탱	☑2402 아리다
☑2333 표제	☑2368 팔짱	☑2403 따갑다
☑2334 변	☑2369 주먹다짐	☑2404 무디다
☑2335 재앙	☑2370 주먹질	☑2405 가혹하다
☑2336 화	☑2371 골몰하다	☑2406 걸맞다
☑2337 청와대	☑2372 곯아떨어지다	☑2407 구구하다
☑2338 백악관	☑2373 길들다	☑2408 뜸하다
☑2339 명²	☑2374 깃들다	☑2409 야릇하다
☑2340 고을	☑2375 늘어서다	☑2410 이상야릇하다
☑2341 구획	☑2376 깎아지르다	☑2411 어렴풋하다
☑2342 현수막	☑2377 가로놓이다	☑2412 흐리멍덩하다
☑2343 가교	☑2378 눌러앉다	☑2413 절친하다
☑2344 길잡이	☑2379 도사리다	☑2414 단란하다
☑2345 첨단	☑2380 남아나다	☑2415 의좋다

DATE　　　年　　月　　日
DATE　　　年　　月　　日

☑2311　情報提供
☑2312　賄賂
☑2313　控訴
☑2314　ぬれぎぬ
☑2315　刑務所
☑2316　引き渡し
☑2317　手錠
☑2318　捕り縄
☑2319　取り調べ
☑2320　入れ墨
☑2321　狩り
☑2322　デモ
☑2323　決起
☑2324　訴え
☑2325　扇動
☑2326　サボタージュ
☑2327　ストライキ
☑2328　団結
☑2329　嘆願
☑2330　物乞い
☑2331　物乞い
☑2332　風刺
☑2333　見出し
☑2334　災難
☑2335　災難
☑2336　災い
☑2337　青瓦台
☑2338　ホワイトハウス
☑2339　命令
☑2340　郡
☑2341　区画
☑2342　横断幕
☑2343　懸け橋
☑2344　道しるべ
☑2345　先端

☑2346　土台
☑2347　決着
☑2348　専任
☑2349　方案
☑2350　機動
☑2351　味方
☑2352　空母
☑2353　引き金
☑2354　盾
☑2355　硫酸
☑2356　胴上げ
☑2357　肩車
☑2358　懸垂
☑2359　バタ足
☑2360　足跡
☑2361　足取り
☑2362　あんよ
☑2363　じだんだ
☑2364　口笛
☑2365　尻もち
☑2366　一息に走ること
☑2367　支えること
☑2368　腕組み
☑2369　腕力沙汰
☑2370　げんこつで殴ること
☑2371　没頭する
☑2372　眠りこける
☑2373　なつく
☑2374　巣を作る
☑2375　立ち並ぶ
☑2376　切り立っている
☑2377　立ちはだかる
☑2378　居座る
☑2379　潜む
☑2380　最後までまともに残る

14週目
15週目
16週目
17週目
18週目
19週目
20週目
21週目
22週目
23週目
24週目
25週目
26週目

- ☑ **2381** 目立つ
- ☑ **2382** 人間ができている
- ☑ **2383** ねじれる
- ☑ **2384** 不意に訪れる
- ☑ **2385** 振るう
- ☑ **2386** ありありと目に浮かぶ
- ☑ **2387** 今なお耳に残っている
- ☑ **2388** 丈夫だ
- ☑ **2389** 体が丈夫だ
- ☑ **2390** （老人が）かくしゃくとしている
- ☑ **2391** 非常に元気だ
- ☑ **2392** 疲れている
- ☑ **2393** （胃が）もたれる
- ☑ **2394** 赤みがかっている
- ☑ **2395** 具合が悪い
- ☑ **2396** 息苦しい
- ☑ **2397** 危ない
- ☑ **2398** くらっとする
- ☑ **2399** くらっとする
- ☑ **2400** （体の一部が）冷たい
- ☑ **2401** ひりひりする
- ☑ **2402** ひりひりと痛む
- ☑ **2403** 痛い
- ☑ **2404** 鈍い
- ☑ **2405** 厳しい
- ☑ **2406** ふさわしい
- ☑ **2407** まちまちだ
- ☑ **2408** 途絶えている
- ☑ **2409** おかしい
- ☑ **2410** 不思議だ
- ☑ **2411** ぼんやりしている
- ☑ **2412** ぼんやりしている
- ☑ **2413** 極めて親しい
- ☑ **2414** 仲むつまじい
- ☑ **2415** むつまじい

24 週目

☑ 2416
귀가
帰宅　[漢]帰家　[関]– 하다
아버지는 딸의 **귀가** 시간을 엄격하게 정해 놓았다.
父は、娘の帰宅時間を厳格に決めておいた。

☑ 2417
단잠
熟睡
연휴라서 오랜만에 **단잠**에 빠졌다.❷
連休なので、久しぶりに熟睡した。

☑ 2418
선잠
浅い眠り、うたた寝、仮寝
피곤해서 티브이를 보다가 **선잠**이 들었다.❷
疲れていて、テレビを見ていたら居眠りをした。

☑ 2419
숨결
[숨껼]
息遣い、息吹
한옥을 보면 옛 선조들의 **숨결**과 지혜를 느낄 수 있다.
韓屋を見ると、先人たちの息遣いと知恵が感じられる。

☑ 2420
잠꼬대
寝言　[関]– 하다
잠꼬대 같은 소리 그만하고 일이나 열심히 하세요!
寝言みたいな話はやめて、仕事でもちゃんとしてください！

☑ 2421
잠버릇
[잠뻐른]
寝相
내 친구는 **잠버릇**이 고약해서 같은 방에서는 못 잔다.
私の友達は寝相がひどくて、同じ部屋では寝られない。

☑ 2422
양치질
歯磨き　[関]– 하다
옛날에는 소금물로 **양치질**을 하기도 했다.
昔は、塩水で歯磨きをしたりもした。

☑ 2423
면도
ひげをそること　[漢]面刀　[関]– 하다
남자들은 매일 아침 **면도**를 해야 해서 귀찮다.
男性は、毎朝ひげをそらなければならいから面倒だ。

☑ 2424

수거

収集　漢収去　関 - 되다/하다

폐지를 **수거**해서 먹고사는 노인들의 삶은 팍팍하다.

古紙を収集して生活している老人たちの暮らしは、厳しい。

☑ 2425

조립

組み立て　漢組立　関 - 되다/하다

저렴한 가격에 **조립**이 용이한 가구를 사러 다니고 있다.

安価で、組み立てが容易な家具を買いに回っている。

☑ 2426

지목

目星を付けること　漢指目　関 - 되다/하다

선생님은 도벽이 의심되는 학생 두어 명을 **지목**했다.

先生は盗癖が疑われる生徒を 2 人ほど、目星を付けた。

☑ 2427

부응

(期待などに) 添うこと、応えること　漢副応　関 - 하다

저에게 투표해 주신 여러분의 기대에 **부응**하기 위해 노력하겠습니다.

私に投票してくださった皆さんの期待に添えるよう、努力致します。

☑ 2428

보답

報い、恩返し　漢報答　関 - 하다

고객 여러분들의 성원에 **보답**하고자 상품권을 보내 드립니다.

顧客の皆さんの声援に報いようと、商品券をお送りします。

☑ 2429

호출

呼び出し　漢呼出　関 - 되다/하다

주말인데도 무슨 일이 있을 때마다 **호출**하는 바람에 몸이 남아나지 않는다.

週末なのに何かあるたびに呼び出すせいで、体がもたない。

☑ 2430

판가름

優劣や是非を判断すること、勝敗を決めること　関 - 하다

둘은 토론 실력이 엇비슷해서 **판가름**이 안 난다.

2 人は討論の実力が伯仲していて、勝負がつかない。

解説　2417 **단잠에 빠지다**で「熟睡する」という意味　2418 **선잠이 들다**で「居眠りをする」という意味

☑ 2431
당도

到達、到着　漢当到　関 - 하다
산길을 돌고 돌아 겨우 목적지에 **당도**했다.
山道を回り回って、ようやく目的地に着いた。

☑ 2432
성사

事を成すこと、成立、成功　漢成事　関 - 되다/하다
상대편이 양보함으로써 계약이 **성사**됐다.
相手が譲歩することで、契約が成立した。

☑ 2433
영위

営み　漢営為　関 - 되다/하다
수준 높은 문화생활을 **영위**하려는 욕구는 누구나 다 있다.
水準の高い文化生活を営もうという欲求は、誰にでもある。

☑ 2434
변통

やりくり、工面、融通　漢変通　関 - 하다
이번 달 월급은 어떻게든 **변통**해서 지급하도록 하겠습니다.
今月の給料は、なんとかやりくりして支給するようにします。

☑ 2435
해지

解約　漢解止　関 - 하다
그 가수는 올해 소속사와의 계약을 **해지**했다고 합니다.
その歌手は今年、所属事務所との契約を解除したそうです。

☑ 2436
구비

備えること　漢具備　関 - 되다/하다
행사 포스터를 인쇄하기 위해 프린터의 **구비**가 시급합니다.
イベントのポスターを印刷するために、プリンターの設置が急を要します。

☑ 2437
장만

用意すること、準備すること　関 - 하다
집을 **장만**하자마자 혼수를 마련하기 위해서 백화점에 갔다.
家を用意するや否や、嫁入り道具を手に入れるためデパートに行った。

☑ 2438
피력

披歴、心中を隠さず打ち明けること　漢披瀝　関 - 되다/하다
풍운의 세월을 살았던 그는 기자 회견 자리에서 은퇴 소감을 **피력**했다.❷
風雲の歳月を過ごした彼は、記者会見の場で引退の所感を述べた。

☐ 2439
부가
付加　漢附加　関 – 되다/하다
산업이 고도화되면서 **부가** 가치가 높은 기술을 개발해야 한다.
産業が高度化したことで、付加価値が高い技術を開発しなければならない。

☐ 2440
부속
付属　漢附属　関 – 되다/하다
우리 아이는 대학 **부속** 유치원에 입학했어요.
うちの子は、大学付属の幼稚園に入園しました。

☐ 2441
부여
付与　漢附与　関 – 되다/하다
한국 국민이라면 누구나 만 18세부터 선거권이 **부여**된다.
韓国の国民であれば、誰もが満18歳から選挙権が付与される。

☐ 2442
전송
見送り　漢餞送　関 – 되다/하다
가이드를 끝내고 관광객들을 **전송**하고 나니 피곤했다.
ガイドを終えて、観光客たちを見送ったら疲れた。

☐ 2443
상봉
対面、出会い　漢相逢　関 – 하다
이산가족 **상봉**은 분단의 비극을 상징하는 일이다.
離散家族の対面は、分断の悲劇を象徴するものだ。

☐ 2444
기겁
驚くこと、びっくり仰天　漢気怯　関 – 하다
내 친구는 쥐만 보면 **기겁**을 한다.
私の友達は、ネズミを見たらいつもとても驚く。

☐ 2445
불통
通じないこと　漢不通　関 – 되다/하다
몰려드는 환불 처리 문의로 전화가 **불통**이 되었다.
押し寄せる払い戻し処理の問い合わせで、電話が通じなくなった。

| 解説 | 2438 **풍운의 세월**(風雲の歳月)は、大きく社会が変化した時代のこと |

☐ 2446
수긍
納得すること、うなずくこと　漢首肯　関 – 되다/하다
이번 결정에 **수긍**하기 어렵다며 반대하는 사람들이 많다.
今回の決定に納得し難いとして、反対する人が多い。

☐ 2447
뒷걸음
[뒫꺼름]
後ずさり　関 – 하다
그는 형사를 보자마자 **뒷걸음**을 치기 시작했다.❷
彼は刑事を見るや、後ずさりを始めた。

☐ 2448
퇴짜
退けること、拒絶すること　漢退字
그 남자는 번번이 데이트 신청에 **퇴짜**를 맞았다.❷
その男性は、毎回デートの申し込みを断られた。

☐ 2449
새치기
割り込み　関 – 하다
얌체같이 **새치기**하지 말고 줄을 서세요.
ずうずうしく割り込まないで、列に並んでください。

☐ 2450
저지
阻止　漢沮止　関 – 되다/하다
왕의 행동을 **저지**할 수 있는 사람이 아무도 없다.
王の行動を阻止できる人が、誰もいない。

☐ 2451
저해
阻害　漢沮害　関 – 되다/하다
면학 분위기를 **저해**하는 활동은 삼가시기 바랍니다.
勉学の雰囲気を阻害する活動は、お控えください。

☐ 2452
걸림돌
[걸림똘]
ハードル、障害物、妨げ
지금 대학에 들어가는 데 가장 큰 **걸림돌**은 내신 성적이다.
今大学に入るのに最も大きなハードルは、内申の成績だ。

☐ 2453
허탕
無駄骨、徒労　関 – 하다
며칠째 잠복근무 중이지만, 오늘도 범인을 잡는 데 **허탕**을 쳤
다.❷
数日間潜伏勤務中だが、今日も犯人を捕まえるのが徒労に終わった。

☑ 2454

헛고생

[헏꼬생]

無駄骨、骨折り損　漢-苦生　関-하다

복권 사는 사람이 많은데 결국 **헛고생**이 될 거예요.

宝くじを買う人が多いけど、結局無駄骨になるでしょう。

☑ 2455

헛수고

[헏쑤고]

無駄骨、徒労、無駄働き　関-하다

손님이 안 와서 음식 장만한 게 **헛수고**가 돼 버렸네요.

お客さんが来なくて、料理を準備したのが無駄骨になってしまいましたね。

☑ 2456

허황

荒唐無稽、とんでもない　漢 虚荒　関-되다/하다

그는 주식으로 부자가 되겠다는 **허황**된 꿈만 꾸고 있다.

彼は株で金持ちになるという、荒唐無稽な夢ばかり見ている。

☑ 2457

곁눈질

[견눈질]

よそ見、横目　関-하다

시험 때 **곁눈질**하면 그 자리에서 퇴장 조치하겠습니다.

試験のとき、隣をちらちら見たらその場で退場の措置を取ります。

☑ 2458

내색

そぶり　漢-色　関-하다

내색하지는 않았지만, 그 자리에 있기 싫었어요.

そぶりには出さなかったけど、その場にいるのは嫌でした。

☑ 2459

꿍꿍이

もくろみ、魂胆

도대체 무슨 **꿍꿍이**로 저런 이야기를 하는 걸까?

一体どういう魂胆で、あんな話をするんだろう？

☑ 2460

뜸²

蒸らすこと

뜸 들이지 말고 얼른 하고 싶은 말을 해.❷

もったいぶらずに、早く言いたいことを言って。

解説　2447 **뒷걸음을 치다**で「後ずさりする」という意味　2448 **퇴짜를 맞다**で「(物や意見、人などが) 拒絶される」という意味　2453 **허탕을 치다**で「徒労に終わる」という意味　2460 **뜸(을) 들이다**で「もったいぶる」という意味

☑ 2461
취기

酔い、酒気 漢酔気
술을 빈속에 마셔서 그런지 금방 **취기**가 돌았다.
空腹に酒を飲んだせいか、すぐに酔いが回った。

☑ 2462
원샷

一気飲み 外one shot 関- 하다
과장님이 따라 주신 술을 분위기상 **원샷**했다.
課長がついでくださった酒を、空気を読んで一気飲みした。

☑ 2463
과음

飲み過ぎ 漢過飲 関- 하다
밤늦게까지 **과음**을 했더니 아직까지 술이 안 깬다.
夜遅くまで飲み過ぎたら、まだ酔いが覚めない。

☑ 2464
만취

泥酔 漢満酔 関- 되다/하다
그는 **만취** 상태로 차를 몰다가 사고를 냈다.
彼は泥酔状態で車を走らせていて、事故を起こした。

☑ 2465
주정

酒に酔って管を巻くこと 漢酒酊 関- 하다
그는 평소엔 얌전하다가도 술만 마시면 술**주정**을 한다.
彼は普段はおとなしいけれど、酒さえ飲むと酔っ払って管を巻く。

☑ 2466
부축

脇を抱えて歩くのを助けること 関- 되다/하다
술에 취해서 친구가 **부축**해 주지 않고서는 일어날 수 없었다.
酒に酔って、友達が脇を抱えて助けてくれないと立てなかった。

☑ 2467
해장

二日酔いを覚ますこと 漢解酲 関- 하다
술을 먹고 난 다음 날은 **해장**하러 국밥집에 간다.
お酒を飲んだ翌日は、酔い覚ましにクッパ屋に行く。

☑ 2468
뒤풀이

打ち上げ 関- 하다
오늘이 마지막 공연이니 끝나고 **뒤풀이**나 합시다.
今日が最後の公演なので、終わって打ち上げでもしましょう。

☑ 2469
문병

見舞い　漢問病　関 – 하다

병원에 있는 친구를 만나러 **문병**을 다녀왔다.

病院にいる友達のお見舞いに行ってきた。

☑ 2470
병구완

看病　漢病--　関 – 하다

어머니는 할머니의 **병구완**을 극진히 하였다.

母は祖母の看病を手厚く行った。

☑ 2471
선사

贈り物をすること　漢膳賜　関 – 하다

아이들은 금메달을 딴 선수들에게 꽃을 한 아름 **선사**했습니다.

子どもたちは、金メダルを取った選手たちに花を一抱えプレゼントしました。

☑ 2472
심심풀이
[심심푸리]

暇つぶし　関 – 하다

여행을 가서 **심심풀이**로 타로 점을 봤다.

旅行に行って、暇つぶしにタロット占いをした。

☑ 2473
내기

賭け　関 – 하다

내기에서 진 사람이 밥값을 내기로 했다.

賭けで負けた人がご飯代を出すことにした。

☑ 2474
노름

ばくち　関 – 하다

사내는 그 많던 재산을 **노름**으로 모두 날렸다.

男は、あのたくさんあった財産をばくちで全てすった。

☑ 2475
시늉

まね　関 – 하다

엄마가 이야기하면 듣는 **시늉**이라도 해라!

ママが話したら、聞いているふりでもしなさい！

☑ 2476

덧나다
[던나다]

二重に生える

이를 제때 안 뽑았더니 **덧나서** 치과 병원에 갔다.
歯を適期に抜かなかったら二重に生えたので、歯医者に行った。

☑ 2477

먹다
[먹따]

(耳が)遠くなる

귀가 **먹어서** 잘 안 들리니 보청기를 사야 해.
耳が遠くなってよく聞こえないので、補聴器を買わなきゃ。

☑ 2478

쉬다²

(声が)かれる

송년회 때 밤새도록 노래를 불러서 목이 **쉬었다**.
忘年会の時、一晩中歌を歌って喉がかれた。

☑ 2479

결리다

凝る

온종일 앉아서 작업하는 일을 했더니 어깨가 **결리네요**.
一日中、座って作業する仕事をしていたら、肩が凝りますね。

☑ 2480

곪다
[곰따]

化膿する、膿む

여드름은 건드리면 피부가 **곪으니** 되도록 만지지 마세요!
ニキビはいじると肌が化膿するので、できるだけ触らないでください！

☑ 2481

배기다

耐え忍ぶ、こらえる

일이 많다고 쉬지 않고 하다가는 힘들어서 못 **배긴다**.
仕事が多いからって休まずにやっていたら、大変で耐えられないよ。

☑ 2482　ㄹ語幹

웃돌다
[욷똘다]

上回る

매일 기온이 30도를 **웃돌아서** 밤잠을 설치고 있다.
毎日気温が30度を上回って、夜寝付けないでいる。

☑ 2483　ㄹ語幹

밑돌다
[믿똘다]

下回る

관광객이 예상치를 **밑돌면서** 면세점은 비상이 걸렸다.❷
観光客が予想値を下回ったことで、免税店は大変なことになった。

☑ 2484

버금가다

(〜に) 次ぐ、匹敵する

그는 국가대표에 **버금가는** 실력을 갖추고 있다.
彼は、国家代表に匹敵する実力を備えている。

☑ 2485

부치다²

手に余る、手に負えない

이 일은 나 혼자 하기에 힘에 **부치니까** 도와주세요.
この仕事は、自分一人でやるには手に余るので手伝ってください。

☑ 2486

밑지다

[믿찌다]

損する、損を出す

이렇게 매일 **밑지고** 장사하면 나중에 어떻게 감당하려고 그래?
こんなに毎日損して商売したら、後でどう持ちこたえるつもりだ？

☑ 2487

요동치다

激しく揺れる 漢揺動 --

국제 경제가 안 좋아지면서 환율 시장이 **요동치기** 시작했다.
国際経済が悪くなるにつれて、為替市場が激しく揺れ始めた。

☑ 2488

비치적거리다

[비치적꺼리다]

よろよろする

오늘도 술 먹고 **비치적거리면서** 들어왔네.
今日も酒を飲んで、よろよろしながら入ってきたぞ。

☑ 2489

등지다

背を向ける、仲違いする

겨울철에는 바람을 **등지고** 걷는 편이 덜 춥다.
冬場は、風に背を向けて歩いた方が寒くない。

☑ 2490

가누다

(姿勢を) 真っすぐ保つ、(呼吸を) 整える

술을 많이 마셔서 몸도 잘 못 **가눈다**.
酒をたくさん飲んだので、体さえ真っすぐ保てない。

解説　2483 **비상이 걸리다**で「大変なことになる、対応に追われる」という意味

☑ 2491 ㅂ変則
정답다
[정답따]

仲が良い、むつまじい 漢情 --
어린 두 형제가 **정답게** 놀이터에서 놀고 있다.
幼い2人の兄弟が、仲良く遊び場で遊んでいる。

☑ 2492 ㅂ変則
탐스럽다
[탐스럽따]

心が引かれるほど好ましい、魅力的だ 漢貪 --- 関- 하다
집 앞의 나무에 빨간 감들이 **탐스럽게** 열렸다.
家の前の木に、赤い柿がおいしそうに実った。

☑ 2493 하다用言
고리타분하다
[고리타부나다]

陳腐だ、古くさい、陰気くさい
그 선생님의 **고리타분한** 이야기는 지겨워요.
その先生の陳腐な話は、うんざりです。

☑ 2494 하다用言
고약하다
[고야카다]

(味、においが)ひどい、(性格が)悪い 関- 스럽다
산에 다니면서 며칠 동안 못 씻었더니 발 냄새가 **고약했다**.
山へ行っていて数日間体が洗えなかったら、足のにおいがひどい。

☑ 2495 ㅂ変則
꼴사납다
[꼴사납따]

みっともない、見苦しい
유산 문제로 형제끼리 싸우는 걸 보니 **꼴사납다**.
遺産問題で兄弟同士けんかするのを見ると、みっともない。

☑ 2496 하다用言
누추하다
[누추하다]

むさ苦しい 漢陋醜 --
집이 **누추한데도** 여기까지 찾아오시게 해서 송구스럽습니다.
家がむさ苦しいのにここまで来させてしまい、恐縮です。

☑ 2497
덧없다
[더덥따]

はかない、時の流れが速い、むなしい
벌써 나이 60을 바라보니 세월이 **덧없네요**.
もうよわい60が視野に入るなんて、歳月の流れは速いですね。

☑ 2498 하다用言
묵직하다
[묵찌카다]

ずっしり重い、重々しい
텐트를 끈으로 고정하기 위해 **묵직한** 돌에 묶어 두었다.
テントをロープで固定するために、ずっしり重い石に結んでおいた。

☑ 2499　하다用言
생소하다
[생소하다]

疎い、見慣れない、不慣れだ　漢 生疎 --
화장품 관련 일은 처음이라서 모든 것이 **생소하기만** 하다.
化粧品関連の仕事は初めてなので、全てが不慣れだ。

☑ 2500　하다用言
씁쓸하다
[씁쓰라다]

ほろ苦い
한때 유명했던 그의 퇴장은 연예계에 **씁쓸한** 뒷맛을 남겼다.
一時有名だった彼が去ったことは、芸能界にほろ苦い後味を残した。

☑ 2501　하다用言
만만하다
[만마나다]

くみしやすい、扱いやすい、手強くない
식당 운영하는 것을 그렇게 **만만하게** 보면 안 돼.
食堂の経営を、そんなに甘く見てはいけない。

☑ 2502　하다用言
짜릿하다
[짜리타다]

ぴりっとする、(胸に)こたえる、じんとする
오랜만에 매운 고향 음식을 먹었더니 **짜릿한** 느낌이 들었다.
久しぶりに辛い故郷の料理を食べたら、ぴりっとした感じがした。

☑ 2503　하다用言
쩌릿하다
[쩌리타다]

しびれている、ひりっとする、(胸に)こたえる、じんとする
감동스러운 장면에서 가슴이 **쩌릿하게** 아팠다.
感動的なシーンで、胸がしびれるように痛かった。

☑ 2504　하다用言
포근하다
[포그나다]

柔らかい、穏やかだ
이불의 **포근한** 느낌이 좋아서 알람이 울려도 나가기 싫다.
布団の柔らかい感じが良くて、アラームが鳴っても出たくない。

☑ 2505　하다用言
나긋하다
[나그타다]

柔らかい、しなやかだ
헤어진 그녀의 **나긋한** 목소리가 그립다.
別れた彼女の柔らかい声が恋しい。

☑ 2506　**르変則**
무르다

柔らかい
도토리묵은 **물러서** 숟가락으로 떠먹어야 한다.
トトリムクは柔らかいので、スプーンですくって食べなければならない。

☑ 2507　**ㅂ変則**
보드랍다
[보드랍따]

柔らかい、滑らかだ
천연 화장품으로 바꿨더니 피부가 매우 **보드라워졌다.**
天然化粧品に替えたら、肌がとても滑らかになった。

☑ 2508　**하다用言**
푹신하다
[푹씬하다]

ふくよかだ、ふかふかしている
푹신한 침대에서 한숨 잤더니 요통이 많이 좋아졌다.
ふかふかしたベッドで一眠りしたら、腰痛がとても良くなった。

☑ 2509　**하다用言**
향긋하다
[향그타다]

芳しい、かぐわしい
그 꽃집은 매일 **향긋한** 꽃 냄새가 그윽해서 자주 들른다.
その花屋は毎日かぐわしい花のにおいがほのかに香るので、よく寄っている。

☑ 2510　**하다用言**
불미하다

芳しくない、みっともない　漢 不美 --　関 -스럽다
회사 내에서 **불미한** 일들이 끊이지 않고 있다.
社内で、芳しくないことが後を絶たないでいる。

☑ 2511　**하다用言**
깐깐하다
[깐까나다]

粘っこい、気難しくてしつこい
아버지의 **깐깐한** 태도에 유학 이야기는 꺼내지도 못했다.
父の気難しい態度に、留学の話は切り出すこともできなかった。

☑ 2512
멋쩍다
[먿쩍따]

柄に合わない、決まりが悪い
그는 우연히 마주친 전 여친 앞에서 **멋쩍은** 표정을 지었다.
彼は偶然遭遇した元カノの前で、決まりの悪い表情を浮かべた。

☑ 2513　**하다用言**
말끔하다
[말끄마다]

きれいだ、すっきりしている
여자 친구가 지저분하던 방을 아주 **말끔하게** 치워 주었다.
彼女が、汚かった部屋をとてもきれいに片付けてくれた。

☑ 2514 　하다用言
추잡하다
[추자파다]

みだらだ、卑猥だ　漢醜雑 --　関- 스럽다
술에 취한 뒤에 **추잡한** 행동을 하는 사람이 제일 싫어.
酒に酔った後に、みだらな行動をする人が一番嫌い。

☑ 2515 　하다用言
괴상하다

奇妙だ、怪しい、変だ　漢怪常 --　関- 스럽다
이 **괴상하게** 생긴 과일이 진짜 맛있다고요?
この見た目の奇妙な果物が、本当においしいですって？

☑ 2516 　ㄹ語幹
걸다

□汚い、下劣だ
그녀는 입이 **걸어서** 웬만한 남자들도 못 당한다.
彼女は□が悪くて、並大抵の男では歯が立たない。

☑ 2517 　ㄹ変則
남모르다

人が知らない、人知れない
나는 **남모르는** 설움을 많이 당해서 약자의 기분을 잘 안다.
私は人知れぬ悲しみを多く経験したので、弱者の気持ちがよく分かる。

☑ 2518 　하다用言
자자하다

(うわさなどが) 広まっている、持ち切りだ　漢藉藉 --
명성이 **자자한** 교수의 강연을 듣고자 많은 시민이 신청을 했다.
名声が広まっている教授の講演を聞こうと、多くの市民が申し込んだ。

☑ 2519 　하다用言
공공연하다
[공공연나다]

公然だ、大っぴらだ　漢公公然 --
그 이야기는 특정 사람들에게 **공공연한** 비밀이었다.
その話は、特定の人にとって公然の秘密だった。

☑ 2520 　하다用言
꺼림칙하다
[꺼림치카다]

気に掛かる、気が進まない、忌まわしい　関- 스럽다
살인 사건이 일어난 집에 들어간다는 게 **꺼림칙하다**.
殺人事件が起きた家に入るというのは、気が進まない。

☑ 2416 귀가	
☑ 2417 단잠	
☑ 2418 선잠	
☑ 2419 숨결	
☑ 2420 잠꼬대	
☑ 2421 잠버릇	
☑ 2422 양치질	
☑ 2423 면도	
☑ 2424 수거	
☑ 2425 조립	
☑ 2426 지목	
☑ 2427 부응	
☑ 2428 보답	
☑ 2429 호출	
☑ 2430 판가름	
☑ 2431 당도	
☑ 2432 성사	
☑ 2433 영위	
☑ 2434 변통	
☑ 2435 해지	
☑ 2436 구비	
☑ 2437 장만	
☑ 2438 피력	
☑ 2439 부가	
☑ 2440 부속	
☑ 2441 부여	
☑ 2442 전송	
☑ 2443 상봉	
☑ 2444 기겁	
☑ 2445 불통	
☑ 2446 수긍	
☑ 2447 뒷걸음	
☑ 2448 퇴짜	
☑ 2449 새치기	
☑ 2450 저지	

☑ 2451 저해	
☑ 2452 걸림돌	
☑ 2453 허탕	
☑ 2454 헛고생	
☑ 2455 헛수고	
☑ 2456 허황	
☑ 2457 곁눈질	
☑ 2458 내색	
☑ 2459 꿍꿍이	
☑ 2460 뜸²	
☑ 2461 취기	
☑ 2462 원샷	
☑ 2463 과음	
☑ 2464 만취	
☑ 2465 주정	
☑ 2466 부축	
☑ 2467 해장	
☑ 2468 뒤풀이	
☑ 2469 문병	
☑ 2470 병구완	
☑ 2471 선사	
☑ 2472 심심풀이	
☑ 2473 내기	
☑ 2474 노름	
☑ 2475 시늉	
☑ 2476 덧나다	
☑ 2477 먹다	
☑ 2478 쉬다²	
☑ 2479 결리다	
☑ 2480 곪다	
☑ 2481 배기다	
☑ 2482 웃돌다	
☑ 2483 밑돌다	
☑ 2484 버금가다	
☑ 2485 부치다²	

☑ 2486 밑지다	
☑ 2487 요동치다	
☑ 2488 비치적거리다	
☑ 2489 등지다	
☑ 2490 가누다	
☑ 2491 정답다	
☑ 2492 탐스럽다	
☑ 2493 고리타분하다	
☑ 2494 고약하다	
☑ 2495 꼴사납다	
☑ 2496 누추하다	
☑ 2497 덧없다	
☑ 2498 묵직하다	
☑ 2499 생소하다	
☑ 2500 씁쓸하다	
☑ 2501 만만하다	
☑ 2502 짜릿하다	
☑ 2503 쩌릿하다	
☑ 2504 포근하다	
☑ 2505 나긋하다	
☑ 2506 무르다	
☑ 2507 보드랍다	
☑ 2508 푹신하다	
☑ 2509 향긋하다	
☑ 2510 불미하다	
☑ 2511 깐깐하다	
☑ 2512 멋쩍다	
☑ 2513 말끔하다	
☑ 2514 추잡하다	
☑ 2515 괴상하다	
☑ 2516 걸다	
☑ 2517 남모르다	
☑ 2518 자자하다	
☑ 2519 공공연하다	
☑ 2520 꺼림칙하다	

日本語 ▶ 韓国語

☑ 2416 帰宅
☑ 2417 熟睡
☑ 2418 浅い眠り
☑ 2419 息遣い
☑ 2420 寝言
☑ 2421 寝相
☑ 2422 歯磨き
☑ 2423 ひげをそること
☑ 2424 収集
☑ 2425 組み立て
☑ 2426 目星を付けること
☑ 2427 (期待などに)添うこと
☑ 2428 報い
☑ 2429 呼び出し
☑ 2430 優劣や是非を判断すること
☑ 2431 到達
☑ 2432 事を成すこと
☑ 2433 営み
☑ 2434 やりくり
☑ 2435 解約
☑ 2436 備えること
☑ 2437 用意すること
☑ 2438 披歴
☑ 2439 付加
☑ 2440 付属
☑ 2441 付与
☑ 2442 見送り
☑ 2443 対面
☑ 2444 驚くこと
☑ 2445 通じないこと
☑ 2446 納得すること
☑ 2447 後ずさり
☑ 2448 退けること
☑ 2449 割り込み
☑ 2450 阻止

☑ 2451 阻害
☑ 2452 ハードル
☑ 2453 無駄骨
☑ 2454 無駄骨
☑ 2455 無駄骨
☑ 2456 荒唐無稽
☑ 2457 よそ見
☑ 2458 そぶり
☑ 2459 もくろみ
☑ 2460 蒸らすこと
☑ 2461 酔い
☑ 2462 一気飲み
☑ 2463 飲み過ぎ
☑ 2464 泥酔
☑ 2465 酒に酔って管を巻くこと
☑ 2466 脇を抱えて歩くのを助けること
☑ 2467 二日酔いを覚ますこと
☑ 2468 打ち上げ
☑ 2469 見舞い
☑ 2470 看病
☑ 2471 贈り物をすること
☑ 2472 暇つぶし
☑ 2473 賭け
☑ 2474 ばくち
☑ 2475 まね
☑ 2476 二重に生える
☑ 2477 (耳が)遠くなる
☑ 2478 (声が)かれる
☑ 2479 凝る
☑ 2480 化膿する
☑ 2481 耐え忍ぶ
☑ 2482 上回る
☑ 2483 下回る
☑ 2484 (〜に)次ぐ
☑ 2485 手に余る

24
週
目

☑**2486** 損する
☑**2487** 激しく揺れる
☑**2488** よろよろする
☑**2489** 背を向ける
☑**2490** (姿勢を)真っすぐ保つ
☑**2491** 仲が良い
☑**2492** 心が引かれるほど好ましい
☑**2493** 陳腐だ
☑**2494** (味、においが)ひどい
☑**2495** みっともない
☑**2496** むさ苦しい
☑**2497** はかない
☑**2498** ずっしり重い
☑**2499** 疎い
☑**2500** ほろ苦い
☑**2501** くみしやすい
☑**2502** ぴりっとする
☑**2503** しびれている
☑**2504** 柔らかい
☑**2505** 柔らかい
☑**2506** 柔らかい
☑**2507** 柔らかい
☑**2508** ふくよかだ
☑**2509** 芳しい
☑**2510** 芳しくない
☑**2511** 粘っこい
☑**2512** 柄に合わない
☑**2513** きれいだ
☑**2514** みだらだ
☑**2515** 奇妙だ
☑**2516** 口汚い
☑**2517** 人が知らない
☑**2518** (うわさなどが)広まっている
☑**2519** 公然だ
☑**2520** 気に掛かる

1・2級

25週目

☐ 2521
추파
色目、流し目　漢秋波
저렇게 아무 여자에게나 **추파**를 던지면 안 되지.❷
あんなふうに、女性みんなに色目を使っちゃ駄目だよ。

☐ 2522
망
見張り　漢望
강도들은 한 명이 **망**을 서고 나머지는 은행을 털었다.
強盗たちは、1人が見張りに立って残りは銀行を襲った。

☐ 2523
치다꺼리
処理、世話を焼くこと　関 – 하다
엄마가 언제까지 자식 **치다꺼리**를 할 수는 없지 않니?
お母さんが、いつまでも子どもの世話をすることはできないじゃない？

☐ 2524
수동적
受動的　漢受動的
수동적인 자세로는 새로운 것을 배울 수 없다.
受け身の姿勢では、新しいことを学ぶことができない。

☐ 2525
한탕
一仕事、一発
범죄는 노력하지 않고 **한탕** 치려는 욕심에서 벌어진다.❷
犯罪は、努力せずに一攫千金を狙おうとする欲から起こる。

☐ 2526
장기
[장끼]
おはこ、特技　漢長技
연말을 맞이하여 방송에서 연예인 **장기** 자랑을 준비하고 있다.
年末を迎えて、テレビで芸能人のおはこ自慢大会を準備している。

☐ 2527
기량
技量、腕前　漢技倆
이번 시즌에서 그 선수는 완벽한 **기량**을 보여 줬다.
今シーズン、その選手は完璧な腕前を見せてくれた。

☐ 2528
동참
一緒に参加すること　漢同参　関 – 하다
이번 대형 할인 이벤트에는 꼭 **동참**해 주시기 바랍니다.
今度の大型割引イベントには、必ず参加してくださるよう願います。

☑ 2529
초래
招くこと、もたらすこと　漢招来　関-되다/하다
이번 일로 불행한 결과를 **초래**한 것에 대해 사과드립니다.
今回のことで不幸な結果を招いたことについて、おわびします。

☑ 2530
촉구
[촉꾸]
促すこと、催促すること　漢促求　関-되다/하다
유족들은 정부가 직접 나서서 해결하라고 **촉구**하고 있습니다.
遺族は、政府が自ら乗り出して解決するよう促しています。

☑ 2531
재촉
早めること、催促、せき立てること　関-하다
합격 통지서를 직접 전하기 위해 발걸음을 **재촉**했다.
合格通知書を自ら渡すために、足取りを早めた。

☑ 2532
별수
別の方法、あらゆる手立て　漢別-
반장인 그도 무서운 선생님 앞에서는 **별수** 없다.
学級委員の彼も、怖い先生の前ではどうしようもない。

☑ 2533
기정사실
既定の事実、既成事実　漢既定事実
그 사람이 회사를 떠나는 것은 **기정사실**이 됐다.
その人が会社を離れるのは、既成事実になった。

☑ 2534
사사건건
[사사껀껀]
事々、全てのこと　漢事事件件
의욕적으로 하고자 하는 일을 **사사건건** 반대만 하면 안 되지요.
意欲的にしようとすることに、ことごとく反対してはいけないでしょう。

☑ 2535
여건
[여껀]
与件、所与の条件　漢与件
여건이 마련이 되면 우리 회사도 기부를 할 예정입니다.
所与の条件が整ったら、わが社も寄付をする予定です。

解説　2521 **추파를 던지다**で「秋波を送る、色目を使う」という意味　2525 **한바탕**の俗語。
한탕 치다で「一攫千金を狙う、一発成功を狙う」という意味

☑ 2536
주제

分際
본인도 성공하지 못한 **주제**에 남일 참견이라니…. ✐
本人も成功しなかったくせに、他人のことに口出しするとは……。

☑ 2537
건성

上の空
그렇게 말을 **건성**으로 듣고 나서 나중에 또 묻지 마라.
そうやって話を上の空で聞いてから、後でまた質問するなよ。

☑ 2538
내친김 (에)

ことのついで(に)
국내 여행을 떠났는데 **내친김**에 이웃 나라도 다녀올까 한다.
国内旅行に出発したが、ついでに隣の国にも行ってこようかと思う。

☑ 2539
무심결 (에)
[무심결]

思わず、うっかり　漢無心-(-)
술을 마시고 **무심결**에 전철 안에서 노래를 흥얼거렸다.
酒を飲んで、思わず電車の中で歌を口ずさんだ。

☑ 2540
미흡

まだ十分でないこと　漢未洽　関-하다
이사회에 제출할 이 보고서는 여전히 **미흡**한 점이 많아요.
理事会に提出するこの報告書は、依然として十分ではない点が多いです。

☑ 2541
경합

競り合い　漢競合　関-하다
서울시장 후보로 3명이 **경합**을 벌이고 있습니다.
ソウル市長候補として、3人が競り合っています。

☑ 2542
가름

分けること、区別すること　関-하다
그 선수의 실책이 결승전 승부를 **가름**했다.
その選手のミスが、決勝戦の勝負を分けた。

☑ 2543
돌출

突出　漢突出　関-되다/하다
그녀는 **돌출**된 입을 성형 수술로 고치고 싶어 했다.
彼女は、突き出た口を整形手術で治したがった。

☑ 2544

남용
[나뇽]

乱用　漢濫用　関 – 되다/하다

권력을 **남용**하게 되면 퇴임 후 수사를 받을 수도 있습니다.

権力を乱用すれば、退任後に捜査を受ける可能性もあります。

☑ 2545

누락

漏れること　漢漏落　関 – 되다/하다

신청서의 중요한 부분이 **누락**돼서 새로 써 주셔야 합니다.

申請書の大事な部分が漏れていて、書き直していただかなければいけません。

☑ 2546

부각

浮き彫り　漢浮刻　関 – 되다/하다

이번 사건은 지나치게 폭력성이 **부각**되고 있다.

今回の事件は、過度に暴力性が浮き彫りになっている。

☑ 2547

들통

隠していたことがばれた状態

거짓말은 금방 **들통**이 나니 처음부터 안 하는 게 낫다.❷

うそはすぐばれるので、最初からつかない方がいい。

☑ 2548

아랑곳
[아랑곧]

知るところ、関わり　関 – 하다

주위 평판에도 **아랑곳**하지 않고 그 결정을 끝까지 밀어붙였다.❷

周囲の評判を気にともせず、その決定を最後まで押し通した。

☑ 2549

연계
[연게]

連係　漢聯繫　関 – 되다/하다

신기술과 농업을 **연계**해서 비즈니스 모델을 만들었다.

新技術と農業を連携して、ビジネスモデルを作った。

☑ 2550

연관

関連　漢聯関　関 – 되다/하다

단어도 스토리와 **연관** 지어 외우면 더 기억에 오래 남는다.

単語もストーリーに関連付けて覚えれば、より長く記憶に残る。

解説　　2536 主に~**주제에**の形で「~のくせに」という意味　　2547 **들통이 나다**で「(秘密などが)ばれる」という意味　　2548 **아랑곳하지 않다**で「気に掛けない」という意味

☑ 2551
피차
お互い、あれこれ　漢 彼此
이번 계약이 **피차** 나쁠 건 없다고 생각됩니다만.
今回の契約は、お互いに悪いことはないと思われますが。

☑ 2552
피장파장
お互いさま
어차피 **피장파장**이니 지난번 일은 없던 일로 합시다.
どうせお互いさまなので、前回のことはなかったことにしましょう。

☑ 2553
국한
[구칸]
限定　漢 局限　関 – 되다 / 하다
이 이야기는 비단 당신에게만 **국한**된 이야기가 아닙니다.
この話は、ただあなたに限った話ではありません。

☑ 2554
발돋움
[발도둠]
飛躍、背伸び　関 – 하다
소형 배터리 전략이 주효하면서 그 회사는 주요 전기차회사로
발돋움했다.
小型バッテリー戦略が奏功し、その会社は主要電気自動車会社へ飛躍した。

☑ 2555
대폭
大幅　漢 大幅
가격을 **대폭**으로 올리자 손님이 크게 감소했다.
価格を大幅に上げるや、客が大きく減少した。

☑ 2556
일색
[일쌕]
一色　漢 一色
그 작품에 대한 선생님의 평가는 칭찬 **일색**이었다.
その作品に対する先生の評価は、称賛一色だった。

☑ 2557
기척
気配
밖에서 웅성거리는 사람들의 **기척**이 느껴졌다.
外でざわめく人々の気配が感じられた。

☑ 2558
기미²
気味　漢 気味
환절기가 되면서 감기 **기미**가 있는 것 같다.
季節の変わり目になって、風邪気味であるようだ。

☐ 2559

낌새

気配、兆し

경찰은 수상한 **낌새**를 느끼고 그 남자의 뒤를 밟기 시작했다.❷

警察はおかしな気配を感じて、その男の尾行を始めた。

☐ 2560

티

気配、そぶり、〜くささ

우리가 하는 일은 **티**가 나지 않지만, 보람이 있는 일이다.❷

私たちがしていることは目立たないが、やりがいのあることだ。

☐ 2561

인기척

[인끼척]

人の気配　漢人 --

수배자인 그는 **인기척**을 느끼고는 서둘러 숨었다.

手配者である彼は、人の気配を感じると急いで隠れた。

☐ 2562

조짐

兆し、兆候、前触れ　漢兆朕

지진이 계속되자 사람들이 생필품을 사재기할 **조짐**이 보인다.

地震が続いて、人々が生活必需品を買いだめする兆しが見える。

☐ 2563

감수

甘受、甘んじて受け入れること　漢甘受　関– 하다

아이를 위해서라면 어떤 희생도 **감수**를 할 수 있다.

子どものためなら、どんな犠牲も甘受する。

☐ 2564

만무

全然ないこと、あり得ないこと　漢万無　関– 하다

그렇게 성실한 사람이 그런 일을 했을 리가 **만무**합니다.

あんなに誠実な人が、そんなことをするはずは全くありません。

☐ 2565

별고

変わったこと　漢別故

선생님, 그동안 **별고** 없으셨습니까?

先生、この間お変わりありませんでしたか?

| 解説 | 2559 **뒤를 밟다**で「後をつける」という意味　2560 **티가 나다**で「目立つ、バレバレだ」という意味 |

☑ 2566
돌변

急変　漢突変　関-하다
그는 손님으로 택시에 타더니 갑자기 강도로 **돌변**했다.
彼は客としてタクシーに乗ったが、突然強盗に急変した。

☑ 2567
중도

中途、途中、中ほど　漢中途
가정 형편이 어려워 학업을 **중도**에 포기하고 말았다.
家庭の事情が厳しくて、学業を途中であきらめてしまった。

☑ 2568
부단

絶え間ないこと　漢不断　関-하다
그의 **부단**한 노력과 변함없는 열정이 결실을 맺었다.
彼の絶え間ない努力と、変わらない情熱が実を結んだ。

☑ 2569
남짓
[남진]

〜余り　関-하다
물건 파는 아이가 열 살 **남짓**밖에 안 되어 보였다.
物売りの子は、10歳余りにしかなっていないように見えた。

☑ 2570
임박

差し迫っていること、間近であること　漢臨迫　関-하다
1년 이상 끌어오던 협상이 드디어 타결이 **임박**했다.
1年以上引っ張ってきた交渉は、いよいよ妥結が間近だ。

☑ 2571
급박
[급빡]

切迫、差し迫っていること　漢急迫　関-하다
상황이 **급박**해서 사채업자에게 돈을 빌려 썼다.
状況が切迫していたので、サラ金から金を借りて使った。

☑ 2572
박두
[박뚜]

差し迫ること　漢迫頭　関-하다
올여름 최고 기대작이 곧 찾아옵니다! 8월 10일 개봉**박두**.
この夏、最高の期待作が間もなくやって来ます！ 8月10日公開迫る。

☑ 2573
막판

土壇場
게임에서 계속 상대방에게 뒤지다가 **막판**에 뒤집었다.
ゲームでずっと相手に遅れを取っていたが、土壇場でひっくり返した。

☐ 2574
싹쓸이
[싹쓰리]

独占すること、一つ残らず 関– 하다
호주가 올림픽 수영종목의 금메달을 **싹쓸이**해 버렸다.
オーストラリアが、オリンピック水泳競技の金メダルを独占してしまった。

☐ 2575
번창

繁盛 漢繁昌 関– 하다
저렇게 열심히 일하니까 사업이 **번창**하는 게 아니겠어?
あんなに一生懸命働いているから、事業が繁盛するんじゃないのか？

☐ 2576
법석
[법썩]

わいわいと騒ぐ様
지난번 여행을 자기만 빼고 갔다며 야단**법석**이다.❷
前回の旅行を、自分だけ外して行ったと大騒ぎだ。

☐ 2577
요란

騒がしいこと、騒乱、大げさなこと 漢揺乱 関– 하다, – 스럽다
별로 대단한 것도 아닌데 왜 이렇게 **요란**을 떠느냐!
別に大したことでもないのに、どうしてこんなに騒ぐんだ！❷

☐ 2578
수선

騒々しいこと、気ぜわしいこと 関– 하다, – 스럽다
뭐 이런 시답잖은 일에 그렇게 **수선**을 떨고 그러냐?❷
どうしてこんなくだらないことで、そんなに騒ぎ立てるんだ？

☐ 2579
부산

騒々しいこと、慌ただしいこと 関– 하다, – 스럽다
이른 아침에도 불구하고 해외로 나가는 손님들로 공항이 **부산**하다.
早朝にもかかわらず、海外に出掛ける客で空港が騒々しい。

☐ 2580
북새통
[북쌔통]

大騒ぎ、込み合うこと
명품 아울렛에서 가격을 더 인하하자 사람들로 **북새통**을 이뤘다.❶
ブランドのアウトレットで、値段をさらに下げると人で混雑した。

解説　2576 **야단법석**で「大騒ぎ」という意味　2577 **요란을 떨다**で「騒ぎ立てる」という意味　2578 **수선을 떨다**で「騒ぎ立てる」という意味　2580 **북새통을 이루다**で「混雑する」という意味

☐ 2581

빌빌거리다

元気がない、ふらふらする
약자를 괴롭히고 강자에게 **빌빌거리는** 사람도 많다.
弱者をいじめておきながら、強者には弱気な人も多い。

☐ 2582

맞아떨어지다

[마자떠러지다]

きっちり合う
그렇게 마무리를 지으면 이야기의 앞뒤가 딱 **맞아떨어집니다.**
そのように締めくくれば、話のつじつまがぴったり合います。

☐ 2583

빼닮다

[빼담따]

そっくりだ
엄마를 꼭 **빼닮은** 그녀는 쉽게 연예인으로 데뷔했다.
母親にそっくりな彼女は、簡単に芸能人としてデビューした。

☐ 2584

빗나가다

[빈나가다]

外れる、それる
번번이 예상이 **빗나가면서** 족집게 강사로서 얼굴에 먹칠했다.❷
毎度予想が外れ、問題を的中させる講師としての顔に泥を塗った。

☐ 2585

동떨어지다

[동떠러지다]

懸け離れる
그렇게 현실과 **동떨어지는** 계획은 성공하기 어렵지요.
そのように、現実と懸け離れる計画は成功しにくいでしょう。

☐ 2586

빗발치다

[빋빨치다]

(非難が)殺到する、雨が激しく降る
상품에 결함이 발견되면서 아침부터 항의 전화가 **빗발쳐** 정신없다.
商品に欠陥が見つかり、朝から抗議の電話が殺到してせわしない。

☐ 2587   ㄹ語幹

먹혀들다

[머켜들다]

受け入れられる
내가 한 말이 잘 **먹혀들지** 않아서 리더에게 도움을 요청했다.
私の言葉があまり聞き入れられないので、リーダーに助けを求めた。

☐ 2588   ㄹ語幹

설다

十分に煮えていない、熟していない
산에서 한 밥이 **설어서** 도저히 먹을 수가 없다.
山で作ったご飯が十分に火が通っておらず、到底食べられない。

☑ 2589

설익다

[설릭따]

十分に煮えていない、生煮えだ

설익은 실력이 사고를 부르는 법이니 방심하지 마세요.
十分でない実力が事故を招くものなので、油断しないでください。

☑ 2590 　하다用言

쉬쉬하다

内緒にする

빚을 지고 투자한 사실을 아내가 알까 봐 **쉬쉬하고만** 있다.
借金をして投資した事実を妻に知られるんじゃないかと、内緒にしている。

☑ 2591

쌔다

有り余るほどある

옛날과 달리 휴대폰은 요즘 세상에서 **쌔고 쌨어요.** ❷
昔と違い、携帯電話は最近の世の中ではありふれています。

☑ 2592

여의다

[여이다]

死に別れる

아버지는 어려서부터 부모를 **여의고** 고생하면서 자수성가를 이뤘다.
父は小さい頃に両親と死に別れ、苦労しながら自力で成功した。

☑ 2593

우러나오다

にじみ出る

선배의 그 이야기는 진심에서 **우러나오는** 충고였다.
先輩のその話は、心からにじみ出るアドバイスだった。

☑ 2594 　ㄹ語幹

감돌다

漂う、うねる、(考えが)ちらつく

국경에서는 전쟁의 기운이 **감돌았다.**
国境では、戦争の気配が漂っていた。

☑ 2595

자라다

及ぶ

부족하나마 힘이 **자라는** 데까지 열심히 해 보겠습니다.
非力ながら、力が及ぶ限り、一生懸命頑張ってみます。

解説　2584 **족집게 강사**で「試験問題を的中させる講師」という意味　2591 主に**쌔고 쌔다**(ありふれる)という形で用いられる

457

☑ 2596　하다用言

난감하다

[난가마다]

困り果てる　漢難堪--

그런 **난감한** 부탁은 들어드리기 어렵네요.

そんな困るような頼みを聞き入れるのは、難しいです。

☑ 2597　하다用言

성하다²

栄えている、盛んだ　漢盛--

호주는 낙농업이 **성한** 지역이 많아서 유제품도 주요 수출 품목이다.

オーストラリアは酪農が盛んな地域が多いので、乳製品も主要輸出品だ。

☑ 2598　하다用言

착잡하다

[착짜파다]

交錯している、混乱している　漢錯雑--

돈 문제로 가족 간의 불화 소식을 들을 때마다 마음이 **착잡합니다**.

お金の問題で家族間の不和の話を聞くたびに、気持ちが複雑になります。

☑ 2599　하다用言

창창하다

青々としている、先行きが明るい　漢蒼蒼--

대학을 수석으로 졸업한 그는 앞날이 **창창해** 보였다.

大学を首席で卒業した彼は、将来が明るく見えた。

☑ 2600　하다用言

주도면밀하다

[주도면미라다]

用意周到だ　漢周到綿密--

그는 회사 합병을 위한 **주도면밀한** 계획을 세우고 있다.

彼は、会社合併のための用意周到な計画を立てている。

☑ 2601　ㅂ変則

공교롭다

[공교롭따]

(副詞形で用いて)あいにく　漢工巧--　関-하다

공교롭게도 담당자가 쉬는 날이라서 내일 연락드려도 될까요?

あいにく担当者が休みの日なので、明日ご連絡してもいいでしょうか？

☑ 2602　하다用言

여차하다

(여차하면の形で)いざとなったら　漢如此--

하고 싶은 일이 아니라서 **여차하면** 그만둘 각오를 하고 있다.

やりたいことではないので、いざとなったら辞める覚悟をしている。

☑ 2603　ㅇ語幹

가냘프다

か細い、か弱い、弱々しい

그녀의 **가냘픈** 목소리에 마음이 흔들렸다.

彼女のか細い声に心が揺れた。

☑ 2604
가차없다

容赦ない　漢仮借 --

한 번만 더 지각하면 그때 진짜 **가차없어**.
もう1回遅刻したら、そのときは本当に容赦しないよ。

☑ 2605　하다用言
거창하다

雄大だ、ご大層だ、大げさだ　漢巨創 --　関 - 스럽다

계획만 **거창할 뿐** 실속은 없어 보인다.
計画が大げさなだけで、中身はなさそうだ。

☑ 2606　하다用言
과하다

過度だ　漢過 --

과한 자신감은 오히려 성장에 독이 될 수 있습니다.
過度な自信は、むしろ成長にとって毒になり得ます。

☑ 2607　하다用言
무수하다

数え切れない　漢無数 --

그 시절엔 밤하늘에 별이 **무수하게** 떠 있었다.
あの頃は、夜空に星が無数に浮かんでいた。

☑ 2608　하다用言
미미하다

微々たるものだ　漢微微 --

회사 내에서 그는 항상 존재감이 **미미하다**.
社内で彼は、常に存在感が微々たるものだ。

☑ 2609　하다用言
빽빽하다

[빽빼카다]

ぎっしりだ

과일 상자에 귤이 **빽빽하게** 들어차 있었다.
果物の箱に、ミカンがぎっしり詰まっていた。

☑ 2610　하다用言
뿌듯하다

[뿌드타다]

胸がいっぱいだ、満たされている

아들이 결혼하고 잘사는 걸 보니 부모로서 **뿌듯하다**.
息子が結婚して裕福に暮らしているのを見ると、親として胸がいっぱいだ。

☐ 2611 `하다用言`
숱하다
[수타다]

とても多い
그는 **숱한** 고난과 역경을 헤치고 대통령에 당선됐다.
彼は、とても多くの苦難と逆境をはねのけて大統領に当選した。

☐ 2612 `하다用言`
허다하다

数多い、多数ある　[漢]許多 --
정부가 발표한 정책에는 문제가 **허다하다.**
政府が発表した政策には、問題が多い。

☐ 2613 `하다用言`
풍족하다
[풍조카다]

豊かだ、ふんだんだ　[漢]豊足 --
그는 부모로부터 물려받은 재산으로 **풍족하게** 살고 있다.
彼は親から譲り受けた財産で、豊かに暮らしている。

☐ 2614 `하다用言`
풍성하다

豊富だ、豊かだ　[漢]豊盛 --
비빔밥에는 다양한 나물이 **풍성하게** 들어간다.
ビビンバには、さまざまなナムルが豊富に入っている。

☐ 2615 `하다用言`
바듯하다
[바드타다]

ぎりぎりだ、ぎっしりだ
업무량이 너무 많아서 마감까지 처리하기에는 시간이 **바듯하다.**
業務量が多すぎて、締め切りまでに処理するには時間がぎりぎりだ。

☐ 2616
뻔질나다
[뻔질라다]

(主に뻔질나게の形で)頻繁に、足しげく
친구 집인데도 제집인 마냥 **뻔질나게** 드나들었다.
友達の家なのに、自分の家のように頻繁に出入りした。

☐ 2617
잦다
[잗따]

頻繁だ、しきりだ
출장이 **잦아서** 이번 달에는 주말에 거의 못 쉬었습니다.
出張が頻繁で、今月は週末にほとんど休めませんでした。

☐ 2618
줄기차다

粘り強い、根気強い、たゆみない
빈곤층에서는 **줄기차게** 복지 문제 해결을 요구해 왔다.
貧困層からは、粘り強く福祉問題の解決を要求された。

☑ 2619 　하다用言

무궁하다

無限だ、限りない　[漢]無窮--

귀사의 **무궁한** 발전을 기원합니다.

御社の限りない発展を祈ります。

☑ 2620 　하다用言

까마득하다

[까마드카다]

はるかに遠い、どうしたらよいのか途方に暮れる

산 정상까지 갈 길이 **까마득하니** 서두르자.

山の頂上までの道のりはまだ遠いから、急ごう。

☑ 2621 　하다用言

아득하다

[아드카다]

果てしなく遠い

그 이야기는 **아득히** 먼 옛날부터 전해 내려오는 것입니다.

その話は、はるか遠い昔から伝わるものです。

☑ 2622 　하다用言

막막하다

[망마카다]

広々として果てしない、漠然とする　[漢]漠漠--

50도 안 된 나이에 갑자기 퇴직하고 나니 앞날이 **막막하다**.

50にもならない年で突然退職したので、行く末が漠然としている。

☑ 2623 　하다用言

심오하다

[시모하다]

奥深い　[漢]深奥--

그의 **심오한** 이론을 제대로 이해하는 학자는 많지 않다.

彼の奥深い理論を、きちんと理解している学者は多くない。

☑ 2624

값비싸다

[갑삐싸다]

高価だ、値が張る

이렇게 **값비싼** 물건을 무슨 돈으로 산 거니?

こんなに高価な品物を、どういうお金で買ったんだ？

☑ 2625

값있다

[가빋따]

貴重だ、高価だ、価値がある

이 집에는 그렇게 **값있는** 물건이 없네요.

この家には、それほど貴重な物はないですね。

14週目
15週目
16週目
17週目
18週目
19週目
20週目
21週目
22週目
23週目
24週目
25週目
26週目

☑ 2521 추파	☑ 2556 일색	☑ 2591 째다
☑ 2522 망	☑ 2557 기척	☑ 2592 여의다
☑ 2523 치다꺼리	☑ 2558 기미 ^{2}	☑ 2593 우러나오다
☑ 2524 수동적	☑ 2559 낌새	☑ 2594 감돌다
☑ 2525 한탕	☑ 2560 티	☑ 2595 자라다
☑ 2526 장기	☑ 2561 인기척	☑ 2596 난감하다
☑ 2527 기량	☑ 2562 조짐	☑ 2597 성하다 ^{2}
☑ 2528 동참	☑ 2563 감수	☑ 2598 착잡하다
☑ 2529 초래	☑ 2564 만무	☑ 2599 창창하다
☑ 2530 촉구	☑ 2565 별고	☑ 2600 주도면밀하다
☑ 2531 재촉	☑ 2566 돌변	☑ 2601 공교롭다
☑ 2532 별수	☑ 2567 중도	☑ 2602 여차하다
☑ 2533 기정사실	☑ 2568 부단	☑ 2603 가냘프다
☑ 2534 사사건건	☑ 2569 남짓	☑ 2604 가차없다
☑ 2535 여건	☑ 2570 임박	☑ 2605 거창하다
☑ 2536 주제	☑ 2571 급박	☑ 2606 과하다
☑ 2537 건성	☑ 2572 박두	☑ 2607 무수하다
☑ 2538 내친김(에)	☑ 2573 막판	☑ 2608 미미하다
☑ 2539 무심결(에)	☑ 2574 싹쓸이	☑ 2609 빽빽하다
☑ 2540 미흡	☑ 2575 번창	☑ 2610 뿌듯하다
☑ 2541 경합	☑ 2576 법석	☑ 2611 숱하다
☑ 2542 가름	☑ 2577 요란	☑ 2612 허다하다
☑ 2543 돌출	☑ 2578 수선	☑ 2613 풍족하다
☑ 2544 남용	☑ 2579 부산	☑ 2614 풍성하다
☑ 2545 누락	☑ 2580 북새통	☑ 2615 바듯하다
☑ 2546 부각	☑ 2581 빌빌거리다	☑ 2616 뻔질나다
☑ 2547 들통	☑ 2582 맞아떨어지다	☑ 2617 잦다
☑ 2548 아랑곳	☑ 2583 빼닮다	☑ 2618 줄기차다
☑ 2549 연계	☑ 2584 빗나가다	☑ 2619 무궁하다
☑ 2550 연관	☑ 2585 동떨어지다	☑ 2620 까마득하다
☑ 2551 피차	☑ 2586 빗발치다	☑ 2621 아득하다
☑ 2552 피장파장	☑ 2587 먹혀들다	☑ 2622 막막하다
☑ 2553 국한	☑ 2588 설다	☑ 2623 심오하다
☑ 2554 발돋움	☑ 2589 설익다	☑ 2624 값비싸다
☑ 2555 대폭	☑ 2590 쉬쉬하다	☑ 2625 값있다

☑2521 色目
☑2522 見張り
☑2523 処理
☑2524 受動的
☑2525 一仕事
☑2526 おはこ
☑2527 技量
☑2528 一緒に参加すること
☑2529 招くこと
☑2530 促すこと
☑2531 早めること
☑2532 別の方法
☑2533 既定の事実
☑2534 事々
☑2535 与件
☑2536 分際
☑2537 上の空
☑2538 ことのついで(に)
☑2539 思わず
☑2540 まだ十分でないこと
☑2541 競り合い
☑2542 分けること
☑2543 突出
☑2544 乱用
☑2545 漏れること
☑2546 浮き彫り
☑2547 隠していたことがばれた状態
☑2548 知るところ
☑2549 連係
☑2550 関連
☑2551 お互い
☑2552 お互いさま
☑2553 限定
☑2554 飛躍
☑2555 大幅

☑2556 一色
☑2557 気配
☑2558 気味
☑2559 気配
☑2560 気配
☑2561 人の気配
☑2562 兆し
☑2563 甘受
☑2564 全然ないこと
☑2565 変わったこと
☑2566 急変
☑2567 中途
☑2568 絶え間ないこと
☑2569 〜余り
☑2570 差し迫っていること
☑2571 切迫
☑2572 差し迫ること
☑2573 土壇場
☑2574 独占すること
☑2575 繁盛
☑2576 わいわいと騒ぐ様
☑2577 騒がしいこと・擾乱
☑2578 騒々しいこと
☑2579 騒々しいこと
☑2580 大騒ぎ
☑2581 元気がない
☑2582 きっちり合う
☑2583 そっくりだ
☑2584 外れる
☑2585 懸け離れる
☑2586 (非難が)殺到する
☑2587 受け入れられる
☑2588 十分に煮えていない
☑2589 十分に煮えていない
☑2590 内緒にする

☑ **2591** 有り余るほどある
☑ **2592** 死に別れる
☑ **2593** にじみ出る
☑ **2594** 漂う
☑ **2595** 及ぶ
☑ **2596** 困り果てる
☑ **2597** 栄えている
☑ **2598** 交錯している
☑ **2599** 青々としている
☑ **2600** 用意周到だ
☑ **2601** (副詞形で用いて)あいにく
☑ **2602** (여차하면の形で)いざとなったら
☑ **2603** か細い
☑ **2604** 容赦ない
☑ **2605** 雄大だ
☑ **2606** 過度だ
☑ **2607** 数え切れない
☑ **2608** 微々たるものだ
☑ **2609** ぎっしりだ
☑ **2610** 胸がいっぱいだ
☑ **2611** とても多い
☑ **2612** 数多い
☑ **2613** 豊かだ
☑ **2614** 豊富だ
☑ **2615** ぎりぎりだ
☑ **2616** (主に뻔질나게の形で)頻繁に
☑ **2617** 頻繁だ
☑ **2618** 粘り強い
☑ **2619** 無限だ
☑ **2620** はるかに遠い
☑ **2621** 果てしなく遠い
☑ **2622** 広々として果てしない
☑ **2623** 奥深い
☑ **2624** 高価だ
☑ **2625** 貴重だ

1・2級

26週目

☑ 2626

극성

[극썽]

すさまじいこと、極めて旺盛なこと　漢 極盛　関 -하다, -스럽다

호객행위 등의 불법 영업이 **극성**을 부리고 있다. ❷

客引き行為などの、違法営業が横行している。

☑ 2627

난장판

修羅場、大騒ぎ　漢 乱場 -

동네 꼬마들이 놀러 오자 집이 **난장판**이 됐다.

町のちびっ子たちが遊びに来るや、家が大騒ぎになった。

☑ 2628

산더미

[산떠미]

物事が山のようにたくさんあること　漢 山 -

집안일이 **산더미** 같은데 처리할 시간이 전혀 없다.

家事が山のようにあるけど、やる時間が全然ない。

☑ 2629

산산조각

ばらばら、木っ端みじん、粉々　漢 散散 --

현관에서 유리컵을 떨어뜨리자 **산산조각**이 났다.

玄関でガラスのコップを落としたら、粉々になった。

☑ 2630

격

格、分際、身分　漢 格

파티 자리의 **격**에 맞는 옷을 입고 가라.

パーティーの席にふさわしい服を着て行きなさい。

☑ 2631

박살

[박쌀]

粉々になること

접시가 떨어져서 **박살**이 나면서 요란한 소리를 냈다.

皿が落ちて、粉々になりながらやかましい音を立てた。

☑ 2632

꼬락서니

[꼬락써니]

ざま、格好

우산도 없이 나가더니 비에 젖은 **꼬락서니**가 가관이네.

傘も持たず出ていったけど、雨にぬれたざまはこっけいだね。

☑ 2633

봉변

不意の災いを被ること、恥をかくこと　漢 逢変　関 -하다

시위 현장에 가까이 있다가 **봉변**을 당할 뻔했다. ❷

デモの現場の近くにいて、ひどい目に遭うところだった。

☐ 2634
아무짝
どこ、どの方
열심히 만들었지만, 막상 **아무짝**에도 쓸모가 없었다.
一生懸命作ったが、実際どこにも使い所がなかった。

☐ 2635
고초
苦難　漢苦楚
그는 민주화운동을 하면서 수없이 많은 **고초**를 겪었다.
彼は民主化運動をしていて、数多くの苦難を味わった。

☐ 2636
곤경
苦境　漢困境
곤경에 빠진 사람을 구해 주었더니 오히려 화를 냈다.
苦境に陥った人を助けてあげたところ、かえって腹を立てた。

☐ 2637
간고
貧しく苦労が多いこと　漢艱苦　関- 하다, - 스럽다
아버지는 **간고한** 세월을 이겨내고 자수성가를 한 사람이에요.
父は貧しく苦労の多い歳月を乗り越え、自力で成功した人です。

☐ 2638
신음
[시늠]
うめくこと　漢呻吟　関- 하다
옆집에서 다투는 소리가 나더니 곧 **신음** 소리가 들렸다.
隣の家から争う音がしたと思ったら、すぐにうめき声が聞こえた。

☐ 2639
골탕
ひどい目
친구가 나를 **골탕** 먹이려고 약속 시간에 오지 않았다.❷
友達は私にひどい目に遭わせようと、約束時間に来なかった。

☐ 2640
몸부림
身もだえ、もがくこと、あがき　関- 하다
살기 위해 **몸부림**을 치는 모습이 안타까울 따름이다.
生きるためにあがく姿が、気の毒な限りだ。

解説　2626 **극성을 부리다**で「猖獗を極める、横行している」という意味　2633 **봉변을 당하다**で「ひどい目に遭う、災難に遭う」という意味　2639 **골탕을 먹이다**で「ひどい目に遭わせる」という意味

☑ 2641

불씨

火種

문제가 해결됐다고 하나 아직도 갈등의 **불씨**가 남아 있다.

問題が解決したというが、まだ対立の火種が残っている。

☑ 2642

불능

[불릉]

不可能、能がないこと　漢不能　関– 하다

폭설로 활주로가 사용 **불능** 상태가 되면서 결항이 속출하였다.

大雪で滑走路が使用不能な状態になって、欠航が続出した。

☑ 2643

빈털터리

一文無し、すっからかん

신혼 초 그들은 집 한 칸도 없는 **빈털터리**였다.

新婚当初、彼らは一間の部屋もない一文無しだった。

☑ 2644

더부살이

[더부사리]

居候、住み込み　関– 하다

사업에 실패하고 나서 형님 집에 얹혀사는데 **더부살이** 신세가 처량하다.

事業に失敗してから兄の家に厄介になっているが、居候の身はわびしい。

☑ 2645

지경

境地、状況、境遇　漢地境

어쩌다 병이 이 **지경**이 될 때까지 아무 말 없이 있었느냐?

どうして、病気がこんな状態になるまで何も言わずにいたんだ？

☑ 2646

경황

(精神的・時間的な) 余裕　漢景況

사고 수습하느라 **경황**이 없어서 서류 가져오는 걸 잊어버렸어요.

事故の収拾をしていて余裕がなく、書類を持ってくるのを忘れました。

☑ 2647

십상

[십쌍]

好都合、打って付け、あつらえ向き

이 방은 방음이 잘 돼서 녹음실로 쓰기에 **십상**이겠네.

この部屋は防音性がいいので、録音室として使うのに打って付けだろうね。

☑ 2648

대박

大ヒット　漢大 -

이번에 출시한 스마트폰 게임이 **대박**을 터트렸다.

今回発売したスマホゲームが、大ヒットした。

☑ 2649
부귀

富貴、財産があり地位が高いこと 漢富貴 関－하다
짧은 한평생, **부귀**영화가 다 무슨 소용이랴!
短い人生、富貴栄華に何の意味があろうか！

☑ 2650
몸가짐

身のこなし、身だしなみ
중요한 자리이기에 **몸가짐**을 단정히 하고 갔다.
大事な場なので、身だしなみを整えて行った。

☑ 2651
몸놀림

身のこなし、体の動き
역시 소문난 춤꾼답게 **몸놀림**이 예사롭지 않았다.
さすがうわさのダンサーらしく、身のこなしが普通ではなかった。

☑ 2652
안성맞춤
[안성맏춤]

あつらえ向き、上出来、打って付け 漢安城 －－ 関－하다
그 양복이 신입사원인 너한테는 딱 **안성맞춤**이다.
そのスーツは、新入社員の君にはちょうどおあつらえ向きだ。

☑ 2653
허우대

恰幅、体つき
허우대는 멀쩡한데 하는 짓은 영락없이 바보 같네요.❷
見た目はいいのに、やることは間違いなくばかみたいだ。

☑ 2654
은퇴

引退 漢隠退 関－하다
그는 대통령 선거에서 떨어지자 정계 **은퇴**를 선언했다.
彼は大統領選挙に落ちると、政界引退を宣言した。

☑ 2655
입김
[입낌]

影響力、息
건설업계 내에서는 여전히 그의 **입김**이 강하다.
建設業界内では、依然として彼の影響力が強い。

解説 2653 **허우대는 멀쩡하다**は「体つきは申し分ない」、つまり「見た目はいい」という意味

☑ 2656
진수

神髄　漢真髄
이번 음악회에서는 첼로 연주의 **진수**를 맛볼 수 있었다.
今回の音楽会では、チェロ演奏の神髄を味わうことができた。

☑ 2657
궁극

究極、とどのつまり　漢窮極　関- 하다, - 스럽다
어학을 공부하는 **궁극**의 목표는 커뮤니케이션이다.
語学を勉強する究極の目標は、コミュニケーションだ。

☑ 2658
슬기

知恵　関- 롭다
전통 항아리나 생활 도구에는 조상들의 **슬기**가 담겨 있다.
伝統のかめや生活道具には、先祖の知恵が詰まっている。

☑ 2659
식견
[식껸]

見識　漢識見
선생님의 탁월한 **식견**에 늘 감탄을 금치 못합니다.
先生の卓越した見識に、いつも感嘆を禁じ得ません。

☑ 2660
구미

興味　漢口味
뭔가 **구미**가 당기는 이야기인 것 같은데 한번 들어 볼까요?❷
何か興味を引く話のようなので、一度聞いてみましょうか？

☑ 2661
끼

才能、浮気心
걔, 원래 **끼**가 많았는데 결국 연예인으로 데뷔했더라고!
あいつ、もともと多才だったけど、結局芸能人としてデビューしてたよ！

☑ 2662
재치

機転　漢才致
그의 **재치** 있는 농담에 모두 배꼽이 빠지도록 웃었다.❷
彼の機転の利いた冗談に、皆腹の皮がよじれるほど笑った。

☑ 2663
보배

宝　関- 스럽다, - 롭다
어린이는 나라의 **보배**이니 훌륭한 인재가 되도록 키웁시다.
子どもは国の宝なので、立派な人材になるよう育てましょう。

☑ 2664

귀감

手本　漢亀鑑

그의 생애는 다른 사람의 **귀감**이 되었다.

彼の生涯は、他の人の手本になった。

☑ 2665

이치

道理　漢理致

죄를 지었으면 벌을 받는 것은 세상의 당연한 **이치**이다.

罪を犯したなら、罰を受けるのが世の中の当然の道理だ。

☑ 2666

사리

物事の道理、事理　漢事理

그는 **사리**를 분별할 줄 알기에 그런 짓을 저지를 리가 없다.

彼は物事の道理をわきまえているので、そんなことをしでかすはずがない。

☑ 2667

도

守るべき道理　漢道

아들이 **도**를 닦는다고 산에 들어간 지 10년입니다.❷

息子が、道を修めると言って山に入って10年です。

☑ 2668

두서

筋道　漢頭緒

회의 진행이 처음이라서 서툴고 **두서**가 없어 엉망진창이었다.❷

会議の進行が初めてなので、下手でまとめられずめちゃくちゃだった。

☑ 2669

분수

分別、身の程　漢分数

사람이 자기 **분수**를 알아야지 욕심부리다 탈 난다고.❷

人は自分の分をわきまえないと、欲を出して痛い目に遭うぞ。

☑ 2670

안목

見識、見る目　漢眼目

아무래도 너는 사람 보는 **안목**이 없는 것 같다.

どうも、君は人を見る目がないようだ。

解説　2660 **구미가 당기다**で「興味が湧く」という意味　2662 **배꼽이 빠지다**で「腹の皮がよじれる」という意味　2667 **도를 닦다**で「道を修める」という意味　2668 **두서가 없다**で「筋が通らない、まとまらない」という意味　2669 **탈(이) 나다**で「痛い目に遭う、病気になる」という意味

☑ 2671
궁리
[궁니]

思案、思いをめぐらすこと　漢窮理　関 - 하다
매일 먹고살 **궁리**를 하느라 바쁘다.
日々、食いつないでいく思案をするのに忙しい。

☑ 2672
아귀

物の分かれ目
너의 이야기는 앞뒤 **아귀**가 안 맞잖아.
君の話は、前後のつじつまが合わないじゃないか。❗

☑ 2673
분간

見分け、見境　漢分揀
방안이 너무 어두워서 사물이 **분간**이 안 되니 불을 켜라.
部屋の中が暗すぎて物の見分けがつかないから、明かりをつけて。

☑ 2674
견지

見地、観点　漢見地
환경문제는 후대를 위해서 거시적인 **견지**에서 생각해 봅시다.
環境問題は、将来の世代のためにマクロな視点で考えてみましょう。

☑ 2675
가늠

見当、見通し、狙い　関 - 하다
회복까지 앞으로 시간이 얼마나 걸릴지 **가늠**이 안 됩니다.
回復まで、この先どれくらいの時間がかかるか見当が付きません。

☑ 2676
갈피

要領、(重なった物と物の)間
도대체 사장님의 계획이 뭔지 **갈피**를 못 잡겠어요.
一体社長の計画が何なのか、要領がつかめません。

☑ 2677
여부

可否、〜かどうか　漢与否
엇갈리는 주장을 확인하기 위해서라도 사실 **여부**가 중요하다.
食い違う主張を確認するためにも、事実かどうかが重要だ。

☑ 2678
신빙

信ぴょう　漢信憑　関 - 되다/하다
그 사람의 발언은 그다지 **신빙**성이 없으니 안 믿는 게 좋다.
その人の発言はそれほど信ぴょう性がないので、信じない方がいい。

☐ 2679
정곡
正鵠、急所、要点、図星　漢正鵠
정곡을 찌르는 학생의 질문에 강사의 말문이 막혔다.
正鵠を射る学生の質問に、講師は言葉が詰まった。

☐ 2680
빌미
口実、きっかけ
약속을 해 놓고 안 지키면 상대에게 공격할 **빌미**를 주는 거야.
約束をしておいて守らなかったら、相手に攻撃する口実を与えることになるんだよ。

☐ 2681
과오
過ち、過失　漢過誤
정부는 지난날의 **과오**를 인정하고 억울한 피해자들을 구제하겠다고 했다.
政府は過去の過ちを認め、悔しい思いの被害者を救済すると述べた。

☐ 2682
오류
誤り、エラー　漢誤謬
실험하는 도중에 말도 안 되는 **오류**를 범하고 말았다.
実験の途中で、あり得ないミスを犯してしまった。

☐ 2683
허물²
過ち、過失、とが
다른 사람의 **허물**을 들추는 것도 좀 적당히 하세요.
他の人の過ちばかりを暴くのもいい加減にしてください。

☐ 2684
상투적
常とう的　漢常套的
글을 쓸 때는 **상투적**인 표현을 쓰는 것은 피해야 한다.
文を書くときは、常とう的な表現を使うのは避けなければならない。

☐ 2685
영문
訳、理由
남편은 형사들이 갑자기 들이닥쳐서 **영문**도 모른 채 끌려갔다.
夫は、刑事が急に押し掛け、訳も分からぬまま連行されていった。

| 解説 | 2672 **아귀가 맞다**で「つじつまが合う、道理にかなう」という意味 |

☑ 2686
굶주리다
[굼주리다]

飢える
정에 **굶주린** 아이들은 사랑을 듬뿍 받은 애들과 눈빛이 달라.
情に飢えた子どもは、愛をたっぷり受けた子どもと目つきが違う。

☑ 2687
주리다

飢える、腹をすかす
아직도 한 끼는커녕 배를 **주리고** 있는 아이들이 있다.
いまだ一食どころか、全く食べられない子どもたちがいる。

☑ 2688
죽어나다
[주거나다]

(仕事などが)大変つらくて骨が折れる
정부에서 감사가 나오면 말단 직원만 **죽어나지**.
政府から監査が来ると、末端の職員ばかり骨が折れるよ。

☑ 2689
해묵다
[해묵따]

(仕事などが)年を越す、古くなる
새 정부는 **해묵은** 제도를 개선하도록 노력할 필요가 있다.
新政府は古い制度を改善するよう、努力する必要がある。

☑ 2690　**으語幹**
잇따르다
[읻따르다]

相次ぐ
새 정부 들어 각종 비리에 관련된 투서가 **잇따르고** 있다.
新政府になって、さまざまな不正に関連する投書が相次いでいる。

☑ 2691　**ㄹ語幹**
남아돌다
[나마돌다]

有り余る
힘이 **남아도는** 청춘들이니 그런 일도 가능하지.
力が有り余っている若者たちだから、そんなことも可能なんだろう。

☑ 2692
누리다

享受する
그는 유복한 집안에서 태어나 부유한 생활을 **누렸다**.
彼は裕福な家に生まれ、富んだ生活を享受した。

☑ 2693
쪼들리다

追われる、悩まされる
그녀는 씀씀이가 헤퍼서 늘 빚에 **쪼들리면서** 살고 있다.
彼女は金遣いが荒くていつも借金に追われながら暮らしている。

☑ 2694
휘말리다

巻き込まれる、ぐるぐる巻かれる
길 가다가 싸움에 **휘말려서** 나도 모르게 가해자가 됐다.
道を歩いていてけんかに巻き込まれ、知らぬ間に加害者になった。

☑ 2695
끌려다니다

引っ張り回される
쇼핑을 좋아하는 여자 친구 때문에 주말이면 백화점에 **끌려다닌다**.
買い物が好きな彼女のせいで、週末になるとデパートに引っ張り回される。

☑ 2696
파묻히다
[파무치다]

埋もれる、埋まる
이곳에 많은 보물이 **파묻혀** 있다 하니 어서 파 보자.
ここに多くの宝が埋まっているというので、早く掘ってみよう。

☑ 2697 ㄹ語幹
가물다

日照りが続く
비가 안 와서 날이 **가물자** 시골에서 농사짓는 오빠 생각이 났다.
雨が降らず日照りが続くと、田舎で農業をしている兄を思い出した。

☑ 2698
찌푸리다

しかめる、どんより曇る
아이는 이가 아픈지 밥을 먹다가 얼굴을 **찌푸렸다**.
子どもは歯が痛いのか、ご飯を食べていたら顔をしかめた。

☑ 2699 ㅅ変則
퍼붓다
[퍼붇따]

激しく降る、浴びせる
비가 온종일 **퍼부었기** 때문에 강물이 많이 불어났다.
雨が一日中激しく降ったので、川の水がすごく増した。

☑ 2700
힘입다
[힘닙따]

ある力の助けを受ける、支えられる
성원에 **힘입어** 콘서트 기간을 늘리기로 했습니다.
声援に力づけられて、コンサート期間を延ばすことにしました。

☑ 2701

값지다
[갑찌다]

貴重だ、高価だ、価値がある
이번 유학 경험은 제 인생에서 아주 **값진** 경험이었다고 생각합니다.
今回の留学の経験は、私の人生でとても貴重な経験だったと思います。

☑ 2702

값싸다
[갑싸다]

安っぽい、値打ちがない
가난한 사람에게는 **값싼** 동정보다 일자리를 구해 주는 게 낫다.
貧しい人には、安っぽい同情より仕事を見つけてあげる方がいい。

☑ 2703 　하다用言

허름하다
[허르마다]

(値段が)安めだ、古びている、みすぼらしい
면접 볼 때 앉아 있던 **허름한** 옷차림의 그는 사실 사장이었다.
面接を受けた時に座っていた、安っぽい身なりの彼は、実は社長だった。

☑ 2704

가당찮다
[가당찬타]

とんでもない、不当だ、道理に合わない　漢可当 – –
그는 동료의 **가당찮은** 모함으로 이사 자리에서 물러났다.
彼は同僚の不当な謀略により、取締役の座を退いた。

☑ 2705

거세다

激しい、荒い
태풍으로 인해 비바람이 **거세서** 밖으로 나갈 수가 없다.
台風のため雨風が激しくて、外に出ることができない。

☑ 2706 　하다用言

극심하다
[극씨마다]

激しい　漢極甚 – –　関 – 스럽다
마취에서 깨어나자 **극심한** 고통이 찾아왔다.
麻酔から覚めるや、激しい苦痛がやって来た。

☑ 2707 　하다用言

극진하다
[극찌나다]

手厚い　漢極尽 – –
귀빈을 **극진히** 모시기 위해 만든 호텔입니다.
貴賓を手厚くもてなすために作ったホテルです。

☑ 2708 　하다用言

끔찍하다
[끔찌카다]

ひどい、むごたらしい　関 – 스럽다
그 일은 생각만 해도 **끔찍해서** 이야기를 꺼내고 싶지도 않다.
そのことは考えるだけでもむごたらしいから、話を持ち出したくもない。

☑ 2709
아연하다
[아여나다]

あぜんとしている　漢啞然 --
갑작스러운 반전으로 **아연할** 수밖에 없었다.
突然のどんでん返しであぜんとするしかなかった。

☑ 2710
뚱딴지같다
[뚱딴지갇따]

突拍子もない、とんでもない
이미 합의해 놓고 이제 와서 **뚱딴지같은** 말을 하면 어떡해?
すでに合意しておいて、今さら突拍子もないことを言っだら駄目だろ。

☑ 2711　하다用言
막심하다
[막씨마다]

甚だしい　漢莫甚 --
잘못된 투자로 인한 손해가 **막심하다**.
誤った投資による損害が甚大だ。

☑ 2712　하다用言
무시무시하다

すさまじい、恐ろしい
그 영화는 제목만으로도 **무시무시한** 공포가 느껴진다.
その映画は、タイトルだけでもすさまじい恐怖が感じられる。

☑ 2713　하다用言
어마어마하다

ものすごい、とてつもない
결산을 앞두고 손해 규모가 **어마어마해서** 도저히 손댈 엄두가 안 난다.
決算を前にして、損害規模がものすごくて到底手を付ける気にならない。

☑ 2714　하다用言
지독하다
[지도카다]

とてもひどい、ものすごい、とてつもない　漢至毒 --　関- 스럽다
무언가 타는 냄새가 **지독해서** 도저히 버틸 수 없었다.
何か燃えるにおいがひどくて、到底耐えられなかった。

☑ 2715
뼈저리다

痛切だ、骨身に染みる
연습을 게을리해서 1군 선수명단에서 빠진 후 **뼈저리게** 후회를 했다.
練習を怠けて1軍選手名簿から外れた後、痛切に後悔をした。

☐ 2716

보잘것없다

[보잘꺼덥따]

取るに足らない、つまらない

보잘것없는 제 작품을 관람해 주셔서 감사합니다.

取るに足らない私の作品を観覧してくださり、ありがとうございます。

☐ 2717　하다用言

멀쩡하다

丈夫だ、完全だ

그는 허우대만 **멀쩡할** 뿐 잘하는 것이 없다.

彼は体が丈夫なだけで、得意なことが何もない。

☐ 2718　하다用言

족하다

[조카다]

十分だ、足りる　漢足 --

요즘 소식하는 버릇을 들여서 식사는 이것으로 **족합니다**.

最近、小食の癖が付いているので、食事はこれで十分です。

☐ 2719　하다用言

흡족하다

[흡쪼카다]

十分だ、満ち足りる　漢洽足 --

네가 외국에서 잘살고 있다니 아버지로서 **흡족하다**.

おまえが外国で幸せに暮らしているというから、父としては満足だ。

☐ 2720　하다用言

홀가분하다

[홀가부나다]

軽い、気楽だ、身軽だ

시험이 끝나고 나니 정말 기분이 **홀가분해**.

試験が終わったので、本当に気持ちが軽い。

☐ 2721　ㄹ変則

고르다

均等だ、均―だ

노력한 만큼 시험 성적이 **고르게** 잘 나와서 만족합니다.

努力した分、試験の成績が均等に良くて満足です。

☐ 2722　하다用言

동일하다

[동이라다]

同じだ　漢同一 --

계약 갱신은 지난번과 **동일한** 조건으로 해야 합니다.

契約更新は、前回と同じ条件でしなければいけません。

☐ 2723　하다用言

어슷비슷하다

[어슫삐스타다]

似通っている

공의 크기와 색깔이 **어슷비슷해서** 골라내기 어렵다.

ボールの大きさと色が似通っていて、選ぶのが難しい。

☑ 2724 하다用言
흡사하다
[흡싸하다]

酷似している 漢恰似--
현재 경제 상황은 과거 대공황시대 직전과 **흡사하다.**
現在の経済状況は、過去の大恐慌時代直前と酷似している。

☑ 2725
고상하다

高尚だ、上品だ 漢高尚--
그녀의 **고상한** 취미를 다들 이해 못 하고 비웃었다.
彼女の高尚な趣味を皆理解できず、あざ笑った。

☑ 2726 르変則
남다르다

並外れている、格別だ
용맹함이 **남다른** 그 부족은 총리의 경호를 맡고 있다.
勇猛さが並外れているその部族は、総理の警護を受け持っている。

☑ 2727 하다用言
미진하다
[미지나다]

尽きない、不十分だ、物足りない 漢未尽--
심각한 사건임에도 수사가 **미진하여** 비난을 받고 있다.
深刻な事件なのに、捜査が不十分で非難されている。

☑ 2728 하다用言
월등하다
[월뜽하다]

並外れている、ずば抜けている 漢越等--
그의 피아노 실력이 **월등히** 뛰어나서 도저히 따라잡을 수가 없다.
彼のピアノの実力がずば抜けて優れているので、到底追い付けない。

☑ 2729 하다用言
지극하다
[지그카다]

この上ない 漢至極-- 関-스럽다
그녀의 **지극한** 정성이 아픈 아이를 낫게 했다.
彼女のこの上ない真心が、病気の子どもを治させた。

☑ 2730
턱없다
[터겁따]

理不尽だ、とんでもない、不相応だ
그것은 노력에 비해 **턱없이** 낮은 금액이었다.
それは努力に比べ、とんでもなく低い金額だった。

☐ 2626	극성	☐ 2661	끼	☐ 2696	파묻히다
☐ 2627	난장판	☐ 2662	재치	☐ 2697	가물다
☐ 2628	산더미	☐ 2663	보배	☐ 2698	찌푸리다
☐ 2629	산산조각	☐ 2664	귀감	☐ 2699	퍼붓다
☐ 2630	격	☐ 2665	이치	☐ 2700	힘입다
☐ 2631	박살	☐ 2666	사리	☐ 2701	값지다
☐ 2632	꼬락서니	☐ 2667	도	☐ 2702	값싸다
☐ 2633	봉변	☐ 2668	두서	☐ 2703	허름하다
☐ 2634	아무짝	☐ 2669	분수	☐ 2704	가당찮다
☐ 2635	고초	☐ 2670	안목	☐ 2705	거세다
☐ 2636	곤경	☐ 2671	궁리	☐ 2706	극심하다
☐ 2637	간고	☐ 2672	아귀	☐ 2707	극진하다
☐ 2638	신음	☐ 2673	분간	☐ 2708	끔찍하다
☐ 2639	골탕	☐ 2674	견지	☐ 2709	아연하다
☐ 2640	몸부림	☐ 2675	가늠	☐ 2710	뚱딴지같다
☐ 2641	불씨	☐ 2676	갈피	☐ 2711	막심하다
☐ 2642	불능	☐ 2677	여부	☐ 2712	무시무시하다
☐ 2643	빈털터리	☐ 2678	신빙	☐ 2713	어마어마하다
☐ 2644	더부살이	☐ 2679	정곡	☐ 2714	지독하다
☐ 2645	지경	☐ 2680	빌미	☐ 2715	뼈저리다
☐ 2646	경황	☐ 2681	과오	☐ 2716	보잘것없다
☐ 2647	십상	☐ 2682	오류	☐ 2717	멀쩡하다
☐ 2648	대박	☐ 2683	허물²	☐ 2718	족하다
☐ 2649	부귀	☐ 2684	상투적	☐ 2719	흡족하다
☐ 2650	몸가짐	☐ 2685	영문	☐ 2720	홀가분하다
☐ 2651	몸놀림	☐ 2686	굶주리다	☐ 2721	고르다
☐ 2652	안성맞춤	☐ 2687	주리다	☐ 2722	동일하다
☐ 2653	허우대	☐ 2688	죽어나다	☐ 2723	어슷비슷하다
☐ 2654	은퇴	☐ 2689	해묵다	☐ 2724	흡사하다
☐ 2655	입김	☐ 2690	잇따르다	☐ 2725	고상하다
☐ 2656	진수	☐ 2691	남아돌다	☐ 2726	남다르다
☐ 2657	궁극	☐ 2692	누리다	☐ 2727	미진하다
☐ 2658	슬기	☐ 2693	쪼들리다	☐ 2728	월등하다
☐ 2659	식견	☐ 2694	휘말리다	☐ 2729	지극하다
☐ 2660	구미	☐ 2695	끌려다니다	☐ 2730	턱없다

☑2626　すさまじいこと
☑2627　修羅場
☑2628　物事が山のようにたくさんあること
☑2629　ばらばら
☑2630　格
☑2631　粉々になること
☑2632　ざま
☑2633　不意の災いを被ること
☑2634　どこ
☑2635　苦難
☑2636　苦境
☑2637　貧しく苦労が多いこと
☑2638　うめくこと
☑2639　ひどい目
☑2640　身もだえ
☑2641　火種
☑2642　不可能
☑2643　一文無し
☑2644　居候
☑2645　境地
☑2646　(精神的・時間的な)余裕
☑2647　好都合
☑2648　大ヒット
☑2649　富貴
☑2650　身のこなし
☑2651　身のこなし
☑2652　あつらえ向き
☑2653　恰幅
☑2654　引退
☑2655　影響力
☑2656　神髄
☑2657　究極
☑2658　知恵
☑2659　見識
☑2660　興味

☑2661　才能
☑2662　機転
☑2663　宝
☑2664　手本
☑2665　道理
☑2666　物事の道理
☑2667　守るべき道理
☑2668　筋道
☑2669　分別
☑2670　見識
☑2671　思案
☑2672　物の分かれ目
☑2673　見分け
☑2674　見地
☑2675　見当
☑2676　要領
☑2677　可否
☑2678　信ぴょう
☑2679　正鵠
☑2680　口実
☑2681　過ち
☑2682　誤り
☑2683　過ち
☑2684　常とう的
☑2685　訳
☑2686　飢える
☑2687　飢える
☑2688　(仕事などが)大変つらく骨が折れる
☑2689　(仕事などが)年を越す
☑2690　相次ぐ
☑2691　有り余る
☑2692　享受する
☑2693　追われる
☑2694　巻き込まれる
☑2695　引っ張り回される

14週目
15週目
16週目
17週目
18週目
19週目
20週目
21週目
22週目
23週目
24週目
25週目
26週目

☑ **2696** 埋もれる
☑ **2697** 日照りが続く
☑ **2698** しかめる
☑ **2699** 激しく降る
☑ **2700** ある力の助けを受ける
☑ **2701** 貴重だ
☑ **2702** 安っぽい
☑ **2703** （値段が）安めだ
☑ **2704** とんでもない
☑ **2705** 激しい
☑ **2706** 激しい
☑ **2707** 手厚い
☑ **2708** ひどい
☑ **2709** あぜんとしている
☑ **2710** 突拍子もない
☑ **2711** 甚だしい
☑ **2712** すさまじい
☑ **2713** ものすごい
☑ **2714** とてもひどい
☑ **2715** 痛切だ
☑ **2716** 取るに足らない
☑ **2717** 丈夫だ
☑ **2718** 十分だ
☑ **2719** 十分だ
☑ **2720** 軽い
☑ **2721** 均等だ
☑ **2722** 同じだ
☑ **2723** 似通っている
☑ **2724** 酷似している
☑ **2725** 高尚だ
☑ **2726** 並外れている
☑ **2727** 尽きない
☑ **2728** 並外れている
☑ **2729** この上ない
☑ **2730** 理不尽だ

動植物名01 名称に漢字を含むものは（ ）で該当箇所を示しました。

魚貝類など

□ 정어리	イワシ
□ 멸치	カタクチイワシ
□ 전갱이	アジ
□ 고등어	サバ
□ 조기	イシモチ
□ 숭어	ボラ
□ 임연수어 (林延寿魚)	ホッケ

*一般的には이면수と呼ばれることが多い。

□ 가다랑어	カツオ
□ 방어 (魴魚)	ブリ
□ 도미	タイ
□ 갈치	タチウオ
□ 가자미	カレイ
□ 넙치	ヒラメ
□ 가오리	エイ
□ 상어	サメ
□ 복어 (- 魚)	フグ
□ 은어 (銀魚)	アユ
□ 송어 (松魚)	マス
□ 잉어	コイ
□ 미꾸라지	ドジョウ
□ 메기	ナマズ
□ 가물치	ライギョ
□ 장어 (長魚)	ウナギ
□ 뱀장어 (- 長魚)	ニホンウナギ
□ 가재	ザリガニ
□ 재첩	シジミ
□ 바지락 (조개)	アサリ
□ 대합 (大蛤)	ハマグリ
□ 가리비	ホタテ貝
□ 전복 (全鰒)	アワビ
□ 소라	サザエ
□ 골뱅이	タニシなど巻貝の総称

□ 성게	ウニ
□ 해삼 (海蔘)	ナマコ
□ 해파리	クラゲ
□ 파래	アオノリ

鳥類

□ 휘파람새	ウグイス
□ 꾀꼬리	チョウセンウグイス
□ 잉꼬	インコ
□ 종달새	ヒバリ
□ 뻐꾸기	カッコウ
□ 메추리	ウズラ
□ 원앙 (새) (鴛鴦)	オシドリ
□ 앵무새 (鸚鵡 -)	オウム
□ 갈매기	カモメ
□ 두루미	タンチョウヅル
□ 황새	コウノトリ
□ 올빼미	フクロウ
□ 부엉이	ミミズク
□ 백조 (白鳥)	白鳥
□ 거위	ガチョウ
□ 공작새 (孔雀 -)	クジャク
□ 매	タカ
□ 독수리 (禿 --)	ワシ

両生類・爬虫類

□ 청개구리 (青 ---)	アマガエル
□ 맹꽁이	ジムグリガエル
□ 두꺼비	ヒキガエル
□ 자라	スッポン
□ 도마뱀	トカゲ
□ 악어 (鰐魚)	ワニ

動植物名02

哺乳類

☐ 다람쥐	リス
☐ 박쥐	コウモリ
☐ 얼룩말	シマウマ
☐ 낙타(駱駝)	ラクダ
☐ 판다	パンダ
☐ 하마(河馬)	カバ
☐ 코뿔소	サイ
☐ 매머드	マンモス
☐ 물개	オットセイ
☐ 바다사자(--獅子)	アシカ
☐ 바다표범(--豹-)	アザラシ
☐ 돌고래	イルカ
☐ 두더지	モグラ
☐ 침팬지	チンパンジー
☐ 족제비	イタチ
☐ 치타	チーター
☐ 표범(豹-)	ヒョウ
☐ 늑대	オオカミ
☐ 멧돼지	イノシシ
☐ 당나귀(唐--)	ロバ
☐ 노루	ノロジカ
☐ 캥거루	カンガルー
☐ 햄스터	ハムスター
☐ 코알라	コアラ

昆虫類など

☐ 벼룩	ノミ
☐ 진드기	ダニ
☐ 바퀴	ゴキブリ
☐ 무당벌레	テントウムシ
☐ 귀뚜라미	コオロギ
☐ 개똥벌레	ホタル
☐ 메뚜기	バッタ
☐ 사마귀	カマキリ
☐ 나방	ガ
☐ 누에	カイコ
☐ 딱정벌레	カブトムシ
☐ 사슴벌레	クワガタ
☐ 민달팽이	ナメクジ
☐ 달팽이	カタツムリ
☐ 지렁이	ミミズ
☐ 지네	ムカデ
☐ 전갈(全蠍)	サソリ

植物

☐ 국화(菊花)	菊の花
☐ 개나리	レンギョウ
☐ 나팔꽃(喇叭-)	アサガオ
☐ 동백(꽃)(冬柏)	ツバキ
☐ 모란(牡丹)	ボタン
☐ 목련(木蓮)	モクレン
☐ 백합(百合)	ユリ
☐ 봉선화(鳳仙花)	ホウセンカ
☐ 살구	アンズ
☐ 은방울꽃(銀---)	スズラン
☐ 제비꽃	スミレ
☐ 코스모스	コスモス
☐ 해당화(海棠花)	ハマナス
☐ 무궁화(無窮花)	ムクゲ
☐ 순무	カブ
☐ 연근(蓮根)	レンコン
☐ 우엉	ゴボウ
☐ 좁쌀	アワ
☐ 고사리	ワラビ
☐ 더덕	ツルニンジン
☐ 쑥	ヨモギ

☑ 대추	ナツメ	
☑ 머루	ヤマブドウ	
☑ 참외	マクワウリ	
☑ 호두	クルミ	
☑ 갈대	アシ	
☑ 이끼	コケ	
☑ 솔	松	
☑ 대나무	竹	
☑ 삼나무(杉--)	杉	
☑ 뽕나무	桑	
☑ 노송나무(老松--)	ヒノキ	
☑ 느티나무	ケヤキ	
☑ 참나무	クヌギ	
☑ 은행(나무)(銀杏)	イチョウ	
☑ 양버들(洋--)	ポプラ	
☑ 미루나무	ポプラ	
☑ 야자수(椰子樹)	ヤシの木	
☑ 선인장(仙人掌)	サボテン	

漢字語01 本文で取り上げなかった漢字語(主に韓日で共通のもの)をまとめました。

ㄱ

☐ 가결 (하/되)	可決
☐ 가계[1]	家計
☐ 가계[2]	家系
☐ 가곡	歌曲
☐ 가공 (하)	架空
☐ 가공 (하/되)	加工
☐ 가담 (하/되)	加担
☐ 가동 (하/되)	稼働
☐ 가두	街頭
☐ 가로등	街灯
☐ 가로수	街路樹
☐ 가맹 (하/되)	加盟
☐ 가미 (하/되)	加味
☐ 가상 (하/되)	仮想
☐ 가설	仮説
☐ 가열 (하/되)	加熱
☐ 가장[1]	家長
☐ 가장[2] (하)	仮装
☐ 가축	家畜
☐ 각	角
☐ 각광	脚光
☐ 각료	閣僚
☐ 각주	脚注
☐ 간경변증	肝硬変
☐ 간과 (하/되)	看過
☐ 간담 (하)	懇談
☐ 간섭 (하)	干渉
☐ 간소하다	簡素だ
☐ 간파 (하/되)	看破
☐ 간편하다	簡便だ
☐ 간행 (하/되)	刊行
☐ 갈등 (하)	葛藤
☐ 갈망 (하)	渇望

☐ 감금 (하/되)	監禁
☐ 감량 (하/되)	減量
☐ 감명 (하/되)	感銘
☐ 감미 (롭)	甘味
☐ 감방	監房
☐ 감상	感傷
☐ 감성	感性
☐ 감수 (성)	感受 (性)
☐ 감시 (하/되)	監視
☐ 감안 (하/되)	勘案
☐ 감염 (하/되)	感染
☐ 감옥	監獄
☐ 감정 (하)	鑑定
☐ 감지 (하/되)	感知
☐ 감촉	感触
☐ 감탄 (하/스)	感嘆
☐ 감퇴 (하/되)	減退
☐ 감행 (하/되)	敢行
☐ 갑판	甲板
☐ 강간 (하)	強姦
☐ 강경 (하)	強硬
☐ 강대 (하)	強大
☐ 강도[1]	強度
☐ 강도[2]	強盗
☐ 강력 (하)	強力
☐ 강렬하다	強烈だ
☐ 강수량	降水量
☐ 강압 (적)	高圧 (的)
☐ 강우량	降雨量
☐ 강인하다	強靭だ
☐ 강행 (하/되)	強行
☐ 강호	強豪
☐ 개량 (하/되)	改良
☐ 개봉 (하/되)	開封
☐ 개입 (하/되)	介入

☐ 개정[1] (하/되)	改正
☐ 개정[2] (하/되)	改定
☐ 개정[3] (하/되)	改訂
☐ 개조 (하/되)	改造
☐ 개척 (하/되)	開拓
☐ 개편 (하/되)	改編
☐ 개헌 (하/되)	改憲
☐ 개혁 (하/되)	改革
☐ 개화 (하/되)	開化
☐ 갱년기	更年期
☐ 거대 (하)	巨大
☐ 거동 (하)	挙動
☐ 거액	巨額
☐ 거점	拠点
☐ 거주 (하)	居住
☐ 거취	去就
☐ 거행 (하/되)	挙行
☐ 건국 (하/되)	建国
☐ 건립 (하/되)	建立
☐ 건망증	健忘症
☐ 건의 (하/되)	建議
☐ 건전지	乾電池
☐ 건조 (하/되/롭)	乾燥
☐ 건투 (하)	健闘
☐ 걸작	傑作
☐ 검거 (하/되)	検挙
☐ 검문 (하)	検問
☐ 검사	検事
☐ 검열 (하/되)	検閲
☐ 검증 (하/되)	検証
☐ 검진	検診
☐ 검찰	検察
☐ 게시 (하/되)	掲示
☐ 게재 (하/되)	掲載
☐ 격동 (하)	激動

※하는 - 하다、되는 - 되다、스는 - 스럽다、롭는 - 롭다の形の用言形を作れることを示します。

☐ 격려 (하)	激励	☐ 경리	経理	☐ 고막	鼓膜
☐ 격리 (하/되)	隔離	☐ 경마	競馬	☐ 고무 (하/되)	鼓舞
☐ 격식	格式	☐ 경매 (하/되)	競売	☐ 고문¹	顧問
☐ 격주	隔週	☐ 경멸 (하/스)	軽蔑	☐ 고문² (하)	拷問
☐ 격투 (하)	格闘	☐ 경보	警報	☐ 고발 (하/되)	告発
☐ 견고하다	堅固だ	☐ 경사	傾斜	☐ 고분	古墳
☐ 견문	見聞	☐ 경색	梗塞	☐ 고사	故事
☐ 견실하다	堅実だ	☐ 경승지	景勝地	☐ 고사하다	固辞する
☐ 견인 (하/되)	牽引	☐ 경악 (하/스)	驚愕	☐ 고소 (하/되)	告訴
☐ 견제 (하/되)	牽制	☐ 경위	経緯	☐ 고시 (하/되)	告示
☐ 견지하다	堅持する	☐ 경의	敬意	☐ 고심 (하/스)	苦心
☐ 결단 (하)	決断	☐ 경이 (하/롭)	驚異	☐ 고아	孤児
☐ 결렬 (하/되)	決裂	☐ 경적	警笛	☐ 고안 (하/되)	考案
☐ 결례 (하)	欠礼	☐ 경조	慶弔	☐ 고원	高原
☐ 결말	結末	☐ 경종	警鐘	☐ 고의	故意
☐ 결백 (하)	潔白	☐ 경지	境地	☐ 고인	故人
☐ 결번	欠番	☐ 경직 (하/되)	硬直	☐ 고착 (하/되)	固着
☐ 결벽증	潔癖症	☐ 경품	景品	☐ 고찰 (하/되)	考察
☐ 결산 (하/되)	決算	☐ 경호 (하)	警護	☐ 고층	高層
☐ 결성 (하/되)	結成	☐ 계곡	渓谷	☐ 곡물	穀物
☐ 결속 (하/되)	結束	☐ 계급	階級	☐ 곡절	曲折
☐ 결실 (하)	結実	☐ 계략	計略	☐ 곡조	曲調
☐ 결여 (하/되)	欠如	☐ 계모	継母	☐ 곤약	蒟蒻 こんにゃく
☐ 결원	欠員	☐ 계몽 (하/되)	啓蒙	☐ 곤혹 (하/스)	困惑
☐ 결의 (하/되)	決議	☐ 계승 (하/되)	継承	☐ 골동품	骨董品
☐ 결전 (하)	決戦	☐ 계층	階層	☐ 골수	骨髄
☐ 결핍 (하/되)	欠乏	☐ 계통	系統	☐ 공	功
☐ 결항 (하/되)	欠航	☐ 고고학	考古学	☐ 공갈 (하)	恐喝
☐ 겸허 (하)	謙虚	☐ 고국	故国	☐ 공급 (하/되)	供給
☐ 경계 (하/되)	警戒	☐ 고귀 (하)	高貴	☐ 공략 (하/되)	攻略
☐ 경과 (하/되)	経過	☐ 고금	古今	☐ 공로	功労
☐ 경관	景観	☐ 고난 (스)	苦難	☐ 공룡	恐竜
☐ 경도	経度	☐ 고뇌 (하)	苦悩	☐ 공모 (하/되)	公募
☐ 경련 (하)	痙攣	☐ 고동	鼓動	☐ 공방 (하)	攻防
☐ 경로	経路	☐ 고령	高齢	☐ 공범	共犯

漢字語02

☐ 공산	共産	☐ 관여 (하/되)	関与	☐ 구제 (하/되)	救済
☐ 공상 (하)	空想	☐ 관저	官邸	☐ 구조 (하/되)	救助
☐ 공생 (하)	共生	☐ 관철 (하/되)	貫徹	☐ 구직 (하)	求職
☐ 공세	攻勢	☐ 관청	官庁	☐ 구축 (하/되)	構築
☐ 공약	公約	☐ 관측 (하/되)	観測	☐ 구치소	拘置所
☐ 공예	工芸	☐ 관혼상제	冠婚葬祭	☐ 구타 (하)	殴打
☐ 공유 (하/되)	共有	☐ 괄목하다	刮目する	☐ 구토 (하)	嘔吐
☐ 공작 (하)	工作	☐ 광공업	鉱工業	☐ 구호 (하/되)	救護
☐ 공적	功績	☐ 광물	鉱物	☐ 국방	国防
☐ 공정 (하)	公正	☐ 광선	光線	☐ 국보	国宝
☐ 공포	恐怖	☐ 광열비	光熱費	☐ 국채	国債
☐ 공해	公害	☐ 괴기 (하/스)	怪奇	☐ 국토	国土
☐ 공헌 (하)	貢献	☐ 괴담	怪談	☐ 군림 (하)	君臨
☐ 과감 (하/스)	果敢	☐ 교량	橋梁	☐ 군복	軍服
☐ 과거	科挙	☐ 교묘하다	巧妙だ	☐ 군사	軍事
☐ 과격 (하)	過激	☐ 교섭 (하/되)	交渉	☐ 군인	軍人
☐ 과다 (하)	過多	☐ 교정¹ (하/되)	矯正	☐ 군중	群衆
☐ 과대¹ (하)	誇大	☐ 교정²	校庭	☐ 굴복 (하/되)	屈服
☐ 과대² (하)	過大	☐ 교직	教職	☐ 궁핍 (하)	窮乏
☐ 과도 (하)	過度	☐ 교향곡	交響曲	☐ 궁하다	窮する
☐ 과립	顆粒	☐ 교활하다	狡猾だ	☐ 권고 (하)	勧告
☐ 과묵 (하)	寡黙	☐ 교훈	教訓	☐ 권유 (하)	勧誘
☐ 과밀 (하)	過密	☐ 구구 (법)	九九	☐ 권총	拳銃
☐ 과수	果樹	☐ 구독 (하/되)	購読	☐ 권태 (롭)	倦怠
☐ 과시 (하)	誇示	☐ 구두	口頭	☐ 권한	権限
☐ 과식 (하)	過食	☐ 구매 (하)	購買	☐ 궤도	軌道
☐ 과신 (하)	過信	☐ 구명 (하/되)	究明	☐ 궤양	潰瘍
☐ 과실	過失	☐ 구미	欧米	☐ 귀결 (하/되)	帰結
☐ 과언 (하)	過言	☐ 구사 (하/되)	駆使	☐ 귀금속	貴金属
☐ 과잉 (하)	過剰	☐ 구상 (하)	構想	☐ 귀로	帰路
☐ 과즙	果汁	☐ 구세주	救世主	☐ 귀족	貴族
☐ 관	管	☐ 구속 (하/되)	拘束	☐ 귀착 (하/되)	帰着
☐ 관대하다	寛大だ	☐ 구심력	求心力	☐ 귀천	貴賤
☐ 관례	慣例	☐ 구원 (하/되)	救援	☐ 귀향 (하)	帰郷
☐ 관료	官僚	☐ 구인 (하)	求人	☐ 귀환 (하)	帰還

☑ 규명 (하 / 되)	糾明	☑ 급소	急所	☑ 기탁 (하)	寄託
☑ 규약	規約	☑ 급정거 (하)	急停車	☑ 기탄없이	忌憚なく
☑ 규율 (하)	規律	☑ 급증 (하)	急増	☑ 기특하다	奇特だ
☑ 규제 (하 / 되)	規制	☑ 긍지	矜持	☑ 기폭제	起爆剤
☑ 규탄 (하 / 되)	糾弾	☑ 기각 (하 / 되)	棄却	☑ 기풍	気風
☑ 균등 (하)	均等	☑ 기개	気概	☑ 기피 (하)	忌避
☑ 균열	亀裂	☑ 기고 (하)	寄稿	☑ 기하다	期する
☑ 균일 (하)	均一	☑ 기관	器官	☑ 기합	気合い
☑ 극도 (로)	極度 (に)	☑ 기관지	気管支	☑ 기호 (하)	嗜好
☑ 극락	極楽	☑ 기구	機構	☑ 긴밀하다	緊密だ
☑ 극비	極秘	☑ 기권 (하)	棄権	☑ 긴박 (하)	緊迫
☑ 극치	極致	☑ 기금	基金		
☑ 극한	極限	☑ 기기	機器		
☑ 근간	根幹	☑ 기도 (하)	祈禱	**ㄴ**	
☑ 근교	近郊	☑ 기류	気流		
☑ 근린	近隣	☑ 기묘하다	奇妙だ	☑ 나체	裸体
☑ 근면 (하)	勤勉	☑ 기민하다	機敏だ	☑ 나침반	羅針盤
☑ 근성	根性	☑ 기반	基盤	☑ 낙	楽
☑ 근소하다	僅少だ	☑ 기발하다	奇抜だ	☑ 낙농업	酪農業
☑ 근신 (하)	謹慎	☑ 기법	技法	☑ 낙선 (하 / 되)	落選
☑ 근엄하다	謹厳だ	☑ 기복	起伏	☑ 낙오자	落伍者
☑ 근절 (하 / 되)	根絶	☑ 기사	技師	☑ 낙원	楽園
☑ 근해	近海	☑ 기생 (하)	寄生	☑ 낙인	烙印
☑ 근황	近況	☑ 기성	既成	☑ 낙찰 (하 / 되)	落札
☑ 금고	金庫	☑ 기세	気勢	☑ 낙하 (하)	落下
☑ 금괴	金塊	☑ 기소 (하 / 되)	起訴	☑ 난	蘭
☑ 금단	禁断	☑ 기수	旗手	☑ 난간	欄干
☑ 금리	金利	☑ 기승전결	起承転結	☑ 난관	難関
☑ 금물	禁物	☑ 기염	気炎	☑ 난국	難局
☑ 금전	金銭	☑ 기용 (하 / 되)	起用	☑ 난류	暖流
☑ 금하다	禁じる	☑ 기운	気運	☑ 난립 (하)	乱立
☑ 급등 (하)	急騰	☑ 기인 (하 / 되)	起因	☑ 난시	乱視
☑ 급락 (하)	急落	☑ 기재 (하 / 되)	記載	☑ 난잡 (하 / 스)	乱雑
☑ 급류	急流	☑ 기증 (하 / 되)	寄贈	☑ 난파 (하 / 되)	難破
☑ 급사 (하)	急死	☑ 기질	気質	☑ 난폭 (하)	乱暴

漢字語03

☐ 날조 (하/되)	捏造	
☐ 납입 (하/되)	納入	
☐ 납치 (하/되)	拉致	
☐ 낭만 (적)	浪漫 ろまん	
☐ 낭패 (하/되/스/롭)	狼狽	
☐ 내각	内閣	
☐ 내력	来歴	
☐ 내막	内幕	
☐ 내빈	来賓	
☐ 내시경	内視鏡	
☐ 내장	内臓	
☐ 내진	耐震	
☐ 내포 (하/되)	内包	
☐ 냉전	冷戦	
☐ 냉혹하다	冷酷だ	
☐ 노골 (적)	露骨	
☐ 노무	労務	
☐ 노안	老眼	
☐ 노예	奴隷	
☐ 노점	露店	
☐ 노출 (하/되)	露出	
☐ 노파심	老婆心	
☐ 노폐물	老廃物	
☐ 노화 (하/되)	老化	
☐ 녹두	緑豆	
☐ 논설 (하)	論説	
☐ 논술 (하/되)	論述	
☐ 농가	農家	
☐ 농도	濃度	
☐ 농부	農夫	
☐ 농성 (하)	籠城	
☐ 농축 (하/되)	濃縮	
☐ 농협	農協	
☐ 농후하다	濃厚だ	
☐ 뇌리	脳裏	

☐ 뇌졸중	脳卒中	
☐ 누적 (하/되)	累積	
☐ 누전	漏電	
☐ 누출 (하/되)	漏出	
☐ 능동 (적)	能動 (的)	

ㄷ

☐ 다각적	多角的	
☐ 다반사	茶飯事	
☐ 다수결	多数決	
☐ 다채롭다	多彩だ	
☐ 단가	単価	
☐ 단락	段落	
☐ 단련 (하/되)	鍛錬	
☐ 단면	断面	
☐ 단백질	蛋白質 たんぱく	
☐ 단서	端緒	
☐ 단수 (하/되)	断水	
☐ 단식 (하)	断食	
☐ 단연 (하)	断然	
☐ 단오	端午	
☐ 단적	端的	
☐ 단절 (하/되)	断絶	
☐ 단정하다	端正だ	
☐ 단조 (하/롭)	単調	
☐ 단편 (적)	断片 (的)	
☐ 단행 (하/되)	断行	
☐ 담담하다	淡々としている	
☐ 담백하다	淡白だ	
☐ 담보 (하)	担保	
☐ 담판 (하)	談判	
☐ 담화 (하)	談話	
☐ 답례 (하)	答礼	
☐ 답변 (하)	答弁	

☐ 답사 (하)	踏査	
☐ 답습 (하)	踏襲	
☐ 당뇨병	糖尿病	
☐ 당대	当代	
☐ 당분	糖分	
☐ 당초	当初	
☐ 당혹 (하/스)	当惑	
☐ 대각선	対角線	
☐ 대결 (하)	対決	
☐ 대담 (하)	対談	
☐ 대대적	大々的	
☐ 대두 (하/되)	台頭	
☐ 대마	大麻	
☐ 대면 (하)	対面	
☐ 대변 [1]	大便	
☐ 대변 [2] (하)	代弁	
☐ 대여 (하)	貸与	
☐ 대열	隊列	
☐ 대외 (적)	対外 (的)	
☐ 대위	大尉	
☐ 대입 (하/되)	代入	
☐ 대장	大腸	
☐ 대장	大将	
☐ 대지	大地	
☐ 대체 (하/되)	代替	
☐ 대치 (하/되)	対峙	
☐ 대파 (하/되)	大破	
☐ 대피 (하)	待避	
☐ 대행 (하)	代行	
☐ 도래 (하)	到来	
☐ 도량	度量	
☐ 도리	道理	
☐ 도박 (하)	賭博	
☐ 도발 (하/되)	挑発	
☐ 도산 (하/되)	倒産	

☑ 도안 (하)	図案	☑ 동원 (하/되)	動員	☑ 매몰 (하/되)	埋没
☑ 도약 (하)	跳躍	☑ 동조 (하)	同調	☑ 매수 (하/되)	買収
☑ 도예	陶芸	☑ 동지	同志	☑ 매장 (하/되)	埋葬
☑ 도외시 (하/되)	度外視	☑ 동행 (하)	同行	☑ 맥	脈
☑ 도용 (하/되)	盗用	☑ 동향	動向	☑ 맹도견	盲導犬
☑ 도자기	陶磁器	☑ 동화 (하/되)	同化	☑ 맹렬하다	猛烈だ
☑ 도주 (하)	逃走	☑ 두뇌	頭脳	☑ 맹목 (적)	盲目(的)
☑ 도청 (하/되)	盗聴	☑ 두유	豆乳	☑ 면	綿
☑ 도출 (하/되)	導出	☑ 득	得	☑ 면담 (하)	面談
☑ 도취 (하/되)	陶酔	☑ 등기 (하/되)	登記	☑ 면직 (하/되)	免職
☑ 도태 (하/되)	淘汰	☑ 등대	灯台	☑ 멸망 (하/되)	滅亡
☑ 도피 (하)	逃避	☑ 등용 (하/되)	登用	☑ 멸시 (하/되)	蔑視
☑ 도형	図形	☑ 등유	灯油	☑ 명기 (하/되)	明記
☑ 독단 (적)	独断			☑ 명랑 (하/스)	明朗
☑ 독백 (하)	独白			☑ 명료하다	明瞭だ
☑ 독신 (자)	独身(者)	**ㅁ**		☑ 명맥	命脈
☑ 독자 (적)	独自	☑ 마력	馬力	☑ 명목	名目
☑ 독재 (하)	独裁	☑ 마법	魔法	☑ 명물	名物
☑ 독점 (하/되)	独占	☑ 마약	麻薬	☑ 명복	冥福
☑ 독창 (적)	独創(的)	☑ 마취 (하/되)	麻酔	☑ 명상 (하)	瞑想
☑ 독촉 (하/되)	督促	☑ 만	湾	☑ 명성	名声
☑ 돌격 (하)	突撃	☑ 만끽 (하)	満喫	☑ 명예 (스/롭)	名誉
☑ 돌발 (하)	突発	☑ 만년필	万年筆	☑ 명의	名義
☑ 돌입 (하)	突入	☑ 만물	万物	☑ 명제	命題
☑ 돌진 (하)	突進	☑ 만사	万事	☑ 명중 (하/되)	命中
☑ 동거 (하)	同居	☑ 만연 (하)	蔓延	☑ 명쾌하다	明快だ
☑ 동결 (하/되)	凍結	☑ 만찬	晩餐	☑ 모국	母国
☑ 동경 (하)	憧憬	☑ 말살 (하/되)	抹殺	☑ 모략 (하)	謀略
☑ 동맹	同盟	☑ 망	網	☑ 모방 (하)	模倣
☑ 동반 (하/되)	同伴	☑ 망라 (하/되)	網羅	☑ 모범 (하)	模範
☑ 동봉 (하)	同封	☑ 망명 (하)	亡命	☑ 모색 (하)	模索
☑ 동상	凍傷	☑ 망상 (하)	妄想	☑ 모욕 (하/되)	侮辱
☑ 동안	童顔	☑ 망언 (하)	妄言	☑ 모의 (하)	摸擬
☑ 동요[1]	童謡	☑ 망원경	望遠鏡	☑ 모자	母子
☑ 동요[2] (하/되)	動揺	☑ 매매 (하/되)	売買	☑ 모험 (하)	冒険

☐ 모형	模型		☐ 민감 (하)	敏感		☐ 발동 (하/되)	発動
☐ 목록	目録		☐ 민법	民法		☐ 발령 (하/되)	発令
☐ 목장	牧場		☐ 민속	民俗		☐ 발발 (하/되)	勃発
☐ 목조 (하)	木造		☐ 민심	民心		☐ 발사 (하/되)	発射
☐ 목축 (하)	牧畜		☐ 민주화 (하/되)	民主化		☐ 발산 (하/되)	発散
☐ 몰수 (하/되)	没収		☐ 민중	民衆		☐ 발상 (하)	発想
☐ 몽유병	夢遊病		☐ 민첩하다	敏捷だ		☐ 발상지	発祥地
☐ 묘	墓		☐ 밀도	密度		☐ 발언 (하)	発言
☐ 묘사 (하/되)	描写		☐ 밀수 (하/되)	密輸		☐ 발육 (하/되)	発育
☐ 묘안	妙案		☐ 밀집 (하/되)	密集		☐ 발작 (하)	発作
☐ 묘하다	妙だ		☐ 밀착 (하/되)	密着		☐ 발전 (하)	発電
☐ 무모 (하)	無謀		☐ 밀폐 (하/되)	密閉		☐ 발족 (하/되)	発足
☐ 무산 (하/되)	霧散					☐ 발차	発車
☐ 무언 (하)	無言					☐ 발탁 (하/되)	抜擢
☐ 무자비 (하)	無慈悲		**ㅂ**			☐ 발행 (하/되)	発行
☐ 무장 (하/되)	武装					☐ 발효 (하/되)	発効
☐ 무정 (하/스)	無情		☐ 박람회	博覧会		☐ 방관 (하)	傍観
☐ 무지	無地		☐ 박력	迫力		☐ 방광	膀胱
☐ 무직 (하)	無職		☐ 박차	拍車		☐ 방면	方面
☐ 무참 (하/스)	無惨		☐ 박탈 (하/되)	剥奪		☐ 방범 (하)	防犯
☐ 묵묵히	黙々と		☐ 박해 (하/되)	迫害		☐ 방사 (하/되)	放射
☐ 묵살 (하/되)	黙殺		☐ 반감	反感		☐ 방수 (하)	防水
☐ 문구	文句		☐ 반격 (하)	反撃		☐ 방언	方言
☐ 문답 (하)	問答		☐ 반란 (하)	反乱		☐ 방위 (하/되)	防衛
☐ 문명 (하)	文明		☐ 반론 (하)	反論		☐ 방음 (하)	防音
☐ 문서	文書		☐ 반문 (하)	反問		☐ 방임 (하/되)	放任
☐ 물색 (하)	物色		☐ 반입 (하/되)	搬入		☐ 방정식	方程式
☐ 물의	物議		☐ 반전 (하/되)	反転		☐ 방지 (하/되)	防止
☐ 물자	物資		☐ 반주 (하)	伴奏		☐ 방청 (하)	傍聴
☐ 미간	眉間		☐ 반창고	絆創膏		☐ 방출 (하/되)	放出
☐ 미련	未練		☐ 반칙 (하)	反則		☐ 방치 (하/되)	放置
☐ 미명 (하)	未明		☐ 반향	反響		☐ 방파제	防波堤
☐ 미신 (하)	迷信		☐ 발각 (되)	発覚		☐ 방화 (하)	放火
☐ 미행 (하)	尾行		☐ 발굴 (하/되)	発掘		☐ 방황 (하)	彷徨
☐ 미화 (하/되)	美化		☐ 발기 (하/되)	発起		☐ 배관	配管
			☐ 발단 (하/되)	発端			

한국어	漢字	한국어	漢字	한국어	漢字
☐ 배급 (하/되)	配給	☐ 변소	便所	☐ 복원 (하/되)	復元
☐ 배기 (하)	排気	☐ 변압기	変圧器	☐ 복장	服装
☐ 배당 (하/되)	配当	☐ 변장 (하)	変装	☐ 복제 (하/되)	複製
☐ 배색 (하)	配色	☐ 변질 (하/되)	変質	☐ 복종 (하)	服従
☐ 배설 (하/되)	排泄	☐ 변천 (하/되)	変遷	☐ 복통	腹痛
☐ 배수 (하/되)	排水	☐ 변혁 (하/되)	変革	☐ 복학 (하/되)	復学
☐ 배심원	陪審員	☐ 별장	別荘	☐ 복합 (하/되)	複合
☐ 배양 (하/되)	培養	☐ 병동	病棟	☐ 본거지	本拠地
☐ 배열 (하/되)	配列	☐ 병력	兵力	☐ 본능	本能
☐ 배우자	配偶者	☐ 병사[1]	兵士	☐ 본성	本性
☐ 배제 (하/되)	排除	☐ 병사[2] (하)	病死	☐ 본심	本心
☐ 배척 (하/되)	排斥	☐ 병역	兵役	☐ 본위	本位
☐ 배출[1] (하/되)	排出	☐ 병원균	病原菌	☐ 본의	本意
☐ 배출[2] (하/되)	輩出	☐ 병행 (하/되)	並行	☐ 본적	本籍
☐ 배치 (하/되)	配置	☐ 보강 (하/되)	補強	☐ 봉급	俸給
☐ 배타 (하)	排他	☐ 보건소	保健所	☐ 봉쇄 (하/되)	封鎖
☐ 배포 (하/되)	配布	☐ 보결 (하/되)	補欠	☐ 부강 (하)	富強
☐ 배후	背後	☐ 보류 (하/되)	保留	☐ 부결 (하/되)	否決
☐ 번식 (하/되)	繁殖	☐ 보복 (하)	報復	☐ 부과 (하/되)	賦課
☐ 번영 (하)	繁栄	☐ 보상 (하/되)	補償	☐ 부당 (하)	不当
☐ 번잡 (하/스)	煩雑	☐ 보수[1] (하)	保守	☐ 부두	埠頭
☐ 번지	番地	☐ 보수[2] (하/되)	補修	☐ 부락	部落
☐ 범람 (하)	氾濫	☐ 보안 (하)	保安	☐ 부상	浮上
☐ 범주	範疇	☐ 보완 (하/되)	補完	☐ 부서	部署
☐ 범행 (하)	犯行	☐ 보유 (하/되)	保有	☐ 부양 (하/되)	扶養
☐ 법안	法案	☐ 보전 (하/되)	保全	☐ 부위	部位
☐ 법정	法廷	☐ 보조	歩調	☐ 부유 (하)	富裕
☐ 법치 국가	法治国家	☐ 보좌 (하)	補佐	☐ 부임 (하/되)	赴任
☐ 벽화	壁画	☐ 보청기	補聴器	☐ 부조리 (하)	不条理
☐ 변동 (하/되)	変動	☐ 보편 (하)	普遍	☐ 부착 (하/되)	付着
☐ 변명 (하)	弁明	☐ 보폭	歩幅	☐ 부채 (하)	負債
☐ 변모 (하/되)	変貌	☐ 복구 (하/되)	復旧	☐ 부품	部品
☐ 변비	便秘	☐ 복리 후생	福利厚生	☐ 부합 (하/되)	符合
☐ 변상 (하)	弁償	☐ 복무	服務	☐ 부화 (하/되)	孵化
☐ 변색 (하/되)	変色	☐ 복수 (하)	復讐	☐ 부활 (하/되)	復活

☐ 부흥 (하/되)	復興	☐ 비법	秘法	☐ 산물	産物
☐ 북두칠성	北斗七星	☐ 비약 (하)	飛躍	☐ 산부인과	産婦人科
☐ 분가 (하)	分家	☐ 비열 (하)	卑劣	☐ 산장	山荘
☐ 분개 (하)	憤慨	☐ 비장하다	悲壮だ	☐ 산호	珊瑚
☐ 분기¹ (하/되)	分岐	☐ 비정 (하)	非情	☐ 살균 (하/되)	殺菌
☐ 분기² (하)	奮起	☐ 비취	翡翠	☐ 살벌 (하)	殺伐
☐ 분리 (하/되)	分離	☐ 비평 (하/되)	批評	☐ 삽입 (하/되)	挿入
☐ 분발 (하)	奮発	☐ 비하 (하)	卑下	☐ 상	像
☐ 분배 (하/되)	分配	☐ 비행	非行	☐ 상공업	商工業
☐ 분별 (하)	分別	☐ 빈곤 (하)	貧困	☐ 상기 (하/되)	想起
☐ 분비 (하/되)	分泌	☐ 빈번하다	頻繁だ	☐ 상류	上流
☐ 분수¹	噴水	☐ 빈부	貧富	☐ 상무	常務
☐ 분수²	分数	☐ 빈혈	貧血	☐ 상반신	上半身
☐ 분신 (하)	分身			☐ 상복	喪服
☐ 분실 (하/되)	紛失			☐ 상사	商社
☐ 분양 (하/되)	分譲	**ㅅ**		☐ 상설 (하/되)	常設
☐ 분장 (하)	扮装			☐ 상세 (하)	詳細
☐ 분쟁 (하)	紛争	☐ 사격 (하)	射撃	☐ 상속 (하/되)	相続
☐ 분주 (하/스)	奔走	☐ 사기	士気	☐ 상승 (하/되)	上昇
☐ 분지	盆地	☐ 사단	師団	☐ 상실 (하/되)	喪失
☐ 분포 (하/되)	分布	☐ 사례	事例	☐ 상심 (하)	傷心
☐ 불가결 (하)	不可欠	☐ 사명	使命	☐ 상인	商人
☐ 불가피하다	不可避だ	☐ 사법	司法	☐ 상임 (하)	常任
☐ 불면 (하)	不眠	☐ 사본 (하)	写本	☐ 상정 (하/되)	想定
☐ 불순 (하)	不純	☐ 사상	史上	☐ 상중	喪中
☐ 불우 (하)	不遇	☐ 사유	事由	☐ 상징 (하/되)	象徴
☐ 불황	不況	☐ 사의	謝意	☐ 상책	上策
☐ 붕괴 (하/되)	崩壊	☐ 사임 (하)	辞任	☐ 상호	相互
☐ 비굴 (하/스)	卑屈	☐ 사절 (하)	謝絶	☐ 색상	色相
☐ 비뇨기과	泌尿器科	☐ 사지	四肢	☐ 색조	色調
☐ 비료	肥料	☐ 사직 (하)	辞職	☐ 색채	色彩
☐ 비만 (하)	肥満	☐ 사춘기	思春期	☐ 생강	生姜
☐ 비매품	非売品	☐ 사택	社宅	☐ 생계	生計
☐ 비명	悲鳴	☐ 삭제 (하/되)	削除	☐ 생기 (립)	生気
☐ 비방 (하)	誹謗	☐ 산림	山林	☐ 생리 (하)	生理
		☐ 산맥	山脈		

☐ 생식 (하)	生殖	☐ 설문 (하)	設問	☐ 소멸 (하/되)	消滅
☐ 생애	生涯	☐ 섬세하다	繊細だ	☐ 소모 (하/되)	消耗
☐ 생존 (하)	生存	☐ 섬유	繊維	☐ 소생 (하/되)	蘇生
☐ 생태계	生態系	☐ 섭씨	摂氏	☐ 소송 (하)	訴訟
☐ 생화	生花	☐ 섭취 (하/되)	摂取	☐ 소아과	小児科
☐ 서거 (하)	逝去	☐ 성	城	☐ 소양	素養
☐ 서면	書面	☐ 성급하다	性急だ	☐ 소외 (하/되)	疎外
☐ 서무	庶務	☐ 성당	聖堂	☐ 소음	騒音
☐ 서민	庶民	☐ 성대모사	声帯模写	☐ 소장¹ (하/되)	所蔵
☐ 서약 (하)	誓約	☐ 성대하다	盛大だ	☐ 소장²	小腸
☐ 서적	書籍	☐ 성명 (하)	声明	☐ 소집 (하/되)	召集
☐ 서평	書評	☐ 성분	成分	☐ 속성	属性
☐ 서행 (하)	徐行	☐ 성숙 (하/되)	成熟	☐ 손상 (하/되)	損傷
☐ 석기	石器	☐ 성원 (하)	声援	☐ 손색	遜色
☐ 석방 (하/되)	釈放	☐ 성의	誠意	☐ 손실 (하/되)	損失
☐ 석연하다	釈然とする	☐ 성직자	聖職者	☐ 솔선 (하)	率先
☐ 선고 (하/되)	宣告	☐ 성취 (하/되)	成就	☐ 쇄도 (하)	殺到
☐ 선교사	宣教師	☐ 성향	性向	☐ 쇠약 (하)	衰弱
☐ 선구자	先駆者	☐ 성황	盛況	☐ 쇠퇴 (하/되)	衰退
☐ 선도 (하)	先導	☐ 세균	細菌	☐ 수기 (하)	手記
☐ 선량하다	善良だ	☐ 세뇌 (하/되)	洗脳	☐ 수난	受難
☐ 선명하다	鮮明だ	☐ 세대	世帯	☐ 수락 (하/되)	受諾
☐ 선박	船舶	☐ 세련되다	洗練されている	☐ 수록 (하/되)	収録
☐ 선발 (하/되)	選抜	☐ 세례	洗礼	☐ 수리 (하/되)	受理
☐ 선별 (하/되)	選別	☐ 세모	歳暮	☐ 수립 (하/되)	樹立
☐ 선서 (하)	宣誓	☐ 세무	税務	☐ 수명	寿命
☐ 선수	先手	☐ 세밀하다	細密だ	☐ 수묵화	水墨画
☐ 선원	船員	☐ 세부	細部	☐ 수배 (하/되)	手配
☐ 선제공격 (하)	先制攻撃	☐ 세안 (하)	洗顔	☐ 수법	手法
☐ 선조	先祖	☐ 세포	細胞	☐ 수비 (하)	守備
☐ 선출 (하/되)	選出	☐ 소각 (하/되)	焼却	☐ 수사 (하)	捜査
☐ 선포 (하/되)	宣布	☐ 소감	所感	☐ 수산물	水産物
☐ 선행 (하)	先行	☐ 소개장	紹介状	☐ 수석	首席
☐ 설교 (하)	説教	☐ 소견 (스)	所見	☐ 수선 (하/되)	修繕
☐ 설립 (하/되)	設立	☐ 소망 (하/스)	所望	☐ 수송 (하)	輸送

漢字語06

☑ 수습 (하 / 되)	収拾	☑ 승부	勝負	☑ 신설 (하 / 되)	新設
☑ 수시 (로)	随時	☑ 승산	勝算	☑ 신성 (하)	神聖
☑ 수식 (하 / 되)	修飾	☑ 승인 (하 / 되)	承認	☑ 신임¹ (하 / 되)	新任
☑ 수여 (하 / 되)	授与	☑ 승패	勝敗	☑ 신임² (하 / 되)	信任
☑ 수용¹ (하)	受容	☑ 시가¹	時価	☑ 신자	信者
☑ 수용² (하 / 되)	収容	☑ 시가²	市価	☑ 신장¹	身長
☑ 수의사	獣医師	☑ 시각¹	視覚	☑ 신장²	腎臓
☑ 수익 (하)	収益	☑ 시각²	視角	☑ 신장³ (하 / 되)	伸長
☑ 수정	水晶	☑ 시기	時機	☑ 신조	信条
☑ 수지	収支	☑ 시련 (하)	試練	☑ 신진대사	新陳代謝
☑ 수직	垂直	☑ 시말서	始末書	☑ 신축¹ (하 / 되)	新築
☑ 수채화	水彩画	☑ 시발 (하)	始発	☑ 신축² (하)	伸縮
☑ 수취인	受取人	☑ 시사 (하)	示唆	☑ 신하	臣下
☑ 수평선	水平線	☑ 시세	時勢	☑ 실권	実権
☑ 수하물	手荷物	☑ 시인 (하 / 되)	是認	☑ 실기	実技
☑ 수혈 (하 / 되)	輸血	☑ 시정 (하 / 되)	是正	☑ 실리	実利
☑ 수호 (하 / 되)	守護	☑ 시종 (하 / 되)	始終	☑ 실무	実務
☑ 수화	手話	☑ 시중	市中	☑ 실상	実状
☑ 수확 (하 / 되)	収穫	☑ 시찰 (하)	視察	☑ 실습 (하)	実習
☑ 숙녀	淑女	☑ 시책 (하)	施策	☑ 실신 (하)	失神
☑ 숙련 (하 / 되)	熟練	☑ 시판 (하 / 되)	市販	☑ 실업	実業
☑ 숙모	叔母	☑ 시행 (하 / 되)	施行	☑ 실연 (하)	失恋
☑ 숙성 (하 / 되)	熟成	☑ 식민지	植民地	☑ 실재 (하)	実在
☑ 순결 (하)	純潔	☑ 식별 (하 / 되)	識別	☑ 실적	実績
☑ 순환 (하 / 되)	循環	☑ 식전	式典	☑ 실존 (하)	実存
☑ 숭고하다	崇高だ	☑ 신	神	☑ 실종 (되)	失踪
☑ 숭배 (하 / 되)	崇拝	☑ 신기루	蜃気楼	☑ 실책	失策
☑ 습격 (하)	襲撃	☑ 신랄하다	辛辣だ	☑ 실체	実体
☑ 습성	習性	☑ 신록	新緑	☑ 실태	実態
☑ 습진	湿疹	☑ 신변	身辺	☑ 실황	実況
☑ 승객	乗客	☑ 신봉 (하)	信奉	☑ 실효	実効
☑ 승격 (하 / 되)	昇格	☑ 신비 (하 / 스 / 롭)	神秘	☑ 심경	心境
☑ 승낙 (하 / 되)	承諾	☑ 신사	紳士	☑ 심도	深度
☑ 승려	僧侶	☑ 신상	身上	☑ 심산	心算
☑ 승무원	乗務員	☑ 신생 (하)	新生	☑ 심신	心身

☑ 심의 (하 / 되)	審議	☑ 야심	野心	☑ 연인	恋人
☑ 심취 (하 / 되)	心酔	☑ 야유 (하)	揶揄	☑ 연장 (하)	年長
☑ 심층	深層	☑ 약동 (하)	躍動	☑ 연착 (하 / 되)	延着
☑ 심호흡 (하)	深呼吸	☑ 약지	薬指	☑ 연하	年下
☑ 심화 (하 / 되)	深化	☑ 약품	薬品	☑ 열광 (하 / 되)	熱狂
☑ 십분	十分	☑ 약효	薬効	☑ 열기	熱気
☑ 십자가	十字架	☑ 양가	両家	☑ 열등 (하)	劣等
☑ 쌍방	双方	☑ 양도 (하 / 되)	譲渡	☑ 열람 (하)	閲覧
		☑ 양상	様相	☑ 염두	念頭
		☑ 양식 (하)	養殖	☑ 염불	念仏

○

☑ 아수라	阿修羅	☑ 양자 (하)	養子	☑ 염색 (하 / 되)	染色
☑ 악마	悪魔	☑ 양주	洋酒	☑ 염소	塩素
☑ 악명	悪名	☑ 어조	語調	☑ 염증	炎症
☑ 악몽	悪夢	☑ 억제 (하 / 되)	抑制	☑ 영구 (하)	永久
☑ 알선 (하 / 되)	斡旋 あっせん	☑ 언급 (하 / 되)	言及	☑ 영리 (하)	営利
☑ 암담하다	暗澹としている あんたん	☑ 언행	言行	☑ 영예 (스 / 롭)	栄誉
☑ 암벽	岩壁	☑ 엄금 (하 / 되)	厳禁	☑ 예기 (하 / 되)	予期
☑ 암살 (하 / 되)	暗殺	☑ 엄밀하다	厳密だ	☑ 예리하다	鋭利だ
☑ 암시 (하 / 되)	暗示	☑ 엄수 (하 / 되)	厳守	☑ 예배 (하)	礼拝
☑ 암호	暗号	☑ 엄숙하다	厳粛だ	☑ 예시 (하 / 되)	例示
☑ 압도 (하 / 되)	圧倒	☑ 업종	業種	☑ 예지 (하)	予知
☑ 압력	圧力	☑ 여당	与党	☑ 예측 (하 / 되)	予測
☑ 압수 (하 / 되)	押収	☑ 여력	余力	☑ 예탁 (하)	預託
☑ 압축 (하 / 되)	圧縮	☑ 여사	女史	☑ 오곡	五穀
☑ 애도 (하)	哀悼	☑ 여운	余韻	☑ 오만 (하 / 스)	傲慢 ごうまん
☑ 애원 (하)	哀願	☑ 역경	逆境	☑ 오한	悪寒
☑ 애장 (하)	愛蔵	☑ 역광	逆光	☑ 옥	玉
☑ 애정	愛情	☑ 역사	駅舎	☑ 온난 (하)	温暖
☑ 애착 (하)	愛着	☑ 역전[1]	駅前	☑ 온당하다	穏当だ
☑ 액정	液晶	☑ 역전[2] (하 / 되)	逆転	☑ 온실	温室
☑ 야당	野党	☑ 연고	軟膏 なんこう	☑ 온화 (하 / 스)	温和
☑ 야만 (스)	野蛮	☑ 연봉	年俸	☑ 완강 (하)	頑強
☑ 야망	野望	☑ 연상	年上	☑ 완만 (하)	緩慢
☑ 야맹증	夜盲症	☑ 연안	沿岸	☑ 완비 (하 / 되)	完備
		☑ 연약하다	軟弱だ	☑ 완화 (하 / 되)	緩和

漢字語07

☐ 왕비	王妃	☐ 원정 (하)	遠征	☐ 유서 [2]	遺書
☐ 왕성 (하)	旺盛	☐ 원조 (하/되)	援助	☐ 유실물	遺失物
☐ 왕자	王子	☐ 원한	怨恨	☐ 유언 (하)	遺言
☐ 왕조	王朝	☐ 원형	原形	☐ 유연하다	柔軟だ
☐ 왜곡 (하/되)	歪曲	☐ 원활 (하)	円滑	☐ 유인 (하/되)	誘引
☐ 요건	要件	☐ 위도	緯度	☐ 유입 (하/되)	流入
☐ 요인	要因	☐ 위독하다	危篤だ	☐ 유전 (하/되)	遺伝
☐ 요하다	要する	☐ 위력	威力	☐ 유출 (하/되)	流出
☐ 욕구 (하)	欲求	☐ 위법 (하)	違法	☐ 유충	幼虫
☐ 용	竜	☐ 위생	衛生	☐ 유치 (하/되)	誘致
☐ 용건	用件	☐ 위성	衛星	☐ 유쾌 (하)	愉快
☐ 용도	用途	☐ 위신	威信	☐ 유통 (하/되)	流通
☐ 용모	容貌	☐ 위안 (하/되)	慰安	☐ 유포 (하/되)	流布
☐ 용의자	容疑者	☐ 위압 (하/되)	威圧	☐ 유학	儒学
☐ 용적	容積	☐ 위약금	違約金	☐ 유해 (하/롭)	有害
☐ 우대 (하/되)	優待	☐ 위엄 (하/스)	威厳	☐ 유혹 (하/되)	誘惑
☐ 우량 (하)	優良	☐ 위인	偉人	☐ 유효 (하)	有効
☐ 우려 (하/되/스)	憂慮	☐ 위임 (하/되)	委任	☐ 유흥 (하)	遊興
☐ 우상	偶像	☐ 위장 (하/되)	偽装	☐ 육교	陸橋
☐ 우세 (하)	優勢	☐ 위조 (하/되)	偽造	☐ 육로	陸路
☐ 우아 (하/스)	優雅	☐ 위축 (하/되)	萎縮	☐ 육박 (하)	肉薄
☐ 우회 (하)	迂回	☐ 위탁 (하/되)	委託	☐ 육성 (하/되)	育成
☐ 운	韻	☐ 유괴 (하/되)	誘拐	☐ 육아 (하)	育児
☐ 운수 (하)	運輸	☐ 유구하다	悠久だ	☐ 윤곽	輪郭
☐ 운운 (하)	云々	☐ 유권자	有権者	☐ 윤리 (적)	倫理(的)
☐ 운임	運賃	☐ 유년기	幼年期	☐ 윤택 (하)	潤沢
☐ 웅대하다	雄大だ	☐ 유능 (하)	有能	☐ 융자 (하/되)	融資
☐ 웅변 (하)	雄弁	☐ 유도 (하/되)	誘導	☐ 은밀 (하/스)	隠密
☐ 웅장하다	雄壮だ	☐ 유동 (적)	流動(的)	☐ 은인	恩人
☐ 원격 (하)	遠隔	☐ 유람선	遊覧船	☐ 음모 (하)	陰謀
☐ 원대하다	遠大だ	☐ 유망 (하)	有望	☐ 음미 (하)	吟味
☐ 원시	原始	☐ 유모	乳母	☐ 음치	音痴
☐ 원예	園芸	☐ 유발 (하/되)	誘発	☐ 응급 (하)	応急
☐ 원유	原油	☐ 유산	遺産	☐ 응답 (하)	応答
☐ 원자	原子	☐ 유서 [1]	由緒	☐ 응시 (하)	凝視

☑ 응접실	応接室	☑ 인도적	人道的	☑ 임대 (하 / 되)	賃貸
☑ 응하다	応じる	☑ 인명	人命	☑ 임명 (하 / 되)	任命
☑ 의료 (하)	医療	☑ 인문	人文	☑ 임상 (하)	臨床
☑ 의류	衣類	☑ 인사	人士	☑ 임업	林業
☑ 의리	義理	☑ 인상	人相	☑ 임의 (롭)	任意
☑ 의미심장하다	意味深長だ	☑ 인솔 (하 / 되)	引率	☑ 임종 (하)	臨終
☑ 의복	衣服	☑ 인심	人心	☑ 입각 (하)	立脚
☑ 의분	義憤	☑ 인용 (하 / 되)	引用	☑ 입건 (하 / 되)	立件
☑ 의식	儀式	☑ 인위 (적)	人為 (的)	☑ 입증 (하 / 되)	立証
☑ 의식주	衣食住	☑ 인접 (하 / 되)	隣接	☑ 입지	立地
☑ 의약품	医薬品	☑ 인종	人種	☑ 입찰 (하)	入札
☑ 의연하다	毅然としている	☑ 인질	人質	☑ 입체 (적)	立体 (的)
☑ 의연히	依然として	☑ 인체	人体	☑ 입후보 (하 / 되)	立候補
☑ 의향	意向	☑ 인파	人波		
☑ 의혹 (하)	疑惑	☑ 일각	一角		
☑ 의회	議会	☑ 일거수일투족	一挙手一投足	**ㅈ**	
☑ 이과	理科	☑ 일괄 (하)	一括	☑ 자국	自国
☑ 이국	異国	☑ 일광욕 (하)	日光浴	☑ 자급 (하 / 되)	自給
☑ 이기심	利己心	☑ 일교차	日較差	☑ 자기	磁気
☑ 이례	異例	☑ 일당	日当	☑ 자립 (하)	自立
☑ 이면	裏面	☑ 일대	一大	☑ 자명 (하)	自明
☑ 이목	耳目	☑ 일동	一同	☑ 자발 (적) (하)	自発 (的)
☑ 이별 (하)	離別	☑ 일련	一連	☑ 자백 (하)	自白
☑ 이식 (하 / 되)	移植	☑ 일률	一律	☑ 자부 (하)	自負
☑ 이유식	離乳食	☑ 일리	一理	☑ 자산	資産
☑ 이윤	利潤	☑ 일면	一面	☑ 자서전	自叙伝
☑ 이의 (하)	異議	☑ 일사병	日射病	☑ 자선 (하)	慈善
☑ 이전 (하 / 되)	移転	☑ 일선	一線	☑ 자수¹ (하)	自首
☑ 이질	異質	☑ 일원	一員	☑ 자수² (하)	刺繡
☑ 이행¹ (하 / 되)	移行	☑ 일임 (하 / 되)	一任	☑ 자숙 (하)	自粛
☑ 이행² (하 / 되)	履行	☑ 일절	一切	☑ 자아	自我
☑ 인가 (하 / 되)	認可	☑ 일조 (하)	一助	☑ 자영 (하)	自営
☑ 인감	印鑑	☑ 일행 (하)	一行	☑ 자제 (하)	自制
☑ 인과	因果	☑ 일환	一環	☑ 자조 (하)	自嘲
☑ 인내 (하)	忍耐	☑ 임기	任期	☑ 자질	資質

漢字語08

☐ 자치 (하)	自治	☐ 재봉 (하)	裁縫	☐ 절규 (하)	絶叫
☐ 자칭 (하)	自称	☐ 재생 (하/되)	再生	☐ 절도 (하)	窃盗
☐ 자타	自他	☐ 재현 (하/되)	再現	☐ 절묘하다	絶妙だ
☐ 자필 (하)	自筆	☐ 쟁의 (하)	争議	☐ 절벽	絶壁
☐ 작동 (하/되)	作動	☐ 쟁탈 (하)	争奪	☐ 절판 (하/되)	絶版
☐ 잔고	残高	☐ 저작 (하)	著作	☐ 절호 (하)	絶好
☐ 잔금	残金	☐ 저장 (하/되)	貯蔵	☐ 점령 (하/되)	占領
☐ 잔액	残額	☐ 저하 (하/되)	低下	☐ 점성술	占星術
☐ 잔인 (하/스)	残忍	☐ 적령기	適齢期	☐ 점유 (하/되)	占有
☐ 잔혹 (하)	残酷	☐ 적성	適性	☐ 점포	店舗
☐ 잠복 (하/되)	潜伏	☐ 적십자	赤十字	☐ 접착제	接着剤
☐ 잠수 (하)	潜水	☐ 적중 (하/되)	的中	☐ 정경	情景
☐ 잠입 (하)	潜入	☐ 전격 (하)	電撃	☐ 정국	政局
☐ 잠재 (하)	潜在	☐ 전경	全景	☐ 정돈 (하/되)	整頓
☐ 잠정 (하)	暫定	☐ 전과	前科	☐ 정밀 (하)	精密
☐ 잡곡	雑穀	☐ 전구	電球	☐ 정방형	正方形
☐ 잡다하다	雑多だ	☐ 전기	伝記	☐ 정비 (하/되)	整備
☐ 잡담 (하)	雑談	☐ 전념 (하)	専念	☐ 정서	情緒
☐ 잡음	雑音	☐ 전력	電力	☐ 정수¹	定数
☐ 잡화	雑貨	☐ 전류	電流	☐ 정수²	整数
☐ 장	腸	☐ 전방	前方	☐ 정의 (롭)	正義
☐ 장관	壮観	☐ 전선	戦線	☐ 정적 (하)	静寂
☐ 장교	将校	☐ 전성기	全盛期	☐ 정정 (하/되)	訂正
☐ 장년	壮年	☐ 전속 (하/되)	専属	☐ 정학 (하)	停学
☐ 장려 (하/되)	奨励	☐ 전송 (하/되)	電送	☐ 제거 (하/되)	除去
☐ 장벽	障壁	☐ 전신	前身	☐ 제국	帝国
☐ 장본인	張本人	☐ 전연	全然	☐ 제압 (하/되)	制圧
☐ 장비 (하/되)	装備	☐ 전염 (하/되)	伝染	☐ 제약 (하/되)	制約
☐ 장수 (하)	長寿	☐ 전입 (하/되)	転入	☐ 제의 (하/되)	提議
☐ 장식 (하/되)	装飾	☐ 전자	前者	☐ 제재 (하)	制裁
☐ 장악 (하/되)	掌握	☐ 전자파	電磁波	☐ 제정 (하/되)	制定
☐ 장엄 (하)	荘厳	☐ 전직 (하/되)	転職	☐ 제지 (하)	制止
☐ 재단	財団	☐ 전투 (하)	戦闘	☐ 제휴 (하)	提携
☐ 재래	在来	☐ 전폭	全幅	☐ 조급 (하)	早急
☐ 재무	財務	☐ 절감 (하/되)	節減	☐ 조기	早期

□ 조례	条例	□ 주기	周忌	□ 증액 (하/되)	増額
□ 조리	条理	□ 주도 (하)	主導	□ 증언 (하)	証言
□ 조망 (하)	眺望	□ 주둔 (하)	駐屯	□ 증오 (하/스)	憎悪
□ 조문 (하)	弔問	□ 주량	酒量	□ 증정 (하/되)	贈呈
□ 조선 (하)	造船	□ 주문	呪文	□ 증조부	曽祖父
□ 조성[1] (하)	助成	□ 주시 (하/되)	注視	□ 증진 (하/되)	増進
□ 조성[2] (하/되)	組成	□ 주식	主食	□ 증후군	症候群
□ 조수	助手	□ 주연	酒宴	□ 지가	地価
□ 조약	条約	□ 주임	主任	□ 지급 (하/되)	支給
□ 조업 (하)	操業	□ 주입 (하/되)	注入	□ 지능	知能
□ 조예	造詣	□ 주재 (하)	駐在	□ 지뢰	地雷
□ 조율 (하/되)	調律	□ 주지 (하/되)	周知	□ 지망 (하)	志望
□ 조의	弔意	□ 주체 (적)	主体 (的)	□ 지문	指紋
□ 조작 (하/되)	操作	□ 주치의	主治医	□ 지반	地盤
□ 조장 (하/되)	助長	□ 주파수	周波数	□ 지사	知事
□ 조정 (하/되)	調整	□ 준공 (하/되)	竣工	□ 지상	至上
□ 조종 (하/되)	操縦	□ 준수 (하/되)	遵守	□ 지성	知性
□ 조항	条項	□ 중개 (하)	仲介	□ 지수	指数
□ 조회 (하/되)	照会	□ 중견	中堅	□ 지압 (하)	指圧
□ 존망	存亡	□ 중계 (하/되)	中継	□ 지원 (하)	志願
□ 존엄 (하)	尊厳	□ 중량	重量	□ 지주	地主
□ 졸도 (하)	卒倒	□ 중복 (하/되)	重複	□ 지참 (하)	持参
□ 종결 (하/되)	終結	□ 중압 (하/되)	重圧	□ 지체 (하/되)	遅滞
□ 종래	従来	□ 중재 (하)	仲裁	□ 지침	指針
□ 종목	種目	□ 중점 (적)	重点 (的)	□ 지표	指標
□ 종사 (하)	従事	□ 중증	重症	□ 지향 (하)	志向
□ 종양	腫瘍	□ 중지	中指	□ 지형	地形
□ 종지부	終止符	□ 중태	重態	□ 지휘 (하)	指揮
□ 종파	宗派	□ 중후하다	重厚だ	□ 직경	直径
□ 좌담회	座談会	□ 즉각	即刻	□ 직관 (하)	直観
□ 좌절 (하/되)	挫折	□ 즉석	即席	□ 직무	職務
□ 주	注	□ 증감 (하/되)	増減	□ 직시 (하)	直視
□ 주가	株価	□ 증권	証券	□ 직위	職位
□ 주관 (하/되)	主管	□ 증대 (하/되)	増大	□ 직종	職種
□ 주권	主権	□ 증발 (하/되)	蒸発	□ 직책	職責

漢字語09

☐ 진가	真価	☐ 착수 (하 / 되)	着手	☐ 청자	青磁
☐ 진공	真空	☐ 착실하다	着実だ	☐ 청정 (하)	清浄
☐ 진도	震度	☐ 착오 (하)	錯誤	☐ 체감 (하 / 되)	体感
☐ 진동[1] (하 / 되)	震動	☐ 착용 (하)	着用	☐ 체격	体格
☐ 진동[2] (하)	振動	☐ 착착	着々と	☐ 체결 (하 / 되)	締結
☐ 진로	進路	☐ 착취 (하 / 되)	搾取	☐ 체득 (하 / 되)	体得
☐ 진부하다	陳腐だ	☐ 참모 (하)	参謀	☐ 체류 (하)	滞留
☐ 진술 (하 / 되)	陳述	☐ 참신하다	斬新だ	☐ 체질	体質
☐ 진열 (하 / 되)	陳列	☐ 참조	参照	☐ 초빙 (하 / 되)	招聘
☐ 진영	陣営	☐ 창건 (하 / 되)	創建	☐ 초상화	肖像画
☐ 진입 (하)	進入	☐ 창백하다	蒼白だ	☐ 초원	草原
☐ 진주	真珠	☐ 창설 (하 / 되)	創設	☐ 초월 (하)	超越
☐ 진통 (하)	鎮痛	☐ 창작 (하 / 되)	創作	☐ 촉망 (하 / 되)	嘱望
☐ 진화[1] (하 / 되)	進化	☐ 채권	債権	☐ 총명 (하)	聡明
☐ 진화[2] (하 / 되)	鎮火	☐ 채무	債務	☐ 총무	総務
☐ 질병	疾病	☐ 채식주의	菜食主義	☐ 총애 (하)	寵愛
☐ 질의응답	質疑応答	☐ 채용 (하 / 되)	採用	☐ 총재	総裁
☐ 질환	疾患	☐ 채집 (하 / 되)	採集	☐ 추격 (하 / 되)	追撃
☐ 집결 (하 / 되)	集結	☐ 채택 (하 / 되)	採択	☐ 추도 (하)	追悼
☐ 집권 (하)	執権	☐ 처방	処方	☐ 추돌 (하)	追突
☐ 집약 (하 / 되)	集約	☐ 처벌 (하 / 되)	処罰	☐ 추락 (하 / 되)	墜落
☐ 집착 (하 / 되)	執着	☐ 처참하다	凄惨だ	☐ 추리 (하 / 되)	推理
☐ 집필 (하)	執筆	☐ 처형 (하 / 되)	処刑	☐ 추모 (하)	追慕
☐ 집행 (하 / 되)	執行	☐ 척추	脊椎	☐ 추문	醜聞
☐ 징병 (하)	徴兵	☐ 천문	天文	☐ 추상 (적)	抽象 (的)
☐ 징수 (하 / 되)	徴収	☐ 천식	喘息	☐ 추악 (하)	醜悪
☐ 징역	懲役	☐ 천연 (하 / 스)	天然	☐ 추이 (하)	推移
		☐ 천재	天災	☐ 추적 (하)	追跡
		☐ 천지	天地	☐ 추정 (하 / 되)	推定
大		☐ 천황	天皇	☐ 추종 (하)	追従
		☐ 철거 (하 / 되)	撤去	☐ 추출 (하 / 되)	抽出
☐ 차고	車庫	☐ 첨가 (하 / 되)	添加	☐ 축	軸
☐ 차단 (하 / 되)	遮断	☐ 청결 (하)	清潔	☐ 축복 (하)	祝福
☐ 차원	次元	☐ 청산 (하 / 되)	清算	☐ 축산업	畜産業
☐ 차창	車窓	☐ 청순 (하)	清純	☐ 출동 (하 / 되)	出動
☐ 착상 (하 / 되)	着想				

☐ 출마 (하)	出馬			☐ 통치 (하/되)	統治
☐ 출범 (하/되)	出帆			☐ 통합 (하/되)	統合
☐ 출생 (하/되)	出生	**ㅋ**		☐ 통화	通貨
☐ 출자 (하/되)	出資	☐ 쾌감	快感	☐ 퇴장 (하)	退場
☐ 출하 (하/되)	出荷	☐ 쾌적하다	快適だ	☐ 투고 (하/되)	投稿
☐ 출현 (하/되)	出現	☐ 쾌활하다	快活だ	☐ 투기 (하)	投機
☐ 출혈 (하/되)	出血			☐ 투서 (하)	投書
☐ 충동 (적)	衝動(的)			☐ 투입 (하/되)	投入
☐ 충만 (하/되)	充満	**ㅌ**		☐ 투지	闘志
☐ 충성 (하/되/스)	忠誠	☐ 타개 (하/되)	打開	☐ 특권	特権
☐ 충실 (하)	充実	☐ 타격 (하)	打撃	☐ 특기 (하/되)	特記
☐ 충혈 (되)	充血	☐ 타결 (하/되)	妥結	☐ 특매 (하/되)	特売
☐ 취득 (하)	取得	☐ 타락 (하)	堕落	☐ 특파원	特派員
☐ 취사 (하)	炊事	☐ 타박 (하)	打撲	☐ 특허	特許
☐ 취임 (하)	就任	☐ 타산 (하)	打算		
☐ 취향	趣向	☐ 타원	楕円（だえん）		
☐ 측정 (하/되)	測定	☐ 타인	他人	**ㅍ**	
☐ 치매 (하)	痴呆（ちほう）	☐ 타진 (하/되)	打診	☐ 파격 (적)	破格
☐ 치명 (적)	致命(的)	☐ 탁월하다	卓越している	☐ 파국 (하)	破局
☐ 치밀 (하)	緻密	☐ 탄력	弾力	☐ 파급 (하/되)	波及
☐ 치열하다	熾烈だ（しれつ）	☐ 탄생 (하/되)	誕生	☐ 파기 (하/되)	破棄
☐ 치욕 (스)	恥辱	☐ 탄수화물	炭水化物	☐ 파면 (하/되)	罷免
☐ 치유 (하/되)	治癒	☐ 탄압 (하/되)	弾圧	☐ 파문	波紋
☐ 치한	痴漢	☐ 탈락 (하)	脱落	☐ 파벌	派閥
☐ 친밀 (하)	親密	☐ 탈선 (하/되)	脱線	☐ 파열 (하/되)	破裂
☐ 칠석	七夕	☐ 탈취 (하)	脱臭	☐ 파충류	爬虫類（はちゅう）
☐ 침	鍼(はり)	☐ 탐구 (하/되)	探求	☐ 파탄 (하/되)	破綻
☐ 침범 (하)	侵犯	☐ 탐욕 (스)	貪欲	☐ 판명 (하/되)	判明
☐ 침울하다	沈鬱だ（ちんうつ）	☐ 탐험 (하)	探険	☐ 판사	判事
☐ 침입 (하)	侵入	☐ 태만 (하)	怠慢	☐ 패권	覇権
☐ 침착 (하)	沈着	☐ 태아	胎児	☐ 패기	覇気
☐ 침체 (하/되)	沈滞	☐ 토의 (하/되)	討議	☐ 패배 (하)	敗北
☐ 침통 (하/스)	沈痛	☐ 통보 (하/되)	通報	☐ 팽창 (하/되)	膨張
☐ 침투 (하/되)	浸透	☐ 통상 (하)	通商	☐ 편견	偏見
		☐ 통용 (하/되)	通用	☐ 편도선	扁桃腺（へんとう）
		☐ 통원 (하)	通院		

漢字語10

☐ 편식 (하)	偏食	
☐ 편입 (하/되)	編入	
☐ 편중 (하/되)	偏重	
☐ 편차	偏差	
☐ 편찬 (하/되)	編纂	
☐ 평론 (하/되)	評論	
☐ 평면	平面	
☐ 평야	平野	
☐ 평온 (하)	平穏	
☐ 평정¹ (하)	平静	
☐ 평정² (하/되)	平定	
☐ 평행 (하/되)	平行	
☐ 폐기 (하/되)	廃棄	
☐ 폐렴	肺炎	
☐ 폐업 (하)	廃業	
☐ 폐인	廃人	
☐ 폐해	弊害	
☐ 폐허	廃墟	
☐ 포괄 (하/되)	包括	
☐ 포로	捕虜	
☐ 포식 (하)	飽食	
☐ 포옹 (하)	抱擁	
☐ 포용 (하)	包容	
☐ 포위 (하/되)	包囲	
☐ 포유류	哺乳類	
☐ 포장 (하/되)	舗装	
☐ 포착 (하/되)	捕捉	
☐ 포화 (하)	飽和	
☐ 폭등 (하)	暴騰	
☐ 폭락 (하)	暴落	
☐ 폭음 (하)	暴飲	
☐ 폭주 (하)	暴走	
☐ 폭죽	爆竹	
☐ 표명 (하/되)	表明	
☐ 표방 (하)	標榜	

☐ 표백 (하/되)	漂白
☐ 표본	標本
☐ 표시 (하/되)	標示
☐ 표적	標的
☐ 품격	品格
☐ 품목	品目
☐ 품성	品性
☐ 품종	品種
☐ 품행	品行
☐ 풍년	豊年
☐ 풍모	風貌
☐ 풍속¹	風俗
☐ 풍속²	風速
☐ 풍수	風水
☐ 풍요 (하/롭)	豊饒
☐ 풍조	風潮
☐ 풍진	風疹
☐ 풍토	風土
☐ 피고	被告
☐ 피로 (하)	披露
☐ 피복	被服
☐ 피사체	被写体
☐ 피의자	被疑者
☐ 피임 (하)	避妊
☐ 필독 (하)	必読
☐ 필수	必須

ㅎ

☐ 하구	河口
☐ 하락 (하)	下落
☐ 하수	下水
☐ 하천	河川
☐ 학대 (하)	虐待
☐ 학벌	学閥

☐ 학살 (하/되)	虐殺
☐ 학술 (적)	学術 (的)
☐ 학위	学位
☐ 학회	学会
☐ 한류	寒流
☐ 한문	漢文
☐ 한산하다	閑散としている
☐ 함유 (하/되)	含有
☐ 함축 (하/되)	含蓄
☐ 합법 (적)	合法 (的)
☐ 합산 (하/되)	合算
☐ 합장 (하)	合掌
☐ 합치 (하/되)	合致
☐ 항구적	恒久的
☐ 항로	航路
☐ 항문	肛門
☐ 항복 (하)	降伏
☐ 항암	抗癌
☐ 항해 (하)	航海
☐ 해발	海抜
☐ 해부 (하/되)	解剖
☐ 해양	海洋
☐ 해임 (하/되)	解任
☐ 해적	海賊
☐ 해제 (하/되)	解除
☐ 해체 (하/되)	解体
☐ 해협	海峡
☐ 행렬 (하)	行列
☐ 행사 (하/되)	行使
☐ 행진 (하)	行進
☐ 향년	享年
☐ 향수 (하/되)	享受
☐ 향신료	香辛料
☐ 향유 (하/되)	享有
☐ 향토	郷土

☐ 허 (하) 虚
☐ 허공 虚空
☐ 허구 (하) 虚構
☐ 허무 (하) 虚無
☐ 허상 虚像
☐ 허세 虚勢
☐ 허영 虚栄
☐ 허위 虚偽
☐ 허탈 (하) 虚脱
☐ 헌병 憲兵
☐ 헌신 (적) 献身 (的)
☐ 헌혈 (하) 献血
☐ 험악 (하/스) 険悪
☐ 혁신 (하/되) 革新
☐ 현란 (하) 絢爛
☐ 현명 (하) 賢明
☐ 현미 玄米
☐ 현상 [1] 現状
☐ 현상 [2] (하/되) 現像
☐ 현저하다 顕著だ
☐ 현행 (하/되) 現行
☐ 현황 現況
☐ 혈연 血縁
☐ 혈육 血肉
☐ 혈통 血統
☐ 혐오 (하/스) 嫌悪
☐ 혐의 (하/되/스) 嫌疑
☐ 협동 (하) 協同
☐ 협의 (하/되) 協議
☐ 협정 (하/되) 協定
☐ 협찬 (하/되) 協賛
☐ 형벌 (하) 刑罰
☐ 형법 刑法
☐ 형용 (하) 形容
☐ 혜성 彗星

☐ 호감 好感
☐ 호신 (하) 護身
☐ 호우 豪雨
☐ 호응 (하) 呼応
☐ 호의 (적) 好意 (的)
☐ 호적 戸籍
☐ 호주 戸主
☐ 혹사 (하/되) 酷使
☐ 혹평 (하) 酷評
☐ 혹한 酷寒
☐ 혼돈 (하/되) 混沌
☐ 혼례 婚礼
☐ 혼수상태 昏睡状態
☐ 혼인 (하) 婚姻
☐ 화근 禍根
☐ 화랑 画廊
☐ 화력 火力
☐ 화물 貨物
☐ 화석 化石
☐ 화자 話者
☐ 화장 (하/되) 火葬
☐ 화폐 貨幣
☐ 화합 (하/되) 和合
☐ 확립 (하/되) 確立
☐ 확산되다 (하/되) 拡散される
☐ 확충 (하/되) 拡充
☐ 환기 [1] (하/되) 喚起
☐ 환기 [2] (하/되) 換気
☐ 환상 (적) 幻想 (的)
☐ 환성 歓声
☐ 환호 (하) 歓呼
☐ 활력 活力
☐ 활성 活性
☐ 활주 (하) 滑走
☐ 황금 黄金

☐ 황제 皇帝
☐ 황태자 皇太子
☐ 황후 皇后
☐ 회계 (하) 会計
☐ 회고 (하/되) 回顧
☐ 회상 (하/되) 回想
☐ 회의 (하) 懐疑
☐ 획득 (하/되) 獲得
☐ 횡포 (하) 横暴
☐ 후계 (하) 後継
☐ 후유증 後遺症
☐ 후임 後任
☐ 훼손 (하/되) 毀損
☐ 흉악 (하) 凶悪
☐ 흥 興
☐ 희곡 戯曲
☐ 희박하다 希薄だ

接辞・依存名詞・冠形詞01

接頭辞

☑ **강-**「それだけで出来上がった」 例 강소주(つまみなしに飲む焼酎)、강굴(むいたばかりのカキ)、강참숯(クヌギやカシワなどで作られ、他の木が交ざっていない純粋な木炭)

☑ **개-**[1]「つまらない」「無駄な、ひどい」 例 개소리(たわ言)、개죽음(犬死に)、개망신(大恥)

☑ **군-**「必要のない」 例 군소리(無駄口)、군살(ぜい肉)、군더더기(無駄なもの)

☑ **농-** 濃~。「濃い」 漢濃- 例 농회색(濃いグレー)、参 농담(濃淡)、농염하다(妖艶だ)

☑ **늦-**「時間的に遅い」 例 늦장가(男の人の晩婚)、늦여름(晩夏)、늦깎이(物事を遅く始めた人)

☑ **담-**「淡い」 漢淡- 例 담청색(薄い青色)、담갈색(薄い茶色)、参 담백하다(淡白だ)

☑ **대-**「それを相手にした」「それに対抗する」 漢対- 例 대국민 담화(対国民談話)、대공포(対空砲)、대전차포(対戦車砲)

☑ **드-**「程度が高い」 例 드넓다(広く開けている)、드높다(非常に高い)、드날리다(勢力や名声が広まる)

☑ **들-**「無理に」「ひどく」 例 들볶다(小言をひどく言って困らせる)、들쑤시다(刺すようにひどく痛い)、들끓다(1カ所にひどく集まる)

☑ **들이-**[1]「やたらに」「突然」 例 들이박다(やたらに突っかかる)、들이갈기다(突きつける)、参 들이키다(引っ込める)

☑ **막-**「質の悪い」「手当り次第に」「ためらいなく」 例 막말(出任せ、悪口)、막국수(マッククス)、막노동(肉体労働)

☑ **몰-** 没~。「それがまったくない」 漢没- 例 몰상식(非常識)、몰지각(無分別)、몰인정(不人情)

☑ **범-** 汎~。「それを全て合わせる」 漢汎- 例 범지구적(汎地球的)、범민주적(汎民主的)、범국가적(汎国家的)

☑ **빗-**「斜めの」 例 빗금(斜線)、빗대다(遠回しに例える)、빗나가다(それていく)

☑ **생-**「直接的な血縁関係である」 漢生- 例 생부모(実の父母)、参 생부(実父)、생모(実母)、생가(生家)

☑ **선-**[1]「不慣れな」「十分でない」 例 선무당(未熟なみこ)、선잠(うたた寝)

☑ **설-**「十分でない」 例 설익다(生煮えだ)、설깨다(完全に目覚めていない)、설마르다(乾ききっていない、生乾きの)

☑ **수-**[1] 雄~ 例 수캐(雄犬)、수탉(雄鶏)、수사자(雄ライオン)

☑ **숫-**「汚れておらずきれいな」 例 숫총각(童貞)、숫처녀(処女)

☑ **실-**「細い」「薄い」 例 실눈(細目)、실바람(そよ風)、실핏줄(毛細血管)

☑ **알-**「裸の」「むき出しの」 例 알몸(裸)、参 알맹이(中身)、알갱이(粒)

☑ **암-**[1] 雌~ 例 암캐(雌犬)、암탉(雌鶏)、암컷(雌)

☑ **애-**「最初の」「幼い」 例 애벌레(幼虫)、애호박(未熟なカボチャ)、参 애송이(若造)

☑ **양-**「直接的な血縁関係ではない」 漢養-

接辞と依存名詞、冠形詞とその訳(「 」内は付加される意味)、漢字(その語が漢字を含む場合)、用例、参考例を掲載しました。依存名詞は本文で扱わなかったものをまとめました。

（例）양부모(養父母)、양아들(養子)、양딸(養女)

☐ 엇 - 「それて」「外れて」 （例）엇나가다(それる)、엇갈리다(行き違う)、엇걸다(互い違いに掛ける)

☐ 연 - 1 「続けて」 （漢）連 - （例）연삼일(引き続き3日)、연이어(相次いで)、연거푸(続けざまに)

☐ 연 - 2 「全体を全て合わせた」 （漢）延 - （例）연인원(延べ人数)、연건평(延べ面積)

☐ 연 - 3 「薄い」 （漢）軟 - （例）연분홍색(薄桃色)、연녹색(薄緑色)、연보라색(薄紫色)

☐ 엿 - 「ひそかに」 （例）엿듣다(盗み聞きする)、엿보다(盗み見する)、엿살피다(ひそかにうかがう)

☐ 왕 - 「非常に大きい」 （漢）王 - （例）왕눈이(どんぐり眼)、왕소금(粗塩)、왕만두(大ギョーザ)

☐ 잔 - 「小さい」「細い」 （例）잔꾀(浅知恵)、잔주름(小じわ)、잔털(産毛)

☐ 잡 - 雑～。「雑多な」「つまらない」 （漢）雑 - （例）잡생각(雑念)、잡상인(雑品を扱う行商人)、잡일(雑務)

☐ 진 - 1 真～。「本当の」 （漢）真 - （例）진면모(真価)、（参）진수(神髄)、진범(真犯人)

☐ 진 - 2 「とても濃い」 （漢）津 - （例）진간장(濃い口しょうゆ)、진분홍색(濃い桃色)、진국(長い時間煮込んだ汁)

☐ 짓 - 「やたらに」「ひどい」 （例）짓누르다(やたらに押さえ付ける)、짓무르다(ただれる)、짓이기다(踏みにじる)

☐ 짝 - 1 「片方だけの」 （例）짝눈(片眼)、짝짝이(不ぞろい)、짝다리(片足に重心を掛けている立ち方)

☐ 찰 - 「粘り気がある」 （例）찰기(粘り気)、찰떡(もち米の餅)、찰흙(粘土)

☐ 참 - 「本当の」 （例）참뜻(真意)、참맛(本当の味)、참멋(真の格好良さ)

☐ 처 - 「やたらと」 （例）처먹다(かっ食らう)、처자다(やたらと寝る)、처놀다(やたらと遊ぶ)

☐ 치 - 1 「上に向かって」 （例）치솟다(突き上がる)、치뜨다(上目遣いをする)、치받다(込み上げる)

☐ 탈 - 脱～ （漢）脱 - （例）탈원전(脱原発)、탈냉전(脱冷戦)、탈권위(脱権威)

☐ 토 - 「土でできた」 （漢）土 - （例）토방(土間)、토담(土塀)、（参）토굴(土窟)

☐ 풋 - 「初物の」「熟していない」「未熟な」 （例）풋고추(青唐辛子)、풋사과(青リンゴ)、풋내기(青二才)

☐ 항 - 抗～ （漢）抗 - （例）항균(抗菌)、항암(抗がん)、항생제(抗生剤)

☐ 해 - 「その年に取れた」 （例）해콩(その年に取れた豆)、해쑥(その年に取れたよもぎ)、해팥(その年に取れた小豆)

☐ 햇 - 「その年に取れた」 （例）햇감자(新ジャガ)、햇과일(初物の果物)、햇양파(新タマネギ)

☐ 헛 - 「むなしい」「無駄」「偽り」 （例）헛수고(無駄骨)、헛걸음(無駄足)、헛소리(たわ言)

☐ 호 - 好～。「いい」 （漢）好 - （例）호경기(好景気)、호시절(良き時代)、호적수(好敵手)

☐ 홀 - 「一つだけ」 （例）홀몸(独り身)、홀어미

接辞・依存名詞・冠形詞02

(女やもめ)、홀아비(男やもめ)

☐ **홑-**「一重の」「一つの」 例 홑이불(薄い掛け布団)、홑바지(一重仕立てのズボン)、홑옷(一重仕立ての服)

☐ **휘-**「しきりに」「ひどく」「とても」 例 휘감다(巻き付ける)、휘날리다(はためく)、휘젓다(かき混ぜる)

接尾辞

☐ **-간**「場所」 漢-間 例 외양간(牛舎)、절간(寺)、뒷간(便所)

☐ **-개²**「ある特性を持つ人」 例 코흘리개(はな垂れ)、오줌싸개(小便小僧)、똥싸개(くそ垂れ)

☐ **-결¹** ～の際、～の間 例 잠결(夢うつつ)、꿈결(夢うつつ)、무심결(思わず)

☐ **-결²**「きめ」「(息遣いなどの)動き」 例 피부결(肌のきめ)、머릿결(髪質)、숨결(息遣い)

☐ **-공** ※敬意を込めて男性の姓・官爵などに付ける 漢-公 例 충무공(忠武公)、태사공(太史公)、목면공(木棉公)

☐ **-광¹** ～狂 漢-狂 例 낚시광(釣りマニア)、축구광(サッカーマニア)、스피드광(スピード狂)

☐ **-광²** ～鉱 漢-鉱 例 금광(金鉱)、은광(銀鉱)、석탄광(石炭鉱)

☐ **-구-¹**「使役」 例 달구다(熱くする)、돋구다(盛り立てる)

☐ **-구²** ～具 漢-具 例 문방구(文房具)、필기구(筆記具)、방한구(防寒具)

☐ **-꼴** ～分くらい。「それくらいに該当すること」 例 하루 열 명꼴(1日10人分くらい)、열 명에 두 명꼴(10人に2人くらい)、직원 한 명 당 100명꼴(社員1人当たり100人くらい)

☐ **-꾸러기**「そのような性質の強い人」 例 잠꾸러기(寝坊)、장난꾸러기(いたずらっ子)、심술꾸러기(意地悪な人)

☐ **-도²**「人」 漢-徒 例 문학도(文学青年・研究者)、철학도(哲学青年・研究者)、과학도(科学研究者)

☐ **-동** ～洞 漢-洞 例 석회동(石灰洞)、종유동(鍾乳洞)

☐ **-들이²**「それだけ入れられる容量」 例 3개들이(3個入り)、1 리터들이(1リットル入り)、세 병들이(瓶3本入り)

☐ **-뜨기**「否定的な属性を持った人」 例 시골뜨기(田舎っぺ)、촌뜨기(田舎者)、사팔뜨기(斜視)

☐ **-로** ～炉 漢-炉 例 용광로(溶鉱炉)、원자로(原子炉)、경수로(軽水炉)

☐ **-루** ～楼。「楼閣や料理屋」 漢-楼 例 경회루(慶会楼)、광한루(広寒楼)、参망루(望楼)

☐ **-률** ～律。「法則」 漢-律 例 도덕률(道徳律)、희석률(希釈律)、결합률(結合律)

☐ **-리** ～裏に、～のうちに 漢-裏 例 비밀리(秘密裏)、암암리(暗々裏)、절찬리(絶賛の中)

☐ **-림**「森」 漢-林 例 사유림(私有林)、국유림(国有林)、잡목림(雑木林)

☐ **-막이** ～止め、～よけ 例 방패막이(後ろ盾)、바람막이(ウインドブレーカー)、액막이(厄よけ)

□ - 맞이 「日や仕事、人、物事などを迎える」 例 봄맞이(迎春)、새해맞이(年迎え)、손님맞이(お客迎え)

□ - 모 ～帽 漢 - 帽 例 베레모(ベレー帽)、안전모(安全帽・ヘルメット)、등산모(登山帽)

□ - 발 「勢い」「力」「効果」 例 화장발(化粧映え)、사진발(写真映え)、말발(口達者)

□ - 배 「群れを作る人」 漢 - 輩 例 불량배(不良)、소인배(狭量な人)、폭력배(ヤクザ)

□ - 배기 「その年齢の子」 例 한 살배기(1歳児)、세 살배기(3歳児)、열 살배기(10歳児)

□ - 뱅이 「それを特性として持つ人や物事」 例 게으름뱅이(怠け者)、주정뱅이(飲んだくれ)、거렁뱅이(乞食)

□ - 보¹ ～補 漢 - 補 例 차관보(次官補)、학장보(学長補佐)、주사보(主事補佐)

□ - 보² 「それを特性に持つ人」 例 울보(泣き虫)、뚱보(太っちょ)、땅딸보(ずんぐりむっくり)

□ - 붙이 「同族」「同系」 例 피붙이(血族)、살붙이(肉親)、겨레붙이(血のつながりがある人)

□ - 빼기 「そのような特性を持つ人や物」 例 곱빼기(大盛り)、얼룩빼기(ぶち)

□ - 선 ～腺 漢 - 腺 例 편도선(へんとう腺)、점액선(粘液腺)、임파선(リンパ腺)

□ - 수² ～囚 漢 - 囚 例 기결수(既決囚)、미결수(未決囚)、사형수(死刑囚)

□ - 순 ～旬。1カ月を三つに分けた10日間 漢 - 旬 例 초순(初旬)、중순(中旬)、하순(下旬)

□ - 아치 「(軽蔑的に)その仕事に従事する人」 例 벼슬아치(役人)、동냥아치(物乞い)、양아치(ちんぴら)

□ - 암² ～岩 漢 - 岩 例 현무암(玄武岩)、화강암(花こう岩)、석회암(石灰岩)

□ - 어치 「その値段に該当する分量」 例 만 원어치(1万ウォン分)、천 엔어치(1000円分)、백 달러어치(100ドル分)

□ - 염 ～炎 漢 - 炎 例 결막염(結膜炎)、피부염(皮膚炎)、위염(胃炎)

□ - 옥 ～屋。※飲食店や商店などの商号に付く 漢 - 屋 例 우래옥(又来屋)、평양옥(平壌屋)、서관면옥(西関麺屋)

□ - 원² ～源 漢 - 源 例 취재원(取材源)、정보원(情報源)、수입원(収入源)

□ - 율 ～律。「法則」※前の単語が母音かパッチムで終わっている場合(☞ - 률) 漢 - 律 例 교환율(交換律)、인과율(因果律)、반사율(反射律)

□ - 장 ～葬儀 漢 - 葬 例 삼일장(三日葬)、국장(国葬)、시민장(市民葬)

□ - 전² ～殿。「大きい家」 漢 - 殿 例 근정전(勤政殿)、대웅전(大雄殿)、무량수전(無量寿殿)

□ - 정³ ～艇 漢 - 艇 例 고속정(高速艇)、잠수정(潜水艇)、경비정(警備艇)

□ - 조² ～朝。「統治期間」「王朝」 漢 - 朝 例 청조(清王朝)、명조(明王朝)、세종조(世宗朝)

□ - 좌 ～座 漢 - 座 例 처녀좌(乙女座)、목동좌(牛飼い座)、사자좌(獅子座)

☐ **- 지** 〜漬け 例오이지(キュウリの漬物)、 参단무지(たくあん)、묵은지(熟成キムチ)

☐ **- 집** 「大きさ」「体積」「痕跡」 例몸집(体付き)、살집(肉付き)、흠집(傷跡)

☐ **- 짝²** 「卑下」 例낯짝(面の皮)、등짝(背中)、볼기짝(尻っぺた)

☐ **- 쩍다** ※「そんな感じがする」という意味を加えて形容詞を作る 例미심쩍다(疑わしい)、겸연쩍다(照れくさい)、수상쩍다(いぶかしい)

☐ **- 차** 「目的」 漢 - 次 例관광차(観光がてら)、사업차(仕事がてら)、답사차(現地調査がてら)

☐ **- 창** 「工場」「倉庫」 漢 - 廠 例병기창(兵器廠)、피복창(被服廠)、기지창(基地廠)

☐ **- 채** 「区分された建物単位」 例안채(母屋)、사랑채(舎廊棟。主人が使う建物)、행랑채(行廊棟。使用人が使う建物)

☐ **- 책** 「責任を負う人」 漢 - 責 例모집책(募集責任者)、조직책(組織責任者)、연락책(連絡責任者)

☐ **- 철** 〜とじ 漢 - 綴 例서류철(書類とじ)、신문철(新聞とじ)、영수증철(領収証とじ)

☐ **- 치 -²** 「強調」 例넘치다(あふれる)、밀치다(押し付ける)、솟구치다(湧き上がる)

☐ **- 치³** 「物」 例중간치(並の品)、날림치(粗製品)、버림치(廃品)

☐ **- 치레** 〜しがち、見掛けだけの〜 例잔병치레(病気がち)、인사치레(うわべだけの言葉)、손님치레(おもてなし)

☐ **- 코** ※漢字語に付いて副詞を作る 例결단코(必ず)、맹세코(誓って)、기어코(ついに)

☐ **- 통¹** 〜通 漢 - 通 例일본통(日本通)、외교통(外交通)、소식통(情報通)

☐ **- 파** 〜波 漢 - 波 例전자파(電磁波)、지진파(地震波)、충격파(衝撃波)

☐ **- 판** 本や商品に使われる紙の規格 漢 - 判 例명함판(名刺判)、반명함판(半名刺判)、타블로이드판(タブロイド判)

依存名詞

☐ **가닥** 〜筋、〜本 例한 가닥(一筋)、두 가닥(二筋)、여러 가닥(幾筋)

☐ **개조** 〜力条 漢 個条 例3개조(3箇条)、10개조(10箇条)、100개조(100箇条)

☐ **근** 〜斤 漢 斤 例한 근(1斤)、두 근(2斤)、세 근(3斤)

☐ **닢** 〜枚(葉・硬貨やかますのように薄いものを数える語) 例한 닢(1枚)、두 닢(2枚)、세 닢(3枚)

☐ **되** 〜升 例한 되(1升)、두 되(2升)、열 되(10升)

☐ **량** 〜両 漢 輛 例열차 한 량(列車1両)、두 량(2両)、세 량(3両)

☐ **섬** 〜俵 例쌀 한 섬(米1俵)、두 섬(2俵)、세 섬(3俵)

☐ **수³** 〜首(詩や歌を数える単位) 漢 首 例시조 한 수(詩調1首)、시 두 수(詩2首)、세 수(3首)

☐ **자** 〜尺 例한 자(1尺)、두 자(2尺)、열 자(10尺)

☐ **전¹** 〜銭 漢 銭 例1전(1銭)、2전(2銭)、3전(3銭)

□ 정² ~錠　漢錠　例약 한 정(薬1錠)、두 정 (2錠)、세 정(3錠)

□ 정¹ ~丁　漢梃　例총 한 정(銃1丁)、두 정 (2丁)、세 정(3丁)

□ 정보 ~町(面積の単位)　漢町歩　例밭 한 정보(畑1町)、두 정보(2町)、세 정보(3 町)

□ 조¹ ~条　漢条　例헌법 1조(憲法1条)、10 조(10条)、50조(50条)

□ 짝³ (なんたる)ざま　例그 짝(そのざま)、 무슨 짝(なんたるざま)

□ 척 ~尺　漢尺　例열 척이 넘는 높이(10尺 を超える高さ)、参삼척동자(三尺童子)

□ 첩 ~包(薬の包みを数える語)　漢貼 例보약 한 첩(韓方薬1包)、두 첩(2包)、 세 첩(3包)

□ 치⁴ ~やつ(見下す意を含む)　例젊은 치 들(若い連中)、그 치들(あいつら)、参장 사치(商売人)

□ 토막 ~切れ　例생선 한 토막(魚一切れ)、 두 토막(二切れ)、세 토막(三切れ)

□ 톨 (米や栗など) ~粒　例쌀 한 톨(米一 粒)、두 톨(二粒)、세 톨(三粒)

□ 통² ~株、~個。中身がよく熟した白菜な どの大きさ　例수박 한 통(スイカ1玉)、 두 통(2玉)、세 통(3玉)

□ 투 ~式、~調。言葉や文・行動などでくせ のように一定に固まった方式　漢套 例한문 투(漢文調)、번역 투(翻訳調)、말 하는 투(言葉遣い)

□ 필 ~疋(ひき)(反物を数える単位)　漢疋　例비 단 한 필(絹1疋)、두 필(2疋)、세 필(3疋)

□ 홉 ~合(容量の単位)　例밀가루 한 홉(小 麦粉1合)、두 홉(2合)、세 홉(3合)

冠形詞

□ 갖은 さまざまな~、あらゆる~、いろいろ な~　例갖은 고생(さまざまな苦労)、갖 은 수모(さまざまな侮辱)、갖은 수난(さ まざまな受難)

□ 때아닌 時ならぬ~　例때아닌 눈(時ならぬ 雪)、때아닌 우박(時ならぬひょう)、때아 닌 추위(時ならぬ寒さ)

□ 몹쓸 悪い~　例몹쓸 짓(悪事。特に性犯罪 など)、몹쓸 병(悪い病気)、몹쓸 인간(悪 いやつ)

□ 별별 ありとあらゆる~　漢別別　例별별 사람(ありとあらゆる人)、별별 사건(あり とあらゆる事件)

□ 별의별 ありとあらゆる~　漢別-別　例별 의별 일(ありとあらゆること)、별의별 이 야기(ありとあらゆる話)

□ 피치 못할 やむを得ない~、避けられな い~　漢避---　例피치 못할 사정(や むを得ない事情)、피치 못할 싸움(避けら れない戦い)

□ 한다하는 由緒ある~　例한다하는 가수(由 緒ある歌手)、한다하는 작가(由緒ある作 家)、한다하는 연구자(由緒ある研究者)

□ 허튼 でたらめな~　例허튼 소리(でたらめ な話)、허튼 수작(ばかげたまね)、허튼 행 동(でたらめな行動)

ハングル・日本語索引

本書の見出し語の索引です。見出し語をㄱㄴㄷ順に、メイン訳を五十音順に並べました。数字は掲載番号です。

걸음마	2362	고래고래	1987	곪다	2480	구미	2660
걸터앉다	1013	고르다	2721	곯아떨어지다	2372	구박	0564
걸핏하면	2092	고리	1088	곰팡이	0979	구부러지다	1860
검소하다	1547	고리타분하다	2493	곱슬머리	1385	구비	2436
검지	1520	고물 차	1902	곱창	1304	구슬	1090
걷잡아도	0837	고부라지다	1859	곳간	1627	구슬리다	0171
게걸스럽다	1134	고분고분	0522	공경	0435	구슬프다	0194
게을리하다	1431	고불고불	1250	공공연하다	2519	구실	0442
겨냥하다	1534	고비	0843	공교롭다	2601	구애	0452
겨누다	1535	고상하다	2725	공손하다	0823	구역질	1418
겨드랑이	1486	고수하다	1325	공주	0138	구절	2037
겨레	0125	고스란히	0944	곶감	1301	구정	1914
겨루다	0257	고시	2054	과녁	2009	구질구질하다	1658
겨를	0751	고약하다	2494	과부	0113	구차하다	1548
겨자	1311	고요하다	1758	과속	1909	구태여	0931
격	2630	고을	2340	과업	2134	구호	0667
격의	0316	고이	0516	과오	2681	구획	2341
견적	2231	고이다	0684	과음	2463	국사	2113
견주다	0258	고자질	0643	과하다	2606	국자	1717
견지	2674	고작	0200	관리	2137	국한	2553
결딴내다	2163	고조되다	1961	광	1163	군것질	1317
결리다	2479	고지식하다	0510	광대뼈	1405	군말	0641
결부되다	2280	고초	2635	광복	2251	군살	1504
결판	2347	고하다	0268	괘씸하다	0601	군소리	0642
겸사겸사	0521	고함	0665	괴기 영화	2051	군침	1414
겸연쩍다	0181	곡선	1079	괴상하다	2515	굳건하다	1555
겹	1095	곤경	2636	괴팍하다	0602	굳세다	1550
경	1938	곤두박질치다	2273	교감1	0318	굴	0846
경단	1276	곤두서다	1953	교감2	2109	굴다	1427
경락	1421	곤드레만드레	1469	교도소	2315	굴러먹다	1426
경사스럽다	0184	곤로	1701	교만하다	0603	굴욕	0331
경신하다	0677	곤히	0833	교무	2108	굵직하다	1232
경합	2541	곧다	1656	구걸	2330	굶주리다	2686
경황	2646	곧이듣다	1536	구구하다	2407	굼뜨다	2297
곁눈질	2457	골1	0352	구기다	1954	굽	1820
계집애	0022	골2	1372	구두창	1819	굽이	1077
고개	0844	골다	1227	구들장	2022	굿	1947
고꾸라지다	0994	골똘하다	2296	구렁이	1052	궁극	2657
고다	0057	골몰하다	2371	구레나룻	1381	궁리	2671
고단하다	2392	골절상	1490	구령	0668	궁색하다	1549
고달프다	2295	골짜기	0776	구르다	0886	궁합	0121
고대	0339	골치	1374	구리	0845	궂다	2187
고되다	0504	골칫덩이	1375	구린내	1610	궐기	2323
고드름	0876	골탕	2639	구멍가게	2218	귀가	2416

마음가짐	0425	맹물	1208	목수	2140	문턱	1683
막가다	0896	맹세	0652	목청	1479	문패	1686
막노동	2143	머금다	1222	몰라보다	0284	문항	2102
막다르다	2072	머뭇거리다	1640	몰아붙이다	0166	물감	2121
막되다	0615	머슴	2029	몸가짐	2650	물끄러미	1363
막막하다	2622	머저리	0213	몸놀림	2651	물들다	2067
막바지	1173	먹	1786	몸담다	0909	물러가다	0903
막심하다	2711	먹구름	0884	몸뚱이	1482	물러나다	0904
막판	2573	먹다	2477	몸부림	2640	물레방아	1839
만날	0412	먹혀들다	2587	몸져눕다	0995	물리다	0798
만류	0463	멀쩡하다	2717	몸통	1483	물리치다	0375
만만하다	2501	멋쩍다	2512	못	1530	물보라	0951
만무	2564	멍청하다	1546	무고하다	2079	물장구	2359
만발하다	2064	메마르다	2189	무관하다	2080	물집	1528
만지작거리다	0702	메아리	0779	무궁하다	2619	묽다	1341
만취	2464	멱살	1485	무너뜨리다	0494	뭉게뭉게	1569
말	1082	면도	2423	무당	1946	뭉치	1085
말꼬리	0659	면모	1475	무디다	2404	뭉클	1882
말끔하다	2513	명1	1593	무뚝뚝하다	0707	미끄럼틀	2124
말똥말똥	1361	명2	2339	무럭무럭	1468	미끈미끈하다	2306
말랑말랑하다	2177	명분	2249	무르다	2506	미끼	1368
말썽	0558	명색	2250	무르익다	2065	미나리	1293
맛대가리	1207	명실공히	0517	무릅쓰다	1328	미닫이	1688
망	2522	명주	1810	무릇	0104	미덥다	0081
망가지다	2164	모1	0971	무리	1066	미련하다	0606
망나니	0233	모2	1075	무방하다	1441	미미하다	2608
망신	0334	모가지	1477	무색하다	0187	미식가	1318
망아지	0985	모금	1609	무수하다	2607	미심쩍다	0299
망치	1735	모녀	0017	무순	1295	미아	0217
맞닿다	0898	모닥불	1832	무시무시하다	2712	미음	1278
맞바람	0957	모래사장	0864	무식하다	1757	미주알고주알	0935
맞아떨어지다	2582	모름지기	2201	무심결(에)	2539	미진하다	2727
매끄럽다	2307	모서리	1076	무심코	0723	미치광이	0214
매끈하다	2308	모여들다	0891	무안	0335	미흡	2540
매다	0797	모이	1369	무작정	0419	민망하다	0189
매듭	1807	모조리	0091	무좀	1527	민물	0853
매몰차다	0917	모종	0970	무턱대고	0511	밀물	0867
매물	2222	모질다	0706	묵과	0528	밀짚모자	1823
매섭다	2074	모친	0011	묵직하다	2498	밉상	1476
매점	2225	모호하다	1135	문란	2253	밋밋하다	1245
매진	2227	목덜미	1478	문병	2469	밑거름	1845
매표구	1189	목돈	2154	문신	2320	밑돌다	2483
맴돌다	0899	목말	2357	문지르다	0577	밑바닥	1094
맵시	0438	목발	1519	문짝	1682	밑반찬	1288

519

실랑이	0657	쓰라리다	2401	아연하다	2709	야기	0546
실로	2203	쓰러뜨리다	0599	아옹다옹	0933	야릇하다	2409
실마리	1808	쏠리다	2060	아우	0036	야무지다	0924
실바람	0956	쓸어내리다	1114	아울러	0619	야박하다	0710
실속	1098	씀씀이	2207	아이스 박스	1838	야비하다	0712
실없다	0818	씁쓸하다	2500	아장아장	1677	야속하다	0711
실토	0650	씨앗	0964	아지랑이	0952	약	0344
실향민	0147	씩	1981	아찔하다	2398	약다	0925
심기	0243			아첨	0645	약세	2245
심란하다	0399	ㅇ		악독	0563	약소하다	1865
심려	0328	아가	0044	악물다	1218	약수	0862
심보	0451	아가리	1407	악착	0538	약주	1215
심상찮다	1445	아가미	1059	안간힘	0537	얄밉다	0392
심심풀이	2472	아군	2351	안달	0342	얄팍하다	2303
심오하다	2623	아귀	2672	안달복달	0343	양다리	0569
십상	2647	아기자기	1467	안목	2670	양로원	1199
싱그럽다	0077	아낙네	0023	안무	2046	양반	2025
싱긋	1890	아늑하다	1873	안성맞춤	2652	양산	1822
싸고돌다	0281	아니	0836	안심	1306	양서류	0990
싸구려	2223	아니꼽다	0391	안쓰럽다	0288	양식	1367
싸늘하다	2282	아담하다	1874	안절부절못하다	2277	양지	0949
싸다1	0930	아득바득	0730	안치다	0050	양치질	2422
싸다2	1321	아득하다	2621	알거지	0143	양호실	2127
싸다니다	0913	아랑곳	2548	알곡	0965	어금니	1411
싸락눈	0880	아량	0253	알뜰	0436	어깨너멋글	2129
싸매다	0596	아련하다	2288	알맹이	1099	어눌하다	1025
싹	0966	아로새기다	1648	알차다	1864	어두컴컴하다	1972
싹싹하다	0920	아롱다롱	1255	암컷	0982	어련히	0417
싹쓸이	2574	아뢰다	0371	압류	2241	어렴풋하다	2411
쌀쌀맞다	0923	아른아른	1362	압정	1791	어루만지다	0584
쌀쌀하다	2283	아름	1159	앙갚음	0346	어리광	0533
쌈	1308	아리다	2402	앙다물다	1220	어리다	1753
째다	2591	아리땁다	1035	앙탈	0662	어리둥절하다	1745
썰렁하다	1871	아리송하다	1560	앞지르다	0256	어림	1083
썰물	0868	아무개	0215	앞치마	1825	어마어마하다	2713
쏘다니다	0914	아무짝	2634	애걸	0542	어묵	1269
쏠리다	1955	아무쪼록	2196	애꽃다	0297	어물어물	1365
쏠쏠하다	1872	아물다	2172	애달프다	0287	어미	0013
쑤시다	0704	아범	0014	애당초	0671	어버이	0009
쑥	1046	아부	0644	애절하다	0289	어설프다	0926
쑥갓	1292	아비	0012	애처롭다	0290	어수룩하다	0927
쑥덕쑥덕	1360	아삭아삭	1780	애초	0670	어수선하다	1760
쑥쑥	1047	아슬아슬	1154	애호	0321	어슬렁거리다	0911
쓰다듬다	0583	아양	0532	액자	1792	어슷비슷하다	2723

hanaの韓国語単語〈上級編〉
ハン検**1・2**級レベル

2023 年 8 月 11 日　初版発行

著　者	ミリネ韓国語教室
編　集	浅見綾子、鷲澤仁志、韓興鉄
校　正	辻 仁志
デザイン	木下浩一（アングラウン）
Ｄ Ｔ Ｐ	株式会社秀文社
録　音	Studio 109
印刷・製本	シナノ書籍印刷株式会社

発行人　裵 正 烈

発　行　株式会社 HANA
　　　　〒 102-0072 東京都千代田区飯田橋 4-9-1
　　　　TEL：03-6909-9380　FAX：03-6909-9388
　　　　E-mail：info@hanapress.com

発　売　株式会社インプレス
　　　　〒 101-0051 東京都千代田区神田神保町一丁目 105 番地